연변 지역 친족호칭어와 청자대우법 연구

연변 지역 친족호칭어와
청자대우법 연구

량 홍

역락

책 머 리 에

이 책은 필자가 2014년 6월에 중국 연변대학교에 제출한 박사학위 논문을 다듬어 펴낸 것이다. 학위를 받고 연변대학교에서 파견을 받아 반년동안 한국교원대학교에 출장 오게 된 기회에 부족한 부분이 많음에도 불구하고 서둘러 책을 선보이게 되었다.

중국의 연변 지역 조선어와 한국어는 다 같은 언어에서 출발한 같은 언어지만 백여 년의 시간을 지나오면서 차이가 많이 벌어진 상태이다. 연변 지역의 조선어 사용 화자들은 중국어와 조선어를 함께 사용하는 이중언어 화자들이다. 하기에 연변의 조선어는 중국어의 직접적인 영향을 피할 수 없다. 또 근래에 한국과의 인적 교류와 매스컴 등을 통해 한국어의 영향도 적지 않게 받고 있다. 필자는 연변 지역의 호칭어와 지칭어의 사용 양상을 통해 연변 지역 언어의 한 단면을 보여주고 언어 변화의 과정과 변화 정도를 밝혀내려고 하였다.

또한 호칭어와 청자대우법은 다 화자와 청자 간의 사회적 관계를 명시해주는 것으로 매우 밀접한 관계를 갖고 있다. 기존연구에서 많은 학자들이 청자대우법의 종결어미를 연구하여 왔고 또한 매우 발달한 이론을 보이고 있지만 종결어미에만 깊은 관심을 보여 왔고 대우법의 다른 표현요소인 호칭어에 대해서는 청자대우법과 함께 다루지 못하였다. 특히 맥락 상황에 기초한 연구는 호칭어 혹은 청자대우법을 따로 나누어 진행한 것이 대부분이다. 본 연구는 사회적, 상황적 맥락 속에서 실제 발화 중의 친족호칭어와 지칭어의 사용 양상을 알아보고 아울러 친족호칭어와 청자대우법이 상호 작용하는 언어현상까지 함께 고찰하였다.

연변 지역의 역사와 문화가 고스란히 담겨있는 연변 지역어에 보다 사실적으로 접근하기 위하여 이 지역 언어에 익숙한 '토박이' 제보자를 섭외하는 것이 관건이었다. 귀중한 시간을 내어 제보를 해주신 24명의 주제보자에게 이 자리를 빌려 감사의 말씀을 올린다.

오늘날 부족한 실력으로 이 정도의 책을 내기까지 많은 분들이 격려와 응원, 따뜻한 관심을 주셨다. 이 자리를 빌려 그분들에게 감사의 마음을 전하고자 한다.

우선 참된 학문의 길로 이끌어주신 필자의 영원한 스승 박경래 교수님에게 머리 숙여 존경과 감사의 마음을 올린다. 학문에 대한 끝없는 열정과 성실한 태도로 학자의 참모습을 친히 보여주신 분이시다. 그리고 김광수, 리민덕, 김영수 등 교수님들께서 베풀어 주신 가르침과 지도에도 진심으로 감사를 드린다.

필자는 연변대학교에서 교직에 근무하면서 학위논문을 썼다. 그만큼 동료 선생님들의 배려와 관심, 응원이 없었더라면 그나마 이 정도의 학위논문을 쓰지 못했을 것이다. 이 자리를 빌려 저의 사범대의 전임 학장이신 김창록 선생님, 최해금, 리봉월, 최설매 선생님에게 감사의 말씀을 전하고자 한다. 그리고 자료 조사로부터 논문의 완성에 이르기까지 항상 마음을 써주신 김순희 선생님에게도 진심으로 감사의 마음을 표시한다.

또 설문조사를 적극적으로 도와준 제자들인 배송매, 정견혜, 강현아, 최미연에게도 고맙다는 말을 전하고 싶다.

그리고 필자의 삶의 원동력이자 든든한 후원자인 사랑하는 가족 모두에게도 고마운 마음을 전한다. 딸애한테 부담을 주지 않겠다고 모든 일을 묵묵히 자신들이 알아서 처리하신 부모님들, 옆에서 항상 든든하게 정신적인 뒷받침이 되어준 남편, 멀리 일본에서 항상 언니가 잘되기만을 바라고 성원을 아끼지 않은 여동생. 이런 소중한 가족들이 있었기에 조금은 부족하지만 소중한 첫 걸음을 내디딜 수 있었다고 생각한다.

끝으로 이 책의 출판을 선뜻 맡아주신 역락의 관계자 분들에게도 진심으로 감사드린다.

2014년 12월

량 홍

차례 CONTENTS

■ 책머리에

제3장 연변 지역 친족호칭어와 지칭어 · 45

제4장 연변 지역 친족호칭어와 청자대우법 · 161

제5장 연변 지역의 청자대우법 체계 · 327

제6장 결론 · 385

제1장
....
서 론

1.1 연구목적과 의의

본고는 연변 지역에서 사용하는 친족호칭어와 지칭어[1]의 사용 양상을 조사 분석하여 연변 지역의 친족호칭어와 지칭어의 체계를 정리해보고 나아가 친족호칭어와 청자대우법의 실현 양상을 조사 분석하여 연변 지역의 청자대우법 체계를 제시하는 데 목적이 있다.[2]

인간은 주위와의 관계를 떠나 존재할 수 없다. 인간은 사회적인 한 일원으로 살아감에 있어서 언어라는 이 도구를 사용하여 의사소통을 진행한다. 곧 언어는 사회를 떠나서 존재할 수 없고 반드시 사회와의 연관 속에서 연구되어야 함은 매우 자명한 일이다.

---

1) 학자에 따라 용어 사용이 다른데 가족명칭(강신항 1967), 친척명칭(이광규 1971), 친족호칭어(김규선 1983), 친족명칭(최명옥 1982b), 친족용어(왕한석, 1988), 친족호칭(왕한석 1992, 왕한석 외 2005) 등 여러 가지로 쓰이고 있다. 본고는 이들 용어 중에서 '친족호칭어'라는 용어를 택하기로 한다. 본고는 친족호칭어를 조사할 때 한 대상을 다른 사람에게 가리킬 때 쓰는 표현인 '지칭어'도 함께 조사하였다. 하지만 본고는 '지칭어'가 청자대우법의 사용에 관여하는 것은 논의에서 제외하였다.
2) 본고의 문법용어는 한국의 것을 취하며 맞춤법도 한국의 맞춤법에 따른다.

호칭어는 인간사회에서 나타나는 사회적 상호작용의 핵심적 구성성분으로써 화자와 청자의 사회적 관계를 반영하는 언어적 장치들 중에서 가장 대표적인 것 중의 하나이다(박정운 1997 : 508). 호칭어는 일상 언어생활에서 화자와 청자 간의 사회적 관계를 명시해주면서 대화에 참여하는 대상에 대한 화자의 인식을 나타내주는 언어형식일 뿐만 아니라 우리가 사용하는 언어표현 중 일차적으로 대화자 간의 인간관계를 확인시켜주는 언어형식으로 언어행위에서의 역할은 자못 중요하다. 이처럼 상대방과의 대화에서 아주 중요한 첫 발화인 호칭어 사용에 따라서 대화자 간의 친소관계, 상하관계, 친족관계, 신분, 직업 등을 확인할 수 있고 또 격식적인 상황 혹은 비 격식적인 상황 등을 파악할 수 있기에 그것이 언어행위에서 노는 역할은 자못 중요하다고 할 수 있다.

호칭어의 선택과 사용이 화자와 청자의 나이, 성별, 사회적 직위, 친소관계, 혼인여부, 대화 상황 등 사회적 요인과 밀접한 관련이 있으므로 화자는 호칭 대상과의 관계에 따라 상대방을 호칭하게 된다. 이처럼 호칭어가 화자와 청자 간의 사회적 관계를 명시해주면서 대화에 참여하는 대상에 대한 화자의 인식을 나타내주는 언어형식이라면 종결형식은 화자가 청자를 어떻게 대우하고 있는지를 직접적으로 나타냄으로써 청자에 대한 화자의 심리적 태도를 드러낸다. 화자의 심리적 태도를 반영하여 청자에 따라서 달리 표현되는 문장의 종결형식을 청자대우법이라고 한다.3) 청자대우법은 우리말과 다른 말과의 차이성을 잘 보여주는, 뿐만 아니라 우리말의 특징을 가장 잘 체현해주는 문법범주다. 따라서 호칭어의 사용은 청자대우법과 매우 밀접한 관계를 가진다.

---

3) '청자대우법'은 이 외에도 학자에 따라 여러 가지 용어가 사용되는데 이 용어를 사용하게 된 이유에 대해서는 4장에서 구체적으로 밝힌다.

청자대우법은 화자가 청자를 언어적으로 어떻게 대우하느냐에 따라 결정되는 언어표현이고 그 대우형식은 종결어미를 통해 나타난다. 본고는 '청자대우 등급'이란 용어를 청자에게 적용되는 발화 문장에서 청자에 대한 대우의 단계로 가리켜 사용하려 한다. 구체적인 것은 4장에서 밝히도록 한다.

한국어4)에서 청자대우법에 대한 사회언어학적 연구는 연구의 가장 근간을 이룰 만큼 많은 성과가 드러나 있다. 기존연구에서 많은 학자들이 청자대우법의 종결어미를 연구하여 왔고 또한 매우 발달한 이론을 보이고 있지만 한결같이 종결어미에만 깊은 관심을 보여 왔고 대우법의 다른 표현요소인 호칭어에 대해서는 청자대우법과 함께 깊이 다루지 못하였다. 특히 맥락 상황에 기초한 연구는 호칭어 혹은 청자대우법을 따로 나누어 진행한 것이 대부분이다. 호칭어가 화자와 청자 간의 사회적 관계를 명시해 주면서 대화에 참여하는 대상에 대한 화자의 인식을 나타내주는 언어형식이라면 청자대우법은 화자가 청자를 상대로 언어적으로 대우해 주는 것으로써 화자가 청자를 어떻게 대우하고 있는지를 직접적으로 나타냄으로써 청자에 대한 화자의 친소관계, 심리적 태도를 드러낸다. 따라서 대우법의 연구에 있어서 상대방을 부르는 호칭어와 청자대우법은 반드시 함께 언급해야 한다.

언어의 변화발전에는 자신의 내적 요인에 의한 변화와 사회의 변화발전에 따른 외적인 요인이 있다. 많은 사회적 요인가운데서 특히 중심이 되는 것은 화자의 연령과 성별이다. 따라서 본고는 사회적 관계에서

---

4) 여기서 '한국어'는 한국의 국어를 가리킨다. 본고는 연변 지역어에 대한 논의이기에 이 지역에서의 언어를 논할 때는 '조선어'라는 표현을 사용하기로 한다. '조선어'는 현재 중국에서 사용하고 있는 민족 언어이며 그 기반은 근대 한국어에 있다(김동소 외 1994).

20대 청년이상의 연령층을 연구대상으로 2·30대를 청장년층으로, 4·50대를 중년층으로, 6·70대를 노년층으로 선정하여5) 사회적, 상황적 맥락 속에서 실제 발화에서 사용되고 있는 친족호칭어와 지칭어의 사용 양상을 알아보고 아울러 친족호칭어와 청자대우법이 상호 작용하는 언어현상까지 함께 고찰할 것이다.

호칭어와 지칭어, 청자대우법은 많은 연구자들의 연구의 대상이 되어 왔던 만큼 그 연구 성과도 방대하게 나와 있다. 하지만 연구의 대부분이 호칭어와 청자대우법을 분리시킨 독립적인 분야에서의 연구였다. 호칭어와 종결어미의 상관관계 연구, 혹은 호칭어를 청자대우법과 관련하여 기술한 연구는 매우 희소하다.

언어는 해당 사회를 반영하기 마련이고 우리는 그 언어를 통해 해당 사회를 읽어낼 수 있다. 연변 지역의 친족호칭어와 지칭어 사용 양상에 대한 연구, 그리고 친족호칭어와 청자대우법의 실현관계를 밝혀보는 것은 연변 지역의 조선어를 이해하고 앞으로의 언어변화를 예측할 수 있는 좋은 실증자료가 될 뿐만 아니라 우리말의 방언 연구에도 기여할 것이다.

---

5) 왕한석(1996)은 이주 1, 2세대인 노인세대를 제보자로 삼았는데, 이주 1세대들은 대부분이 타계하였고 지금은 60, 70대 노년층이 이주 2세대의 주를 이루고 중년층인 40, 50대는 이주 3세대의 주를 이루며 20, 30의 청장년층은 이주 3세대이하라는 점에서 세대를 이렇게 분류하였다. 한 세대를 부모와 자식 간의 관계로 놓고 볼 때 그 간격은 약 30년가량 된다. 같은 세대에 속하는 사람들은 대개 같은 사회적 환경 속에서 비슷한 생활양식에 비슷한 생활의식을 갖고 있기에 언어사용에서도 자기 세대만의 특징을 갖고 있다.

1.2 연구방법

주지하다시피 사회언어학적인 연구의 방법에는 크게 두 가지가 있다. 하나는 계량분석 방법이고 다른 하나는 사례분석 방법이다. 이 두 가지 방법은 '사회속의 언어'를 연구한다는 점에서는 일치하지만 '언어적 요소'와 '사회적 요인'중 어느 것에 일차적 관심을 두느냐에 따라 서로 다르다. 계량분석 방법이 언어적인 요소에 일차적인 관심을 두는 접근법이라면 사례분석 방법은 언어사용의 양상을 사회적인 요인과 관련지어 분석하는 방법이라고 할 수 있다.[6] 본고에서는 선차적으로 사례분석 방법을 활용하여 연변 지역에서 사용되는 세대별 친족호칭어와 지칭어의 사용에 대해 면밀히 조사, 분석하였다. 이렇게 조사한 자료의 객관성을 확보하기 위해 설문조사를 병행하였다. 이것은 세대별로 친족호칭어와 지칭어의 사용비율을 확인하여 세대별 친족호칭어와 지칭어 사용의 변화과정과 변화정도를 확인하는 데 유익하였다.

청자대우법의 실현형식인 종결어미에 대한 조사와 분석도 사례분석 방법을 이용하였다. 조사 작업은 제보자를 비롯한 대화 참여자들의 자연발화를 녹취하는 데 중점을 두었으며 때로는 대화에 함께 참여하면서 관찰한 것을 수시로 기록하여 종결어미 사용의 용례를 수집하였다. 본고에서 사용되는 예문은 제보자를 비롯한 대화 참여자들의 자연발화를 그대로 인용한 것이다.

---

6) 계량분석 방법에 의한 유명한 연구사례는 라보브(Labov. 1966)가 뉴욕시 백화점에서 실시한 모음 뒤의 'r'발음을 조사한 것으로 사회언어학적 연구의 모범이 되었다. 사례분석 방법은 검퍼즈(Gumperz. 1964), 하임즈(Hymes. 1974) 등의 연구가 대표적이다. 박경래(1999)에서는 '사례분석 방법'의 유용성에 대해 제시하였다.

1.3 연구사 검토

연구사는 호칭어와 지칭어 그리고 청자대우법 두 갈래로 나누어 검토할 것이다. 호칭어와 지칭어에 대한 연구는 먼저 한국에서 진행된 호칭어와 지칭어 연구를 고찰하고 다음 연변 지역의 호칭어와 지칭어에 대한 연구를 한국에서 이루어진 연구와 중국에서 이루어진 연구로 나누어 고찰할 것이다. 청자대우법에 대한 연구는 연변 지역 청자대우법에 대한 연구, 호칭어와 청자대우법의 상관관계 연구 이 두 개 방면으로 검토할 것이다.

1.3.1 호칭어와 지칭어에 대한 연구 검토

호칭어와 지칭어는 우리의 생활과 밀접히 관련된 기초어휘로 어느 언어에서나 관찰되는 것으로 알려져 있다. 이 때문에 한국어의 호칭어와 지칭어도 한국어 연구의 중심 주제로 관심의 대상이 되어왔다. 한국어의 호칭어와 지칭어 연구는 주로 어원탐구, 어휘 체계의 수립, 의미론적 형태론적 연구, 지역 방언 연구, 표준 화법 연구 등의 분야에서 진행되었고 연구 성과도 상당히 축적되어 있는데 대부분은 한국어를 배경으로 하는 연구였다. 반면에 연변 지역어를 대상으로 한 호칭어와 지칭어에 대한 연구는 한국에서는 물론 중국에서도 그 성과가 아주 드문 편이다. 그것은 아마도 연변 지역의 역사적, 지역적인 특수성으로 말미암아 쉽게 접근하기 어려웠기 때문일 것이다.

호칭어와 지칭어에 대한 선행연구는 먼저 본 연구와 직접적으로 관련지을 수 있는 선행연구로 한국에서 진행된 호칭어와 지칭어에 대한 연구를 검토할 것이다. 다음 한국과 중국에서 이루어진 연변 지역 호칭어와 지칭어에 대한 선행연구를 검토할 것이다.

1.3.1.1 한국에서 진행된 호칭어와 지칭어 연구 검토

한국에서 진행된 호칭어와 지칭어에 대한 연구는 크게 국어학적 관점에서의 연구와 사회언어학적 관점에서의 연구 두 갈래로 나뉘여 진다.

국어학적인 관점에서 호칭어와 지칭어에 대한 논의를 전개한 연구는 김규선(1987), 박갑수(1989), 조영돈(1992), 조항범(1996), 박정운(1997), 김시황(1998), 최석재(2007), 황대화(2008), 김정대(2008), 양영희(2009), 손춘섭(2010) 등이 있다. 이 연구들은 한국어 호칭어와 지칭어의 용어 규정과 어휘체계의 수립, 어원 탐구, 의미론적 형태론적 연구 등 면에서 호칭어의 국어학적 연구에 기여한 것으로 의의를 가진다. 하지만 실제적 언어 사용을 바탕으로 한 연구가 아니고 호칭어와 지칭어 사용 상황이나 용례 사용에서 연구자의 직관적인 판단에 의존한 한계점을 갖고 있거나 혹은 인간과 언어와 사회와의 관계성에 따른 사회적인 요소를 고려한 연구가 결여된 제한성을 보인다.

사회언어학적 관점에서의 연구로는 강신항(1967), 최명옥(1982a), 왕한석(1984[7]), 1992), 강희숙(2000), 엄기정(2000), 유송영(2002나) 등이 있다. 이 연구들은 한국어 호칭어의 체계 수립에 이바지하면서 또한 특정 지역의 방언형 호칭어와 지칭어에 대한 연구를 화자와 청자 그리고 사회적, 문화적 현상과의 연계에 중점을 두면서 진행하였다는 점에서 적극적인 의의를 가진다.

---

7) 본고에서 사용되는 호칭어의 유형 용어는 왕한석(1984)을 참조한 것이다.

1.3.1.2 한국에서의 연변 지역 호칭어와 지칭어에 대한 연구 검토

한국에서 이루어진 연변 지역어의 호칭어와 지칭어에 대한 연구로는 곽충구(1993, 2000), 왕한석(1996), 최명옥 외(2002), 최경희(2005), 김선희(2007), 남명옥(2009), 박성화(2012) 등이 있다.

곽충구(1993)는 함경도방언의 친족명칭 중 祖父母, 父母, 伯叔父母 등의 호칭어를 중심으로 형태론적 구성의 차이, 구성요소의 의미 기능상의 차이를 비교하는 방법으로 함경도방언의 지리적 분화를 크게 세 지역으로 나누어 제시하고 있다. 하지만 연구에서 조사된 친족명칭은 1950년을 전후한 시기에 함경도 지역에서 쓰이던 것이기에 현재와 어떤 차이가 있는지에 대하여는 새로운 연구에 의해 밝혀져야 할 것이다.

곽충구(2000)는 구소련과 중국에 거주하는 동포들을 대상으로 그들 언어의 공시태를 개략적으로 기술하고 이주 후에 겪은 변화의 제 요인과 변화의 방향 그리고 언어 접변현상을 논의하였다. 중국 조선어의 변화방향을 논의할 때 지역적으로 차이를 보이는 함경도방언이 서로 영향을 주고 받으면서 새로운 방언권을 형성해가고 있다는 사실의 예로 친족명칭을 들었다. 논의에서는 이주 1, 2, 3세대의 세대 간의 친족명칭의 변화를 통해서 중국 조선족의 방언이 어떻게 변화해 왔는가를 짐작하였다. 즉 이주전의 친족명칭과 현재 조선족 자치주에서 말해지고 있는 친족명칭은 현저한 차이를 보이는데 그 중에서도 직계 존속의 '祖父', '祖母', '父', '母' 그리고 방계 존속인 '형제자매' 간의 호칭어가 크게 변하였다고 하였다.

왕한석(1996)은 중국 길림성 룡정시 장재촌과 해란촌에서 친족용어가 전체적인 호칭 및 지칭체계의 중심부분을 이루는 것으로 보고 노인세대의 제보자들을 중심으로 넓은 범위 내에서 친족호칭 및 지칭에 관한 자료를 수집하였고(친족원의 범주를 父系親, 母系親, 夫系親, 妻系親, 사돈 관계의 범주 구분에 따라 나누어 정리하였다.) 또 친족용어상의 변화도 파악하였다.

최명옥 외(2002)는 중국 연변의 룡정, 도문, 훈춘지역을 대상으로 전반적인 언어조사와 함께 음성, 음운, 형태, 통사 및 어휘적인 특징을 종합적으로 규명하였다. '어휘'부분에서 적은 편폭이지만 이 지역의 친족명칭의 특징을 밝히고 개별 호칭어와 지칭어 중 다른 방언에서 볼 수 없는 독특한 것들을 제시하였다.

최경희(2005)는 사회언어학적 연구방법중의 하나인 통계적 방법을 원용하여 연변 훈춘지역을 중심으로 조선족의 친족호칭어와 지칭어 사용 실태를 한국어과 비교 분석하였다.

김선희(2007)는 친척어라는 새로운 개념을 설정하고 친족어와 척족어를 그 하위 개념으로 다루고 있다. 연변의 지역적 특성으로부터 출발하여 친척어의 실상과 특성을 남북한의 친족어와 비교하여 기술하고 있다.

남명옥(2009)은 연변 지역 친족어의 체계를 살펴보고 그 사용 양상을 남북한의 친족어와 비교하였다.

박성화(2012)는 연변 지역 조선족이 사용하는 친족관계 호칭어와 한국어의 친족관계 호칭어를 비교 분석하면서 연변 지역 친족호칭어의 변화 원인에 대해 요약하였다.

이상의 연구들은 연변 지역 친족호칭어의 체계 수립, 친족호칭어의 변화과정과 변화원인 등을 규명한 점에서 적극적인 의의를 갖는다. 하지만 사회적인 요인과 결부시켜 기술하지 못하고 언어적 관점에서만 조사, 분석한 한계점을 갖고 있다.

1.3.1.3 중국에서의 연변 지역 호칭어와 지칭어에 대한 연구 검토

중국에서 이루어진 연변 지역의 호칭어와 지칭어에 대한 연구로는 김효정(1989), 렴광호(1991), 김기종(1995), 김덕모(1997) 등이 있다.

김효정(1989)은 사회생활에서 쓰이는 일부 호칭의 의미와 그 사용 상황에 대해 언급하였다.

렴광호(1991)는 연변대학 조문학부 70명의 학생들을 대상으로 일부 친척호칭어에 대한 의미이해 정도를 조사 연구하였다.

김기종(1995)은 가정과 사회에서 쓰이는 일부 호칭어와 지칭어들의 쓰임이 한국과 중국에서 각각 어떻게 다른가 하는 점을 밝히고 있으나 그 이유에 대하여는 설명하지 않고 있다.

김덕모(1997)는 동북3성 6개 지점을 조사 대상으로 통계분석과 정량분석의 방법을 이용하여 직종, 장면, 연령, 성별 등의 차이에 따른 호칭어 사용 상황을 밝혔다. 하지만 조사지역이 방대한 까닭에 각 지역에 따른 방언 형태에 대한 조사가 이루어지지 못했을 뿐만 아니라 호칭 사용에 대한 조사에만 그쳤지 그 쓰임이 어떤 사회적 요인과 연관을 갖고 있는지에 대한 분석까지 이어지지 못한 점이 있다.

중국에서의 연변 지역 호칭어와 지칭어에 대한 연구는 매우 드문 만큼 그 연구 성과도 얼마 되지 않는다. 사회적인 신분과 지위가 바뀌게 됨에 따라 친족호칭어와 지칭어 사용은 증가되거나 변화를 가져오게 된다. 한개 언어공동체의 친족호칭어와 지칭어 사용상의 전반적인 모습을 알아보려면 세대나 성별 등을 고려한 친족호칭어와 지칭어를 조사하고 분석해야 한다. 뿐만 아니라 사회적인 요소로부터 영향을 받는 친족호칭어와 지칭어의 사용에 사실적으로 접근하기 위해서는 보다 면밀한 참여

관찰 조사에 의한 경험적 연구가 필수적이다.

본고는 이러한 점을 염두에 두고 기존의 친족호칭어와 지칭어의 연구에서 소홀히 다루었다고 여겨지는 사회적인 요인을 고려하여 연변 지역 화자들을 노년층, 중년층, 청장년층 등 세 개 세대로 나누어 친족호칭어와 지칭어의 사용 사례들을 면밀히 분석해봄으로써 연변 지역어에 대한 이해를 넓혀보려 한다.

1.3.2 청자대우법에 대한 연구 검토

청자대우법에 대한 선행연구로 먼저 본 연구와 직접적으로 관련지을 수 있는 연변 지역 청자대우법에 대한 연구를 검토하고 다음 호칭어와 청자대우법의 상관관계에 대한 연구를 검토할 것이다.

1.3.2.1 연변 지역 청자대우법에 대한 연구 검토

연변 지역의 청자대우법에 대한 연구는 우선 연구논저에서 밝힌 연변 지역의 청자대우법 체계를 고찰하고 다음으로 청자대우법의 실현 요소인 종결어미와 결부하여 연변 지역의 청자대우법에 대하여 논의한 연구를 검토하기로 한다.

연변 지역의 많은 조선어 연구논저에서는 청자대우법의 용어로 '계칭'을 쓰고 있다. 이런 논저들은 계칭을 하나의 문법적 범주로 보고 계칭을 주로 3등급 혹은 2등급으로 분류하였다. 그 중 3등급으로 분류한 논저로는 최윤갑(1980 : 217), 동북3성(1983 : 217), 중국조선어 실태조사보고(1985 : 142),[8] 김진용(1986 : 244), 김동익 외(1995 : 295) 등을 들 수 있다. 이 논저들에서는 계칭을 '존대, 대등, 하대' 혹은 '높임, 같음, 낮춤'의 등급으로 나누어 기술하였다. 2등급으로 분류한 논저로는 김광수 외(2000 : 92)를 들 수 있는데 조선말 계칭 범주를 크게 높임과 낮춤 또는 존대와 비존대로 나누는 것이 보다 합리하다고 했다. 그 외에 최명옥 외(2002 : 141)는 룡정(삼합), 도문(월청), 훈춘(경신, 밀강)을 조사하고 청자경어법의 등급을 하대, 평대, 존대로 나눌 수 있는데 연변 지역어의 어형을 고려하여 각각 '하압소체, 하오체, 해라체'로 부른다고 했다.

연변 지역의 조선어 종결어미와 결부하여 청자대우법을 논의한 연구로 리세룡(1996), 곽충구(1997), 전학석(1998), 김향화(1999), 박경래(2003), 김홍실(2003), 방채암(2008), 김순희(2012), 서향란(2012) 등을 들 수 있다.

리세룡(1996)은 존대법에는 말할이, 들을이, 주체, 객체 등이 서로 같지 않은 자격으로 문장에 나타나는데 이들의 상호 관계는 나이, 사회적 지위, 친분관계 등 사회적 조건에 의하여 알맞은 존대법이 쓰이기 마련이지만 화자의 심리적 태도로 인하여 여러 인물들 사이의 존비관계는 극히 복잡하게 표현된다고 하면서 존대법 표현의 다양성에 대해 논의하였다.

곽충구(1997)는 화룡시 룡문향(원 함북 길주 명천 지역어)의 조선어 방언을 조사하여 상대높임법의 종결어미들을 세 등급 체계 즉 '하대, 평대, 존대'로 나누어 제시하고 있다.

전학석(1998)은 육진방언과 함북방언을 중심으로 연변 지역의 조선어를 정리하였는데 종결어미를 '하대, 대등, 존대' 3등분으로 나누어 논의하였다.

---

8) 중국조선어 실태조사보고(1985)는 조선어 실태조사보고 집필조가 중국 조선족들의 주 집거지인 동북 3성의 13개 지방을 조사지점으로 정하고 각 조사지역 조선어 방언의 어음론적 현상, 문법적 현상, 어휘론적 현상을 서술하고 있다.

김향화(1999)는 종결접미사를 '합쇼체, 하오체, 하게체, 해라체, 해요체, 해체' 등 6등급으로 분류하여 기술하고 있다. 사회호칭어, 인칭대명사도 청자대우의 표현요소로 보고 종결접미사와 함께 등급을 분류하여 삼자의 호응관계를 밝혔다.

박경래(2003)는 충청북도에서 이주한 이주민들의 마을인 훈춘시 정암촌의 상대경어법 체계를 사례분석을 통해 '응응체, 야야체, 예예체'의 3등급으로 분류하고 한국어와 비교하여 '예예체'는 '합쇼체'와 '해요체'를 아우르는 정도의 등급에 가깝고 '야야체'는 '해요체', '하오체', '반말체'를 아우르는 정도의 등급에 가까우며 '응응체'는 '반말체'와 '해라체'를 포괄하는 정도의 등급으로 보았다.

김홍실(2003)은 연변 지역어 종결어미를 '높임'과 '안 높임'의 2등급으로 분류하였으나 '안 높임'에는 '낮춤'과 '같음'의 등급이 포함된다고 보고 있어 사실상 3등급으로 분류한 셈이다.

방채암(2008)은 연변 지역 한국어 종결어미에 의하여 실현되는 상대높임법의 등급을 '안 높임, 조금 높임, 보통 높임, 아주 높임'의 4등급으로 나누고 그에 해당되는 용어를 '해라체, 하게체, 하오체, 합소체'로 정하여 그 종결어미들의 쓰임과 특징을 구체적으로 살펴보고 있다.

김순희(2012)는 중국에서 사용하는 현대조선어 표준어를 연구대상으로 삼아 종결어미의 체계를 세우고 문학작품에서 쓰인 방언형도 포함시켜 그 의미기능의 공통점과 차이점을 밝히고 있다. 종결어미의 체계를 1차적으로 '존대, 대등, 하대'의 3등급으로 나누고 '존대'를 '하소서체, 하십시오체, 해요체'로, '대등'을 '하오체, 하게체'로, '하대'를 '해체, 해라체'로 하위분류하였다.

서향란(2012)은 용정 지역 종결어미를 '합쇼체, 하오체, 해라체' 세 등급으로 분류하고 아울러 등급 외로 '반말'을 더 추가하여 기술하였다.

본고는 이상의 연구를 바탕으로 하고 실제 조사에서 얻은 언어자료들을 의거로 하여 연변 지역의 청자대우법 체계를 새롭게 제시할 것이다.

`1.3.2.2` 호칭어와 청자대우법의 상관관계 연구 검토

호칭어와 종결어미의 상관관계 연구, 혹은 호칭어를 대우법과 관련시켜 기술한 연구로는 최명옥(1982b), 배정호(1990), 유송영(1998), 김향화(1999), 김남정(2006), 양영희(2006), 최정은(2012)이 있다. 그 중 연변 지역어의 호칭어와 청자대우법의 상관관계를 밝힌 연구로는 배정호(1990), 김향화(1999) 뿐이다.

최명옥(1982b)은 경북 북부의 반촌지역 친족어휘와 관련된 경어법의 문제를 다루었다. 일반 용법의 경어법과 친족내의 경어법이 다르다는 관점에서 경어법 연구에 친족어휘를 통해 이루어지는 친족내의 경어법도 포함해야 한다고 주장함으로써 경어법 연구의 범위를 넓혀놓는 계기를 마련하였다.

배정호(1990)는 조선어 계칭에 대하여 사회언어학적인 고찰을 시도하였다. 11개 가족의 47명의 화자를 조사 대상으로 친척간의 항렬에 따른 호칭어를 조사하고 계칭 등분을 최윤갑(1980)에 근거해 존대, 대등, 하대로 나누어 함경도방언 계칭 사용의 실황을 연구하였다.

유송영(1998)은 '호칭, 지칭어'와 '청자대우'의 공기(호응)관계를 '담화상황'(situation)과 관련지어 검토하는 것에서부터 논의를 시작하여 그것을 토대로 하여 '호칭, 지칭어'의 사용도 '청자대우 어미'의 사용과 마찬가지로 화자의 의도 또는 전략에 의해서 운용될 수 있다는 것을 밝혔다.

또 '호칭, 지칭어'로 청자를 대우하는 정도와 '청자대우 어미'로 청자를 대우하는 정도가 반드시 일치하지는 않다는 사실 즉 '호칭, 지칭어'에 의해서 표시되는 화자의 청자에 대한 대우의 정도가 다를 수 있다는 사실의 확인을 통해서 한국어 청자 '호칭, 지칭어'와 '청자대우 어미'가 기존에 생각해 왔던 것처럼 완전한 호응관계를 이루어 사용되는 것이 아니라 각각 독립적으로 사용될 수 있는 것임을 밝혔다.

김향화(1999)는 호칭어, 대명사, 종결접미사는 우리의 일상생활에서 각기 독립적인 쓰임을 보이는 것이 아니라 하나의 문장 안에서 어울리어 나타나면서 존대 등급을 형성한다고 보고 있다. 연구에서는 기존의 연구를 바탕으로 종결접미사의 등분 체계를 내오고 호칭어, 대명사와의 호응 관계를 밝히고 있다.

김남정(2006)은 충북 제천 명도리의 호칭어와 청자대우 등급의 실제적 사용 양상에 대해 분석하였다. 연구에서는 호칭어를 친족호칭과 비친족호칭으로 나누고 친족호칭어는 친가계, 외가계, 시가계, 처가계, 방계로 구분하여 제시하고 비친족호칭어는 명도리 주민 전체에 대한 호칭어를 제시하고 있다. 다음 명도리에서 청자대우 등급 사용의 해석 원리를 찾아 청자대우 등급을 구분하고 호칭어와 대우 등급의 호응 양상을 살피고 있다.

양영희(2006)는 중세국어 호칭어와 종결어미의 호응에 대한 기존 논의를 재고하였다. 2인칭대명사 '너, 그듸'를 포함한 명사를 활용한 호칭어와 종결어미의 상관성을 '화자와 청자의 사회적 관계(권세, 유대)'와 '화자의 전략'적인 관점에서 재조명하였다.

최정은(2012)은 최근 드라마를 대상으로 하여 연인 남녀의 관계 변화에 따른 호칭어와 청자대우법의 교체 양상을 살피고 있다. 연구에서는 또 10년 전의 드라마와 최근의 드라마를 비교함으로써 최근 드라마의 경향은 연인 관계에서는 '나이'와 '양성동등의식', 부부 관계에서는 '나이'와 '부부의 동반자 의식'이 호칭어와 청자대우법을 결정짓는데 결정적인 요인으로 작용한다는 것을 확인하였는데 이는 남녀에 대한 사회적 인식변화에 따른 언어 반영의 결과라고 하였다.

이상의 연구들은 기존의 연구에서 보인, 호칭어와 청자대우법을 분리시켜 각기 독립적으로 연구한 부족 점을 미봉하였다는데서 적극적인 의의를 갖는다.

호칭어는 호칭 대상과의 관계에 따라 선택되고 사용되게 된다. 청자대우법은 화자가 청자를 상대로 언어적으로 대우해주는 것으로써 우리는 상대방을 어떻게 부르는가에 따라서도 상대방에 대한 대우정도를 알 수 있고 또 상대방에게 어떤 종결어미를 선택하여 쓰는가에 따라서도 상대방에 대한 대우정도를 알 수 있다. 따라서 호칭어의 사용은 청자대우법과 매우 밀접한 연관을 갖고 있기에 본고는 호칭어와 청자대우법이 상호 작용하는 언어현상을 함께 고찰해보기로 한다. 우선 연변 지역에서 사용되고 있는 친족호칭어와 지칭어의 사용 양상을 세대별로 전면적으로 제시하려 한다. 다음 세대별 언어 사용자들의 실제 발화에서 얻은 용례들을 분석하여 연변 지역 청자대우법 체계를 제시하고 부동한 친족호칭 대상에 어떻게 호응하는가를 알아볼 것이다.

제2장

연변 지역의 사회문화적 배경과 자료수집 및 정리

2.1 연변 지역의 사회문화적 배경

본고의 연구대상 지역인 연변은 중국의 동북부 길림성에 자리 잡고 있는데 6개 시[1]와 2개 현[2]으로 구성된 조선족 자치주로 중국 조선족의 가장 큰 집거지다. 이 지역의 동쪽은 러시아의 연해주에 맞닿아있고 동남쪽은 두만강을 사이에 두고 북한과 마주하고 있다.

현재 연변 지역에서 생활하고 있는 조선족은 19세기 중엽 이후부터 조선반도에서 이주하여온 사람들과 그 후예들이다. 심혜숙(1990)에 의하면 연변은 발해의 멸망 후 오래 동안 여진족의 통치를 받다가 17세기 중엽에 청나라 통치권에 귀속되면서 주민들이 점차 만족(滿族)과 한족(漢族)으로 바뀌었다. 청나라 초기인 1677년부터는 청나라가 두만강, 압록강

---

1) '시'는 중국의 행정구역 단위로 도시와 농촌이 통합된 한국의 '통합시'에 맞먹는다. 연길시, 룡정시, 도문시, 화룡시, 훈춘시, 도문시가 여기에 속한다.
2) '현'도 중국의 행정구역 구획의 한개 단위로서 한국의 '군'에 맞먹는다. 왕청현과 안도현이 포함된다.

이북의 연변 지역에서 200년 가까이 봉금(封禁)정책을 실시하여 인접주민이 이 지역에 들어오지 못하도록 하였다.[3] 하지만 당시 한반도 통치세력의 탄압과 거듭되는 재해를 입은 함경도 주민들이 대략 1851~1856년 기간에 연변으로 이주하기 시작하였다. 특히 1860년부터 1870년 사이에 조선반도 북부 지역에 연속 심한 자연재해가 들어 조선반도 북부지역의 농민들이 대량으로 압록강, 두만강 이북으로 넘어오게 되었다. 청정부는 동북 변강을 개발하고 러시아로부터 오는 동북변경의 우환을 없애기 위하여 1885년에 봉금정책을 해제하기에 이르렀고 변강 개발에 조선인의 힘을 이용하려는 목적에서 한때는 두만강 이북 해란강 이남의 약 700여리의 지역을 한민 개간지로 제정하는 등 우대 조건으로 조선인의 이주를 환영하기도 하였다. 이주 초기의 주민은 주로 함경도와 평안도 등 조선반도 북부 일대의 주민들로 그들은 두만강과 압록강을 넘어 그 인근 지역인 현재의 연변 지역과 료녕성 일대에 마을을 구성하여 조선족 집거구역을 형성하였다. 이렇게 연변 지역에는 대다수 초기에 이주한 함경도 출신의 이주민이 정착하게 되었다. "9.18" 사변 이후 일제는 동북의 개발에 조선반도의 인력을 활용하고자 백만 이주 계획을 제정하고 강제적으로 조선인을 이주시켜 집단 부락을 구성하게 하였다. 하여 이주민의 수가 대폭 늘어나게 되었으며 이주민들의 출신지역도 함경도와 평안도를 벗어나 강원도, 경상도, 충청도, 전라도 등 남부일대까지 포함한 전 지역으로 넓혀지게 되었고 이주지도 오늘의 길림성의 대부분 지역과 흑

---

3) 청조의 주 세력이 산해관 이남으로 진출한 후 백두산 동부, 영고탑(현재의 녕안) 남부, 훈춘 서부, 두만강 북부, 압록강 북부 등의 지역을 만족의 발상지라고 주장하면서 이 지역에서 생활하던 주민들을 쫓아내고 봉금정책을 실시하였다. 초기에는 관리가 매우 심했는바 백성의 출입이 일절 금지되었으며 다만 동북의 귀족과 고급관리들의 사냥터로 이용되었다.

룡강성에까지 넓혀지게 되었다. 오늘의 길림성의 조선족은 대부분 함경도 출신이고 료녕성의 조선족은 대부분 평안도 출신이며 흑룡강성의 조선족은 대부분 경상도 출신으로 분포된 이런 특징은 바로 이와 같은 조선인들의 이주과정에서 비롯된 것이다.

새 중국이 건립된 후 연변 지역은 중국내에서 조선족이 가장 많이 집중해있는 자치지역으로 되었고 조선족은 이민의 신분을 떠나서 헌법의 보호를 받는 중화민족의 일원으로 되었다. 1990년 이전까지 연변은 도시와 농촌의 이원화 구조로 거주의 지역적 안정성을 유지하고 있었다. 하지만 1980년대 말 즈음부터 중국의 개혁개방정책의 실시로 계획경제체제가 시장경제체제로 전환되면서 연변 조선족사회의 지역적 안정성은 파괴되기 시작하였다. 재래의 생산, 생활방식으로는 높은 경제수익을 올릴 수 없음을 깨달은 조선족들은 중국 연해개방도시로 진출하기 시작하였다. 중국의 개혁개방이 날로 심화되고 주변 국제환경이 날로 완화됨에 따라 해외진출도 하기 시작하였는데 초기에는 국경지대에 거주하고 있는 유리한 조건을 이용하여 조선, 러시아 무역과 장사를 진행하던 데로부터 1992년 한중수교 후 인차 "한국나들이" 붐이 일기 시작하여 지금까지 쭉 이어지고 있다. 초기의 친척방문으로부터 시작하여 산업연수, 노무송출, 섭외혼인 등 여러 가지 도경을 통해 진출하고 있다. 이러한 인구유동으로 인해 연변의 조선족 인구는 선명한 급감현상을 보여주었다. 1949년 해방초기에 연변 지역 총 인구 수는 835,278명이고 조선족 인구수는 529,258명으로 조선족의 인구 비율이 63.36%를 차지하던 데로부터 2013년에 와서는 연변 전체 인구는 2,182,059명인데 그 중 조선족은 796,946명으로 조선족의 인구비율은 36.5%까지 하락한 뚜렷한 감소를 나타내고 있다(延邊州統計年鑒2013).

연변의 각 현, 시에서 조선족이 차지하는 비율이 연길시 57.7%, 룡정시 66.3%, 도문시 54.1%, 화룡시 51.3%, 훈춘시 37.8%, 돈화시 4.1%, 왕청현 27.2%, 안도현 19%로 나타났다(延邊州統計年鑒 2013). 하지만 중국의 도시화, 산업화의 진척에 따라 조선족들이 대도시로의 이동과 해외진출, 조선족 출생수의 감소 등 원인으로 조선족 인구는 계속 줄어들고 있는 추세다. 중국의 조선족은 56개 민족가운데서 여느 민족에 비하여 문화와 교육이 발달한 우수한 민족으로 인정을 받아왔다. 하지만 개혁개방의 형세와 조선족 사회에 일어난 상술한 변화들은 조선족 교육에도 커다란 영향을 끼치고 있는바 학생 수의 격감으로 많은 조선족 학교들이 문을 닫거나 폐교의 경지에 이르게 되었다.

주지하다시피 연변 지역의 주민 대부분은 19세기중엽 이후부터 이주했으며 대부분 집단으로 이주하여 집거지를 이루고 살았는데 그 중 대부분은 함경도 출신 또는 함경도 출신 이주민의 2, 3세다. 그 외에도 집단이주 또는 자유이주에 의하여 건너온 경상도나 평안도, 강원도, 충청도 등 여러 지역의 출신들도 있지만 극소수에 불과하며 긴 세월을 지나오면서 함경도방언 사용자들의 포위 속에서 이들은 함경도방언과 기타 방언을 혼합하여 사용하고 있다.4) 전학석(1998)은 이러한 사실에 근거하여 연변 지역 방언을 육진방언과 함경북도방언으로 하위분류하기도 한다.5) 즉 연변 지역 조선족의 대다수는 함경도방언에 기반을 둔 언어를

---

4) 박경래(2003 : 84)는 연변 훈춘시 정암촌에서는 충청도 방언형과 함경도 방언형이 혼합되어 쓰인다고 하였다.
5) 연변 지역은 방언학적 측면에서 볼 때 크게 두 가지로 분류된다. 경신, 반석, 영안, 밀강, 양수, 월청, 개산툰, 삼합 등 지역은 육진지방의 이주민이 주로 살고 있는 지역으로서 '육진방언'으로 하위분류할 수 있으며 기타 지역은 육진방언을 제외한 함경북도 이주민이 살고 있는 지역으로서 '함북방언' 구역으로 하위분류할 수 있다(전학석 1998 : 153-154). 여기서 '육진방언'은 두만강 연안에 위치한 함경북도 북부의 경원, 회

사용한다고 할 수 있다. 1987년에 "연변조선어규범위원회"가 설립된 이래 연변 조선어의 실정으로부터 출발하여 부단히 연변 표준어를 제정하여 사용하게 하였고 또 근 한 세기가 넘는 세월을 보내면서 언어 내부의 변화, 민족의식을 바탕으로 한 밀어버릴 수 없는 한국어의 영향, 중국어라는 지배언어 환경 속에서의 정치, 문화적 영향 등으로 인하여 함경도 방언에 기반을 둔 연변 지역어는 초기의 원적지 방언과 다른 독자적인 방언 성격을 지니게 되었다.[6)]

2.2 자료수집 및 정리

연구의 성패는 조사지역을 대표할 수 있는 객관적인 자료의 확보에 있다. 아래에 제보자 선정, 자료조사 및 정리, 질문지 작성 등 몇 개 면으로 나누어 자료조사 과정을 구체적으로 설명하려 한다.

2.2.1 제보자 선정

이상과 같은 저간의 사정을 고려하면 본고를 위한 제보자는 함경도방언에 기반한 함경도 출신 이주민 혹은 그들의 2, 3세나 그 이하 세대가

령, 종성, 온성, 경흥, 부령의 여섯 군에서 쓰이는 지역어를 통틀어 일컫는 말이다.
6) 1949년 중화인민공화국 설립 이후 연변 지역의 언어사용 규범은 북한의 것을 많이 받아들였다. 전학석(1998)에서 알 수 있듯이 연변 지역어는 함경도방언에 기반을 두지만 세월을 거듭하면서 그 하위방언들이 통합 발달하여 오늘에 이르렀다. 또한 중국의 개혁개방정책에 의한 조선족 인구의 연해도시로의 대이동과 한국과의 수교이후 연변 조선족들의 빈번한 한국 나들이, 대다수 가정에서의 한국 텔레비전 시청 등등도 연변의 조선어 어휘체계에 많은 영향을 주었다. 이와 같이 본고는 연변 지역어를, 함경도방언을 기층으로 형성되었지만 함경 각 하위방언들의 통합 발달과 여러 가지 사회적 요인의 영향으로 형성된 독자적인 체계로 보았다.

된다. 또한 한 개 세대에 한두 명의 제보자를 면접했을 때 나타날 수 있는 자료의 편향성을 줄이기 위하여 노년층, 중년층, 청장년층[7]의 각 세대에서 남녀 각각 4명씩 총 24명을 주제보자로 선정하였다. 주제보자의 선정 기준은 아래와 같다.

첫째, 주제보자는 출생지를 고려하여 함경북도 출신 이주민 혹은 함경북도 출신 이주민의 2, 3세로 제한하였다. 뿐만 아니라 연변에서 태어나 지금까지 죽 연변에서 살아온 토박이를 제보자로 삼았다.

둘째, 학력이 언어사용과 밀접한 관련이 있다는 점을 고려하여 조선족 학교를 졸업했는지를 우선 조건으로 내세우면서 최종 학력을 고려하였다. 이에 따라 조선족 학교를 졸업하고 조선어를 모어로 사용하는 제보자를 대상으로 한정하였다.

셋째, 제보자는 그 제보자가 속한 세대를 대표할 수 있는지를 고려하여 선정하였다.[8] 선정된 제보자들이 충분히 그 세대를 대표할 수 있는 인원들로 구성되었는가가 객관적인 자료 확보의 보장이기 때문이다.

세대별 제보자들의 사회적 특징과 결부하여 제보자를 확보한 과정을 구체적으로 밝히면 아래와 같다.

노년층은 함경북도 이주민의 1세 혹은 2세로 70대는 농업에 종사한 사람이 대부분이고 일부는 중학교까지 다니고 공장에 들어가 일하던 사람들이다. 60대는 농업에 종사한 사람들이 있는가 하면 또 도시에서 태

---

7) 기술의 편리를 위하여 노년층을 G1세대, 중년층을 G2세대, 청장년층을 G3세대로 표시하여 사용한다.

8) G1, G2, G3은 각각 노년층세대, 중년층세대, 청장년층세대로 중국의 사회발전변화에 따라 서로 다른 시대를 살아왔기에 그들의 사회적 성격도 일정한 특징을 가진다. 이러한 특징은 주로 학력과 관련되어 있다. 즉 노년층인 G1세대에서 청장년층인 G3세대로 내려올수록 학력이 점차 높아지고 그에 따라 직업도 농업에서 점차 도시화에 따른 직업들로 바뀌게 된다.

어났다 하더라도 농촌에 지식청년으로 내려가 노동개조를 하고 다시 도시로 돌아와 출근하다가 정년퇴직한 사람들도 많고 극 소부분이 중등전문학교 이상의 학력을 가지고 출근하다가 정년퇴직한 사람들이다. 현재 중년층의 많은 사람들이 외지에 돈벌이를 떠나다보니 그들의 자녀는 할머니, 할아버지 즉 노년층에 맡겨졌고 연변의 도시화 진척에 따라 많은 노년층의 사람들도 농촌을 떠나 연길을 비롯한 각 현, 시 소재지에 집을 잡고 손자(녀)들을 돌보고 있다. 손자(녀)를 돌보는 부담이 없는 60대 초반의 사람들도 지금은 한국에 쉽게 나갈 수 있는 정책이 있어 한국에 나가 돈벌이 하는 사람이 적지 않다. 그러고 보면 현재 연변에 남아 있는 60대는 정년퇴직한, 즉 정년퇴직하기 전에 고정된 일자리가 있던 사람이 대부분이다. 이런 점을 감안하여 선정한 노년층의 제보자는 아래와 같다.

70대 제보자로 왕청현 묘령진에서 농사를 짓다가 연길에 이사와 손자를 공부시키며 생활하는 노부부를 선정하였다. 연길에 이사 온 지 5년이 되며 슬하에 2남 1녀를 두었는데 딸은 일본에 있고 아들들은 한국에 있다. 다른 70대 남제보자는 화룡 모 공장에 출근하다가 연길 모 공장으로 전근해 연길에서 생활한 지 28년째 되며 현재는 정년퇴직했고 슬하에 1남 1녀를 두고 있는데 딸은 미국에 있고 아들은 북경에 있다. 다른 70대 여제보자는 화룡 모 공장에 출근하다가 도문으로 전근해 도문에서 생활한 지 20년째 되며 현재는 정년퇴직했고 슬하에 1남 1녀를 두고 있는데 모두 한국에 있다.

60대 제보자는 연길의 모 주민단지에서 생활하는 두 부부를 선정하였다. 그 중 한 부부는 지식청년으로 농촌에 내려갔다가 연길에 돌아와 생활한 지 40년이 된다. 계속 임시공으로 일하다가 현재는 집에서 놀고 있다. 슬하에 1남 2녀를 두었는데 모두 한국에 나가 있고 손자를 돌보며 생활하고 있다. 다른 한 부부는 교사 출신이다. 도문시 모 진에서 남제보자는 중학교, 여제보자는 소학교에서 교편을 잡다가 정년퇴직하고 현재 연길에 들어와 생활한 지 십년이 되며 슬하에 딸 둘을 두고 있는데 딸 한 명은 일본에 있고 다른 한 명은 연길에서 출근하고 있다.

중년층의 50대의 대부분은 중국이 금방 대학 입시 제도를 회복하는 전후 시기와 문화대혁명시기에 중학시절을 경과해온 사람들이다. 문화대혁명의 피해로 중도에서 학교를 그만둔 사람들이 많기 때문에 50대의 중년층 제보자를 선정할 때 학력 상 높은 요구를 제기하지 않았다. 40대의 대부분은 격렬한 대학입시의 경쟁을 경과해왔고 중등전문학교만 나와도 연변 각 현시 소재지의 사업단위와 기관에 취직할 수 있었기에 외지에서 대학교를 다녔어도 다시 고향에 돌아와서 일터를 마련한 사람이 많았다. 대학에 진학하지 못해 고정된 일자리와 안정된 수입이 없는 중년층 사람들은 현재 거의 다 외지에 나가 있는 상황이다. 그들은 중국의 개혁개방정책을 맞아 중국의 연해도시에 들어온 많은 한국 기업에 취직할 수 있었고 또 일부 사람들은 한국을 비롯한 외국으로 돈벌이를 떠났다. 결국 연변에 남아있는 중년층은 안정되고 고정된 직업이 있는, 예하면 교사, 의사, 정부기관 공무원, 은행원, 공안·검찰·법원의 사무일군 등 사람들로써 이 부류의 계층에 속하는 사람들은 대부분이 학력이 중등전문학교 이상이다. 그리고 소수의 사람들이 자영업에 종사하거나 임시공으로 일하고 있는 것으로 파악되었다. 이런 점을 감안하여 선정한 중년층의 제보자는 아래와 같다.

50대 남제보자 중 한 명은 중등전문학교를 나온 후 현재 화룡의 모 은행에 출근하고 있고 19살 된 딸이 있다. 다른 한 남제보자는 고중을 졸업하고 도문시 문화관에 있다가 현재 정년퇴직하였고 23살 된 딸이 있다. 50대 여제보자 중 한 명은 중등전문학교를 졸업한 후 도문시 진수학교 교연원으로 근무하고 있고 28살 된 딸이 있다. 다른 한 명은 고중을 졸업하고 도문시 문화관에 있다가 정년퇴직했는데 50대의 두 번째 남제보자와 부부관계에 있다.

40대 남제보자 중 한 명은 대학 졸업 후 연길의 모 병원에서 일하고 있고 12살 된 아들이 있다. 다른 한 남 제보자는 중등전문학교를 졸업하고 왕청현 파출소에 근무하고 있으며 20살 된 대학생 딸이 있다. 40대 여제보자 중 한 명은 전문대학을 졸업하고 연길 모 보험회사의 업무원으로 있으며 15살 된 아들이 있다. 다른 한 여제보자는 고중을 졸업하고 왕청 백화점에서 매대를 운영하고 있다가 현재는 가정주부로 있는데 40대의 두 번째 남제보자와 부부관계에 있다.

청장년층은 80년대를 전후로 하여 출생한 세대로 중국의 개혁개방정책의 출시와 함께 대두한 세대라고 할 수 있으며 또한 21세기를 전후로 해서 대학입시에 직면했던 세대다. 30대 중반 이상의 연령대에 있는 사람은 40대와 비슷하게 격렬한 대학입시의 경쟁을 경과해왔기에 대학이상 학력을 가진 사람이 많은 축이 아니다. 하지만 30대 중반이하의 청장년층은 비교적 안일한 대학입시제도의 혜택을 받았다고 할 수 있다. 대학 입학률이 50%이상에 달하면서 거의 대부분의 학생들이 대학에 진학할 수 있었다. 하지만 따라서 취업난도 만만치 않아 대학을 졸업했어도 연변 각 현시의 기관, 사업단위에 들어가는 것은 하늘의 별따기이고 또 연변은 중국의 기타 연해도시에 비하여 경제발전 속도가 느릴 뿐만 아니라 취업할 수 있는 대기업도 없기에 대량의 대졸 이상 학력의 청장년들이 중국의 연해도시, 외국 유학의 길을 선택하였고 외지에서 취직하고 돌아오지 않는 현상도 비일비재다. 이런 점을 감안하여 선정한 청장년층의 제보자는 아래와 같다.

30대 남제보자 중 한 명은 석사과정을 마치고 연길에서 자영업을 하고 있고 딸이 4살이다. 다른 한 남제보자는 대학 졸업 후 연길의 모 한국 회사에 근무하며 10살 된 딸을 두고 있다. 30대 여제보자 중 한 명은 박사과정을 마치고 연변대학에서 교편을 잡고 있는데 2살 된 아들을 두고 있고 다른 한 여제보자는 고중을 졸업한 후 연길의 모 여행사에서 업무원으로 일하고 있으며 12살 된 딸이 있다.

온전한 청자대우법을 자연스럽게 구사할 수 있는 연령대가 20대 중반이기에(한길 2002 : 216) 20대는 25세 이상의 화자를 제보자로 삼았다. 20대의 남제보자 중 한 명은 2013년에 석사 과정을 마치고 취직활동 중인 미혼 남성이고 다른 한 명은 전문대학을 나와 룡정시에서 공무원으로 일한지 6년째 되고 결혼한 지 1년이 좀 넘는 남성이다. 20대 여제보자 중 한 명은 대학을 졸업하고 연길의 모 병원에서 간호사로 있는 미혼 여성이고 다른 한 명은 중등전문학교를 나와 7년째 룡정시 모 소학교에서 교사로 있는데 20대 두 번째 남제보자와 부부관계에 있다.

주제보자들은 연길, 룡정, 도문, 화룡, 왕청 등지에서 확보하게 되었는데 이런 지역들은 조선족이 많이 집거한 지역으로써 언어의 개인차가 심하지 않기에 이 제보자들은 본고에서 연구하려는 연변 지역을 대표할 수 있는 사람들이라고 할 수 있다. 본고를 위해 자료를 제공해준 주제보자들의 기본정보를 표로 보이면 다음의 <표 1>과 같다.

<表 1> 제보자들의 기본 정보

이름	성별	연령	학력	직업	출생지	현재 거주지, 거주시간 (년)	부모님 출생지	
							아버지	어머니
리수영[9]	남	75	소학교	무	함북 경흥군 오경리	연길(5)	함북 경흥군 오경리	함북 경흥군 오경리
김관식	남	75	초중	정년 퇴직	화룡시 동성진	연길(28)	함경북도[10]	함경북도
현길자	여	73	초중	정년 퇴직	화룡	도문(20)	함북 길주군	함경북도
김송죽	여	72	소학교	무	왕청현 대흥구진	연길(5)	함경북도	함경북도
지철하	남	67	초중	무	룡정시 조양천진	연길(40)	룡정시 조양천진	룡정시 조양천진
량동석	남	69	고중	정년 퇴직	왕청	연길(10)	함경북도	함경북도
남춘자	여	65	초중	무	룡정시 조양천진	연길(40)	룡정시 태평촌	룡정시 태평촌
전금녀	여	66	중등 전문	정년 퇴직	왕청	연길(10)	함경북도	함경북도
박철	남	53	중등 전문	은행 원	화룡	화룡	화룡	화룡
정경철	남	58	고중	정년 퇴직	도문	도문	룡정	룡정
정금옥	여	53	중등 전문	교사	도문	연길(10)	룡정	룡정
조명자	여	56	고중	정년 퇴직	도문	도문	도문	도문
리창근	남	43	대학	회계	도문	연길(18)	도문	도문
배영남	남	48	중등 전문	경찰	왕청현 백초구진 부암촌	왕청(25)	왕청현 백초구진 부암촌	왕청현 백초구진 부암촌
고송금	여	42	전문 대학	회사 원	룡정시 조양천진	연길(19)	룡정시 조양천진	룡정
정미란	여	46	고중	가정 주부	왕청	왕청	왕청	왕청

이름	성별	연령	학력	직업	출생지	현재 거주지, 거주시간 (년)	부모님 출생지	
							아버지	어머니
리강	남	31	석사	서비스업	도문	연길(8)	왕청	왕청
김성웅	남	38	대학	회사원	화룡	연길(13)	화룡	화룡
강미화	여	32	박사	교사	연길	연길	연길	화룡
강혜선	여	37	고중	회사원	화룡	연길(17)	화룡	화룡
김영성	남	25	석사	취직활동중	왕청	연길(6)	왕청	왕청
김룡수	남	29	전문대학	공무원	룡정시 팔도진	룡정(7)	룡정시 동성진	룡정시 팔도진
현혜정	여	25	대학	간호사	화룡	연길(10)	안도	화룡
박향란	여	27	중등전문	교사	룡정시 유신촌	룡정(7)	룡정시 유신촌	룡정시 지신진

2.2.2 자료조사 및 정리

본고의 자료는 모두 현지조사에 의해서 이루어졌다. 현지조사는 2013년 4월부터 10월까지 모두 두 차례의 면접조사와 두 차례의 설문조사를 통해 이루어졌다. 면접조사와 설문조사는 자료의 균질성과 통일성을 확보하기 위하여 동일한 내용의 질문지를 이용하였다. 이 외에 수시로 행한 자연발화 녹취 및 관찰기록을 통하여 자료를 확보하였다. 자료조사는

---

9) 3살 때 부모와 같이 왕청현 묘령진에 이주했다고 한다.
10) 제보자 본인들이 자신의 부모님이 함경북도에서 이주해온 것은 알고 있지만 상세한 주소를 모를 때 '함경북도'라고 적었다.

세 가지 방법에 의해 진행되었다.

하나는 필자가 마련한 <친족호칭어와 지칭어 조사 질문지>[11]를 이용하여 조사자가 제보자에게 조사항목을 하나하나 질문하여 친족호칭어와 지칭어 체계 전반을 직접 조사하는 면접조사를 실시한 것이다. 동시에 개개의 친족호칭 대상에게 말하는 상황을 상정하고 동사 '하다', '먹다', '가다'를 서술어로 하는 서술문, 의문문, 명령문, 청유문을 완성하도록 하여 종결형식의 쓰임을 확인하였다. 면접조사는 두 차례에 걸쳐 이루어졌다. 첫 번째 조사는 각 세대별로 남녀 각각 4명씩을 대상으로 총 24명의 주제보자에 대하여 친족호칭어와 지칭어 체계 전반을 조사하고 동시에 친족호칭 대상에 호응하는 종결형식을 조사한 것이다. 두 번째 조사는 첫 번째 조사에서 빠진 빈칸을 채우고 개신형의 사용여부를 확인하기 위하여 재조사를 진행한 것이다. 청장년층세대는 중, 노년층세대와 달리 중국의 산아제한정책[12]이 시행된 이후에 태어난 세대여서 형제자매가 없는 독신 자녀가 대부분이고 형제가 많아야 둘밖에 되지 않기에 첫 번째 조사에서 빈칸이 많았다. 이 때문에 여러 경로를 통해 형제가 있는 제보자들을 섭외하고 찾아가서 면접조사 함으로써 빈칸을 메웠다.

다른 하나는 동일한 내용으로 설문지를 만들어 세대별로 설문조사하여 그 응답형을 통계처리 하는 것이다. 자료의 객관성을 확보하고 세대별로 친족호칭어와 지칭어들의 사용비율을 확인하여 변화과정과 변화정

---

11) <친족호칭어와 지칭어 조사 질문지>는 박경래가 2004년에 연변 정암촌의 호칭체계와 청자대우법을 조사하기 위해 만든 '친족용어 조사 질문지'를 참고하여 본고에서 연구하려는 범위 내에서의 친족호칭어와 지칭어에 대한 조사 항목을 작성하였다. 질문지의 구성 등에 대하여서는 다음 절에서 구체적으로 밝힌다.

12) 중국정부는 1970년대 초에 '산아제한정책'을 출시하여 한 쌍의 부부가 자녀 한 명밖에 낳지 못하게끔 헌법에 규정해놓았다.

도를 알아보기 위하여 면접조사와 병행하여 진행하였다. 이 설문조사는 24명의 주제보자들에 대한 면접조사를 통해 조사해낸 친족호칭어와 지칭어를 바탕으로 하고 그 외에 사용 가능성이 있는 친족호칭어와 지칭어들을 모두 정리하여 선택문제의 형식으로 남, 여 용 설문지를 만들어 조사하였다. 설문조사도 두 차례에 걸쳐 이루어졌는데 조선족이 비교적 많이 거주하고 언어의 개인차가 심하지 않은 연길, 룡정, 도문, 왕청, 화룡, 훈춘 등 지점을 중심으로 진행하였고 설문대상은 연변에서 태어나고 자란 사람들을 대상으로 하였다.[13] 1차 설문조사는 모든 연령층을 대상으로 고루 실시하였고 2차 설문조사는 유의미한 통계처리가 되도록 1차 조사에서 부족한 자료를 확보하기 위하여 추가 설문조사를 실시하였다. 제보자들은 농민, 노동자, 회사원, 교사, 의사, 공무원, 주부, 학생, 자영업자, 무직자 등 다양한 업종에 종사하는 이들로 이루어졌고 세대별로 남녀 각각 60명씩 도합 360명 내외를 대상으로 하였다.[14] <표 1>의 주제보자의 정보에서 알 수 있듯이 중국의 개혁개방과 도시화의 진척에 따라 노년층에서 청년층으로 올수록 제보자들의 학력은 높아지고 직업도 학력에 맞는 다양한 직업들로 바뀌게 된다. 따라서 설문조사에 참가

___

13) 앞에서 밝혔듯이 연변의 8개 현시 가운데서 돈화시와 안도시를 제외한 연길, 룡정, 도문, 왕청, 화룡, 훈춘은 연변 지역에서 조선족이 차지하는 비율이 비교적 높은 지역이다. 뿐만 아니라 주민들이 일상적으로 사용하는 조선어는 함경도방언에 기반한 연변 지역에서 사용되는 언어이고 모두 조선어와 한어를 부분적으로 함께 사용하는 이중 언어 사용의 상황 속에 놓여있기에 언어의 개인차도 심하지 않고 연변 지역의 언어를 대표할 수 있다. 각 현시 농촌에 살던 조선족들은 가깝게는 각 현시 소재지로 이사하고 멀리는 외지로 떠났기에 현재 농촌에는 조선족이 기본상에서 살지 않는 상황이다. 하여 설문조사 지점으로 농촌은 배제하였다.

14) 통계 처리할 때 유의미한 표본추출의 최소 인원이 30명이라는 점을 고려하여 연변의 각 현시에 조선족들이 불균형하게 거주하고 있고 언어적 배경도 균질적이지 않기에 세대별로 남녀 각각 60명씩 설문조사를 실시하여 면담결과의 객관성을 확보하려 하였다.

한 제보자들도 청년층으로 올수록 높은 학력을 요구하는 직업인 교사, 회사원, 공무원, 의사 등이 많은 비중을 차지하였다.

마지막으로는 제보자들의 자연발화를 녹취하거나 대화에 함께 참여하면서 관찰한 것을 수시로 기록하여 실제 친족호칭어와 지칭어 사용과 종결형식의 사용 용례를 수집하는 방법을 취하였다. 자연발화에 대한 녹취는 대부분 녹음하는 형식을 취하였다. 제보자를 통해 녹음자료를 확보하였는데 조사자가 객관적 입장을 유지하는 상태에서 가능하면 대화를 방해하지 않고 관찰하는 방식으로 진행하였다. 처음에는 제보자들이 녹음기를 의식하여 말을 조심스럽게, 많이 하지 않았지만 대화시간이 길어지면서 차츰 자연스럽게 대화 속에 들어가게 되는 것을 확인할 수 있었다. 어떤 녹음은 잡음이 많아 대화내용이 불분명할 때는 제보자와 연계하여 다시 확인하는 작업이 필요했다. 다음 제보자들의 가족관계로부터 시작해서 그들의 일상적인 관심사가 되는 문제들을 화제거리로 대화를 만들어 가면서 그것을 녹음하여 자료를 수집하기도 하였다. 이때 녹음의 효과성을 고려하여 때때로 관찰되는 것을 기록해두는 방법도 병행하였다. 또 세대별로 몇몇 제보자들에게 부탁하여 스마트폰이나 녹음 필을 이용하여 가족에서의 일상대화, 가족모임에서의 대화, 친구들과의 대화, 동료들과의 대화 등을 수시로 녹음하도록 부탁하여 제공받는 형식도 취하였다. 이런 녹음자료들은 세대별로 다시 문자로 전사하여 논문의 용례로 사용하였다. 이때 사전에 오르지 않은 비표준적인 발음도 연변 지역 방언의 특성을 나타내기 위해 그대로 적는 것을 원칙으로 했다.

면접 시의 질문형식을 통해 호칭대상에 대한 종결형식의 기본적인 방언형을 조사했다면, 자연발화와 참여관찰은 대화 상황에서 다양하게 구사되는 종결형식의 사용 용례를 수집하는데 효과적이었다. 면접조사에서는 한 호칭대상에 대해서 대체로 하나의 종결형식을 사용하는 것으로 응답했지만 실제 대화 상황을 들어보면 한 대상에 대하여 거의 두 가지 정도의 종결형식을 사용하고 있었다.

연변의 대부분 조선족들이 가정에서 한국의 텔레비전을 시청하고 있기에 자신들이 쓰고 있는 어떤 호칭어들은 한국의 쓰임과 다른 방언임을 의식하고 응당 어떻게 불러야 된다는 식으로 해답하고 본인이 쓰고 있는 호칭어는 회피하려는 현상이 있었다. 이때는 본 연구의 취지를 다시 한번 잘 설명해주어 지금 사용하고 있는 언어자료를 제공할 것을 요구하였다.

2.2.3 질문지 작성

앞서 밝혔듯이 본고의 친족호칭어와 지칭어 자료는 면접조사와 설문조사를 통한 현지조사에 의해서 이루어졌는데 이 두 조사는 각각 <친족호칭어와 지칭어 조사 질문지>와 <친족호칭어와 지칭어 조사 설문지>(남성용, 여성용)를 이용하여 이루어졌다.

정확하고 객관적인 자료를 확보하기 위하여 유효한 질문지 작성이 우선 작업이었다. 하여 연변 지역 친족호칭어와 지칭어 체계 전반을 조사하기 위하여 우선 '친족'의 개념을 명확히 하였다. 즉 혈연과 인척관계로 맺어진 일부 구성원들의 사회집단을 친족으로 보고 혈족의 범주는 친가계와 외가계로, 인척의 범주는 시가계와 처가계로 다시 분류하는 구분방식에 의하여(왕한석 1992 : 143-144) <친족호칭어와 지칭어 조사 질문지>를 친가계, 외가계, 시가계, 처가계 4개 부분으로 나누어 작성하였다. 친족호칭어와 지칭어가 적용되는 친족 지위 상 상위자의 상한선은 대체로 증조항(曾祖行), 즉 3대 상위 항렬까지 정한다. 그것은 현실적으로 성인인 화자가 직접 면대하여 언어적 상호작용을 할 수 있는 상한선이 증조항(曾祖行)까지일 것으로 짐작될 뿐만 아니라 고조항(高祖行) 이상 즉 4대 이상 상위 항렬의 친족원들을 직접 부르는 독립된 호칭어가 실제로 존재하지 않기 때문이기도 하다(왕한석 1992 : 145). 이에 따라 친가계 호칭어와 지칭어 질문지를 작성할 때 '나'를 포함하여 우로 3대 즉 증조부 항렬까지 조사범위에 넣었다. 하지만 제보자들은 모두 증조부모는 어릴 때 불렀겠는데 잘 기억나지 않고 응당 어떻게 불러야 한다는 식으로 응답했기에 외가계와 시가계, 처가계의 호칭어와 지칭어 질문지는 증조부 항렬은 제외하고 친족 지위 상 상한선은 조부항렬까지 작성하였다. 친가계 비속으로는 '나'를 포함하여 3대까지 즉 손자(녀) 항렬까지 조사범위로 정하고 방계 4촌까지와 부부사이의 호칭어와 지칭어도 친가계의 범위에 넣어 질문지를 작성하였다. 외가계는 방계 4촌까지 조사범위에 넣고 비속은 제외하였다. 시가계와 처가계는 존속 2대까지, 방계는 부계쪽과 모계쪽 다 각각 3촌까지 조사할 수 있게끔 질문지를 작성하였다.

<친족호칭어와 지칭어 조사 설문지>는 남, 여 용으로 나누어 남성용은 친가계, 외가계, 처가계 3개 부분으로, 여성용은 친가계, 외가계, 시가계 3개 부분으로 나누어 작성하였다. 매개 부분의 친족의 범위는 <친족호칭어와 지칭어 조사 질문지>와 똑같이 정하였다. 다른 점이라면 <친족호칭어와 지칭어 조사 질문지>는 물음의 형식으로 작성하였지만 <친족호칭어와 지칭어 조사 설문지>는 24명의 주제보자들에 대한 면접조사를 통해 조사해낸 친족호칭어와 지칭어를 바탕으로 하고 그 외에 사용 가능성이 있는 친족호칭어와 지칭어들을 모두 정리하여 선택문제의 형식으로 작성한 것이다.

제3장

연변 지역 친족호칭어와 지칭어

호칭 또는 호칭어는 일반적으로 화자가 대화의 상대방과 말을 하는 동안에 그 상대방을 부르기 위해 사용하는 '단어', '어구', 또는 '표현들'을 의미한다. 호칭어의 목록은 개별사회에 따라 다양하겠지만 흔히 이름, 2인칭 대명사, 친척호칭 등이 대부분의 인간사회에서 거의 보편적으로 사용되는 호칭형태인 것으로 보고된다. 지칭어는 화자에 의해 말해지는 대상을 화자가 가리키는 말, 다시 말하여 대화 중 가리켜 일컫는 대상을 지시하는 말이다(왕한석 외 2005 : 17). 청자가 친족일 경우에는 항렬과 촌수 등 친족관계에 따라서 호칭어와 지칭어를 사용하게 되고 청자가 비친족일 경우에는 청자의 나이, 사회적 직위, 성별, 친소관계, 대화 상황 등 요인에 따라 적절한 호칭어와 지칭어를 선택하여 사용하게 된다.

우리 민족은 예로부터 가족 및 친족 조직이 전반적인 사회 조직의 근간을 이루었기 때문에 어휘체계상으로도 친족호칭어와 지칭어가 정교하게 발달해왔다. 친족호칭어와 지칭어는 그동안의 한국어 호칭어와 지칭어 연구에서 가장 많이 연구된 분야가운데 하나다. 연변 지역의 친족호칭어와 지칭어는 한국어의 친족호칭어와 지칭어가 기본이 되어 사용되나 역사적, 지리적, 문화적 요인으로 인해 한국과 달리 사용되는 경우가 많다. 한국의 경우 '표준 화법 해설'(1992)이나 '표준 언어 예절'(2011)과 같은 국가 차원에서의 국민들의 언어생활의 길잡이가 될 수 있는 지침서가 마련되어 있지만 연변의 경우는 표준이 정해져있지 않기에 언중들이 부정확하거나 무질서하게 친족호칭어와 지칭어를 사용하는 경우가 있다.

친족은 부모와 자녀 또는 형제자매와 같은 혈연관계로 맺어진 혈족, 그리고 배우자를 통해 혼인관계로 맺어진 인척 등으로 이루어진 집단을 일컫는다. 즉 혈연과 인척관계로 맺어진 일부 구성원들의 관계를 친족관계라 하고 그 친족관계로 형성된 사회집단을 친족이라고 한다. 혈족의 범주는 친가계와 외가계로, 인척의 범주는 시가계와 처가계로 다시 분류될 수 있다. 이러한 구분방식은 기술적으로 보다 유용한 구분방식이라고 할 수 있다. 왜냐 하면 이러한 구분방식은 개념상으로도 명료할 뿐만 아니라 친족용어상으로도(호칭 및 지칭 모두에서, 특히 호칭에서) 타당성을 갖는 것으로 보이기 때문이다(왕한석 1992 : 143-144).

친족호칭어와 지칭어의 사용은 친족 지위 상 상위자 즉 존속 개개인에게만 적용되고 하위자 즉 비속에게는 대신 이름을 부르는 것이 일반적인 원칙으로 된다. 하지만 동일 항렬내의 하위자이더라도 상대 친족원이 혼인에 의해 맺어진 인척일 경우에는 거의 반드시 친족호칭어와 지칭어가 사용된다. 또한 연령이 증가함에 따라 장성한 손아래 하위자에게도 더는 이름호칭어와 지칭어를 사용하지 않고 기타 유형의 친족호칭어와 지칭어를 사용하게 된다. 따라서 친족호칭어와 지칭어의 적용범위는 친족 지위 상 상위자 및 동일 항렬내의 일부분의 하위자까지인 것으로 일반화할 수 있다.

본고는 친족의 범위를 정할 때 직계로는 '나'를 포함하여 우로 4대, 아래로 3대까지, 방계로는 4촌까지를 친족의 범위에 넣었다. 친가계는 직계 존속으로 '나'를 포함하여 4대까지, 직계 비속으로는 '나'를 포함하여 3대까지 한정하였다. 논의의 편리를 도모하여 '나'를 기준으로 한 친형제와 사촌형제 즉 방계 2촌과 4촌, 그리고 부부사이의 호칭어와 지칭어 사용 양상도 친가계에 넣어 함께 논의하였다. 외가계의 친족 범위는 직계 존속은 '나'를 포함하여 우로 3대까지, 방계 4촌까지 논의하였고 비속은 제외하였다. 시가계와 처가계는 존속 2대까지로 제한하고 방계는 부계쪽과 모계쪽 다 각각 3촌까지로 제한하였다.

이 장에서는 친족호칭어와 지칭어를 친가계, 외가계, 시가계, 처가계로 나누어 그 사용 양상을 세대별로 구체적으로 제시한다. 남성을 기준으로 한 원(元)친족원과 그 배우자에 대하여 조사한 친족호칭어와 지칭어를 세대별로 구분하여 각각 제시하고 그 사용 양상을 사회적인 요인과 연관지어 살펴보면서 친족호칭어와 지칭어 사용상의 특점을 밝힐 것이다. 친족호칭어와 지칭어의 사용은 화자의 성별에 따른 구별이 필요하다. 그러나 친가계와 외가계는 대체로 남녀에 따른 구별이 없이 통칭적인 호칭어와 지칭어를 사용하기에 성별을 밝히지 않는다. 다만 방계의 2촌과 4촌에 대한 호칭어와 지칭어는 남, 여에 따른 구별이 있기에 이때만 성별을 밝혀 제시한다. 시가계와 처가계의 호칭어와 지칭어는 각각 결혼한 여성 화자와 남성 화자가 사용하는 호칭어와 지칭어를 세대별로 제시한다.

친족호칭어는 수자상으로 상대적으로 한정되어 있는데 반해 친족지칭어는 화자와 지칭 대상과의 관계나 지칭의 대상이 차지하는 위치 등이 구체적으로 드러나기에 매우 발달된 양상을 보인다.

3.1 친가계 호칭어와 지칭어

친가계는 '나'를 기준으로 한 아버지 쪽 가계를 말한다. 친가계에 대한 호칭어와 지칭어의 사용은 종(縱)으로는 '나'를 기준으로 손위 존속인 부모, 조부모, 증조부모까지 논의하였고 손아래 비속으로는 '나'를 기준으로 자녀, 손자(녀)와 그들의 배우자까지 논의하였다. 여기에 횡(橫)으로 조부의 형제, 아버지의 형제자매와 그들의 배우자까지 논의하였다. 다음 방계에 속하는 2촌과 4촌 친족 즉 '나'의 형제자매와 그 배우자, 아버지 형제자매의 자녀들과 그 배우자 그리고 부부사이의 호칭어와 지칭어도 친가계에 넣어 함께 논의하였다.

친가계 호칭어와 지칭어 사용 양상을 세대별로 제시한 것이 <표 2>다. 표에서 보는바와 같이 왼쪽에는 남성을 기준으로 원(元)친족원의 호칭어와 지칭어를 제시하고 오른쪽에는 그 배우자의 호칭어와 지칭어를 구분하여 제시하였다.

<표 2> 친가계 호칭어와 지칭어

항렬, 촌수	세대	元친족원		배우자	
		호칭어	지칭어	호칭어	지칭어
曾祖父	G1	노아바이, 노할아버지	노아바이, 노할아버지	노아매, 노할머니, 노할머이	노아매, 노할머니, 노할머이
	G2				
	G3				

관계	세대				
祖父	G1 G2 G3	아바이, 할아버지	아바이, 할아버지, 친아바이, 친할아버지	아매, 할머니, 할머이	아매, 할머니, 할머이, 친아매, 친할머니, 친할머이
祖父의 兄弟	G1	아바이, 할아버지	(큰, 작은) 아바이/할아버지, 큰집+아바이/할아버지	아매, 할머니, 할머이	(큰, 작은) 아매/할머니/할머이, 큰집+아매/할머니/할머이
	G2 G3		지명+아바이/할아버지, 손자(녀)이름+아바이/할아버지, 직업명+아바이/할아버지, 큰집+아바이/할아버지		지명+아매/할머니/할머이, 손자(녀)이름+아매/할머니/할머이, 직업명+아매/할머니/할머이, 큰집+아매/할머니/할머이
父	G1	아버지, 아부지	아버지, 아부지, 부친	엄마, 어머니, 어마이, 어머이	엄마, 어머니, 어마이, 어머이, 모친
	G2		아버지, 아부지		엄마, 어머니, 어마이, 어머이
	G3	아버지, 아부지, 아빠	아버지, 아빠, 아부지	엄마, 어머니	엄마, 어머니
伯父	G1 G2 G3	맏아바이	맏아바이, (큰, 둘째…)+맏아바이, 지명+맏아바이	맏아매	맏아매, (큰, 둘째…)+맏아매, 지명+맏아매
叔父	G1	삼추이, 아즈바이	삼추이, 아즈바이, (큰, 둘째…)+삼추이/아즈바이	아즈마이	아즈마이, (큰, 둘째…)+아즈마이
	G2 G3	삼추이	삼추이, (큰, 둘째…)+삼추이, 삼촌 이름+삼추이	아즈마이, 아지미	아즈마이, 아지미, (큰, 둘째…)+삼추이+네+아즈마이/아지미, 삼촌 이름+삼추이+아즈마이/아지미, 삼촌 자녀

					이름+네+아즈마이/ 아지미
父의 姐	G1	맏아매	맏아매, 지명+맏아매, (큰, 둘째…)+맏아매	맏아바이	맏아바이
	G2				
	G3				
父의 妹	G1	아재	아재, 고모, 친아재, (큰, 둘째…)+아재, 지명+아재, 고모 이름+아재	아즈바이	아즈바이, 고모부
	G2				
	G3				
兄 (남)	G1	형님	우리/내+허이, (우리) 형님	아즈마이	아즈마이
	G2				
	G3			아즈마이, 형수	아즈마이, 형수
(남)弟	G1	이름	이름, 내 동새, (큰, 둘째…)+동새	제수	제수, 동새 처
	G2		이름, 내 동새		제수, 동새 처/ 각시
	G3				
(남)姐	G1	누나, 누이/누애, 누비	(우리) 누나/누이 /누애/누비, (큰, 둘째…)+누나/ 누이/누애/누비	매부, 매형, 형님	매부, 매형, 형님, (큰, 둘째…)+매부/매형
	G2	누나, 누이/누애	(우리) 누나, (우리) 누이/누애, (큰, 둘째…)+누나/누이/ 누애	매부, 매형	매부, 매형, (큰, 둘째…)+매부/매형
	G3	누나	(우리) 누나	매부	매부
(남)妹	G1	이름	이름, 내 동새	매부, 이름, 동새	이름, 매부, 동새 남편/나그내
	G2				
	G3				
(여)兄	G1	오빠, 오래비	(우리) 오빠/오래비, (큰, 둘째…)+	형님	형님, (큰, 둘째…)+형님

	G2		오빠/오래비		
	G3		(우리) 오빠/오래비	형님, 언니	형님, 언니
(여)弟	G1	이름, 오래비, 동새	이름, 오래비, 내 동새 자녀 이름+아버지/애비, (큰, 둘째…)+동새	이름, 올케, 올찌세미, 자녀 이름+엄마/에미	이름, 올케, 올찌세미, 자녀 이름+엄마/에미, 동생 이름+앙까이/처/각시
	G2		이름, 내 동새		
	G3	이름		이름, 올케	이름, 올케, 동생 이름+각시
(여)姐	G1	언니	(우리) 언니, (큰, 둘째…)+언니	아즈바이	아즈바이
	G2			아저씨, 아즈바이	아저씨, 아즈바이
	G3		(우리) 언니	아저씨, 형부	아저씨, 형부
(여)妹	G1	이름	이름, 내 동새	새워이, 이름, 자녀 이름+아버지/애비	이름, 새워이, 자녀 이름+아버지/애비, 동새 나그내
	G2			이름, 새워이, 자녀 이름+아버지/아빠	이름, 새워이, 자녀 이름+아버지/아빠, 동새 신랑/신랑재
	G3			이름, 새워이	이름, 새워이, 동새 신랑/신랑재, 자녀 이름+아버지/아빠
(남)兄(4촌)	G1	형님	형님, 사촌형님 이름+형님, 사춘 형님/허이	아즈마이	아즈마이, 사촌형님 이름+형님+네+아즈마이
	G2				
	G3			아즈마이, 형수	아즈마이, 형수 사촌형님 이름+형님+네+아즈마이
(남)弟(4촌)	G1	이름	이름, 사춘동새, 지명+동새	제수	제수, 사촌 남동생 이름+앙까이/처,

	G2		이름, 사춘동새		사춘동새 앙까이/처
	G3		이름, 내 동새, 사춘동새		제수, 동새/사춘 동새 각시, 사촌 남동생 이름+각시
(남)姐 (4촌)	G1	누나, 누이/누애, 누비	누나, 누이/누애, 누비, 사춘+누나 /누이/누애/누비, 사촌누나 이름+누나/누이/누애/ 누비	매부, 매형	매부, 매형, 사촌누나 이름+누나/누이/누애 +네+매부/매형
	G2	누나, 누이/누애	누나, 누이/누애, 사춘+누나/누이/누애, 사촌누나 이름+누나/누이/누애		
	G3	누나	누나, 사촌누나 이름+누나, 사춘 누나	매부	매부, 사촌누나 이름+누나+네+매부
(남)妹(4촌)	G1	이름	이름, 사춘동새	매부, 이름	매부, 이름, 사촌여동생 이름+나그내/남편
	G2				
	G3		이름, 내 동새, 사춘동새		
(여)兄(4촌)	G1	오빠	오빠, 사춘오빠, 사촌오빠 이름+오빠	형님	형님, 사촌오빠 이름+오빠+네+형님
	G2				
	G3			형님, 언니	형님, 언니, 사촌 오빠 이름+오빠+네+형님 /언니
(여)弟(4촌)	G1	이름, 자녀 이름+아버 지/애비	이름, 사춘동새, 자녀 이름+아버지/ 애비	이름, 올찌세미, 자녀 이름+엄마/ 에미	이름, 올찌세미, 사촌 남동생 이름+앙까이/처/각시, 자녀 이름+엄마/에미
	G2	이름	이름, 사춘동새	이름, 올케, 올찌세미	이름, 올찌세미, 올케, 사촌 남동생 이름+앙까이/처/각시

	G3		이름, 내 동새, 사춘동새	이름, 올케	이름, 올케, 사촌 남동생 이름+각시
(여)姐 (4촌)	G1	언니	언니, 사춘언니	아즈바이	아즈바이, 사촌언니 이름+언니+네+아즈바이
	G2			아저씨, 아즈바이	아저씨, 아즈바이, 사촌언니 이름+언니+네+아즈바이/아저씨
	G3			아저씨, 형부	아저씨, 형부, 사촌언니 이름+언니+네+아저씨/형부
(여)妹 (4촌)	G1	이름	이름, 사춘동새	이름, 새워이, 자녀 이름+아버지/애비	이름, 새워이, 사춘동새 나그내/신랑/신랑재, 사촌여동생 이름+나그내/신랑/신랑재
	G2				
	G3		이름, 내 동새, 사춘동새	이름, 새워이	이름, 새워이, 동새 신랑/신랑재, 사촌여동생 이름+신랑/신랑재
夫妻	G1	이봅소, 이보쇼, 여보, 령감, 당신, 손자(녀) 이름+아바이/할아버지	아바이, 령감, 손자(녀) 이름+아바이/할아버지, 우리 나그내, 자녀 이름+아버지	이름, 이보, 여보, 어이, 동무, 손자(녀) 이름+할머니/할머니/아매	우리집, 우리 집사람, 이름, 우리 처/앙까이, 우리집 로친네
	G2	동무, 여보, 이보쇼, 어이, 자녀 이름+아빠/아버지	우리 나그내/남편/신랑재, 우리 집사람, 자녀 이름+아빠/아버지	이름, 이보, 여보, 어이, 동무, 자녀 이름+엄마, 자기야	우리집, 우리 집사람, 이름, 우리 처/앙까이
	G3	이름,	이름, 우리 신랑, 우리	이름, 이보,	우리집, 우리 집사람,

		여보야, 자기야, 오빠, 자녀 이름+아빠	자기, 우리 오빠, 자녀 이름+아빠	여보, 어이, 동무, 자기야	이름, 우리 처/앙까이/ 각시, 우리 자기
儿子	G1	이름, 애비, 손자(녀) 이름+애비	이름, 우리 아들, 애비 우리 아, 손자(녀) 이름+애비, (큰, 작은, 첫째, 둘째… 막내)+아들	이름, 며느리, 손자(녀) 이름+엄마/ 에미, 에미	이름, 며느리, 에미, (큰, 작은, 첫째, 둘째… 막내)+ 며느리, 손자(녀) 이름+엄마/에미
	G2	이름, 아들	이름, 우리 아들, 우리 아	이름, 며느리	이름, 며느리
	G3			×	×
女儿	G1	이름, 에미, 손자(녀) 이름+에미	이름, 에미, 우리 딸, 우리 아, 손자(녀) 이름+에미, (큰, 작은, 첫째, 둘째… 막내)+딸	이름, 사위, 애비, 손자(녀) 이름+아버지/애비, 쇼(小)+성	사위, 이름, 애비, (큰, 작은, 첫째, 둘째… 막내) 사위, 손자(녀) 이름+아버지/애비, 쇼(小)+성(姓)
	G2	이름, 딸	이름, 우리 딸, 우리 아	이름, 사위	이름, 사위
	G3		이름, 우리 딸, 우리 아	×	×
侄儿	G1	이름, 조카/조캐, 조카손자(녀) 이름+아버지/애비	이름, 조카/조캐, (형님, 언니…)+네+아, 조카손자(녀) 이름+아버지/애비	이름, 조카손자(녀) 이름+엄마/에미	이름, 조카/조캐 며느리, 조카 이름+각시, 조카손자(녀) 이름+엄마/에미
	G2	이름	이름, 조카/조캐, (형님, 언니…)+네+아	이름, 조카손자(녀) 이름+엄마	이름, 조카/조캐 며느리, 조카 이름+각시, 조카손자(녀) 이름+엄마
	G3			×	×
侄女	G1	이름, 조카/조캐, 조카손자(녀)	이름, 조카/조캐, (형님, 언니…)+네+아, 조카손자 (녀) 이름+엄마/에미	이름, 조카 손자(녀) 이름+아버지/애비,	이름, 조카 이름+신랑재/나그내, 조카손자(녀) 이름+아버지/애비,

		이름+엄마/에미		쇼(小)+성	조카/조캐 사위, 쇼(小)+성
	G2	이름	이름, 조카/조캐, (형님, 언니…)+네+아	이름, 조카 손자(녀) 이름+아버지/아빠	이름, 조카/조캐 사위, 조카 이름+신랑재/나그내, 조카손자(녀) 이름+아버지/아빠
	G3			×	×
孫子	G1	이름	이름, 친/외+손자, 아들/딸+네+아, 자녀 이름+아/아들	이름	이름, 손자며느리
	G2		이름, 우리 손자	×	×
	G3	×	×	×	×
孫女	G1	이름	이름, 친/외+손녀, 아들/딸+네+아, 자녀 이름+아/딸	이름	이름, 손녀사위
	G2		이름, 우리 손녀	×	×
	G3	×	×	×	×

사람은 사회적인 존재이기 때문에 사회적 지위나 역할이 달라지면 자연히 거기에 맞는 행동양식을 하게 되는데 그 행동양식 가운데 하나가 바로 언어사용이다(박경래 2004 : 61). 가령 '어머니'와 같은 호칭어는 청장년층의 용어라면 '어마이, 어머이'와 같은 호칭어는 중, 노년층의 용어인데 이것은 바로 사회적 행동양식이 반영된 것이라고 할 수 있다. <표 2>에서 알 수 있듯이 세대별로 각 연령층이 처한 사회적 환경이나 살아온 시대가 각이하기 때문에 그들이 사용하는 호칭어와 지칭어는 정도부동하게 차이를 보이고 있는데 이러한 언어차이는 수없이 많은 사회변화의 결과가 반영된 것이라고 할 수 있다. 아래에 친가계 호칭어와 지칭

어를 손위 존속, 동기, 부부, 손아래 비속으로 나누어 구체적으로 살펴보려 한다.

3.1.1 친가계 손위 존속에 대한 호칭어와 지칭어

친가계 손위 존속에는 '증조부모', '조부모', '조부'의 형제와 그 배우자, '부모', 아버지의 형제자매와 그 배우자 등이 포함된다. 아래에 이들에 대한 호칭어와 지칭어 사용 양상을 세대별로 구체적으로 알아보기로 한다.

3.1.1.1 '증조부모'에 대한 호칭어와 지칭어

친족의 항렬 중에서 가장 높은 항렬이 '증조부' 항렬이다. 증조부모에 대한 호칭은 거의 모든 세대의 제보자들이 어린 시절에 불러본 기억에 근거해 응답했다. "노아바이, 노아매라고 하지 않는가?"라고 대답했다. 이것은 '증조부' 항렬 정도면 어느 세대나 기본상 어린 시절에 본 기억밖에 없기 때문에 확답을 못하는 것이다. 그러면서도 누구나 '조부' 항렬의 호칭어에 접두요소 '노-'를 붙여 부르는 것이라고 했다. '증조부'에게는 호칭어로 모든 세대의 사람들이 '노아바이,[1] 노할아버지'를 사용하고 지칭어로도 모든 세대에서 '노아바이, 노할아버지'를 사용한다고 응답했다. 다음 그 배우자 즉 증조모에게도 호칭어로 모든 세대의 사람들

---

[1] '아바이'는 '할아버지'의 함경도 방언형이다. '아바이'는 곽충구(1993, 2000)를 참고하면 여러 함경도 방언형들이 서로 영향을 주면서 통합, 발달하여 단일화한 것으로 보인다. 즉 '아바니, 아바이, 클아바니, 클아바이, 아배' 등의 3인칭이 '아바니, 아바이'를 거쳐 '아바이'로 통합된 것이다.

이 '노아매, 노할머니, 노할머이'2)를 사용한다고 응답했다. 지칭어의 사용도 모든 세대에서 호칭어의 사용과 똑같이 '노아매, 노할머니, 노할머이'로 지칭한다고 응답했다. 한국에서처럼 접두요소 '증조-'를 붙여 예하면 '증조할아버지, 증조할머니'라고 부르는 현상은 관찰되지 않았다.

3.1.1.2 '조부모'에 대한 호칭어와 지칭어

'조부'에게는 호칭어로 모든 세대에서 '아바이, 할아버지'를 사용하고 지칭어로도 '아바이, 할아버지'를 사용한다. 때로는 외조부와 구별하기 위하여 '친아바이, 친할아버지'로도 지칭한다. 다음 그 배우자에 대한 호칭과 지칭의 사용을 보자. 모든 세대에서 '아매, 할머니, 할머이'로 호칭하고 지칭도 '아매, 할머니, 할머이'로 지칭하면서 또한 외조모와 구별하기 위하여 '친아매, 친할머니, 친할머이'로도 지칭한다.

하지만 '아바이, 아매'와 같은 방언의 사용과 '할아버지, 할머니/할머이'와 같은 표준어의 사용이 세대별로 뚜렷한 차이를 보여주는데 방언 '아바이, 아매'에 대한 사용은 G1세대에서 G3세대로 오면서 그 사용비율이 점차 낮아지고(G1세대 : 89.2%, G2세대 : 60.9%, G3세대 : 48.7%) 표준어 '할아버지, 할머니/할머이'에 대한 사용은 사용비율이 점차 높아진다(G1세대 : 10.8%, G2세대 : 39.1%, G3세대 : 51.3%). 이로부터 젊은층으로 올수록 화자들이 표준어를 더 많이 구사한다는 것을 알 수 있는데 이것은 학교교육의 영향과 갈라놓을 수 없다.

---

2) 연변 지역에서는 많은 사람들이 '할머니'를 '할머이'로 발음하여 사용한다. 국립국어연구원(1999)에 의하면 '아매'는 '할머니'의 함북방언이고 '할머이'는 '할머니'의 강원도방언이다.

'조부의 형제' 및 그 배우자에 대한 호칭어와
지칭어

'조부의 형제'와 그 배우자에 대한 호칭어의 사용은 전 세대적으로
'조부모'에 대한 호칭의 사용과 같다. '조부의 형제'는 '아바이, 할아버
지'로, 그 배우자는 '아매, 할머니, 할머이'로 호칭한다. 지칭어는 조부모
에 대한 지칭과 구별하기 위하여 다양하게 사용된다. G2, G3세대에서
호칭어 앞에 직업명, 지명 등을 붙여 지칭한다. 예하면 '의사 아바이/할
아버지', '투도 아매/할머니/할머이' 등과 같다. 그리고 조부 형제의 손자
(녀) 이름을 따서 '손자(녀) 이름+아바이/할아버지', '손자(녀) 이름+아
매/할머니/할머이'로도 지칭한다. G1세대는 이주 1세 혹은 2세다. 그들
의 조부모들은 대부분 조선반도에 있는데 조부모와 부모가 함께 이주해
왔다는 한 제보자의 증언에 따라 조부의 형제에 대한 지칭에서 서열을
알리는 '큰-', '작은-' 등을 붙여 '(큰, 작은) 아바이/할아버지', '(큰, 작
은) 아매/할머니/할머이'로 조부의 형제와 그 배우자를 지칭함을 알 수
있었다. 그리고 모든 세대에서 조부모에 대한 호칭에 친족관련 어휘[3]
'큰집'을 붙여 '큰집+아바이/할아버지', '큰집+아매/할머니/할머이'로
지칭하는 현상도 관찰되었다.

'부모'에 대한 호칭어와 지칭어

인간이 세상에 태어나서 첫 만남을 갖는 것이 바로 부모이고 가장 먼
저 배우는 호칭이 부모에 대한 호칭이며 일상생활 속에서 가장 많이 쓰

---

3) 여기에서 '친족관련 어휘'는 친족관계와 관련되는 일반 어휘들을 가리킨다.

는 호칭 또한 부모에 대한 호칭이다.

'父'에 대한 호칭은 세대의 구분 없이 '아버지'와 '아부지'가 보편적으로 사용된다. G1, G2세대에서 관찰되지 않은 '아빠'라는 호칭이 G3세대에서 관찰되었는데 12.6%의 G3세대의 화자가 '아빠'라는 호칭을 사용한다. 그 중 여성 화자의 사용이 남성 화자의 사용보다 훨씬 많았다(여성 화자 : 23.3%, 남성 화자 : 1.6%). 본고는 10대의 화자를 조사범위에 넣지 않았기에 10대 화자들의 '아빠'의 사용에 대하여 조사하지 못했다. 중년층과 청장년층 제보자들의 말에 의하면 그들 세대의 자녀들은 대부분 아버지를 '아빠'로 호칭한다고 한다. 이로 미루어 볼 때 '아빠'의 사용은 10대 이하의 세대로 가면서 더 광범위하게 쓰일 것으로 추측되지만 여기에 대하여는 더 면밀한 조사가 필요하다. '아빠'라는 호칭어는 이전 세대에는 쓰이지 않던 것인데 G3세대에서 쓰이기 시작했다는 것은 이 세대가 호칭어의 변화를 이끄는 개신자라는 것을 알려준다. 본래 연변 지역에서는 부모 가운데서 남자를 호칭하거나 지칭할 때 '아버지/아부지'라고 했었는데 한국과의 수교 이후 인적 교류가 많아지면서 한국에 다녀온 젊은 부모들을 통하여 '아빠'가 유입되어 사용되기 시작한 것이다.[4]

---

4) '아빠'의 기원에 대하여는 박경래 외(2012 : 235)의 다음 기술을 참고할만하다.
흥미롭게도 '아빠'는 조선족 사회에서도 광범위하게 쓰인다. 이것이 중국 동포 사회에서 자생적으로 발생한 것인지 아니면 한국말을 차용한 것인지는 분명하지 않으나 제보자들의 증언에 의하면 한국말에서 유입된 것으로 보인다. 지린성의 노인 세대는 이 말이 90년대 이후 한국에서 들여온 것이라 한다. 지린성에서는 27명중 5명을 제외한 22명이 '아빠'를 쓰거나 안다고 하여 다른 지역에 비하여 사용비율이 매우 높다. 옌지시(延吉市)의 67세 된 여성, 훈춘시의 78세 남성 등은 이 말이 90년대 중반부터 쓰이기 시작하였다고 하였고 흑룡강성의 60대 이상 노인들은 이 말이 '한국에 왔다 갔다 하면서 쓰게 된 말', '한국에서 들어온 말'이라 하였으며 랴오닝성의 노인들은 '옛날에 없고 요사이 쓰는 말'이라 하였다. 이는 '아빠'가 한국말로부터 차용한 것임

지칭어도 세대의 구분 없이 대부분의 화자가 '아버지'와 '아부지'로 지칭하며 G3세대에서 호칭어 '아빠'를 사용하는 화자들이 지칭어로도 '아빠'를 사용한다. G1세대의 일부 화자(35.1%) 특히 70대의 남성 화자가 타계한 '아버지'를 '부친'으로 지칭하는 경우가 많다. '부친'은 '아버지'를 정중하게 가리켜 지칭하는 한자어로 노년으로 갈수록 화자들이 청자 앞에서 '아버지'를 더 존중하여 정중하게 지칭하려 함을 알 수 있다.

'母'에 대한 호칭어로 G1, G2세대는 '엄마, 어머니, 어마이, 어머이', G3세대는 '엄마, 어머니'를 사용하는데 세대별 사용비율은 현저한 차이를 보인다. G1세대에서 절반 이상의 화자가 '어마이/어머이'5)로 호칭하여 그 사용비율이 제일 높고(60.8%) 다음으로 '엄마'와 '어머니'의 사용비율은 각각 29.7%와 9.5%로 '어머니'로 호칭하는 화자가 제일 적다. G2세대에 와서는 G1세대와 상황이 확연히 다른데 '어마이/어머이'의 사용비율이 제일 낮아 21.3%로 줄었고 '어머니'와 '엄마'의 사용비율은 비슷하게 상승하여 각각 39%와 39.7%를 차지한다. G3세대는 '어마이/어머이'의 사용이 전혀 관찰되지 않고 절반이상의 화자가(57.9%) '엄마'로 호칭하고 나머지 화자가(42.1%) '어머니'로 호칭한다. G1세대에서 절반이상의 화자가 사용하던(60.8%) '어마이/어머이'가 G2세대에 와서 그 사용이 현저하게 줄었고(21.3%) G3세대에 와서는 사용하는 화자가 없는데 G1, G2세대도 어릴 때부터 이 호칭어를 사용한 것이 아니다. 제보자들의 말에 따르면 화자들이 중, 노년에 접어들면서 '엄마, 어머니'로 부르던 호칭을 점차 '어마이/어머이'로 바꾸게 되었다고 한다. 그것은 '어머니'나

을 증언하는 것이다.
5) 국립국어연구원(1999) : '어머이'는 경상, 강원 방언이다.
조선말사전(1995) : '어마이'는 '어머니'의 방언형이다.

'엄마'는 장성한 중, 노년층이 부르기 적절한 호칭이 아니라고 생각할 뿐더러 호칭어 '어마이/어머이'에는 어머니에 대한 존중의 의미가 내포되어있다고 생각하기 때문이라고 한다. 이렇게 볼 때 연변 지역에서 사용되는 '어마이/어머이'는 중, 노년층 화자들의 호칭이며 G3세대도 중, 노년에 진입하여 '어마이/어머이'로 호칭을 바꾸게 될 가능성이 있는데 여기에 대해서는 진일보 고찰해보아야 할 것이다.

'母'에 대한 지칭어는 매개 세대에서 본인이 사용하는 호칭어를 그대로 사용한다. G1세대는 기타 세대에서 관찰되지 않는 '모친'이라는 치칭어를 더 쓰는데 주로 70대의 남성 화자가(35.1%) 지칭어 '부친'과 대응하여 사용한다. '모친'도 '어머니'를 정중하게 가리켜 지칭하는 한자어로 노년으로 갈수록 화자들이 청자 앞에서 '어머니'를 더 존중하여 정중하게 지칭하려 함을 알 수 있다.

3.1.1.5 '아버지의 형제자매' 및 그 배우자에 대한 호칭어와 지칭어

아버지의 손위 남자형제 '백부'를 모든 세대에서 함경도방언인 '맏아바이'로 호칭한다. '맏아바이'는 '맏이'의 뜻을 더하는 접두요소 '맏-'에 '할아버지'의 함경도방언인 '아바이'가 합쳐진 합성어로 분석된다.[6] 지칭어도 모든 세대에서 '맏아바이'를 사용한다. 아버지의 손위 남자형제가 여럿이 있어 구분이 필요할 때는 호칭어 앞에 서열에 따라 '큰, 둘

---

6) 국립국어연구원(1999) : '맏아바이'는 '고모부', '이모부', '외삼촌', '큰아버지'의 함북 방언이다.
  연변 지역에서는 '큰아버지', 손위 '고모부', 손위 '이모부', 손위 '외삼촌'을 모두 '맏아바이'로 호칭한다.

째…'와 같은 말을 붙여 지칭하거나 지명을 붙여 '지명+맏아바이'로 지칭하기도 한다. '큰아버지'로 호칭, 지칭하는 현상은 관찰되지 않았다.

'백부'의 배우자 '백모'는 모든 세대에서 '맏아매'로 호칭한다. '맏아매' 역시 '맏이'의 뜻을 더하는 접두요소 '맏-'에 함경도방언인 '아매'가 합쳐진 합성어로 방언어휘에 속한다. 이외에 연변 지역에서 손위 '고모', 손위 '이모', 손위 '외숙모'도 '맏아매'로 호칭한다. '백모'에 대한 지칭어의 사용도 호칭어의 사용과 같이 모든 세대가 '맏아매'로 지칭한다. '백모'가 여럿이 있어 구분이 필요할 때는 호칭어 앞에 '큰, 둘째…'와 같은 말을 붙여 지칭하거나 지명을 붙여 '지명+맏아매'로 지칭하기도 한다. '백모'를 '큰어머니'로 호칭, 지칭하는 현상은 관찰되지 않았다.

아버지의 손아래 남자형제 '숙부'에 대한 호칭은 G1세대의 29.7%의 화자가 '아즈바이'로 호칭하는 외에 기타 모든 세대에서 '삼추이'[7]로 호칭한다. '아즈바이'는 원래 '숙부'의 함북방언인데(국립국어연구원 1999) 현재 연변 지역에서는 손아래 '고모부', 손아래 '이모부', '아버지의 4촌 남동생' 등에 대한 호칭으로 광범위하게 사용된다. 하지만 '숙부'에 대한 호칭으로 G2, G3세대로 내려오면서 '아즈바이'가 쓰이지 않는 것으로 조사되었는데 이것은 '아즈바이'가 더는 '삼촌'에 대한 호칭어로 쓰이지 않음을 의미한다. '숙부'에 대한 지칭어로 G1세대는 '삼추이', '아즈바이'로 지칭하면서 숙부가 여럿이 있어 구분이 필요한 경우 '삼추이/아즈바이' 앞에 '큰, 둘째…'와 같은 말을 붙여 지칭한다. G2, G3세대도 '삼추이'로 지칭하면서 숙부가 여럿이 있어 구분이 필요한 경우 호칭어 '삼추이' 앞에 '큰, 둘째…' 등 말을 붙여 지칭하고 때론 호칭어 앞에 '삼촌

---

7) 연변 지역에서 '삼촌'을 '삼추이'로 발음하여 사용한다.

이름'을 붙여 '삼촌 이름＋삼추이'로 지칭하기도 한다.

　'숙부'의 배우자 '숙모'에 대한 호칭어로 '아즈마이'와 '아지미'가 확인되었고 '작은 어머니'는 확인되지 않았다. '아즈마이'는 '아주머니'의 방언형으로, 원래 '아주머니'는 '부모와 같은 항렬의 여자', '남자가 같은 항렬의 형뻘이 되는 남자의 아내를 이르는 말', '남남 끼리에서 결혼한 여자를 예사롭게 이르는 말' 등의 뜻(국립국어연구원 1999)으로 쓰인다. 연변 지역에서는 친족관계 호칭으로 '숙모', '외숙모'와 '형수'에 대한 호칭어로 쓰이며 비친족관계에서는 결혼한 여성을 두루 아우르는 의미로 쓰인다. '아지미'는 G1세대에서는 관찰되지 않고 G2(28.6%), G3세대(52.8%)만 사용하는 호칭어다. '아지미'는 '작은 어머니'의 함경도방언이다(국립국어연구원 1999). 연변 지역에서는 원래 이 방언 형태는 주로 어린 조카들이 갓 결혼한 '숙모'를 애교 있게 부르는 호칭어로 사용되었기에 G3세대 젊은 화자들의 사용이 활발하다. G2세대도 일부가 사용하고 있지만 한 제보자는 나이가 들면서 '아지미'로 부르기가 쑥스러워 '아즈마이'로 호칭을 바꿨다고 했다. G2, G3세대의 화자들이 나이가 들어서도 계속 '아지미'로 호칭할지에 대해서는 더 고찰해보아야 할 것이다. '숙모'에 대한 지칭어는 호칭어의 사용과 대응되게 모든 세대에서 '아즈마이'로 지칭하며 G1세대를 제외한 G2, G3세대에서 '아즈마이' 외에 또 '아지미'로도 지칭한다. G1세대는 '숙모'가 여럿이 있어 구분이 필요할 때 서열에 따라 지칭어 앞에 '큰, 둘째…'와 같은 말을 붙여 지칭한다. G2, G3세대는 '(큰, 둘째…)＋삼추이＋네＋아즈마이/아지미', '삼촌 이름＋삼추이＋아즈마이/아지미', '삼촌 자녀 이름＋네＋아즈마이/아지미' 등과 같이 '숙모'가 아닌 다른 사람을 지칭하는 표현으로 '숙모'를 지칭하여 가리키기도 한다.

아버지의 손위 여자형제에 대한 호칭은 '백모'에 대한 호칭과 같이 모든 세대에서 '맏아매'로 호칭한다. 지칭어도 '맏아매'인데 아버지의 손위 여자형제가 여럿이 있어 구분해야 할 때는 '맏아매' 앞에 지명을 붙여 '지명+맏아매'로 지칭하거나 '큰, 둘째…'와 같은 말을 붙여 '(큰, 둘째…)+맏아매'로 지칭한다.

아버지의 손위 여자형제의 배우자는 모든 세대에서 '백부'에 대한 호칭과 똑같이 '맏아바이'로 호칭하고 지칭어도 호칭어와 같이 모든 세대에서 '맏아바이'로 지칭한다.

아버지의 손아래 여자형제는 모든 세대에서 호칭어 '아재'[8]를 사용한다. '고모'라는 호칭은 어느 세대에서나 조사되지 않았다. 지칭어도 모든 세대에서 '아재'로 지칭하지만 '이모'도 '아재'로 지칭되기에 '이모'와 구별해야 하는 경우는 '고모'로 지칭한다. 혹은 '아재' 앞에 '부계 혈족 관계인'의 뜻을 더하는 접두요소 '친-'을 붙여 '친아재'로도 지칭한다. 또 아버지의 여자동생이 여럿이 있을 때는 구분하기 위하여 '아재' 앞에 '큰, 둘째…'와 같은 말을 붙여 '(큰, 둘째…)+아재'로 지칭하기도 하고 지명을 붙여 '팔가자 아재'와 같이 '지명+아재'로 지칭하기도 하며 고모의 이름을 따서 '고모 이름+아재'로도 지칭한다.

아버지의 손아래 여자형제의 배우자는 모든 세대에서 '아즈바이'로 호칭한다. 지칭어도 모든 세대에서 '아즈바이'로 지칭하지만 '이모부'와 구별해야 할 경우는 '고모부'로도 지칭한다.

---

8) 국립국어연구원(1999) : '아재'는 '고모'와 '이모', '작은 어머니'의 함북방언이다.
　　연변 지역에서는 손아래 '고모'와 '이모'를 '아재'로 호칭한다.

친가계 동기에 대한 호칭어와 지칭어

친가계 동기에는 방계에 속하는 2촌과 4촌 친족 즉 '나'의 형제자매와 그 배우자, 아버지 형제자매의 자녀와 그 배우자가 포함된다. 2촌과 4촌에 대한 호칭어와 지칭어는 남, 여의 구분이 있기에 남성 화자와 여성 화자로 나누어 그 사용 양상을 보기로 한다.

3.1.2.1 남성 화자의 친형제자매에 대한 호칭어와 지칭어

3.1.2.1.1 '兄' 및 그 배우자에 대한 호칭어와 지칭어

남성 화자는 모든 세대에서 자신의 손위 남자형제를 '형님'으로 호칭하는데 보통 뒤에 '-에'를 붙여 '형님에'라고 호칭한다. '형'으로 호칭하는 경우는 관찰되지 않았다. 지칭어도 모든 세대에서 똑같게 사용한다. 관계가 친밀한 친구사이거나 가까운 친척들 앞에서는 '내/우리'에 '허이'9)를 붙여 '내/우리+허이'로 지칭하고 공식적인 장면이거나 안면이 적은 사람들 앞에서는 '형님'으로 지칭하는데 보통 그 앞에 '우리'를 넣어 '우리 형님'으로 지칭한다.

'형님'의 배우자는 G3세대의 일부 화자가(21.8%) '형수'로 호칭하는 것을 제외하면 거의 모든 세대에서 '아주머니'의 함경도방언 '아즈마이'로 호칭한다. 하지만 존경의 의미를 더한 접미요소 '-님'은 붙이지 않고 사용한다. '형수'도 한국과의 인적 교류나 매스컴을 통해 유입되어 현재 젊은층에서부터 쓰이기 시작한 어휘이며 이로부터 젊은층은 언어의 개

---

9) '허이'는 아마도 '형이'를 쉽고 빠르게 발음하면서 유성음 사이에서 'ㅇ'이 탈락되어 생긴 형태일 것으로 예측된다.

신을 일으키는 주류라는 것을 알 수 있다. 지칭어는 G3세대에서 일부 화자가 '형수'라는 개신형의 지칭어를 쓰는 외에 나머지 모든 세대에서는 '아즈마이'를 그대로 사용한다.

3.1.2.1.2 '弟' 및 그 배우자에 대한 호칭어와 지칭어

친족호칭어와 지칭어의 사용은 친족 지위 상 상위자, 즉 존속 개개인에게만 적용되고 하위자, 즉 비속은 이름을 부르는 것이 일반적인 원칙으로 된다. 그런데 동일 항렬내의 하위자이더라도 상대 친족원이 혼인에 의해 맺어진 인척일 경우에는 거의 반드시 친족호칭어와 지칭어가 사용된다. 하지만 연변의 경우 '이름'을 부르는 경우도 가끔 있는데 아래에 구체적으로 알아보도록 한다.

남성 화자들은 자신의 손아래 남자형제는 모든 세대에서 '이름'을 불러 호칭한다. 남동생의 결혼 여부에 상관없이 '이름'에 호격조사 '-아/-야'를 붙여 호칭한다. 여성 화자들은 연령이 증가함에 따라 장성한 손아래 남동생의 이름을 부르기가 거북하여 이름호칭어를 사용하지 않는 경향을 보이지만[10] 남성 화자의 경우는 이와 다르다. 동생의 자녀가 성년으로 성장한 경우에도 형은 계속 동생의 이름을 부르는 것으로 조사되었다. 지칭어는 '이름' 혹은 친족관계 호칭어 '동생'에서 받침 'ㅇ'이 탈락된 형태인 '동새'를 사용하는데 보통 '동새' 앞에 '내'를 붙여 '내 동새'로 지칭한다. G1세대에서는 같은 항렬의 친족원이 여럿이 있어 구별해야 할 경우 앞에 '큰, 둘째…' 등 말을 붙여 '(큰, 둘째…)+동새'로 지칭하기도 한다. 이것은 G1세대가 기타 세대에 비해 형제자매가 많기 때

---

10) 구체적인 것은 아래 여성 화자의 동기간의 호칭어와 지칭어 사용 양상에서 밝힌다.

문에 생기는 현상이다.

남성 화자들은 자신의 손아래 남자형제는 이름을 부르지만 그 배우자는 이름을 부르지 않고 모든 세대가 '제수'로 호칭한다. 이것은 동일 항렬 내의 하위자이더라도 상대 친족원이 혼인에 의해 맺어진 인척일 경우에는 거의 반드시 친족호칭어가 사용되는 우리말의 특성에서 기인한 것으로 볼 수 있다. '제수'에 접미사 '-씨'를 붙여 호칭하는 현상은 조사되지 않았다. 지칭어 사용에서도 대부분 경우 '제수'로 지칭하지만 친구 앞에서 때로 G1세대는 '동새 처'로, G2, G3세대는 '동새 처/각시'로 지칭하는 경우도 있다.

3.1.2.1.3 '姐' 및 그 배우자에 대한 호칭어와 지칭어

남성 화자들이 손위 여자형제에게 사용하는 호칭어는 세대에 따라 차이를 보인다. 모든 세대에서 '누나'라는 호칭어를 쓰지만 사용비율은 다르다. G1세대에서 G3세대로 오면서 그 사용비율은 점차 높아짐을 알 수 있는데(G1세대 : 28.2%, G2세대 : 76.5%, G3세대 : 100%) G3세대는 모든 화자가 '누나'로 호칭한다. 여기서 '누나'는 젊은층의 화자가 쓰는 호칭어임을 알 수 있다. G2세대는 '누나' 이외에 27.9%의 화자가 '누이/누애'로 호칭한다.11) '누애'는 '누이'의 방언형으로 '누이'와 같이 [+존경]의

---

11) 국립국어연구원(1999)에서 '누이'는 같은 부모에게서 태어난 사이거나 일가친척 가운데 항렬이 같은 사이에서 남자가 여자 형제를 이르는 말로 흔히 나이가 아래인 여자를 이른다고 하였는데 연변 지역에서는 장성한 남자가 '누나'를 존경하여 호칭할 때 사용한다.
'누나'와 '누이/누애' 이 두 호칭어의 사용비율의 합이 100이 넘는 것은 화자들이 이 두 호칭어를 번갈아가며 사용하기 때문이다. 한 화자가 한 개 이상의 호칭어나 지칭어를 사용하는 경우 사용비율의 합이 100이 넘는데, 아래의 논의에서도 이와 같은

의미자질을 갖고 있다. G2세대의 화자들이 어린 시절에는 '누나'로 호칭하다가 장성하여 결혼과 더불어 자녀도 생기면서 호칭을 '누이/누애'로 바꾸게 된 것이다. 이것은 화자들이 연령이 증가함에 따라 손위 형제를 대우하려는 심리가 강해진다는 것을 의미한다. G1세대가 기타 세대와 다른 특징은 다른 세대에서 관찰되지 않은 '누비'를 사용하는 점이다. '누비'는 '누나'의 경남방언 혹은 '누이'의 함경도방언이다(국립국어연구원 1999). G1세대의 '누나'에 대한 호칭에서 '누비'의 사용비율이 제일 낮은데(7.3%) 그것도 고령층의 70대의 화자들만 사용하는 것으로 보아 이 어휘는 사멸의 길에 들어선 것임을 알 수 있다. G1세대에서 '누이/누애'의 사용비율이 제일 높아 78%를 차지하고 다음으로 '누나'의 사용비율이 28.2%를 차지한다. 보다시피 손위 여자형제에 대한 호칭은 세대별로 현저한 차이를 보여주는바 화자의 나이가 많아짐에 따라 [+존경]의 의미자질을 가진 '누이/누애'의 사용비율이 높아지는데 이것은 자신과 함께 나이가 들어가는 손위 형제를 대우하려는 화자들의 심리적 요소가 작용한 결과라고 할 수 있다. 이로부터 추리해보면 G3세대도 장성하여 중, 노년이 되면 '누이/누애'로 호칭할 가능성이 충분히 있는데 이것은 앞으로 더 고찰해보아야 할 것이다. 이 호칭어는 연령단계에 따른 호칭어 사용의 변화 양상을 보여주는 전형적인 호칭어라고 할 수 있다. 전 세대적으로 '누나'의 또 다른 높임의 표현인 '누님'의 사용은 조사되지 않았다. 지칭어는 세대별로 본인이 사용하는 호칭어를 그대로 사용하는 것으로 나타났다. 모든 세대에서 쓰는 지칭어 '누나'는 G1세대에서 G3세대로 오면서 사용비율이 높아지고 지칭어 '누이/누애'는 G1세대에서 G2세대

현상이 출현하지만 일일이 설명을 가하지 않기로 한다.

로 오면서 사용비율이 낮아지며 G3세대는 사용하지 않는다. 지칭어 '누비'는 G1세대의 소수 화자만 사용한다. 보통 '누나/누이/누애/누비' 앞에 '우리'를 붙여 지칭한다. G1, G2세대는 같은 항렬의 친족원이 여럿이 있을 때 호칭어 앞에 '큰, 둘째…'와 같은 말을 붙여 '(큰, 둘째…)+누나/누이/누애/누비'로 지칭한다. 이것은 G3세대는 중국의 산아제한정책의 출시 이후에 태어난 세대로, 형제자매가 없는 독신자녀가 대부분이고 반대로 G1, G2세대는 형제자매가 많기 때문에 생긴 현상으로 해석할 수 있다.

남성 화자가 손위 여자형제의 배우자에게 사용하는 호칭도 세대별로 차이를 보인다. 어느 세대나 가장 많이 쓰는 호칭어가 '매부'로(G1세대 : 62.9%, G2세대 : 86.8%, G3세대 : 100%), G1세대에서 G3세대로 오면서 그 사용비율이 높아지는데 G3세대는 모든 화자가 '매부'로 호칭한다. G1, G2세대에서 다음으로 많이 사용하는 호칭어가 '매형'(G1세대 : 32.2%, G2세대 : 13.2%)이다. 그 외에 G1세대에서 70대의 일부 화자가(4.9%) '형님'이라는 적합하지 않은 호칭어를 사용하는데 이것은 극히 개별적인 화자의 특별한 행위로 보여진다. 모든 세대에서 '자형'을 사용하는 화자는 조사되지 않았다. 지칭어의 사용은 세대별로 호칭어의 사용과 같은 양상을 보인다. '매부'는 모든 세대에서 가장 보편적으로 사용하는 지칭어고 다음으로 '매형'의 사용이 많은데 호칭어의 사용과 같이 G1세대가 G2세대보다 많고 G3세대는 사용하지 않는다. 그 외에 G1세대의 70대의 화자가 지칭어로 '형님'을 사용하는 경우가 있다. G1, G2세대에서 같은 항렬의 친족원이 여럿이 있을 때 지칭어 앞에 '큰, 둘째…'와 같은 말을 붙여 '(큰, 둘째…)+매부/매형'으로 지칭한다.

'妹'및 그 배우자에 대한 호칭어와 지칭어

　남성 화자들은 자신의 손아래 여자형제도 모든 세대에서 '이름'을 부르는데 흔히 '이름'에 호격조사 '-아/-야'를 붙여 호칭한다. 지칭어도 모든 세대에서 '이름'으로 지칭하거나 '내 동새'로 지칭한다. 보통 여동생을 잘 아는 친척 앞이거나 친한 친구 앞에서는 '이름'으로 지칭하고 안면이 적은 사람들 앞에서는 '내 동새'로 지칭한다.

　남성 화자들은 자신의 손아래 여자형제의 배우자를 모든 세대에서 '이름', '매부', '동새'로 호칭한다. 하지만 그 사용비율은 세대별로 차이를 보인다. G3세대에서 G1세대로 갈수록 '매부'에 대한 호칭어 사용비율이 높아지고(G3세대 : 45.7%, G2세대 : 67.6%, G1세대 : 78,2%) 반면에 이름호칭어 사용비율은 낮아진다(G3세대 : 50.8%, G2세대 : 32.3%, G1세대 : 25%). 모든 세대에서 '동새'로 호칭하는 화자는 많지 않지만 G3세대에서 G1세대로 가면서 사용비율은 높아진다(G3세대 : 4.5%, G2세대 : 6.3%, G1세대 : 8.9%). 보다시피 G3세대의 화자들이 '매부'보다 이름호칭어를 더 많이 사용하는데 그 원인을 두 가지로 해석할 수 있다. 하나는 여동생과의 사이가 가까워서 여동생의 남편도 동생처럼 생각하고 친밀하게 지내기에 이름을 부르는 경우고 다른 하나는 여동생의 결혼으로 맺어진 인척관계가 아직 익숙하지 않기에 '매부'라는 호칭어 사용이 쑥스러워 이름을 부르는 것이다. 하지만 G2, G1세대로 갈수록 이름호칭어 사용이 적어진다. 이것은 자녀도 있는 여자동생 남편의 이름을 부르는 것은 예의에 어긋난다고 생각하는 화자들의 심리적 요인이 작용한 결과이며 따라서 '매부' 혹은 '동새' 이 두 호칭어의 사용이 늘어나게 된다. 결혼으로 인한 인척은 손아래 하위자이더라도 친족호칭어를 사용하는 것이 기본이지만 모든 세대에서 적지 않은 비율로 이름호칭어를 사용한다. 이것은 중국의 경우, 자기보다 나이 많은 선배라도 친구사이면 이름을 부르고 혼인으로 맺어진 인척도 이름을 부르는 중국문화의 영향을 입어서 생긴 현상이 아닌가 한다. 지칭어는 어느 세대나 다 친척들 앞에서는 '이름'으로 지칭하고 친구들 앞에서는 '매부'로 지칭하며 가끔 손위 여자형제의 남편과 구분하기 위하여 '동새 나그내/남편'으로 지칭하기도 한다.

3.1.2.2 여성 화자의 친형제자매에 대한 호칭어와 지칭어

3.1.2.2.1 '兄' 및 그 배우자에 대한 호칭어와 지칭어

여성 화자는 손위 남자형제를 모든 세대에서 '오빠', '오래비'로 호칭한다. '오래비'는 '오라비'의 방언형으로 '오빠'의 높임말 '오라버니'의 낮춤말이다(국립국어연구원 1999). G1세대의 사용비율이 가장 높고 G3세대로 오면서 사용비율은 낮아진다(G1세대 : 73.5%, G2세대 : 32.3%, G3세대 : 6.7%). '오빠'는 G1세대에서 G3세대로 오면서 사용비율이 높아지는데(G1세대 : 30.6%, G2세대 : 69.2%, G3세대 : 93.3%) 대부분 화자가 이 두 호칭어를 번갈아가며 사용한다. 보다시피 절반이상의 G1세대 화자가 손위 남자형제를 '오래비'로 호칭한다. 60대의 한 제보자는 "나이 먹으니까 오빠라고 부르게 안되오. 오빠는 어릴 때 부르는거지."라고 하였다. 이로부터 여성 화자들은 결혼하고 중년에 들어서면서 호칭을 '오래비'로 바꿔 씀으로써 '오빠'를 어느 정도 대우해줌을 알 수 있다. 이로 미루어보면 G3세대도 중년으로 가면서 호칭어 '오래비'를 더 활발하게 사용할 수 있다고 볼 수 있는데 이는 앞으로 더 고찰해 보아야 할 것이다. 이 호칭어도 연령단계에 따른 호칭어 사용의 변화 양상을 보여주는 호칭어라고 할 수 있다. 지칭어도 모든 세대에서 호칭어의 사용과 대응되게 '오빠'와 '오래비'를 사용한다. 흔히 앞에 '우리'를 붙여 '우리 오빠/오래비'로 지칭한다. G1, G2세대는 같은 항렬의 친족원이 여럿이 있을 때 호칭어 앞에 '큰, 둘째…'와 같은 말을 붙여 '(큰, 둘째…)+오빠/오래비'로 지칭한다.

여성 화자는 손위 남자형제의 배우자를 '형님', '언니'로 호칭한다. '형님'은 ①'형'의 높임말, ②자기보다 나이가 많은, 아내의 오빠를 이르는 말, ③손위 시누이를 이르는 말, ④며느리들 사이에서 손위 동서를 이르는 말이다(국립국어연구원 1999). 보다시피 '오빠'의 아내를 가리키는 뜻은 내포되어 있지 않지만 연변 지역에서는 G3세대의 일부 화자가 (23%) '언니'로 호칭하는 외에 모든 세대에서 '형님'으로 호칭한다. '언니'도 매스컴이나 인적 교류로 한국으로부터 유입된 개신형의 어휘로, 역시 언어의 개신은 G3세대에서 일어나고 있음을 말해준다. '새언니'의 사용은 조사되지 않았다. 지칭어로는 G3세대의 일부 화자가 '형님'과 함께 '언니'로 지칭하는 것을 제외하면 거의 모든 세대에서 '형님'으로 지칭한다고 할 수 있다. G1, G2세대는 같은 항렬의 친족원이 여럿이 있을 때 호칭어 앞에 '큰, 둘째…'와 같은 말을 붙여 '(큰, 둘째…)+형님'으로 지칭한다. '새언니', '올케언니'와 같은 지칭어의 사용은 확인되지 않았다.

3.1.2.2.2 '弟' 및 그 배우자에 대한 호칭어와 지칭어

여성 화자는 손아래 남자형제는 '이름'으로 호칭하는 것이 일반적이다. 흔히 '이름'에 호격조사 '-아/-야'를 붙여 호칭한다. '오래비'는 원래

'오빠'의 높임말인 '오라버니'의 낮춤말로 '오빠'에 대한 호칭으로 쓰이는 외에 연변 지역에서는 또 장성한 남자동생도 '오래비'로 호칭한다. '오래비'의 사용은 G1, G2세대에서 조사되었는데 G1세대가 G2세대보다 훨씬 많이 사용한다(G1세대 : 65.3%, G2세대 : 32.3%). 그리고 G1, G2세대에서 '동새'로 호칭하는 화자가 많지는 않아도 G1세대로 가면서 그 사용비율이 미세하게 높아진다(G2세대 : 3.5%, G1세대 : 5.3%). 이것은 화자들이 중, 노년에 이르면 장성한 남자동생의 이름을 부르기가 어색하여 '오래비' 혹은 친족관계를 나타내는 '동새'로 호칭을 바꾸기 때문이다. 반면에 G1세대에서 G3세대로 오면서 '이름'을 부르는 비율은 더 높아진다(G1세대 : 29.4%, G2세대 : 64.2%, G3세대 : 100%). 이 호칭어도 연령단계에 따른 호칭어 사용의 변화 양상을 보여주는 호칭어라고 할 수 있다. '이름', '오래비', '동새'에 대응하여 사용되는 청자대우법도 다른데 구체적인 것은 다음 장에서 밝힌다. 지칭어는 세대별로 다양하게 조사되었다. G2, G3세대는 친척이거나 친한 친구 앞에서는 '이름'으로 지칭하고 남동생을 잘 모르는 청자 앞에서는 '내 동새'로 지칭한다. G2세대에서 호칭어로 '오래비'를 사용하는 화자들이 지칭어로는 '오래비'를 사용하지 않는 것으로 조사되었다. G1세대의 지칭어 사용이 제일 다양한데 '이름'과 '내 동새'를 사용하는 외에 호칭어로 '오래비'를 사용하던 화자들이 지칭어로도 '오래비'를 사용한다. 일부 화자가(23.1%) 친척들 앞에서 자녀 이름에 기댄 종자명 지칭어 '자녀 이름+아버지/애비'를 사용한다. 친척들 앞에서 장성한 남동생의 이름을 부르기 어색하여 자녀 이름을 빌린 종자명 지칭어를 사용하는 것이다. 또 같은 항렬의 친족원이 여럿이 있어 구분해야 할 경우에는 '동새' 앞에 '큰, 둘째…' 등과 같은 말을 붙여 '(큰, 둘째 …)+동새'로 지칭하기도 한다.

여성 화자들이 손아래 남자형제의 배우자는 매우 다양하게 호칭하는 것으로 나타났다. 어느 세대나 이름호칭어를 사용하는 면에서는 일치하다. G2, G1세대는 '올케', '올케'의 방언형 '올찌세미'에 이름호칭어를 번갈아가며 사용한다. G1세대의 한 제보자는 원래는 '올찌세미'라고 했는데 근년에 한국 갔다 온 올케가 "'올찌세미'는 얼마나 듣기 싫소? 한국에서는 '올케'라고 합데."라고 하여 호칭을 '올케'로 바꿨다고 한다. G1세대로 갈수록 '올찌세미'의 사용비율이 높아지고(G2세대 : 20%, G1세대 : 64.6%) '올케'의 사용비율은 낮아진다(G2세대 : 38.5%, G1세대 : 25%). G2세대에서 '올케'는 주로 40대의 화자들이 사용하고 '올찌세미'는 주로 50대 이상의 화자가 사용한다. G3세대는 '올찌세미'의 사용이 조사되지 않고 이름호칭어와 '올케'의 사용이 거의 반반씩 차지한다('이름' : 48.7%, '올케' : 51.3%). 이로부터 '올찌세미'도 사멸에로 가고 있는 호칭어라는 것을 알 수 있다. 반면에 한국으로부터 유입된 '올케'는 G3세대에 와서 사용이 확대되어 매우 활발하게 쓰이고 있다. 이름호칭어의 사용도 G3세대로 오면서 사용비율이 높아지는데(G1세대 : 16%, G2세대 : 43.5%, G3세대 : 48.7%) 이 현상도 중국의 이름문화의 영향을 입은 것으로 이해할 수 있다. 그리고 G1, G2세대의 이름호칭어를 사용하는 일부 화자가 자녀 이름에 기댄 종자명 호칭어[12] '자녀 이름+엄마/에미'를 함께 쓰는 것으로 확인되었다. 장성한 자녀를 둔 올케의 이름을 부르는 것은 예의에 맞지 않는다고 생각하고 자녀 이름에 기댄 종자명 호칭어를 쓰는 것이다. 지칭어는 모든 세대에서 본인이 사용하고 있는 호칭어를 그대로 사용한다.

---

12) '종자명 호칭어'는 왕한석(1984)에 제시한 용어를 그대로 따른다. '종자명 호칭어'는 호칭어의 한 유형으로, 자녀의 이름에 기대여 호칭의 대상을 가리키거나 부르는 것을 말한다.

G3세대는 친척들 앞에서 '이름'으로 지칭하거나 동생 이름에 '각시'를 붙여 '동생 이름+각시'로 지칭하고 친구 혹은 안면이 적은 사람들 앞에서는 친족관계를 명확히 하는 '올케'로 지칭한다. G2세대의 40대의 화자는 G3세대의 화자와 같은 양상을 보이지만 50대의 화자는 G1세대와 같이 '이름'으로 지칭하는 화자는 적고 친구 혹은 안면이 적은 사람들 앞에서 친족관계를 명확히 하는 '올케/올찌세미'로 지칭한다. 친척들 앞에서는 동생 이름에 '앙까이13)/처/각시'를 붙여 '동생 이름+앙까이/처/각시'로 지칭하거나 자녀 이름에 기댄 종자명 지칭어 '자녀 이름+엄마/에미'로 지칭한다.

3.1.2.2.3 '姉' 및 그 배우자에 대한 호칭어와 지칭어

여성 화자는 손위 여자형제를 모든 세대에서 '언니'로 호칭한다. 앞에서 알아보았듯이 '언니'는 또 G3세대 여성 화자들이 '오빠'의 아내를 부르는 호칭어로도 쓰이며 지금은 그 의미범위가 확장되어 '남남끼리 여자들 사이에서 자기보다 나이가 이상인 여자를 정답게 이르는 말'로도 쓰인다. 지칭어도 '언니'를 사용하지만 흔히 '언니' 앞에 '우리'를 붙여 '우리 언니'로 지칭한다. G1, G2세대에서 같은 항렬의 친족원이 여럿이 있을 때 서열을 가리기 위해 '언니' 앞에 '큰, 둘째…'와 같은 말을 붙여

---

13) 북한의 어휘 '녀편네'의 방언형 '앙깐'을 연변 지역에서는 모든 세대에서 '앙까이'로 발음하여 사용한다. '앙까이'가 G1세대에서 '안깐이, 안깐으, 안깐딜이, 안깐도, 안깐게…' 등으로 곡용하기도 하는데 이것은 육진출신의 나이 많은 화자에게서 쓰이는 것으로 알려져 있다. 이번 조사에서는 이런 곡용형은 관찰되지 않고 '앙까이'형만 나타났다. 연변 지역에서 '앙까이'는 자신의 아내를 포함한 결혼한 여성들을 가리킬 때 두루 쓰이는 말이다.

'(큰, 둘째…)+언니'로 지칭하기도 한다.

여성 화자는 손위 여자형제의 배우자를 '아즈바이, 아저씨, 형부'로 호칭하는데 그 사용 양상은 세대별로 차이를 보인다. G1세대는 '아즈바이'로, G2세대는 '아저씨'와 '아즈바이'로, G3세대는 '아저씨'와 '형부'로 호칭한다. '아저씨'는 한국에서 원래 '고모부', '이모부', '삼촌' 등을 가리키는 친족어휘지만 그 사용은 활발하지 않고 현재는 '친척관계가 없는 부모와 같은 또래의 젊은 남자'로 의미 범위가 확대되어 활발하게 쓰이고 있다. 하지만 북한에서 '아저씨'는 '언니의 남편을 이르는 말'로 연변에서도 현재 북한의 방언을 그대로 사용하고 있다. '아저씨'는 G2, G3세대에서 사용하고 G1세대는 사용하지 않는다(G2세대 : 74.6%, G3세대 : 78.2%). 나머지 G3세대의 화자는 '형부'를 사용한다(21.8%). '형부'는 한국에서 언니의 남편에 대한 호칭어로 일반화되어 쓰이는데 보다시피 역시 한국에서 유입된 개신형의 어휘는 젊은 세대로부터 접수되어 쓰이고 있다. 앞에서 언급했듯이 '아즈바이'는 원래 '숙부'의 함북방언인데 현재 연변에서는 손아래 '고모부', 손아래 '이모부', '아버지의 4촌 남동생' 등에 대한 호칭으로도 광범위하게 사용된다. G1세대 전부의 화자와 G2세대 50대의 화자는(25.4%) '아즈바이'로 호칭한다. '아즈바이'는 G1세대에서 G2세대로 오면서 사용이 약화되고 G3세대는 사용하지 않음을 확인하였는데 이 호칭어도 점차 사멸에로 가고 있음을 의미한다. 지칭어는 세대별로 본인이 사용하는 호칭어를 그대로 사용한다. 즉 G1세대는 '아즈바이'로, G2세대는 '아저씨'와 '아즈바이'로, G3세대는 '아저씨'와 '형부'로 지칭한다.

'妹'및 그 배우자에 대한 호칭어와 지칭어

여성 화자는 손아래 여자형제도 모든 세대에서 '이름'을 부르는데 흔히 '이름'에 호격조사 '-아/-야'를 붙여 호칭한다. 지칭어는 모든 세대에서 '이름'과 '내 동새'가 조사되었는데 친척들 앞에서는 '이름'으로 지칭하고 친구나 안면이 적은 사람들 앞에서는 '내 동새'로 지칭한다.

손아래 여자형제의 배우자에 대한 호칭어로 이름호칭어, '새워이', 자녀 이름에 기댄 종자명 호칭어 '자녀 이름+아버지/아빠/애비'14) 등이 조사되었는데 사용상에서 세대별로 뚜렷한 차이를 보인다. '새워이'는 '나이 많은 선비를 대접하여 이르는 말'(국립국어연구원 1999)인 '생원'의 방언형으로, 모든 세대에서 여동생의 남편을 부를 때 가장 활발하게 쓰이는 호칭어다. 그 외에 연변 지역에서 '새워이'는 여성 화자가 시동생이나 손아래 시누이의 남편을 부르는 호칭어로도 사용된다. G3세대에서 G1세대로 가면서 그 사용비율이 점차 높아지고(G3세대 : 51.3%, G2세대 : 56.9%, G1세대 : 77.6%) 반대로 이름호칭어는 사용비율이 점차 낮아진다(G3세대 : 50%, G2세대 : 32.1%, G1세대 : 18.4%). 젊었을 때는 여동생 남편의 이름을 부르다가 중, 노년에 들어서면서 자녀가 있는 여동생의 남편의 이름을 부르는 것은 예의에 맞지 않다고 생각하여 가치중립적 의미를 가진 '새워이'로 호칭을 바꾸기 때문이다. 모든 세대에서 적지 않은 비율로 이름호칭어를 사용하는 것은 역시 중국의 이름문화의 영향이 큰 것으로 이해된다. 그리고 G1, G2세대에서 일부 화자가 이름호칭어를 사용하기 거북할 때 자녀 이름에 기댄 종자명 호칭어도 사용한다(G1세대 : 5.6%, G2세대 : 12.4%). G1세대는 자녀 이름에 '아버지/애비'를 붙여 호칭

---

14) '애비'는 '아버지'의 낮춤말인 '아비'의 방언형이다.

하고 G2세대는 자녀 이름에 '아버지/아빠'를 붙여 호칭하는데 G2세대는 자녀들의 호칭용어 '아빠'를 그대로 종자명 호칭으로 사용하는 것이다. 호칭어 '제부'는 조사되지 않았다. 여성 화자는 손아래 여자형제의 배우자를 세대별로 각자가 사용하는 호칭어 그대로 지칭한다. 모든 세대에서 친척들 앞에서는 '이름'으로 지칭하거나 혹은 흔히 자녀 이름에 기댄 종자명 지칭어 '자녀 이름+아버지/애비/아빠'로 지칭한다. G1세대는 자녀 이름에 '아버지/애비'를 붙여 지칭하고 G2, G3세대는 자녀 이름에 '아버지/아빠'를 붙여 지칭한다. '새워이'는 호칭어로서의 사용은 활발하지만 지칭어로서의 사용은 활발하지 않다. '새워이'는 '시동생'이나 손아래 '시누이 남편'을 가리키는 지칭어로도 사용되기 때문이다. 그 외에 친구나 안면이 적은 사람들 앞에서 G1세대는 '동새 나그내'로, G2, G3세대는 '동새 신랑/신랑재'[15]로 지칭한다.

3.1.2.3 남성 화자의 사촌 형제자매에 대한 호칭어와 지칭어

아버지 형제자매의 자녀인 사촌 형제자매에게 사용하는 호칭어는 친형제자매에게 사용하는 호칭어와 거의 모든 면에서 같은 것으로 나타났다. 지칭어의 사용에서 차이를 보여주는데 아래에 주로 다른 부분을 찾아서 논의하기로 한다.

---

15) 국립국어연구원(1999)에 의하면 '신랑재'는 '신랑'을 속되게 이르는 말인 '새서방'의 함경도방언이다.
연변 지역에서는 주로 결혼한 지 얼마 안 되는 젊은 여자의 남편을 두루 가리키는 넓은 의미로 쓰인다.

남성 화자는 손위 사촌 남자형제도 친형님과 같이 '형님'으로 호칭한다. 지칭어도 '형님'으로 지칭하며 친형님과 구분해야 하는 경우 모든 세대에서 '형님/허이' 앞에 '사춘'[16]을 붙여 '사춘+형님/허이'로 지칭한다. 사촌형님이 여럿이 있을 때는 '형님' 앞에 이름을 붙여 '사촌형님 이름+형님'으로 지칭한다. G3세대는 친형제자매가 없는 독신자녀가 많기에 사촌형님을 지칭할 때도 '사춘'을 붙이지 않고 그저 '형님'으로 지칭하는 경우가 많다.

손위 사촌 남자형제의 배우자에 대한 호칭은 친형제자매의 경우와 같이 G3세대의 일부 화자가 '형수'로 호칭하는 것을 제외하면 거의 모든 세대에서 '아즈마이'로 호칭한다. '형수'에 접미사 '-님'을 붙이는 현상은 관찰되지 않았다. 지칭어도 친형님의 배우자를 지칭할 때와 같이 G3세대 일부 화자가 '형수'로 지칭하고 나머지는 거의 모든 세대에서 '아즈마이'로 지칭한다. 친형님의 배우자와 구별하기 위하여 모든 세대에서 '아즈마이' 앞에 '사촌형님 이름+형님+네'를 붙여 '아즈마이'가 아닌 다른 사람을 지칭하는 표현인 '사촌형님 이름+형님+네+아즈마이'로 사촌형님의 배우자를 지칭하기도 한다.

---

16) 연변 지역에서는 '사촌'을 '사춘'으로 발음하여 사용한다.

남성 화자는 손아래 사촌 남자형제도 '이름'을 부르는데 이름 뒤에 흔히 호격조사 '-아/-야'를 붙여 호칭한다. 지칭어 사용은 친남동생에 대한 지칭어 사용과 조금 차이를 보인다. 모든 세대에서 보통 가까운 친척들 앞에서는 '이름'으로 지칭하고 친구나 안면이 적은 사람들 앞에서는 친남동생과 구분하기 위하여 '동새' 앞에 '사춘'을 붙여 '사춘동새'로 지칭한다. G1세대는 사촌 형제자매가 많기에 '동새' 앞에 '지명'을 붙여 '지명+동새'로도 지칭한다. G3세대는 형제자매가 없는 독신자녀가 많기에 사촌 남동생을 지칭할 때도 '동새' 앞에 '사춘'을 붙이지 않고 '내'를 붙여 '내 동새'로 지칭하는 경우가 많다.

손아래 사촌 남자형제의 배우자도 모든 세대에서 '제수'로 호칭한다. 지칭어는 모든 세대에서 '제수'를 사용하지만 친남동생의 배우자와 구분하기 위하여 G1, G2세대는 '사촌 남동생 이름'에 '앙까이/처'를 붙여 '사촌 남동생 이름+앙까이/처' 혹은 '사춘동새 앙까이/처'로 지칭하고 G3세대는 '사촌 남동생 이름'과 '사춘동새'에 '각시'를 붙여 '사촌 남동생 이름+각시', '사춘동새+각시'로 지칭하거나 혹은 직접 '동새 각시'로 지칭한다.

남성 화자가 손위 사촌 여자형제에 대한 호칭어 사용은 친누나에 대한 호칭어 사용과 똑같다. 모든 세대에서 '누나'로 호칭하지만 G3세대에서 G1세대로 가면서 '누나'의 사용은 적어진다. 반면 G1, G2세대에서 '누이/누애'의 사용이 많아지고 G1세대 일부 70대의 화자가 '누비'를 사용한다. 지칭어는 모든 세대에서 호칭어를 그대로 사용하는 외에 친누나에 대한 지칭과 구별하기 위하여 호칭어 '누나/누이/누애/누비' 앞에 '사촌'을 붙이거나 '이름'을 붙여 지칭한다. G3세대는 그저 '누나'로 지칭하는 경우가 많다.

손위 사촌 여자형제의 배우자에 대한 호칭어 사용은 친누나의 배우자에 대한 호칭어 사용과 같다. G1, G2세대는 '매부'와 '매형'으로, G3세대는 '매부'로 호칭한다. '친매부'에 대한 호칭에서 4.9%의 화자가 사용하던 '형님'의 사용은 관찰되지 않았다. 손위 사촌 여자형제의 배우자에 대한 지칭어는 각자가 사용하는 호칭어를 그대로 사용한다. 다만 친누나의 배우자와 구별하기 위하여 모든 세대에서 '매부/매형' 앞에 '사촌누나 이름+누나/누애/누이+네'를 붙여 '사촌매부'가 아닌 다른 사람을 지칭하는 표현인 '사촌누나 이름+누나/누애/누이+네+매부/매형'으로 사촌 누나의 배우자를 지칭한다.

3.1.2.3.4 '손아래 사촌 여자형제'와 그 배우자에 대한 호칭어와 지칭어

남성 화자는 손아래 사촌 여자형제도 '이름'을 부르는데 이름 뒤에 흔히 호격조사 '-아/-야'를 붙여 호칭한다. 지칭어는 친척들 앞에서는 이름으로 지칭하고 친여동생과 구별해야 할 때는 모든 세대에서 '동새' 앞에 '사촌'을 붙여 '사촌 동새'로 지칭한다. G3세대는 '동새' 앞에 '내'를 붙여 '내 동생'로 지칭하는 경우가 많다.

손아래 사촌 여자형제의 배우자에 대한 호칭어는 친형제자매의 경우와 조금 다르다. 사촌지간은 친형제간과 달리 평시에 자주 만나지 않기에 모든 세대에서 친족관계 호칭어인 '매부'를 많이 사용하고 이름호칭어 사용은 활발하지 않다. 이전부터 서로 알고 친하게 지내던 사이면 이름호칭어를 사용하는 것으로 나타났다. 지칭어는 '친매부'에 대한 지칭어 사용과 비슷하다. 사촌매부를 잘 아는 친척들 앞에서는 이름으로 지칭하고 사촌매부를 잘 모르는 친척들 앞에서는 '사촌 여동생 이름'에 '나그내/남편'을 붙여 '사촌 여동생 이름+나그내/남편'으로 지칭한다. 친구 앞이거나 안면이 적은 사람들 앞에서는 그저 '매부'로 지칭한다.

G1, G2세대는 아버지 남자형제의 자녀는 손위, 손아래를 불문하고 모두 '친사춘'이라 하고 아버지의 여자형제의 자녀는 모두 '고모사춘'이라고 한다. G3세대는 '고모사춘'이라는 용어는 사용하지 않고 무릇 아버지 형제의 자녀들은 다 '친사춘'이라고 한다.

3.1.2.4 여성 화자의 사촌 형제자매에 대한 호칭어와 지칭어

3.1.2.4.1 '손위 사촌 남자형제'와 그 배우자에 대한 호칭어와 지칭어

여성 화자가 손위 사촌 남자형제에 대한 호칭어 사용은 친형제자매의 경우와 조금 다르다. 호칭어 '오래비'는 확인되지 않고 모든 세대에서 '오빠'로 호칭한다. '오래비'가 왜 쓰이지 않는지에 대해서는 좀 더 면밀한 조사와 연구가 필요하다. 지칭어는 모든 세대에서 '오빠'로 지칭하지만 친오빠와 구별하기 위하여 '오빠' 앞에 '사촌' 혹은 '이름'을 붙여 '사촌오빠', '사촌오빠 이름+오빠'로 지칭한다. G3세대는 '사촌'을 붙이지 않고 그저 '오빠'로 지칭하는 경우가 많다.

손위 사촌 남자형제의 배우자에 대한 호칭어와 지칭어의 사용은 친오빠의 배우자에 대한 호칭어와 지칭어의 사용과 같다. G1, G2세대는 '형님'으로, G3세대는 '형님'과 '언니'로 호칭, 지칭한다. 다만 친오빠의 아내와 구별해야 할 경우 모든 세대에서 '형님/언니' 앞에 '사촌오빠 이름+오빠+네'를 붙여 사촌오빠의 배우자가 아닌 다른 사람을 지칭하는 표현인 '사촌오빠 이름+오빠+네+형님/언니'로 사촌오빠의 배우자를 지칭하기도 한다.

3.1.2.4.2 '손아래 사촌 남자형제'와 그 배우자에 대한 호칭어와 지칭어

여성 화자는 손아래 사촌 남자형제도 '이름'을 부르는데 이름 뒤에 흔히 호격조사 '-아/-야'를 붙여 호칭한다. 친남동생을 부르는 호칭어 '오래비'는 조사되지 않고 G1세대에서 자녀 이름에 기댄 종자명 호칭어 '자녀 이름+아버지/애비'를 쓰는 것이 조사되었다. 종자명 호칭어는 장성한 사촌 남동생을 대우하여 사용하는 것이다. G2, G3세대는 타지로 진출한 사람들이 많고 사촌사이에 연락이 많지 않기에 그 자녀의 이름을 모르는 경우가 대부분이다. 하지만 G1세대는 전에 사촌들과 한 마을에 살면서 가깝게 지냈기에 그 자녀 이름도 알고 있어 이런 종자명 호칭어 사용이 가능한 것이다. 지칭어는 모든 세대에서 친척들 앞에서는 '이름'으로 지칭하고 친구나 안면이 적은 사람들 앞에서는 '동새' 앞에 '사촌'을 붙여 '사촌동새'로 지칭한다. G1세대는 자녀 이름에 기댄 종자명 지칭어 '자녀 이름+아버지/애비'로도 지칭하고 G3세대는 직접 '내 동새'로 지칭하는 경우가 많다.

손아래 사촌 남자형제의 배우자에 대한 호칭은 친남동생의 배우자에 대한 호칭 사용과 비슷하다. G1세대는 '이름, 올찌세미, 자녀 이름+엄마/에미', G2세대는 '이름, 올케, 올찌세미', G3세대는 '이름, 올케'로 호칭한다. 구별점이라면 우선 G1세대에서 '올케'의 사용이 관찰되지 않은 것이다. 친형제 간에는 '올찌세미'를 사용하던 화자들이 잦은 내왕 가운데서 자연스럽게 한국으로부터 유입된 '올케'로 호칭을 바꿀 수 있었지만 사촌 간에는 내왕이 잦지 않기에 계속 전에 쓰던 '올찌세미'를 그대로 쓰고 있는 것이다. 다음 G2세대에서 자녀 이름에 기댄 종자명 호칭어를 사용하지 않는 것인데 역시 사촌 간에 내왕이 적어 사촌 남동생의 자녀 이름을 모르기 때문에 종자명 호칭어를 사용하지 않는 것이다. 지칭어는 모든 세대에서 호칭어를 그대로 사용한다. 사촌 남동생의 배우자를 잘 모르는 친척들 앞에서 G1, G2세대는 사촌 남동생의 이름에 '앙까이/처/각시'를 붙여 '사촌 남동생 이름+앙까이/처/각시'로 지칭하고 G3세대는 '사촌 남동생 이름+각시'로 지칭한다.

3.1.2.4.3 '손위 사촌 여자형제'와 그 배우자에 대한 호칭어와 지칭어

여성 화자는 손위 사촌 여자형제도 '언니'로 호칭한다. 지칭어는 '언니' 외에 친언니와 구분해야 할 경우 모든 세대에서 '언니' 앞에 '사촌'

을 붙여 '사촌언니'로 지칭한다. G3세대는 '사촌'을 붙이지 않고 지칭하는 경우가 많다.

손위 사촌 여자형제의 배우자는 친언니의 배우자와 호칭어 사용이 같다. G1세대는 '아즈바이'로, G2세대는 '아즈바이, 아저씨'로, G3세대는 '아즈바이'를 사용하지 않고 '아저씨'와 한국에서 유입된 개신형의 호칭어 '형부'로 호칭한다. 지칭어는 세대별로 사용하는 호칭어를 그대로 사용한다. 친언니의 배우자와 구별해야 할 경우 모든 세대에서 '아즈바이/아저씨/형부' 앞에 '사촌언니 이름＋언니＋네'를 붙여 '사촌언니 이름＋언니＋네＋아즈바이/아저씨/형부'로 사촌언니의 배우자가 아닌 다른 사람을 지칭하는 표현으로 사촌언니의 배우자를 지칭하기도 한다.

3.1.2.4.4 '손아래 사촌 여자형제'와 그 배우자에 대한 호칭어와 지칭어

여성 화자는 손아래 사촌 여자형제도 '이름'을 부르는데 이름 뒤에 흔히 호격조사 '-아/-야'를 붙여 호칭한다. 지칭어는 친척들 앞에서는 '이름'으로 지칭하지만 친구나 안면이 적은 사람들 앞에서는 '동새' 앞에 '사촌'을 붙여 '사촌동새'로 지칭한다. G3세대는 '동새' 앞에 '내'를 붙인 '내 동새'로 지칭하는 경우가 많다.

손아래 사촌 여자형제의 배우자에 대한 호칭은 친여동생의 배우자에 대한 호칭의 경우와 비슷하다. 모든 세대에서 '이름, 새워이'로 호칭하는 외에 G1세대에서 자녀 이름에 기댄 종자명 호칭어 '자녀 이름＋아버지/애비'로도 호칭한다. 친여동생의 배우자에 대한 호칭과 비교해볼 때 G2세대에서 차이를 보인다. G2세대에서 친여동생의 남편은 자녀 이름에 기댄 종자명 호칭어를 쓰는 반면 사촌 여동생의 남편에게는 종자명 호칭어를 쓰지 않는다. 지칭어는 모든 세대에서 친척들 앞에서는 '이름, 새위이'로 지칭한다. 사촌 남동생의 배우자를 잘 모르는 친척들 앞에서는 G1, G2세대는 사촌 여동생의 이름에 '나그내/신랑/신랑재'를 붙여 '사촌 여동생 이름＋나그내/신랑/신랑재'로, G3세대는 '사촌 여동생 이름＋신랑/신랑재'로 지칭한다. 친구나 안면이 적은 사람들 앞에서는 G1, G2세대는 '사춘동새 나그내/신랑/신랑재'로, G3세대는 '동새 신랑/신랑재'로 지칭한다.

여성 화자들도 G1, G2세대는 아버지의 남자형제의 자녀는 손위, 손아래를 불문하고 모두 '친사춘'이라 하고 아버지의 여자형제의 자녀는 모두 '고모사춘'이라고 한다. G3세대는 '고모사춘'이라는 용어는 사용하지 않고 무릇 아버지 형제의 자녀들은 다 '친사춘'이라고 한다.

3.1.3 부부사이의 호칭어와 지칭어

부부사이의 호칭어와 지칭어는 어느 세대에서나 매우 다양하게 조사되었다. 아래에 '남편'과 '아내'로 나누어 호칭어와 지칭어 사용 양상을 구체적으로 알아보도록 한다.

3.1.3.1 '남편'에 대한 호칭어와 지칭어

<표 2>에서 보듯이 '남편'에 대하여 하나의 호칭어와 지칭어만을 사용하는 것이 아니라 때와 장소에 따라 두세 개의 호칭어와 지칭어를 선택하여 쓰고 있다는 것을 알 수 있다. 그리고 세대에 따라 '남편'에 대한

호칭어와 지칭어 사용에 뚜렷한 차이가 있다는 것도 알 수 있다.

G1세대에서 아내가 남편에게 가장 많이 쓰는 호칭어는 '이봅소' (48.7%), '이보쇼'(30.8%)다. 남편의 주의를 끌고 싶거나 어떤 사항을 강조해서 말하고 싶을 때는 '이봅소'를 '이보옵소'와 같이 길게 발음하기도 한다. 그러나 길게 발음하는 것이 흔하지 않고 '이봅소'로 발음하는 것이 보통이다. '이보옵소'는 '남편'을 부르는 호칭으로는 사용되지만 '아내'에 대한 호칭으로는 사용하지 않는다. '이봅소', '이보쇼' 이 두 호칭어에 호응하는 청자대우법의 종결형식은 다르게 나타나는데 구체적인 것은 4장에서 밝힌다. '이봅소'나 '이보쇼'는 3인칭의 용법이 2인칭에까지 확장되어 쓰이는 것으로 보인다. G1세대에서 33.3%의 화자가 전통적으로 남편에 대한 호칭어로 써오던 '여보'와 '당신'을 사용한다. G1세대의 70세 이상 되는 노년층의 여성 화자들은 남편을 '령감'으로 호칭하기도 한다. '령감'은 아내에 대한 호칭어 '로친'에 대응하는 남편 호칭어다. 이는 G1세대 화자들이 '여보, 당신'이나 '령감'을 그만큼 보수적인 호칭어로 여기고 있다는 증거로 볼 수 있다. 손자(녀)가 두서너 살 이상이 되면 손자(녀) 이름에 기대여 '손자(녀) 이름'에 '아바이/할아버지'를 붙인 종자명 호칭어를 사용하기도 하는데 28.2%에 달하는 화자들이 사용하는 것으로 나타났다.

G2세대에서는 아내가 '남편'에 대한 호칭으로 '동무'를 보편적으로 많이 쓴다(78.2%). 이것은 중화인민공화국이 창립이후 사회주의 체제하에서 사용하던 언어생활의 한 단면을 보여주는 연변 지역의 특징적인 호칭이라고 할 수 있다. 1930년대에 모스크바에서 출판된 조선문 서적에는 당시 소련의 최고지도자 스탈린에 대하여도 '스탈린동무'로 썼다. 이처럼 '동무'라는 호칭은 사회주의 체제하에서 조선족 사회에서는 모든

사람에게 사용할 수 있는 만능 호칭어가 되었다(김효정 1989 : 10). 그런데 북한에서 '동무'가 원래 비친족원을 호칭하거나 지칭할 때 광범위하게 사용되던 것이었는데(김동수 1983 : 169-170) 그 사용상의 변화가 친족호칭어에도 영향을 미쳐 이것이 중국의 연변 지역에까지 확대되어 쓰인 것으로 보인다. 아래에서 밝히겠지만 '아내'에 대한 호칭으로 사용비율 상으로 차이는 있어도 모든 세대의 남성 화자가 '동무'를 사용하지만 여성 화자들의 사용은 G2세대에서밖에 관찰되지 않았다. G1세대의 여성 화자들한테서는 남편을 '동무'로 호칭하는 현상이 관찰되지 않았는데 그 원인에 대해서는 면밀한 조사와 검토가 필요하다. 이 호칭어가 G3세대에서는 쓰이지 않는다는 점을 고려할 때 과거의 전통이 G2세대에 일부 남아있는 것으로 이해된다.

 G2세대에서 '동무' 외에 다음으로 많이 쓰는 호칭어가 '여보'(36.9%), '이보쇼'(27.7%)다. G1세대에서 쓰이던 함경도 방언형 '이봅소'는 쓰이지 않고 표준어형인 '이보쇼'와 전통적으로 써오던 '여보'가 쓰여 이 세대에서 남편에 대한 호칭의 변화를 보이기 시작한다는 것을 알 수 있다. 극소수의 여성 화자들이 남편과 단둘이 있을 때 남편을 가끔 '어이'로 부르기도 하나 보통은 쓰기 어려운 말이다. 그리고 G1세대에서 손자(녀) 이름에 기댄 종자명 호칭어를 쓰는 것과 평행하게 G2세대에서는 9.2% 의 여성 화자가 자녀 이름에 기대여 '자녀 이름'에 '아빠/아버지'를 붙인 종자명 호칭어를 사용한다. 자녀 이름에 '아빠'를 붙인 종자명 호칭어는 이전에는 쓰이지 않던 것인데 이 세대에서 쓰이기 시작했다는 것은 이 세대가 개신자라는 것을 의미한다. 앞에서 알아보았듯이 G2세대는 자신의 남자부모는 '아빠'라고 호칭하지 않지만 남편을 부를 때는 자녀 이름에 '아빠'를 붙여 부르는데 '아빠'는 G2세대 화자들의 자녀가 사용하는

호칭어 '아빠'를 차용한 것이다.

G1과 G2세대의 부부간 호칭어를 보면 아래에서 밝혀지겠지만 남편은 아내의 이름을 불러 호칭하는 반면 아내는 남편의 이름을 불러 호칭하지 않는다. 이름호칭어는 상하관계에서 윗사람에게는 사용하지 않고 아래 사람이나 동급의 청자에게 사용하는 것이 일반적이다. 연변 지역에서 부부사이에 남편은 아내의 이름을 불러 호칭할 수 있지만 아내는 남편의 이름을 부르지 않는다는 것은 G1과 G2세대에 아직도 유교의 '남녀유별', '남존여비'의 의식이 잠재되어 있음을 보여준다.

G3세대에서 '남편'에게 가장 많이 쓰는 호칭어가 '자기야'(45%)와 '이름'(35.4%)을 부르는 것이다. 남성 화자들은 윗세대 앞에서도 아내의 이름을 자유롭게 부를 수 있지만 여성 화자들은 윗세대 앞에서 남편의 이름을 자유롭게 부르지 못한다. '자기야'는 한국어에서 유입된 것으로 박정운(1997)에서 지적했듯이 '자기'는 20세기 말엽에 한국어에서 연인들 간에 2인칭을 호칭하거나 지칭하는 말로 폭넓게 쓰이던 것인데 이것이 한중 수교 후 한국과의 교류로 인해 연변 지역어에까지 확대되어 쓰이는 형태라고 할 수 있다. '자기'는 본래 연인들 사이에서 쓰이던 2인칭 대명사인데 이것이 결혼한 후에도 계속 사용되는 것이다. '자기야'와 마찬가지로 이전 세대에서는 볼 수 없었던 '남편' 호칭으로 '오빠'가 관찰되었다. 6.4%의 G3세대 화자에게서 관찰되었는데 이것도 역시 한국으로부터 유입된 개신형 호칭어라고 할 수 있다. 결혼 전에 선후배 사이로 알고 지내면서 선배 남자를 '오빠'라 부르다가 결혼하게 되어서도 계속 '오빠'로 호칭하는 것이다. 어른들이 남편을 어떻게 '오빠'라고 부르냐고 질책을 하면 '자기야'로 바꾸어 부른다고 한다.

G3세대는 G1이나 G2세대와 달리 남편을 이름으로 호칭하기도 하는

데 주로 서로 친하게 알고 지내던 동창끼리 결혼한 경우에 적용된다. 아래에서 밝히겠지만 남편이 아내를 부를 때는 G1이나 G2세대에서 이름에 호격조사 '-이/ø'를 붙여 사용하는 것과는 다르게 G3세대는 호격조사 '-아/-야'를 붙여 사용하고 청자대우법과의 호응도 G1이나 G2세대와 다른 양상을 보인다. 이처럼 아내가 스스럼없이 남편의 이름을 부를수 있는 것도 중국어의 영향을 받은 것이라고 할 수 있다. 중국의 경우 나이 차이, 상하 급 관계를 불문하고 서로 이름을 불러 호칭하고 부부간에도 자유롭게 서로 이름을 불러 호칭하기 때문이다.

G3세대는 G2세대가 주로 쓰는 '여보'에 호격조사 '-야'를 붙인 '여보야'도 많이 쓰는데(15.4%) 주로 20대의 젊은 여성 화자에게서 관찰된다. '여보야'는 중년층 이상에서 주로 쓰는 보수적인 호칭어 '여보'에 호격조사 '-야'를 붙여 애교 있게 표현하는 호칭어로 '자기야'에서 유추한 개신형이라고 할 수 있는데 윗세대 앞에서 자유롭게 쓸 수 있는 호칭어는 아니다. G3세대도 결혼하여 아이가 태어나면 자녀 이름에 '아빠'를 붙인 종자명 호칭어를 쓰게 되는데 사용이 그렇게 활발한 것은 아니다(9.2%). G2세대와는 달리 자녀 이름에 '아버지'를 붙인 호칭어는 사용되지 않고 한국에 다녀온 적이 없는 화자들도 자녀 이름에 '아빠'를 붙인 종자명 호칭어를 사용한다.

'남편'에 대한 지칭어도 호칭어와 마찬가지로 세대에 따라 그 사용 양상의 차이가 분명히 드러난다. G1세대의 일부 고령층(70대) 화자들은 그 연령대에 적합한 지칭어인 '령감'과 '아바이'를 많이 쓰는데 '아바이'는 그 앞에 손자(녀) 이름을 붙이지 않고 그대로 사용되기도 하고 손자(녀) 이름을 붙여 종자명 지칭어로 사용되기도 한다. 연변 지역에서 쓰이는 '아바이'는 함경도방언에서 유래한 것으로 '할아버지'나 '늙은이'를 가리키는 말이지만 노년층에서 지칭어로 쓰일 때는 남편을 뜻하는 '령감'과 거의 같은 뜻으로 쓰인다.[17] 손자(녀) 이름에 '할아버지'를 붙인 지칭어는 표준어형이고 손자(녀) 이름에 '아바이'를 붙인 지칭어는 함경도방언에서 유래하는 것으로 이때의 '아바이'는 '할아버지'의 의미를 갖는다. 그리고 아직 손자(녀)를 보지 못한 일부 60대의 여성 화자는 계속 자녀 이름에 기댄 종자명 지칭어 '자녀 이름+아버지'로 남편을 지칭한다. 한편, 전형적인 함경도방언에서 유래한 지칭어로 '우리 나그내'[18]가 쓰인다. 표에서 보듯이 남편을 뜻하는 '우리 나그내'가 G2세대에까지 쓰이다가 G3세대에서는 쓰이지 않는다.

G2와 G3세대는 친척이나 어른들 앞에서 남편을 이름으로 지칭하지 못한다. 이럴 경우 흔히 자녀 이름에 '아빠/아버지'를 붙인 종자명 지칭을 사용한다. 자녀 이름에 '아버지'를 붙인 종자명 지칭은 연변 지역에서 써오던 말이고 자녀 이름에 '아빠'를 붙인 종자명 지칭은 호칭어에서와 마찬가지로 한국에서 유입되어 쓰이는 개신형이다. G1세대에서는 쓰이지 않고 G2세대에서는 종자명 지칭인 '자녀 이름+아버지'와 '자녀 이름+아빠'가 공존하다가 G3세대에 오면 '자녀 이름+아빠'만 쓰인다. 이러한 결과는 지칭어 사용의 변화를 보여주는 것이기는 하지만 G2세대가 노년층이 되어서도 '자녀 이름+아빠'를 쓸 것인지에 대하여는 좀 더 면밀한 조사와 검토가 필요한 것으로 보인다. G1세대에서 쓰지 않는 지칭

---

17) '아바이'가 '령감'보다 더 임의롭게 쓸 수 있는 지칭어로 보이지만 이 둘의 용법에 대하여는 좀 더 면밀한 조사와 분석이 필요하다.
18) 연변 지역에서 '나그내'는 여성들이 자기의 남편을 포함하여 결혼한 남자를 가리킬 때 두루 쓰는 말이다.
'나그내'는 '우리 나그내, 그집 나그내, ○○나그내'에서와 같이 '남편'의 뜻으로 쓰이는 말이다.

어 '우리 남편'과 '우리 집사람', '우리 신랑재'가 G2세대에서는 새롭게 쓰인다. G2세대에서도 '우리 나그내'가 남편을 지칭하는 말로 쓰이는데 이 세대 내에서도 나이가 많은 화자들이 주로 쓴다.

함경도방언에 기초한 '우리 나그내'가 G3세대에서는 쓰임이 관찰되지 않는데 이는 두 가지로 해석할 수 있을 것으로 보인다. 하나는 남편을 지칭하는 '우리 나그내'가 G3세대로 오면서 쓰이지 않게 되었다고 해석하는 것이고 다른 하나는 연령 차이에 의한 것으로 G3세대에서 안 쓰이는 것이어서 이들이 나이가 들면 다시 쓰게 될 것이라고 해석하는 것인데 여기에서는 전자로 해석하고자 한다. 왜냐 하면 G3세대는 인적 교류나 매스컴 등에 의에 한국어의 영향을 많이 받고 있어 젊은층 화자들은 함경도 방언형 '나그내'를 쓰지 않을 것으로 예측되기 때문이다. 대신에 결혼 초기의 젊은 화자들이 선호하는 '우리 신랑'의 사용이 확산될 것으로 보인다. '우리 신랑'은 제3자에게 다소 가치중립적인 지칭어가 되기 때문이다. 다른 세대에서는 쓰이지 않고 G3세대에서만 쓰이는 남편 지칭어로 '우리 자기'와 '우리 오빠'가 있다. '우리 자기'와 '우리 오빠'는 각각 호칭어 '자기야'와 '오빠'에 대응하는 지칭어인데 주로 친한 친구에게 쓸 수 있는 말이다. 이 두 지칭어는 특히 젊은층에서만 쓰이는 말인데 둘 다 한국어에서 유입되었다는 것은 앞에서 언급하였다. 그런데 문제는 이 두 지칭어가 계속 사용되어 G3세대 화자들이 중년층이 되어도 쓰일 것이냐 하는 것인데 둘 다 그 연령층이 되면 쓰기 어려울 것으로 보인다. 그렇다면 이 두 지칭어는 연령에 따른 변이형이 될 것이다. 지칭어 '우리 자기'보다는 호칭어 '자기야'가 나이가 더 들어서까지 쓸 수 있을 것으로 보인다. '자기야'는 단둘이 있을 때 주로 쓰이는 호칭인데 반해 지칭어 '우리 자기'는 제3자에게 쓰는 것이기 때문에 친한 상대가 아니거나 나이가 들면 쓰기 어려울 것이기 때문이다. '우리 오빠'도 이와 비슷할 것으로 보인다. 본래 '오빠'는 친족용어인데 배우자에게까지 확장되어 쓰이는 것이다. '오빠'는 본래 여자가 손위 남자형제를 부르거나 가리키던 말이었는데 이것이 남남끼리 손아래 여자가 손위의 남자를 친근하게 가리키거나 부르는 말로 확장되어 쓰이던 것이 젊은 부부 사이에까지 확대된 것이라고 할 수 있다. 연인시절에 사귀던 손위 남자를 친근하게 '오빠'라고 부르던 습관을 이들이 결혼한 후에도 버리지 못하고 사용하는 것이다. '우리 자기'나 '우리 오빠'와 같은 지칭어는 G2나 G1세대에게는 받아들이기 어려운 말이다.

G3세대에서는 남편을 이름으로 지칭하는 경우도 있는데 이때는 '○○가/이'와 같이 쓰이는데 친한 친구사이나 동기간에 쓸 수 있는 말이다.[19] 그리고 G3세대의 호칭에서와 마찬가지로 지칭에서도 자녀 이름에 '아빠'를 붙인 종자명 지칭어가 쓰이는데 G2세대에서 쓰이기 시작한 개신형이 G3세대에서 확대된 것으로 보인다. 즉 연변 지역에서 '아버지' 대신 새로 유입된 '아빠'가 그 자리를 넓혀가는 것이라고 할 수 있다. 한국어에서 유입된 '아빠'가 젊은 여성을 중심으로 점차 그 세력을 확장해나가고 있는 것으로 보인다.

3.1.3.2 '아내'에 대한 호칭어와 지칭어

'아내'에 대한 호칭어와 지칭어도 '남편'에 대한 호칭어나 지칭어와 마찬가지로 하나의 호칭어나 지칭어만을 사용하는 여성 화자는 거의 없

---

19) 예전에는 이름을 부르지 않았는데 요즈음에는 중년층에서도 이름을 부르는 경우가 있다고 하는데 이번 조사에서는 관찰되지 않았다.

고 대부분의 남편들이 두세 개의 호칭어와 지칭어를 때와 장소에 따라 선택하여 쓰는 것으로 나타났다. '남편'에 대한 호칭어나 지칭어와 마찬가지로 '아내'에 대한 호칭어와 지칭어도 세대에 따라 차이가 뚜렷이 드러난다.

'아내'에 대한 호칭어로 '이름, 이보, 여보, 어이, 동무'는 어느 세대에서나 쓰이는 것으로 조사되었으나 그 사용비율에서는 차이를 보인다. G1세대가 아내를 호칭할 때 92.6%의 많은 화자들이 가장 보편적으로 쓰는 것이 '이보, 여보, 어이'인데 부부 둘만이 있을 때나 친구들 앞에서, 혹은 친척들 앞에서나 자녀들 앞에서 아무 제한 없이 쓸 수 있는 호칭어로 조사되었다. '이보'를 '이보오'로 발음하는 경우도 있는데, 예를 들면 아내가 주방에 있고 남편이 아내와 좀 떨어진 침실에서 아내를 부를 때는 '보'를 길게 빼서 '이보오'로 발음하기도 한다. 그러나 '이보소'는 쓰이지 않는다. G1세대의 소수(5.6%)가 아내 '이름'을 부르는 것으로 조사되었는데 집에서 단둘이 있을 때만 가끔 사용하며 자녀들 앞에서는 사용하지 않는다. G1세대에서 사용되는 이름호칭어는 이름에 호격조사 '-아/-야'를 붙이지 않고 이름에 호격조사 '-이/ø'를 붙여서 사용한다. 이름의 말음이 자음으로 끝나는 경우는 호격조사 '-이'를 붙이고 이름의 말음이 모음으로 끝나는 경우에는 호격조사 없이 이름만 부른다. 이름에 '-이'나 'ø'를 붙이는 것은 아내를 어느 정도 배려하고 존중해주는 표현이다. 아내를 이름으로 호칭할 때 종결형식도 그에 걸맞는 등급을 써서 아내를 일정하게 대우해준다. 한국에서처럼 이름에 '-씨'를 붙여 호칭하는 경우는 관찰되지 않았다.

한국어의 호칭에서는 찾아볼 수 없고 G1세대에서 '이보, 여보, 어이' 다음으로 많이 사용하는(39%) 아내에 대한 호칭어로 '동무'가 있다. 앞에서도 언급했듯이 '동무'는 중국의 개혁개방 이전에 사회주의 체제하에서 성별이나 가족의 여부와 관계없이 누구에게나 폭넓게 쓰던 호칭으로 아내가 남편에게 많이 쓸 뿐만 아니라 남편도 아내에게 많이 쓰는 호칭어다. '동무'는 윗세대나 아래세대나 친구 앞에서 제한 없이 부부사이에 쓰일 수 있는 호칭어다.

이 외에도 G1세대의 소수(7.2%)가 '손자(녀) 이름'에 '할머니/할머이'나 '아매'를 붙인 종자명 호칭어를 쓰는데 자녀가 출가하여 손자(녀)가 두서너 살이 되면 가정에서 흔히 쓰인다. 이것은 이름을 부르거나 중국의 개혁개방 이전 시대에 많이 썼던 호칭인 '동무' 대신 아이 이름에 기대여 호칭함으로써 친근감을 표시하는 동시에 가족 간의 위계를 분명히 하는 효과가 있는 것으로 보인다.

G2세대에서도 '아내'에 대한 호칭어로 때와 장소의 구분이 없이 '이보, 여보, 어이'를 가장 보편적이고 광범위하게 사용하는 것(90.2%)으로 조사되었다. G1세대에서와 마찬가지로 아내를 '어이'로 부르는 것은 상대를 대등하게 대우해주지 않는 것이기에 윗세대 앞에서는 쓰기 어려운 호칭어다.

G2세대에서 '이보, 여보, 어이' 다음으로 흔히 사용하고 있는(36%) 호칭어가 '동무'로 조사되었다. '동무'는 중국의 개혁개방 이전의 사회주의 체제하에서 사용하던 호칭이 G1, G2세대에 아직 남아서 사용되고 있는 것이다.

G2세대의 8.7%의 화자들이 이름호칭어를 사용하는 것으로 조사되었다. G2세대도 G1세대와 같이 집에서 부부가 단 둘이 있을 때만 가끔씩 쓰는 것으로 나타났는데 역시 이름에 호격조사 '-이/ø'를 붙여 사용한다. 이 외에도 '자녀 이름'에 '엄마'를 붙여 쓰는 종자명 호칭어를 사용

하기도 하고(4.7%) 일부 화자들은 아내를 호칭하는 말로 '자기야'를 사용하기도 하는데 그들 대부분은 자영업을 하거나 고정 직업이 없는 40대 초반으로 나타났다. '자기야'는 앞에서도 언급했듯이 2인칭 대명사 '자기'에 호격조사를 붙인 형태로 1990년대 이후 한국에서 유입된 개신형 호칭어인데 주로 젊은 부부들 사이에서 쓰인다.

G1과 G2세대의 호칭어 사용 양상을 통하여 보수적이고 전통적인 호칭과 국가 이념에 따라 사용하던 호칭이 공존하고 있다는 것을 알 수 있고 G2세대에서 개신이 일어나고 있다는 것도 알 수 있다.

G3세대는 G1이나 G2세대와는 또 다른 양상을 보인다. G3세대는 G1이나 G2세대와 달리 아내를 '이름'으로 부르는 남성 화자가 가장 많은 (38.1%) 것으로 나타났다. 윗세대 앞에서도 자연스럽게 이름을 불러 호칭하는 것이 특징이다. G1, G2세대와는 달리 G3세대는 호칭의 형태도 이름에 호격조사 '-아/-야'를 붙여 사용한다는 점에서 큰 차이를 보인다. 아내를 이름으로 호칭할 때 종결형식도 그에 걸맞는 등급을 써서 아내를 일정하게 대우해 주는데 구체적인 것은 4장에서 밝힌다.

G3세대에서 아내를 호칭하는 또 하나의 특징은 G2세대에서부터 쓰이기 시작한 것으로 조사된 '자기야'가 훨씬 많은 비율(29%)로 쓰이는 것이다. 위에서 언급했듯이 '자기야'는 1990년대에 한국으로부터 유입된 호칭어로 젊은 세대에서 빠르게 확산되고 있다. 이렇게 G3세대에서 사용 빈도가 높은 것은 젊은 세대가 기성세대에 비해 신생사물에 대한 흡수력이 빠름을 의미한다. G2세대에서 일어난 언어 개신이 G3세대에서 자리를 잡아가고 있다고 할 수 있다. 반면에 어른들 앞에서 이름 부르기도 어색하고 '자기야'를 쓰기도 난처할 때 흔히 쓰는(36.8%) 호칭이 '이보, 여보, 어이'다. G1세대(92.6%)와 G2세대(90.2%)에서 폭넓게 사용되던

것인데 G3세대에서 사용이 급격히 줄어드는 것을 볼 수 있다. 이것은 이들 호칭어의 사용이 쇠퇴하고 있다는 것을 의미한다. G1세대의 39%, G2세대의 36%가 사용하던 '동무'도 사용비율이 급격히 줄어들어 30대 후반에서 7.3% 정도만이 사용하는 것으로 조사되었다. 이는 젊은 세대 화자들이 '동무'를 구시대의 역사적 유물로 인식하고 있다는 것을 설명한다.

반면에 '이름'으로 호칭하는 비율은 높아지고 있는 것으로 나타났다. 이는 경직된 사회주의 시대를 경험한 G1이나 G2세대와 달리 G3세대는 중국의 개방된 사회에서 자란 것과도 관련이 있다. 개방된 사회에서 자유연애에 익숙한 G3세대가 서로 잘 아는 친구나 동창끼리 만나 연인으로 사귀면서 이름을 부르던 습관을 결혼하여 자녀가 태어나도 버리지 못하고 계속 지니고 있어 생긴 결과라고 할 수 있다. G3세대에서는 종자명 호칭어도 거의 사용이 제한되어 있는 것으로 나타났다. 종자명 호칭어의 사용이 노년층에서 젊은층으로 올수록 점차 줄어들다가 G3세대에 오면 여성 화자들의 일부분만이 남편에 대해 종자명 호칭어('자녀 이름+아빠')를 쓰는 반면에 남성 화자들은 아내에 대해 종자명 호칭어를 거의 사용하지 않는다.

'아내'에 대한 호칭어는 G3세대로 올수록 '이름'으로 호칭하는 비율이 높아지는데 그 원인을 두 가지로 해석할 수 있다. 하나는 중국의 개혁개방의 새 시대를 살아온 G3세대에 비해 계획경제의 사회주의 체제하에서 살아온 G2나 G1세대는 아내의 이름을 부르는 것을 예의에 어긋나는 행위로 믿고 있기에 생긴 것으로 해석할 수 있다. 다른 하나는 중국이라는 대언어환경의 영향으로 해석할 수 있다. 중국의 경우 부부간에도 자유롭게 서로 이름을 불러 호칭하고 자기보다 나이 많은 선배라도 친구사이라면 이름을 부르는 습관이 있으며 혼인으로 맺어진 인척의 경우도 예외가 아니기 때문이다.

'아내'에 대한 지칭어의 사용도 세대별로 차이를 보인다. '우리집, 우리 집사람, 우리 처'가 모든 세대에서 보편적으로 사용되며 아래 세대로 내려올수록 사용비율이 줄어드는데(G1세대 : 91.4%, G2세대 : 71.4%, G3세대 : 51.2%) 반해 '이름'으로 지칭하는 경우는 호칭어에서와 마찬가지로 G1세대에서 G3세대로 올수록 그 사용비율이 높아지는 것으로 나타났다(G1세대 : 12.5%, G2세대 : 18.7%, G3세대 : 36%). 이는 아내에 대한 지칭이 변화하고 있다는 것을 의미하는 동시에 구시대적인 지칭어 사용을 꺼리고 가치중립적인 지칭어의 사용이 확대되고 있다는 것을 의미한다.

아내에 대한 지칭어 '우리 앙까이'는 친구들 앞에서 흔히 쓰는 지칭어로 G1세대에서 G3세대로 오면서 그 사용비율이 점차 낮아진다(G1세대 : 35.3%, G2세대 : 25.7%, G3세대 : 20%). G3세대에서는 '우리 앙까이'보다 '우리 각시'를 더 선호하여 쓰고 있다. G3세대에서 '아내'를 낮추어 가리키는 연변 지역의 방언형 '앙까이'보다 '각시'를 사용하는 비율이 높다는 것은 G3세대가 G1세대보다 표준어를 사용하려는 의지가 강하다는 것을 보여준다.[20] 그리고 G3세대에서 호칭어로 '자기야'를 사용하는 비율(29%)이 상당히 높은 편인데 비해 '우리 자기'란 지칭어는 그다지 활발하게 사용되지 않으며 대신 이름으로 지칭하는 경우가 많다. 보통 친척 앞이거나 친한 친구 앞에서는 아내를 이름으로 지칭한다. 한편 G1세대의 일부 화자들에게서만 '우리집 로친네'[21]라는 지칭어가 사용되는데 이것

---

20) 여기서 '표준어'는 '연변 표준어'를 의미한다.
21) '로친네'는 '로친'에 접미가 '-네'가 붙어 사용된 것이다. 참고로 '로친네'는 두 가지 의미로 쓰이는 것으로 보인다. 하나는 G1세대에서 자기 아내를 낮잡아 이르는 의미로 쓰이는 것이고 다른 하나는 여자 '노인'을 뜻하는 가치중립적인 의미로 쓰이는

은 '로친네'가 G2나 G3세대에게는 해당되지 않기 때문이다. 모든 세대에서 아내에 대한 지칭어로 한어의 직접 차용어인 '애인(愛人)'은 관찰되지 않았다.[22] 한족들과의 교류에서 대부분 한족말로 "저의 '애인'입니다"로 아내를 소개하는 것이 일반적이지만 조선족들끼리 교류할 때는 쓰이지 않는 것으로 조사되었다. G1세대 화자들이 6,70년대에는 '애인' 혹은 '애인동무'로 아내를 지칭했지만 그 후 중국의 개혁개방정책의 실시와 더불어 점차 쓰임이 약화되다가 현재는 구중국의 사회주의 체제하에서의 산물로 되어버린 것이다.

3.1.4 친가계 손아래 비속에 대한 호칭어와 지칭어

친가계 손아래 비속에는 자녀, 조카, 손자(녀)와 그들의 배우자가 포함된다. 아래에 이들에 대한 호칭어와 지칭어 사용 양상을 세대별로 구체적으로 알아보기로 한다.

3.1.4.1 '자녀'와 그 배우자에 대한 호칭어와 지칭어

'자녀'는 어느 세대에서나 '이름'을 부르는 것이 일반적인데 흔히 이름에 호격조사 '-아/-야'를 붙여 호칭한다. G1세대에서 손자(녀) 이름에 기댄 종자명 호칭어를 사용하는 현상을 볼 수 있다. 장성한 아들딸의 이름을 부르기가 어색하여 아들딸이 결혼하여 손자(녀)가 두세 살 정도 되면 손자(녀)의 이름을 따서 아들은 '손자(녀) 이름+애비'로(20.3%), 딸은

것이다. 실제로 '노친네'로 발음하는 현상도 있다.
22) 왕한석(1996 : 159)은 룡정지역의 장재촌과 해란촌에서 조사할 당시 '아내'에 대한 지칭으로 '애인'이 쓰이지만 그리 널리 쓰이는 형태는 아니라고 했다.

'손자(녀) 이름+에미'로 호칭한다(13.5%). 때로는 손자(녀)의 이름을 붙이지 않고 직접 '애비', '에미'에 호격조사 '-야'를 붙여 '애비야', '에미야'로 호칭하기도 한다. 딸보다 아들에 대하여 종자명 호칭어를 쓰는 화자가 더 많은 것은 노년층 화자들이 아들보다 딸과 더 친밀한 관계를 유지한다는 것을 의미한다. 딸은 종자명 호칭어보다 이름으로 더 많이 호칭한다. 이 종자명 호칭어의 사용은 남성 화자보다 여성 화자의 사용이 더 활발하다. 그리고 G2나 G3세대에서 일부 화자가 자녀의 이름을 부르지 않고 친족관계명인 '아들', '딸'로 호칭하는 경우가 있다. 이것은 중국에서 한족 부모들이 자녀를 부를 때 한족말로 친족관계명인 '儿子', '姑娘'으로 호칭하는 현상을 모방한 것이다. 지칭어로는 전 세대적으로 가까운 친척이나 친구에게는 '이름'으로 지칭하는 것이 보통이다. 혹은 '우리 아들'이나 '우리 딸'과 같은 직접적 관계를 나타내는 형식을 사용하기도 하지만 흔히 안면이 적은 사람들 앞에서 사용한다. 그리고 친한 이웃이거나 친구들과의 사담에서는 흔히 '우리 아'('아이'의 줄임말)로 자녀를 지칭하기도 한다. G1세대는 자녀가 기타 세대에 비해 많기에 구분이 필요할 때 '아들'과 '딸' 앞에 '큰, 작은, 첫째, 둘째 …막내'와 같은 말을 붙여 지칭하고 손자(녀)를 잘 아는 이웃에게나 친한 친구, 친척들 앞에서는 손자(녀) 이름에 기댄 종자명 지칭어 '손자(녀) 이름+애비/에미' 혹은 직접 '애비/에미'로 지칭한다.

아들의 배우자 '며느리'에 대한 호칭은 G1, G2세대에 해당하고 G3세대에는 해당하지 않는다. 며느리가 시집 와서 아이를 낳기 전까지는 G1이나 G2세대나 모두 호칭어로 '이름'과 '며느리'를 번갈아 사용한다. 이름을 부를 때 호격조사 '-아/-야'를 붙이지 않고 호격조사 '-이/ø'를 붙여 사용한다. G1세대에서 손자(녀)를 보게 되면 손자(녀) 이름에 기댄 종자명 호칭어 '손자(녀) 이름+엄마/에미'를 사용하게 되는데 때로는 직접 '에미'에 호격조사 '-야'를 붙여 '에미야'로 호칭하기도 한다. '며느리'에 대한 지칭어는 호칭어 사용과 기본상 같다. 가족과 친척들 앞에서는 '이름'으로 지칭하고 친구나 안면이 적은 사람들 앞에서는 '며느리'로 지칭한다. 다만 G1세대는 자녀가 많기에 특별히 구분해야 할 경우에 '며느리' 앞에 '큰, 작은, 첫째, 둘째… 막내'와 같은 말을 붙여 지칭하기도 하고 손자(녀) 이름에 기댄 종자명 지칭어 '손자(녀) 이름+엄마/에미'로 지칭하기도 한다. 아들한테는 '손자(녀) 이름'을 빼고 직접 '에미'로 지칭하는 경우가 많다.

딸의 배우자에 대한 호칭도 중, 노년층 세대에 해당한 것인데 대부분의 화자가 직접 이름을 부르거나 '사위'라는 관계명을 그대로 사용한다. G2세대의 제보자의 말에 의하면 처음에는 '사위'를 어떻게 호칭할지 몰라 호칭을 생략하는 경우가 많았는데 딸이 이름을 부르니 따라서 이름을 부르게 되었다고 한다. 이름을 부를 때 호격조사 '-아/-야'를 붙이지 않고 호격조사 '-이/ø'를 붙여 사용한다. '사위'에 대한 호칭은 G1세대가 G2세대에 비하여 좀 다양하게 관찰되었다. 우선 사위의 성을 따서 중국식으로 '쇼퍄오(小朴)', '쇼쩐(小金)' 등으로 호칭하는 것이고 다음 손자(녀)가 태어나면 손자(녀)의 이름에 기댄 종자명 호칭어 '손자(녀) 이름+아버지/애비'를 사용하는 것이다. 아들에 대한 종자명 호칭에는 '아버지'를 붙이지 않고 '애비'만을 사용하지만 '사위'에 대한 종자명 호칭에는 '아버지'와 '애비'가 모두 사용된다. '아버지'를 붙인 종자명 호칭어는 사위를 대우해주는 것으로 이해할 수 있다. 지칭어는 친척들 앞에서는 대부분 '이름'으로 지칭하고 친구나 안면이 적은 사람들 앞에서는 '사위'로 지칭한다. G1세대에서 중국식 호칭어 '쇼(小)+성'을 사용하거나 손자(녀) 이름에 기댄 종자명 호칭어를 사용하는 화자들은 친척들 앞에서 이러한 호칭어를 그대로 사용한다. 종자명 지칭 사용 시 딸한테는 '손자(녀) 이름'을 빼고 직접 '애비'로 지칭하는 경우가 많다. 그리고 G1세대는 자녀가 많기에 특별히 구분해야 할 경우 '사위' 앞에 '큰, 작은, 첫째, 둘째⋯ 막내'와 같은 말을 붙여 지칭하기도 한다.

3.1.4.2 '조카'와 그 배우자에 대한 호칭어와 지칭어

'나'의 형제의 자녀인 '조카'도 '이름'을 부르는 것이 보편적인데 흔히 이름에 호격조사 '-아/-야'를 붙여 호칭한다. G1세대는 조카가 결혼하여 아이를 낳게 되면 장성한 조카의 이름을 부르기가 어색하여 친족관계명인 '조카/조캐'[23]로 호칭한다. 혹은 조카손자(녀)의 이름에 기댄 종자명 호칭어 '조카손자(녀) 이름+아버지/애비', '조카손자(녀) 이름+엄마/에미'를 사용하게 된다. 지칭어로는 모든 세대에서 친척들 앞에서는 '이름'으로 지칭하고 친구나 안면이 적은 사람들 앞에서는 일반적으로 '조카/조캐'로 지칭한다. 그 외에 관계를 더 명확하게 설명해야 할 경우 모든 세대에서 형제자매에 대한 호칭 형식인 '형님, 언니⋯' 등에 접미사 '-네'를 합성하고 거기에 '아이'의 줄임말인 '-아'를 덧붙여 '(형님, 언니⋯)+네+아'로 지칭하기도 한다. 그리고 G1세대에서 종자명 호칭어를 사용하는 화자들이 친척들 앞에서 '조카손자(녀) 이름+아버지/애비', '조카손자(녀) 이름+엄마/에미'로 지칭하기도 한다.

남자 조카의 배우자 '조카며느리'에 대한 호칭어는 아이가 있기 전까

---

23) '조캐'는 '조카'의 함경도방언이다. 연변 지역에서는 많은 사람들이 '조카'를 '조캐'로 발화하여 사용한다.

지는 이름을 불러 호칭하는 것이 일반적이다. 이름을 부를 때 호격조사 '-아/-야'를 붙이지 않고 호격조사 '-이/ø'를 붙여 사용한다. 아이가 태어나면 점차 아이의 이름에 기대여 G1세대는 '조카손자(녀) 이름＋엄마/에미'와 같은 종자명 호칭어를 사용하여 조카며느리를 대우해주게 된다. G2세대는 종자명 호칭에 '에미'를 붙이지 않는 것으로 조사되었다. 지칭어는 친척들 앞에서는 '이름', '조카이름＋각시', '조카손자(녀) 이름＋엄마/에미'로 지칭하나(G2세대는 '에미'를 붙이지 않는다.) 친구나 안면이 적은 사람들 앞에서는 '조카/조캐 며느리'로 지칭한다.

여자 조카의 배우자 '조카사위'에 대한 호칭어도 결혼하여 아이가 있기 전까지는 이름을 부르거나 혹은 G1세대와 같은 경우는 조카사위의 성을 따서 중국식으로 '쇼퍄(小朴)', '쇼쩐(小金)' 등으로 호칭하는 것이 일반적이다. 이름을 부를 때 호격조사 '-아/-야'를 붙이지 않고 호격조사 '-이/ø'를 붙여 사용한다. 조카네 아이가 태어나면 점차 아이의 이름에 기대여 G1세대는 '조카손자(녀) 이름＋아버지/애비'로, G2세대는 '조카손자(녀) 이름＋아버지/아빠'로 호칭한다. 지칭어는 G1, G2세대가 다 친척들 앞에서는 조카사위에 대한 호칭어를 그대로 사용하는 외에 또 조카 이름에 '신랑재/나그내'를 붙여 '조카이름＋신랑재/나그내'로 지칭하고 친구나 안면이 적은 사람들 앞에서는 모두 '조카/조캐 사위'로 지칭한다.

3.1.4.3 '손자', '손녀'와 그 배우자에 대한 호칭어와 지칭어

자녀의 자녀인 '손자', '손녀'에 대한 호칭은 G1과 G2세대에 해당하는 것인데 모두 이름에 호격조사 '-아/-야'를 붙여 호칭한다. 지칭어의 사용은 G1과 G2세대가 차이를 보이는데 G1세대는 G2세대에 비해 자녀가 많기에 손자(녀)도 많다. 따라서 지칭어의 사용도 다양하다. 즉 친척들 앞에서는 대부분 '이름'으로 지칭하거나 더 명확하게 구분해야 할 경우는 '자녀 이름+아/아들/딸'로 지칭한다. 친구나 안면이 적은 사람들 앞에서는 '손자(녀)' 앞에 '친-/외-'를 붙여 '친손자(녀)'와 '외손자(녀)'를 구분하여 지칭하기도 하고 '아들/딸+네+아'로 지칭하기도 한다. G2세대는 자녀가 한 명인 경우가 많기에 손자(녀)도 한 명인 경우가 대부분이다. 따라서 손자 (녀)를 '이름'으로 지칭하거나 '손자(녀)' 앞에 '우리'를 붙여 '우리 손자/손녀'로 지칭한다.

손자, 손녀의 배우자에 대한 호칭어의 사용은 G1세대에만 해당한 것인데 모두 '이름'에 호격조사 '-이/ø'를 붙여 호칭한다. 지칭어로는 친척들 앞에서는 '이름'으로, 친구나 안면이 적은 사람들 앞에서는 '손자며느리/손녀사위'로 지칭한다.

지금까지 연변 지역 친족호칭어와 지칭어 중에서 친가계에 해당하는 친족에게 사용하는 호칭어와 지칭어에 대해 살펴보았는데 특징적인 몇 가지를 요약하면 다음과 같다.

첫째, 친가계 존속에 대한 호칭어와 지칭어는 함경도 방언형 호칭어와 지칭어가 위주로 되여 사용된다. 예하면 '아바이, 아매, 맏아바이, 맏아매, 아즈마이, 아재, 아즈바이' 등이다. 여기에 연변 지역의 독특한 방언형태로 '어머이/어마이', '삼추이' 등이 사용된다.

둘째, 각종 매스컴과 인적교류로 한국과의 연계가 밀접해짐에 따라 원래 연변 지역에서 쓰이지 않던 호칭어와 지칭어가 많이 유입되어 사용되고 있다. 예하면 아버지에 대한 호칭어와 지칭어 '아빠', 동기에 대한 호칭어와 지칭어 '형수, 언니(오빠의 배우자), 올케, 형부', 부부사이의 호칭어와 지칭어 '자기야, 자녀 이름+아빠, 오빠, 여보야, 우리 자기, 우리 오빠, 우리 신랑' 등이다. 이런 호칭어와 지칭어들은 특히 청장년층에서 과감하게 받아들여져 쓰이고 있는 현상이다. 이것은 젊은 세대에 의해 일어나고 있는 언어의 개신이고 그 개신으로 인해 연변 지역의 언어는 변화하고 있음을 설명한다.

셋째, 한국에서 '이름'은 손아래 하위자를 부르거나 가리킬 때 쓰고 그 하위자의 결혼으로 맺어진 인척에게는 친족호칭어와 지칭어를 사용한다. 예하면 남성 화자는 여동생의 남편을 '매부'로, 여성 화자는 남동생의 아내를 '올케'로, 여동생의 남편을 '제부'로 호칭, 지칭한다. 하지만 연변 지역에서는 이런 호칭어와 지칭어들의 사용은 제한적이고 이름호칭어, 지칭어가 매우 활발하게 사용된다. 특히 젊은층 화자들의 사용이 더 활발하다. 또한 G3세대에서는 아내도 스스럼없이 남편의 이름을 부를 수 있다. 이러한 현상은 자기보다 나이 많은 선배라도 친구사이면 이름을 부르는 습관이 있고 혼인으로 맺어진 인척도 이름을 불러 호칭하는 중국의 이름문화의 영향에서 기인한 것이다.

넷째, 사촌 형제자매와 그 배우자에 대한 호칭어는 친형제자매의 경우와 거의 같게 사용되나 지칭어에는 앞에 '사촌'을 붙여 친형제자매와 구별하여 지칭한다. 다만 G3세대는 친형제자매가 없는 독신자녀가 많기에 '사촌'을 붙이지 않고 지칭하는 경우가 많다. 그리고 G1, G2세대에서 아버지의 남자형제와 여자형제의 자녀는 각각 '친사촌', '고모사촌'으로 구별한다. 하지만 평시의 사용에서 명확하게 구분되어 사용되는 것이 아니고 대부분 '친사촌'을 붙여 지칭한다.

다섯째, 종자명 호칭어와 지칭어는 G2세대 여성 화자로부터 쓰기 시작하여 G1세대 여성 화자에 와서 더 활발하게 사용되는데 손위 존속에게는 사용하지 않는 것으로 나타났다. 구체적인 친족호칭어가 없는 직계 비속인 자녀와 조카는 이름을 부르는 것이 일반적이지만 결혼 후 아이를 낳은 후부터는 호칭대상의 자녀 이름에 기댄 종자명 호칭어와 지칭어 '손자(녀) 이름+아버지/애비', '손자(녀) 이름+엄마/에미'를 사용한다. 동기인 남동생과 그 배우자, 여동생의 배우자도 '자녀 이름+아버지/애비/아빠', '자녀 이름+엄마/에미'로 호칭, 지칭한다. 이런 종자명 호칭어와 지칭어의 사용은 장성한 손아래 청자를 대우해주려는 중, 노년층 화자들의 언어태도에서 기인된 것이다.

3.2 외가계 호칭어와 지칭어

외가계는 '나'를 기준으로 한 어머니 쪽 가계를 말한다. 외가계에 대한 호칭어와 지칭어의 사용은 종(縱)으로 '나'를 기준으로 손위 존속인 외조부모까지 논의하였고[24] 손아래 비속은 제외하였다. 여기에 횡(橫)으로 외조부의 형제 및 그 배우자, 어머니의 형제자매 및 그 배우자까지 논의하였다. 다음 방계에 속하는 어머니 형제자매의 자녀들과 그 배우자 즉 외사촌 형제자매와 그 배우자에 대해 논의하였다.

외가계도 친가계와 마찬가지로 남성을 기준으로 한 원(元)친족원과 그 배우자에 대하여 호칭어와 지칭어를 구분하여 제시하였다. 이렇게 외가계 호칭어와 지칭어 사용 양상을 세대별로 제시한 것이 <표 3>이다. 표

---

24) 친가계에 대한 조사에서 증조부모의 호칭과 지칭에 대하여 제보자들이 확실하게 대답하지 못하였기에 외가계에 대한 조사에서는 외증조부모의 호칭과 지칭은 제외하였다.

에서 보는바와 같이 왼쪽에는 남성을 기준으로 원(元)친족원의 호칭어와 지칭어를 제시하고 오른쪽에는 그 배우자의 호칭어와 지칭어를 구분하여 제시하였다.

〈표 3〉 외가계 호칭어와 지칭어

항렬, 촌수	세 대	元친족원		배우자	
		호칭어	지칭어	호칭어	지칭어
外祖父	G1	아바이, 할아버지	외아바이, 외할아버지, 외클아바이	아매, 할머니, 할머이	외아매, 외할머니, 외할머이, 외큰아매
	G2				
	G3		외아바이, 외할아버지		외아매, 외할머니, 외할머이,
外祖父 의 兄弟	G1	아바이, 할아버지	(큰, 둘째…)+아바이/할아버지	아매, 할머니, 할머이	(큰, 둘째…)+아매/ 할머니/할머이
	G2		손자(녀) 이름+아바이/할아버지, 직업명+아바이/할아버지, 지명+아바이/할아버지		손자(녀) 이름+아매/할머니/할머이, 직업명+아매/할머니/할머이, 지명+아매/할머니/할머이
	G3				
母의 兄	G1	맏아바이	맏아바이, 외맏아바이, (큰, 둘째…)+맏아바이, 지명+맏아바이	맏아매	맏아매, 지명+맏아매
	G2				
	G3				
母의 弟	G1	삼추이, 아즈바이	삼추이, 외삼추이, 아즈바이, 외아즈바이	아즈마이	아즈마이
	G2	삼추이	삼추이, 외삼추이, 외삼촌 이름+삼추이, (큰, 둘째…)+외삼추이	아즈마이, 아지미	아즈마이, 아지미, (큰, 둘째…)+외삼추 이+네+아즈마이/아지미, 외삼촌 이름+삼추이+아즈마이/아 지미, 외삼촌 자녀 이름+네+아즈마이/아지미
	G3				
母의 姐	G1	맏아매	맏아매, 외맏아매, 지명+맏아매, (큰, 둘째…)+맏아매	맏아바이	맏아바이, 지명+맏아바이
	G2				
	G3				

관계	세대				
母의 妹	G1	아재	아재, 외아재, 이모, (큰, 둘째…)+아재, 지명+아재, 이모 이름+아재	아즈바이	아즈바이, 이모부
	G2				
	G3				
(남)兄 (외4촌)	G1	형님	형님, 외사춘형님/허이, 외사춘형님 이름+형님	아즈마이	아즈마이, 외사촌형님 이름+형님+네+아즈마이
	G2				
	G3			아즈마이, 형수	아즈마이, 형수, 외사촌형님 이름+형님+네+아즈마이
(남)弟 (외4촌)	G1	이름	이름, 외사춘동새	제수	제수, 외사촌 남동생 이름+처/각시
	G2				
	G3		이름, 외사춘동새, 내 동새		
(남)姐 (외4촌)	G1	누이, 누애	누이, 누애, 외사춘+누이/누애	매부	매부, 외사촌누나 이름+누나+네+매부
	G2	누나	누나, 외사춘누나		
	G3				
(남)妹 (외4촌)	G1	이름	이름, 외사춘동새	이름, 매부	이름, 매부, 외사촌 여동생 이름+나그내/신랑/신랑재
	G2				
	G3		이름, 외사춘동새, 내 동새		
(여)兄 (외4촌)	G1	오빠	오빠, 외사춘오빠	형님	형님, 외사촌오빠 이름+오빠+네+형님
	G2				
	G3			형님, 언니	형님, 언니, 외사촌오빠 이름+오빠+네+형님/언니
(여)弟 (외4촌)	G1	이름, 자녀 이름+아버지/애비	이름, 외사춘동새, 자녀 이름+아버지/애비	이름, 올찌세미, 자녀 이름+엄마/에미	이름, 올찌세미, 외사촌 남동생 이름+앙까이/처/각시, 자녀 이름+엄마/에미
	G2	이름	이름, 외사춘동새	이름, 올케, 올찌세미	이름, 올찌세미, 올케, 외사촌 남동생 이름+앙까이/처/각시

	G3		이름, 내 동새, 외사춘동새	이름, 올케	이름, 올케, 외사촌 남동생 이름+각시
(여)姐 (외4촌)	G1	언니	언니, 외사춘언니	아즈바이	아즈바이, 외사촌 언니 이름+언니+네+아즈바이
	G2			아저씨, 아즈바이	아저씨, 아즈바이, 외사촌언니 이름+언니+네+아저씨/아즈바이
	G3			아저씨, 형부	아저씨, 형부, 외사촌언니 이름+언니+네+아저씨/형부
(여)妹 (외4촌)	G1	이름	이름, 외사춘동새	새워이, 이름	이름, 새워이, 외사촌 여동생 이름+나그내/신랑/신랑재
	G2				이름, 새워이, 외사촌 여동생 이름+신랑/신랑재
	G3		이름, 내 동새, 외사춘동새		

아래에 외가계 호칭어와 지칭어를 손위 존속과 동기로 나누어 구체적으로 살펴보려 한다.

3.2.1 외가계 손위 존속에 대한 호칭어와 지칭어

외가계 손위 존속에는 '외조부모', '외조부'의 형제와 그 배우자, 어머니의 형제자매와 그 배우자 등이 포함된다. 아래에 이들에 대한 호칭어와 지칭어 사용 양상을 세대별로 구체적으로 알아보기로 한다.

3.2.1.1 '외조부모'에 대한 호칭어와 지칭어

'외조부모'에 대한 호칭어 사용은 전 세대적으로 친가계의 조부모에 대한 호칭어 사용과 같은 양상을 보인다. 모든 세대에서 외조부는 '아바이, 할아버지'로, 외조모는 '아매, 할머니, 할머이'로 호칭한다.

'외조부모'에 대한 지칭어는 친가계의 조부모에 대한 지칭과 구별하기 위하여 모든 세대에서 호칭어 앞에 '모계혈족의 관계인'의 뜻을 나타내는 접두요소 '외-'를 붙여 '외아바이/외할아버지', '외아매/외할머니/외할머이'로 지칭한다. 조부모에 대한 지칭에서 확인되지 않은 독특한 지칭어 '외클아바이'와 '외큰아매'의 사용이 적은 비율로 G1세대(5.2%)와 G2세대(5,6%)에서 확인되었다. 곽충구(1993)에서 보고한바와 같이 지리적으로 함남의 중부지방과 함북의 육진방언권 사이에 드는 지역에서 조부모 호칭어에 접두 요소 '큰-/클-'이 결합된 방언형이 분포하는데, 함경도방언에 기반을 둔 연변 지역에서 이 접두요소가 아직 남아서 외조부모에게 쓰이고 있는 것이다. 하지만 '외클아바이'와 '외큰아매'를 사용하는 G2세대 제보자의 말에 의하면 "이전에 우리는 이렇게 불렀는데 요즘에는 젊은이들이 별로 안 쓰는 것 같습데"라고 했다. 확실히 G3세대는 쓰지 않는 것으로 조사되었다.

3.2.1.2 '외조부의 형제'와 그 배우자에 대한 호칭어와 지칭어

'외조부의 형제'와 그 배우자에 대한 호칭은 모든 세대에서 조부의 형제와 그 배우자에 대한 호칭과 같다. 외조부의 형제는 '아바이, 할아버지'로, 그 배우자는 '아매, 할머니, 할머이'로 호칭한다. 지칭어는 친가계 조부의 형제와 그 배우자에 대한 지칭어 사용과 비슷한 양상을 보인다. G1세대는 외조부모와 구별하기 위하여 외조부모의 호칭어 앞에 '큰, 둘째…'등 말을 붙여 '(큰, 둘째…)+아바이/할아버지', '(큰, 둘째…)+아매/할머니/할머이'로 지칭하고 G2, G3세대는 외조부모의 호칭어 앞에 손자(녀) 이름, 직업명, 지명 등을 붙여 외조부모와 구별한다.

3.2.1.3 '어머니의 형제자매'와 그 배우자에 대한 호칭어와 지칭어

'어머니의 오빠' 즉 '손위 외삼촌'에 대한 호칭어는 '백부'에 대한 호칭어와 같이 모든 세대에서 '맏아바이'로 호칭한다. 지칭어도 모든 세대에서 '맏아바이'를 사용하는데 백부와 구별해야 할 경우 '외맏아바이'로 지칭한다. '어머니의 오빠'가 여럿이 있어 구분해야 할 경우는 '맏아바이' 앞에 '큰, 둘째…' 등 말을 붙여 '(큰, 둘째 …)+맏아바이'로 지칭하거나 호칭어 앞에 지명을 붙여 '지명+맏아바이'로 지칭한다. '외삼촌', '아저씨'와 같은 호칭어와 지칭어는 관찰되지 않았다.

'어머니의 오빠'의 배우자 즉 '손위 외숙모'에 대한 호칭어도 '백모'에 대한 호칭어와 같이 모든 세대에서 '맏아매'로 호칭한다. 지칭어도 모든 세대에서 '맏아매'로 지칭하며 '어머니의 오빠'가 여럿이 있어 구분해야 할 경우는 '맏아매' 앞에 '지명'을 붙여 '지명+맏아매'로 지칭한다.

'어머니의 남동생' 즉 '손아래 외삼촌'에 대한 호칭어 사용은 '숙부'에 대한 호칭어 사용과 같다. 모든 세대에서 '삼추이'로 호칭하는데 G1세대의 일부 70대 화자가(32.8%) '아즈바이'로 호칭한다. 호칭어로 '외삼추이'의 사용은 조사되지 않았다. 지칭어는 호칭어의 사용과 같이 전 세대적으로 '삼추이'로 지칭하며 G1세대의 일부 '아즈바이'의 사용 화자가 '아즈바이'로 지칭한다. '숙부'와 구별해야 할 경우는 모든 세대에서 호칭어 앞에 '외-'를 붙여 '외삼추이/외아즈바이'로 지칭한다. G2, G3세대는 어머니의 남동생이 여럿이 있어 구별해야 할 경우에 호칭어 앞에 '외삼촌 이름'을 붙여 '외삼촌 이름+삼추이'로, 혹은 '큰, 둘째…'와 같은 말을 붙여 '(큰, 둘째…)+외삼추이'로 지칭한다.

'어머니의 남동생'의 배우자 즉 '손아래 외숙모'에 대한 호칭어 사용은 '숙모'에 대한 호칭어와 사용이 같다. 모든 세대에서 보편적으로 '아즈마이'로 호칭하며 G2세대의 40대 초반과 G3세대의 대부분 화자가 '아지미'로 호칭한다. 지칭어는 호칭어의 사용과 같이 '아즈마이, 아지미'로 지칭하는 외에 더 명확하게 구분해야 할 경우 G2, G3세대에서 '(큰, 둘째…)+외삼추이+네+아즈마이/아지미', '외삼촌 이름+삼추이+아즈마이/아지미', '외삼촌 자녀 이름+네+아즈마이/아지미' 등으로 의미상 '손아래 외숙모'가 아닌 다른 사람을 가리키는 표현으로 '손아래 외숙모'를 지칭하여 가리킨다.

'어머니의 언니'에 대한 호칭은 '아버지의 누나' 즉 '손위 고모'에 대한 호칭과 같이 모든 세대에서 '맏아매'로 호칭한다. '이모'로 호칭하는 현상은 조사되지 않았다. 지칭어도 '맏아매'를 사용하는데 손위 고모와 구별해야 할 경우 모든 세대에서 '외맏아매'로 지칭하고 지칭어로도 '이모'는 사용하지 않는 것으로 나타났다. 어머니의 손위 여자형제가 여럿이 있어 구분해야 할 때는 '맏아매' 앞에 지명을 붙여 '지명+맏아매' 혹은 '큰, 둘째…'와 같은 말을 붙여 '(큰, 둘째…)+맏아매'로 지칭한다.

'어머니의 언니'의 배우자는 전 세대적으로 '아버지의 누나'의 배우자 즉 '손위 고모부'를 부르는 호칭어와 같이 '맏아바이'로 호칭한다. 지칭어도 호칭어와 같이 '맏아바이'로 지칭한다. '어머니의 오빠', '백부', '손위 고모부' 등과 구별해야 할 경우는 '지명'을 붙여 '지명+맏아바이'로 지칭한다.

'어머니의 여동생'에 대한 호칭은 모든 세대에서 아버지의 여동생에 대한 호칭과 같이 '아재'로 호칭한다. '이모'로 호칭하는 현상은 관찰되지 않았다. 지칭어도 모든 세대에서 대부분 '아재'로 지칭한다. '고모'와 구별해야 할 경우는 '이모'로 지칭하거나 '아재' 앞에 접미요소 '외-'를 붙여 '외아재'로 지칭한다. 다음 어머니의 여자동생이 여럿이 있어 구분이 필요할 때는 '아재'에 '큰, 둘째…'와 같은 말을 붙여 '(큰, 둘째…)+아재'로 지칭하거나 지명을 붙여서 '지명+아재'로, 혹은 이모의 이름을 따서 '이모 이름+아재'로 지칭한다.

'어머니의 여동생'의 배우자에 대한 호칭은 '고모부'에 대한 호칭과 같이 모든 세대에서 '아즈바이'로 호칭한다. 지칭도 모든 세대에서 '아즈바이'로 지칭하는데 '고모부'와 구별해야 할 경우는 '이모부'로 지칭한다.

3.2.2 외가계 동기에 대한 호칭어와 지칭어

외가계 동기에는 어머니 형제자매의 자녀들과 그 배우자 즉 외사촌에 속하는 방계친족이 포함된다. 외사촌 형제자매와 그 배우자에 대한 호칭어와 지칭어는 남, 녀의 구분이 있기에 남성 화자와 여성 화자로 나누어 그 사용 양상을 보기로 한다.

3.2.2.1 남성 화자의 외사촌 형제자매에 대한 호칭어와 지칭어

3.2.2.1.1 '손위 외사촌 남자형제' 및 그 배우자에 대한 호칭어와 지칭어

남성 화자는 '손위 외사촌 남자형제'를 친형님과 똑같이 '형님'으로 호칭한다. 지칭어도 '형님'을 사용하며 친형님, 사촌형님과 구분해야 하는 경우 모든 세대에서 '형님/허이' 앞에 '외사춘'을 붙여 '외사춘형님/허이'로 지칭한다. 외사촌 형님이 여럿이 있을 때는 '형님' 앞에 외사촌 형님의 이름을 붙여 '외사촌형님 이름+형님'으로 지칭한다. G3세대는 친형제자매가 없이 독신자녀가 많기에 사촌형님을 지칭할 때와 마찬가지로 '형님'으로 지칭하는 경우가 많다.

'손위 외사촌 남자형제'의 배우자에 대한 호칭은 친형님과 사촌형님의 배우자에 대한 호칭과 같다. G3세대 일부 화자가 개신형의 호칭어 '형수'로 호칭하는 외에 거의 모든 세대에서 '아즈마이'로 호칭한다. '형수'에 접미사 '-님'을 붙이는 현상은 관찰되지 않았다. 지칭어도 G3세대 일부 화자가 '형수'로 지칭하는 외에 거의 모든 세대에서 '아즈마이'로 지칭한다. 친형님과 사촌형님의 배우자와 구분해야 하는 경우 '아즈마이' 앞에 '외사촌형님 이름+형님+네'를 붙여 '외사촌형님 이름+형님+네+아즈마이'로 지칭한다. 이렇게 의미상 다른 사람을 지칭하는 표현으로 외사촌형님의 배우자를 가리킨다.

'손아래 외사촌 남자형제' 및 그 배우자에 대한
　　　　　　호칭어와 지칭어

남성 화자는 '손아래 외사촌 남자형제'도 '이름'에 호격조사 '-아/-야'
를 붙여 호칭한다. 지칭어는 모든 세대에서 보통 가까운 친척들 앞에서
는 '이름'으로 지칭하고 친구나 안면이 적은 사람들 앞에서는 친남동생,
사촌 남동생과 구분하기 위하여 '동새' 앞에 '외사춘'을 붙여 '외사춘동
새'로 지칭한다. G3세대는 '내 동새'로 지칭하는 경우가 많다.

'손아래 외사촌 남자형제'의 배우자는 친남동생과 사촌 남동생의 배우
자에 대한 호칭과 같이 모든 세대에서 '제수'로 호칭하고 지칭어도 '제
수'를 사용한다. 친척들 앞에서 더 명확한 정보를 주어야 할 경우 모든
세대에서 외사촌 남동생의 이름에 '처/각시'를 붙여 '외사촌 남동생 이름
＋처/각시'로 지칭한다.

'손위 외사촌 여자형제' 및 그 배우자에 대한
　　　　　　호칭어와 지칭어

남성 화자가 '손위 외사촌 여자형제'에 대한 호칭은 친누나와 사촌누
나에 대한 호칭보다 단순하게 조사되었다. G1세대에서 '누이/누애'로,
G2, G3세대에서 '누나'로 호칭한다. 지칭어는 호칭어 그대로 사용하기
도 하고 친누나와 사촌누나와 구별해야 하는 경우 호칭어 앞에 '외사춘'
을 붙여 '외사춘＋누이/누애/누나'로 지칭한다. G3세대는 '외사춘'을 붙
이지 않고 그저 '누나'로 지칭하는 경우가 많다.

'손위 외사촌 여자형제'의 배우자는 모든 세대에서 '매부'로 호칭한다.

친누나와 사촌누나의 배우자에 대한 호칭어에서 관찰되었던 '매형'의 사용은 관찰되지 않았다. 지칭어도 '매부'로 지칭하는데 친누나와 사촌누나의 배우자와 구별해야 할 경우는 모든 세대에서 '외사촌누나 이름+누나+네+매부'로 지칭한다. 이렇게 의미상 다른 사람을 지칭하는 표현으로 손위 외사촌누나의 배우자를 가리킨다.

3.2.2.1.4 '손아래 외사촌 여자형제' 및 그 배우자에 대한 호칭어와 지칭어

남성 화자는 '손아래 외사촌 여자형제'도 '이름'에 호격조사 '-아/-야'를 붙여 호칭한다. 지칭어는 친척들 앞에서는 '이름'으로 지칭하고 친여동생이나 사촌 여동생에 대한 지칭과 구별해야 할 때는 모든 세대에서 '동새' 앞에 '외사춘'을 붙여 '외사춘동새'로 지칭하고 G3세대는 '내 동새'로 지칭하는 경우가 많다.

'손아래 외사촌 여자형제'의 배우자는 사촌 여동생의 배우자와 호칭이 같다. 평시에 자주 만나고 잘 아는 사이면 '이름'으로 호칭하고 서로 내왕이 적어 어쩌다 만나는 사이면 '매부'로 호칭한다. 지칭어도 '이름'과 '매부'로 지칭하는데 친여동생과 사촌 여동생의 배우자와 구별해야 할 경우 친척들 앞에서 모든 세대가 외사촌 여동생의 이름에 '나그내, 신랑/신랑재'를 붙여 '외사촌 여동생 이름+나그내/신랑/신랑재'로 지칭한다.

G1, G2세대는 어머니의 남자형제의 자녀는 손위, 손아래를 불문하고 모두 '외사춘'이라 하고 어머니의 여자형제의 자녀는 모두 '이모사춘'이라고 한다. G3세대는 '이모사춘'이라는 용어는 사용하지 않고 무릇 어머니 형제의 자녀들은 다 '외사춘'이라고 한다.

여성 화자의 외사촌 형제자매에 대한 호칭어와
지칭어

'손위 외사촌 남자형제' 및 그 배우자에 대한
호칭어와 지칭어

여성 화자는 '손위 외사촌 남자형제'를 모든 세대에서 '오빠'로 호칭
한다. 친오빠에 대한 호칭에서 사용하던 '오래비'는 확인되지 않았다. 지
칭어도 모든 세대에서 '오빠'로 지칭하지만 친오빠, 사촌오빠와 구별이
필요한 경우 '오빠' 앞에 '외사춘'을 붙여 '외사춘오빠'로 지칭한다. G3
세대는 형제자매가 없는 독신자녀가 많기에 '사춘'을 붙이지 않고 '오빠'
로 지칭하는 경우가 많다.

'손위 외사촌 남자형제'의 배우자에 대한 호칭어, 지칭어는 친오빠와
사촌오빠의 배우자에 대한 호칭어, 지칭어와 사용이 같다. G1, G2세대
는 '형님'으로, G3세대는 '형님'과 '언니'로 호칭, 지칭한다. 그리고 친오
빠와 사촌오빠의 배우자와 구별해야 할 경우 모든 세대에서 '외사촌오빠
이름+오빠+네+형님/언니'로 지칭한다. 이렇게 의미상 다른 사람을 지
칭하는 표현으로 손위 외사촌오빠의 배우자를 가리킨다.

'손아래 외사촌 남자형제' 및 그 배우자에 대한
호칭어와 지칭어

여성 화자는 '손아래 외사촌 남자형제'도 '이름'에 호격조사 '-아/-야'
를 붙여 호칭한다. 친남동생에 대한 호칭에서 나타났던 '오래비'는 조사
되지 않고 G1세대에서 자녀 이름에 기댄 종자명 호칭어 '자녀 이름+아

버지/애비'를 쓰는 것이 조사되었다. 종자명 호칭어는 장성한 외사촌 남동생을 대우하여 사용하는 것이다. G1세대는 전에 사촌들과 한 마을에 살면서 가깝게 지냈기에 그 자녀 이름도 알고 있어 이런 종자명 호칭어 사용이 가능한 것이다. 지칭어는 친척들 앞에서는 모든 세대에서 '이름'으로 지칭하고 친구거나 안면이 적은 사람들 앞에서는 '동새' 앞에 '외사촌'을 붙여 '외사춘+동새'로 지칭한다. G1세대는 자녀 이름에 기댄 종자명 지칭어 '자녀 이름+아버지/애비'로도 지칭하고 G3세대는 직접 '내 동새'로 지칭하는 경우가 많다.

여성 화자가 '손아래 외사촌 남자형제'의 배우자에 대한 호칭은 친남동생과 사촌 남동생의 배우자에 대한 호칭과 비슷한 양상을 보인다. G1세대는 '이름, 올찌세미'와 자녀 이름에 기댄 종자명 호칭어 '자녀 이름+엄마/에미'를 사용한다. G1세대에서 '올케'의 사용이 관찰되지 않았는데 이것은 친형제간보다 외사촌간에는 내왕이 많지 않기에 개신형의 호칭어를 쓰지 않고 계속 전에 쓰던 '올찌세미'를 그대로 쓰기 때문이다. G2, G3세대는 종자명 호칭어를 사용하지 않고 G2세대는 '이름, 올케, 올찌세미'로, G3세대는 '이름, 올케'로 호칭한다. 지칭어는 사촌 남동생의 아내에 대한 지칭어 사용과 같다. G3세대는 친척들 앞에서 '이름'으로 지칭하거나 외사촌 남동생의 이름에 '각시'를 붙여 '외사촌 남동생 이름+각시'로 지칭하고 친구 혹은 안면이 적은 사람들 앞에서는 친족관계를 명확히 하는 '올케'로 지칭한다. G2세대의 40대의 화자는 G3세대의 화자와 사용이 같지만 50대의 화자는 G1세대와 같이 '이름'으로 지칭하는 화자는 적고 대부분이 '올케/올찌세미' 혹은 외사촌 남동생의 이름에 '앙까이/처/각시'를 붙여 '외사촌 남동생 이름+앙까이/처/각시'로 지칭한다. G1세대만이 자녀 이름에 기댄 종자명 지칭어 '자녀 이름+엄마/에미'를 사용하는데 이것은 G1세대가 전에 외사촌들과 가깝게 지내 그 자녀의 이름을 알기 때문에 가능한 것이다.

3.2.2.2.3 '손위 외사촌 여자형제' 및 그 배우자에 대한 호칭어와 지칭어

여성 화자는 '손위 외사촌 여자형제'를 친언니와 사촌언니와 같이 모두 '언니'로 호칭한다. 지칭어는 '언니' 외에 친언니, 사촌언니와 구분하기 위하여 모든 세대에서 '언니' 앞에 '외사춘'을 붙여 '외사춘언니'로 지칭한다. G3세대는 '사춘'을 붙이지 않고 '언니'로 지칭하는 경우가 많다.

'손위 외사촌 여자형제'의 배우자는 친언니와 사촌언니의 배우자와 호칭이 같다. G1세대는 '아즈바이'로, G2세대는 '아즈바이, 아저씨'로 호칭한다. G3세대는 '아저씨'와 한국에서 유입된 개신형의 호칭어 '형부'를 사용한다. 지칭어는 세대별로 사용하는 호칭어를 그대로 사용한다. 하지만 친언니와 사촌언니의 남편과 구별이 필요할 경우 모든 세대에서 '외사촌언니 이름+언니+네+아즈바이/아저씨/형부'라는 의미상 다른 대상을 가리키는 표현으로 외사촌언니의 배우자를 지칭한다.

3.2.2.2.4 '손아래 외사촌 여자형제' 및 그 배우자에 대한 호칭어와 지칭어

여성 화자는 '손아래 외사촌 여자형제'도 '이름'에 호격조사 '-아/-야'를 붙여 호칭한다. 지칭어는 친척들 앞에서는 '이름'으로 지칭하지만 친구나 안면이 적은 사람들 앞에서는 '외사춘'을 붙여 '외사춘동새'로 지칭한다. G3세대는 '내 동새'로 지칭하는 경우가 많다.

'손아래 외사촌 여자형제'의 배우자에 대한 호칭은 친여동생과 사촌여동생의 배우자에 대한 호칭과 조금 다르게 나타났다. 모든 세대에서 '이름'과 '새워이'로 호칭한다. G1세대에서 친여동생과 사촌 여동생의 배우자에게 사용하던 종자명 호칭어가 관찰되지 않았다. 이것은 외사촌 형제 간에 내왕이 적어 외사촌 여동생의 자녀 이름을 모르기 때문으로 보인다. 지칭어는 '이름'과 '새워이'로 지칭하는 외에 친여동생과 사촌 여동생의 남편과 구별하기 위하여 G1, G2세대는 외사촌 여동생의 이름에 '나그내/신랑/신랑재'를 붙여 '외사촌 여동생 이름+나그내/신랑/신랑재'로, G3세대는 '외사촌 여동생 이름+신랑/신랑재'로 지칭한다.

여성 화자들도 G1, G2세대는 어머니의 남자형제의 자녀는 손위, 손아래를 불문하고 모두 '외사춘'이라 하고 어머니의 여자형제의 자녀는 모두 '이모사춘'이라고 한다. G3세대는 '이모사춘'이라는 용어는 사용하지 않고 무릇 어머니 형제의 자녀들은 다 '외사춘'이라고 한다.

지금까지 연변 지역 친족호칭어와 지칭어 중에서 외가계에 해당하는 친족에게 사용하는 호칭어와 지칭어에 대해 살펴보았는데 그 특징을 요약하면 다음과 같다.

첫째, 외가계 존속에 대한 호칭어는 친가계 존속에 대한 호칭어와 사용이 같다. 하지만 외가계 존속에 대한 지칭어는 친가계 존속에 대한 지칭어와 구별하기 위하여 호칭어 앞에 '모계혈족의 관계인'의 뜻을 나타내는 접두요소 '외-'를 붙여 지칭하는 것이 특징이다.

둘째, 외사촌 형제자매와 그 배우자에 대한 호칭어는 친형제자매의 경우와 거의 같게 사용되나 지칭어는 호칭어 앞에 '외사춘'을 붙여 친형제자매에 대한 지칭과 구별한다. 다만 G3세대는 친형제자매가 없는 독신

자녀가 많기에 '외사춘'을 붙이지 않고 지칭하는 경우가 많다. 그리고 G1, G2세대에서 어머니의 남자형제와 여자형제의 자녀는 각각 '외사춘', '이모사춘'으로 구별한다. 하지만 평시의 사용에서 명확하게 구분되어 사용되는 것이 아니고 대부분 '외사춘'을 붙여 지칭한다.

3.3 시가계 호칭어와 지칭어

우리말 친족관계에 대한 호칭어와 지칭어는 매우 다양하게 발달되어 있다. 특히 결혼을 하게 되면 이 관계망은 곱절로 확대되어 새롭게 학습해야 하는 호칭어와 지칭어가 배로 늘어나게 된다. 결혼으로 하여 형성되는 친족관계인 시가계는 여성인 '나'의 남편 쪽 가계를 말한다. 시가계 호칭어와 지칭어는 여성인 '나'를 기준으로 남편의 조부모와 부모, 남편 부모의 형제자매와 그 배우자, 그리고 남편의 형제자매와 그 배우자까지 논의하였다.

시가계 호칭어와 지칭어 사용 양상을 세대별로 제시한 것이 <표 4>다. 표에서 보는바와 같이 왼쪽에는 남성을 기준으로 원(元)친족원의 호칭어와 지칭어를 제시하고 오른쪽에는 그 배우자의 호칭어와 지칭어를 구분하여 제시하였다.

〈표 4〉 시가계 호칭어와 지칭어

항렬, 촌수	세대	元친족원		배우자	
		호칭어	지칭어	호칭어	지칭어
媤祖父	G1	아바이, 할아버지	아바이, 할아버지, 남편/나그내+아바이/할아버지, 시아바이, 시할아버지	아매, 할머니, 할머이	아매, 할머니, 할머이, 남편/나그내+아매/할머니/할머이, 시아매, 시할머니, 시할머이
	G2				

	G3		아바이, 할아버지, 남편 이름+아바이/할아버지, 시아바이, 시할아버지		아매, 할머니, 할머이, 남편 이름+아매/할머니/할머이, 시아매, 시할머니, 시할머이
媤父	G1	아버지, 아버님, 아바이	아버지, 아버님, 아바이, 시아버지, 우리 아바이, 자녀 이름+아바이/ 할아버지	어머니, 어마이, 어머이, 어머님	어머니, 어마이, 어머이, 어머님, 시어머니, 시어마이, 시어머이, 우리 아매, 자녀 이름+아매/할머니/할머이
	G2				
	G3	아버지	아버지, 시아버지, 자녀 이름+아바이/할아버지	어머니, 어마이, 어머이	어머니, 어마이, 어머이, 시어머니, 시어마이, 시어머이, 시엄마, 자녀 이름+아매/할머니/할머이
媤父의 兄	G1	맏아바이	맏아바이, 시맏아바이, 남편/나그내 맏아바이	맏아매	맏아매, 시맏아매, 남편/나그내 맏아매
	G2				
	G3		맏아바이, 시맏아바이, 남편 이름+맏아바이		맏아매, 시맏아매, 남편 이름+맏아매
媤父의 弟	G1	삼추이, 아즈바이	삼추이, 아즈바이, 시삼추이, 시아즈바이, 남편/나그내 삼추이/ 아즈바이	아즈마이	아즈마이, 시삼춘 댁, 남편/나그내 아즈마이
	G2	삼추이	삼추이, 시삼추이, 남편/나그내 삼추이	아즈마이, 아지미	아즈마이, 아지미, 시삼춘댁, 남편/나그내 아즈마이/아지미
	G3		삼추이, 시삼추이, 남편 이름+삼추이		아즈마이, 아지미, 남편 이름+아즈마이/아지미
媤父의 姐	G1	맏아매	맏아매, 시맏아매, 시고모, 남편/나그내 맏아매	맏아바이	맏아바이, 시맏아바이, 시고모부, 남편/나그내 맏아바이
	G2				
	G3		맏아매, 시맏아매, 시고모, 남편 이름+맏아매		맏아바이, 시맏아바이, 시고모부, 남편 이름+맏아바이
媤父의 妹	G1	아재	아재, 시아재, 시고모, 남편/나그내 아재	아즈바이	아즈바이, 시고모부, 남편/나그내 아즈바이
	G2				

	G3		아재, 시아재, 시고모, 남편 이름+아재		아즈바이, 시고모부, 남편 이름+아즈바이
媤母의 兄	G1	맏아바이	맏아바이, 남편/나그내 외맏아바이	맏아매	맏아매, 남편/나그내 맏아매
	G2				
	G3		맏아바이, 남편 이름+외맏아바이		맏아매, 남편 이름+맏아매
媤母의 弟	G1	삼추이, 아즈바이	삼추이, 아즈바이, 남편/나그내 외삼추이/외아즈바이	아즈마이	아즈마이, 시외삼춘댁, 남편/나그내 아즈마이
	G2	삼추이	삼추이, 남편/나그내 외삼추이	아즈마이, 아지미	아즈마이, 아지미, 시외삼춘댁, 남편/ 나그내 아즈마이/아지미
	G3		삼추이, 남편 이름+외삼추이		아즈마이, 아지미, 남편 이름+아즈마이/아지미
媤母의 姐	G1	맏아매	맏아매, 시이모, 남편/나그내 외맏아매	맏아바이	맏아바이, 시이모부, 남편/나그내 맏아바이
	G2				
	G3		맏아매, 시이모, 남편 이름+외맏아매		맏아바이, 시이모부, 남편 이름+맏아바이
媤母의 妹	G1	아재	아재, 시이모, 남편/나그내+외아재	아즈바이	아즈바이, 시이모부, 남편/나그내+아즈바이
	G2				
	G3		아재, 시이모, 남편 이름+외아재		아즈바이, 시이모부, 남편 이름+아즈바이
남편의 兄	G1	아주버님, 아즈반님	아주버님, 아즈반님, 시형	형님	형님, 동세, (큰, 맏)+동세
	G2				형님
	G3		아주버님, 아즈반님		
남편의 弟	G1	새워이, 자녀 이름+아버지/애비	새워이, 시애끼, 시동새, 자녀 이름+아버지/애비	이름, 동서, 동세, 자녀 이름+엄마/에미	이름, 동서, 동세, 자녀 이름+엄마/에미
	G2	이름, 새워이, 자녀 이름+아	이름, 새워이, 자녀 이름+아버지/아빠, 시애끼, 시동새		

	G3	버지/아빠	이름, 새워이, 시동새, 자녀 이름+아버지/아빠	이름, 동서	이름, 동서
남편의 姐	G1	형님, 시누비, 시누이	형님, 시누비, 시누이, 이상 시누비	아즈반님, 아주버님	아주버님, 아즈반님, 시누이/시누비 남편/나그내
	G2	형님, 시누이	형님, 시누이		
	G3				아주버님, 아즈반님
남편의 妹	G1	이름, 시누비, 시누이, 자녀 이름+엄마/에미	이름, 시누비, 시누이, 지하 시누비, 자녀 이름+엄마/에미	새워이, 자녀 이름+아버지/애비	새워이, 자녀 이름+아버지/애비, 시누이/시누비 남편/나그내
	G2	이름, 시누이, 자녀 이름+엄마/에미	이름, 시누이, 자녀 이름+엄마/에미	이름, 새워이, 자녀 이름+아버지/아빠	이름, 새워이, 자녀 이름+아버지/아빠, 시누이 남편/나그내
	G3	이름, 시누이	이름, 시누이		이름, 새워이, 시누이 남편/신랑

시가계 호칭어와 지칭어는 결혼에 의해 형성되는 친족호칭어와 지칭어 체계로 결혼한 여성들만 사용하게 된다. 한국의 경우, 결혼으로 의해 형성되는 시가계 친족에 대한 호칭어와 지칭어에 일반적으로 존칭의 접미사 '-님'을 결합하여 화자 자신의 친가계와 외가계 친족에 대한 호칭어와 지칭어들과 구별하여 사용한다. 하지만 연변의 경우 자신의 인척인 시가계의 친족에게 존칭의 접미사 '-님'을 붙여 호칭, 지칭하는 현상은 매우 드물다. 연변 지역에서 시가계 존속에 대한 호칭어는 대부분 친가계와 외가계 존속에 대한 호칭어를 그대로 사용한다. 지칭어는 보통 호칭어 앞에 '남편의'의 뜻을 나타내는 접두요소 '시-'를 붙여 화자 자신

의 친가계와 외가계 친족을 가리키는 지칭어들과 분명히 구별하여 사용한다. 동기에 대한 호칭어와 지칭어는 결혼과 함께 새롭게 배워서 사용하게 된다. 아래에 시가계 호칭어와 지칭어를 손위 존속과 동기로 나누어 구체적으로 살펴보려 한다.

3.3.1 시가계 손위 존속에 대한 호칭어와 지칭어

시가계 손위 존속에는 '시조부모', '시부모', '시부모의 형제자매'와 그 배우자 등이 포함된다. 아래에 이들에 대한 호칭어와 지칭어 사용 양상을 세대별로 구체적으로 알아보기로 한다.

3.3.1.1 '시조부모'에 대한 호칭어와 지칭어

'시조부모'에게 사용하는 호칭어를 물었을 때 제보자들은 자신의 '조부모'와 호칭을 같게 했다고 응답했다. 모든 세대에서 시조부모를 '아바이, 할아버지', '아매, 할머니, 할머이'로 호칭한다. 지칭어는 모든 세대에서 시가 편 식구들 앞에서는 호칭어를 그대로 사용한다. 친정 식구들이나 친구 앞에서 G1, G2세대는 호칭어 앞에 '남편/나그내'를 붙여 '남편/나그내+아바이/할아버지', '남편/나그내+아매/할머니/할머이'로 지칭하고 G3세대는 '남편 이름'을 붙여 '남편 이름+아바이/할아버지', '남편 이름+아매/할머니/할머이'로 지칭한다. 이것은 앞서 '남편'에 대한 호칭에서 알아보았듯이 G3세대는 G1이나 G2세대와 달리 남편을 이름으로 호칭할 수 있기에 가능한 것이다. 안면이 적은 사람들 앞에서는 모든 세대에서 호칭어 앞에 접두요소 '시-'를 붙여 '시아바이, 시할아버지', '시아매, 시할머니, 시할머이'로 지칭한다. 존칭의 접미사 '-님'을 붙인 호칭어와 지칭어는 조사되지 않았다.

3.3.1.2 '시부모'에 대한 호칭어와 지칭어

'시아버지'에 대한 호칭어 사용은 세대별로 뚜렷한 차이를 나타낸다. 모든 세대에서 대부분의 화자가 '아버지'25)로 호칭한다. <표 4>에서 보듯이 G3세대는 모든 화자가 '아버지'로 호칭한다. G1, G2세대는 '아버지' 외에 존칭의 의미를 더한 접미사 '-님'을 붙인 '아버님'도 사용하고 더 흥미로운 것은 '할아버지'의 함경도 방언형 '아바이'도 시아버지에 대한 호칭어로 사용하는 점이다. 하지만 이 두 세대에서 '아버님'과 '아바이' 두 호칭어를 사용하는 비율은 차이를 보인다. '아버님'은 G2세대보다 G1세대의 사용비율이 높고(G1세대 : 28.6%, G2세대 : 20.7%) '아바이'도 G2세대보다 G1세대의 사용비율이 높다(G1세대 : 30.8%, G2세대 : 18.5%). 나머지 G1, G2세대의 화자들은 '아버지'로 호칭한다. '아바이'는 G3세대에서 관찰되지 않은 만큼 '시아버지'에 대한 호칭으로는 사멸의 길에 들어선 호칭어라고 할 수 있다. '시아버지'를 왜 '아버님'이라고 부르지 않느냐는 질문에 G3세대의 한 제보자는 "우리 또래는 '아버님'이라 부르는 애들이 없슴다. '아버지'라고 부르는 것이 더 편함다."라고 대답하였다. 지칭어는 호칭어보다 다양하게 조사되었는데 매개 화자마다 하나의 지칭어를 쓰는 것이 아니라 부동한 대화 상황에 따라 여러 가지 지칭어를 쓰는 것으로 나타났다. 모든 세대에서 시가 편 식구들 앞에서는

---

25) '아버지'를 실제상 '아부지'로 발음하는 화자가 많지만 따로 '아부지'로 표기하지 않기로 한다.

'시아버지'에 대한 호칭을 그대로 사용하는 한편 자녀의 이름에 기댄 종자명 지칭어 '자녀 이름+아바이/할아버지'도 사용한다. 그리고 친한 친구나 친정 식구들 앞에서도 이런 종자명 지칭어를 사용한다. 모든 세대에서 친구나 안면이 적은 사람들 앞에서는 '시아버지'로 지칭한다. G1, G2세대는 호칭어 '아바이' 앞에 '우리'를 붙여 직접 '우리 아바이'로도 지칭한다.

'시어머니'에 대한 호칭은 G1, G2세대는 '어머니, 어마이, 어머이, 어머님'으로, G3세대는 '어머니, 어마이, 어머이'로 호칭한다. G1, G2세대에서 '시어머니'에 대한 호칭으로 가장 많이 사용하는 것이 '어머니'의 방언 형태인 '어마이/어머이'로 G1세대는 거의 모든 화자(85.7%)가, G2세대는 절반이상의 화자(61.5%)가 사용한다. 다음 '어머니'와 '어머님'의 사용은 G1세대가 각각 8.2%, 6.1%를 차지하고 G2세대는 각각 30.7%, 7.8%를 차지한다. 보다시피 존칭의 의미를 더한 '어머님'의 사용은 활발하지 않다. 왜 '어마이/어머이'로 호칭하는가 하는 물음에 G1, G2세대 제보자들은 이 호칭어는 시어머니를 높여 부르는 것이기 때문이라고 응답했다. 이것은 G1, G2세대의 화자들은 '어마이/어머이'에 [존경]의 자질이 내포되어 있는 것으로 알고 있다는 것을 설명한다. G3세대는 '어머님'을 사용하지 않고 대부분이 '어머니'로 호칭하고(91.7%) 30대의 후반의 일부 화자가 '어마이/어머이'로 호칭한다(8.3%). G3세대로 올수록 방언형의 사용은 줄어들고 거의 대부분의 화자가 친혈족의 어머니와 같은 호칭어 '어머니'로 시어머니를 호칭한다. G3세대의 화자들이 중, 노년에 가서도 계속 '어머니'로 호칭할지에 대해서는 더 고찰해보아야 할 것이다. '시어머니'에 대한 지칭어는 호칭어보다 다양하게 조사되었는데 매개 화자마다 하나의 지칭어를 쓰는 것이 아니라 부동한 상황에 따라 여러 가지 지칭어를 쓴다. 모든 세대에서 시가 편 식구들 앞에서는 '시어머니'에 대한 호칭어를 그대로 사용하는 한편 또한 자녀의 이름에 기댄 종자명 지칭어 '자녀 이름+아매/할머니/할머이'를 사용한다. 그리고 친정 식구나 친한 친구들 앞에서도 이런 종자명 지칭어를 사용한다. 친구들이나 안면이 적은 사람들 앞에서의 지칭은 세대별로 조금 차이를 보인다. G1, G2세대는 호칭어 '어머니, 어마이, 어머이'에 각기 접두요소 '시-'를 붙여 지칭하는 동시에 '시아버지'에 대한 지칭어 '우리 아바이'와 대응하게 자녀 이름을 붙이지 않고 직접 '우리 아매'로도 지칭한다. G3세대도 '어머니, 어마이, 어머이'에 접두요소 '시-'를 붙여 '시어머니, 시어마이, 시어머이'로 지칭하는 동시에 흥미로운 점은 '시엄마'로도 지칭하는 것이다. 왜 그렇게 지칭하느냐는 질문에 지칭할 때는 시어머니가 옆에 없기에 그냥 자기 어머니를 지칭하는 것처럼 사용하기 간편하게 그렇게 지칭한다고 대답했다.

3.3.1.3 '시아버지의 형제자매'와 그 배우자에 대한 호칭어와 지칭어

'시아버지의 형님'은 모든 세대에서 친가계 '백부'와 같이 '맏아바이'로 호칭한다. 지칭어의 사용은 좀 다양하게 나타났다. G1, G2세대의 사용이 같은데 시가 편 식구들 앞에서는 호칭어를 그대로 사용한다. 친정 식구들이나 친구들, 안면이 적은 사람들 앞에서는 '시맏아바이'로 지칭하고 친구들 앞에서 또 '남편/나그내 맏아바이'로도 지칭한다. G3세대도 시가 편 식구들 앞에서는 호칭어 그대로 '맏아바이'로 지칭하나 친정 식구들이나 친한 친구들 앞에서는 '남편 이름+맏아바이'로 지칭한다. 그리고 안면이 적은 사람들 앞에서는 '시맏아바이'로 지칭한다.

'시아버지의 형님'의 배우자는 모든 세대에서 친가계 '백모'와 같이 '맏아매'로 호칭한다. 지칭어는 G1, G2세대의 사용이 같은데 시가 편 식구들 앞에서는 호칭어 '맏아매'를 그대로 사용한다. 친정 식구들, 친구들, 안면이 적은 사람들 앞에서는 '시맏아매'로 지칭하고 친구들 앞에서는 또 '남편/나그내 맏아매'로도 지칭한다. G3세대도 시가 편 식구들 앞에서는 호칭어 그대로 '맏아매'로 지칭하고 친정 식구들이나 친한 친구들 앞에서는 '남편 이름+맏아매'로 지칭한다.

'시아버지의 남동생'에 대한 호칭은 모든 세대에서 친가계 '숙부'에 대한 호칭과 같다. G1세대는 '삼추이, 아즈바이'로 호칭하고 G2, G3세대는 '삼추이'로 호칭한다. 지칭어는 G1세대의 일부 화자가 호칭어 '아즈바이'에 대응하게 '아즈바이, 시아즈바이, 남편/나그내 아즈바이'로 지칭한다. 기타 화자는 G2세대 화자와 같이 시가 편 식구들 앞에서는 호칭어 '삼추이'를 그대로 사용하고 친정 식구들이나 친구들, 안면이 적은 사람들 앞에서는 '시삼추이'로 지칭한다. 친구들 앞에서 또 '남편/나그내 삼추이'로도 지칭한다. G3세대도 시가 편 식구들 앞에서는 호칭어 그대로 '삼추이'로, 친정 식구들이나 친한 친구들 앞에서는 '남편 이름+삼추이'로 지칭하고 안면이 적은 사람들에게는 '시삼추이'로 지칭한다.

'시아버지의 남동생'의 배우자는 친가계 '숙모'에 대한 호칭어와 같이 G1세대는 '아즈마이'로, G2와 G3세대는 '아즈마이', '아지미'로 호칭한다. 지칭어의 사용에서 G1세대는 시가 편 식구들한테는 호칭어 그대로 '아즈마이'로 지칭하고 친정 식구들이나 친구에게는 '시삼춘댁', '남편/나그내 아즈마이'로 지칭한다. G2, G3세대는 시가 편 식구들에게는 호칭어를 그대로 사용한다. 그리고 G2세대는 친정 식구들이나 친구에게

'시삼춘댁', '남편/나그내 아즈마이/아지미'로 지칭하고 G3세대는 친정 식구들이나 친한 친구들 앞에서 다 '남편 이름+아즈마이/아지미'로 지칭한다.

'시아버지의 누나'는 모든 세대에서 '아버지의 누나'에 대한 호칭과 같이 '맏아매'로 호칭한다. 지칭어는 모든 세대에서 시가 편 식구들에게는 호칭어 그대로 '맏아매'로 지칭하고 G1, G2세대는 친정 식구들이나 친구, 안면이 적은 사람들 앞에서는 '시맏아매, 시고모, 남편/나그내 맏아매'로 지칭한다. G3세대는 친정식구나 친한 친구들 앞에서는 '남편 이름+맏아매'로 지칭하고 안면이 적은 사람들 앞에서는 '시맏아매, 시고모'로 지칭한다. '아버지의 누나'에 대한 지칭에서는 '고모'가 조사되지 않았지만 시가계의 '시아버지의 누나'에 대하여는 '시고모'로 지칭하는 현상이 관찰되었는데 이것은 시가 편과의 친족관계를 더 명확하게 표현하기 위해서이다.

'시아버지의 누나'의 배우자는 모든 세대에서 '아버지의 누나'의 배우자와 같이 '맏아바이'로 호칭한다. 지칭어는 모든 세대에서 시가 편 식구들 앞에서는 호칭어 그대로 '맏아바이'로 지칭하고 G1, G2세대는 친정 식구들이나 친구, 안면이 적은 사람들에게는 '시맏아바이, 시고모부, 남편/나그내 맏아매'로 지칭한다. G3세대는 친정식구나 친한 친구들 앞에서 '남편 이름+맏아매'로 지칭하고 안면이 적은 사람들 앞에서는 '시맏아바이, 시고모부'로 지칭한다.

'시아버지의 여동생'은 모든 세대에서 '아버지의 여동생'에 대한 호칭과 같이 '아재'로 호칭한다. 지칭어는 모든 세대에서 시가 편 식구들에게는 호칭어 그대로 '아재'로 지칭하고 G1, G2세대는 친정 식구들이나 친구, 안면이 적은 사람들에게는 '시아재, 시고모, 남편/나그내 아재'로 지칭한다. G3세대는 친정식구나 친한 친구들 앞에서 '남편 이름+아재'로 지칭하고 안면이 적은 사람들 앞에서는 '시아재, 시고모'로 지칭한다.

'시아버지의 여동생'의 배우자는 모든 세대에서 '아버지의 여동생'의 배우자와 같이 '아즈바이'로 호칭한다. 지칭어는 모든 세대에서 시가 편 식구들에게는 호칭어 그대로 '아즈바이'로 지칭하고 G1, G2세대는 친정 식구들이나 친구, 안면이 적은 사람들 앞에서는 '시고모부, 남편/나그내 아즈바이'로 지칭한다. G3세대는 친정식구나 친한 친구들 앞에서 '남편 이름+아즈바이'로 지칭하고 안면이 적은 사람들 앞에서는 '시고모부'로 지칭한다.

3.3.1.4 '시어머니의 형제자매'와 그 배우자에 대한 호칭어와 지칭어

'시어머니의 오빠'는 모든 세대에서 '어머니의 오빠'에 대한 호칭과 같이 '맏아바이'로 호칭한다. 지칭어는 G1, G2세대의 사용이 같은데 시가 편 식구들 앞에서는 호칭어 '맏아바이'를 그대로 사용하고 친정 식구들이나 친구들, 안면이 적은 사람들 앞에서는 '남편/나그내 외맏아바이'로 지칭한다. G3세대도 시가 편 식구들 앞에서는 '맏아바이'로, 친정 식구들이나 친한 친구들 앞에서는 '남편 이름+외맏아바이'로 지칭한다. '시어머니 형제자매'에 대한 지칭에는 '모계혈족의 관계인'의 뜻을 나타내는 접두요소 '외-'를 붙여 '시아버지의 형제자매'와 구별하는 것이 특징이다.

'시어머니의 오빠'의 배우자는 모든 세대에서 '어머니의 오빠'의 배우자와 같이 '맏아매'로 호칭한다. 지칭어도 모든 세대에서 시가 편 식구들에게는 '맏아매'로 지칭한다. G1, G2세대는 친정 식구들이나 친구, 안면이 적은 사람들에게는 '남편/나그내 맏아매'로 지칭하고 G3세대는 친정 식구들이나 친한 친구들 앞에서 '남편 이름+맏아매'로 지칭한다.

'시어머니의 남동생'은 '어머니의 남동생'에 대한 호칭과 같이 G1세대는 '삼추이, 아즈바이'로, G2, G3세대는 '삼추이'로 호칭한다. 지칭어는 G1세대는 시가 편 식구들에게 호칭어 그대로 '삼추이, 아즈바이'로 지칭하고 친정 식구들이나 친구, 안면이 적은 사람들에게는 '남편/나그내 외삼추이/외아즈바이'로 지칭한다. G2, G3세대도 시가 편 식구들에게는 호칭어 그대로 '삼추이'로 지칭한다. 그리고 친정 식구들이나 친구, 안면이 적은 사람들에게 G2세대는 '남편/나그내 외삼추이'로, G3세대는 '남편 이름+외삼추이'로 지칭한다.

'시어머니의 남동생'의 배우자는 '어머니의 남동생'의 배우자에 대한 호칭과 같이 G1세대는 '아즈마이'로, G2, G3세대는 '아즈마이/아지미'로 호칭한다. 지칭어의 사용은 G1세대는 시가 편 식구들에게는 호칭어 그대로 '아즈마이'로 지칭하고 친정 식구들이나 친구, 안면이 적은 사람들에게는 '시외삼춘댁, 남편/나그내 아즈마이'로 지칭한다. G2, G3세대도 시가 편 식구들에게는 호칭어 그대로 '아즈마이/아지미'로 지칭한다. 그리고 친정 식구들이나 친구, 안면이 적은 사람들에게 G2세대는 '시외삼춘댁, 남편/나그내 아즈마이/아지미'로, G3세대는 '남편 이름+아즈마이/아지미'로 지칭한다.

'시어머니의 언니'는 '어머니의 언니'에 대한 호칭과 같이 모든 세대에서 '맏아매'로 호칭한다. 지칭어는 G1, G2세대의 사용이 같은데 시가 편 식구들 앞에서는 호칭어 '맏아매'를 그대로 사용하고 친정 식구들이나 친구들, 안면이 적은 사람들 앞에서는 '시이모, 남편/나그내 외맏아매'로 지칭한다. G3세대도 시가 편 식구들 앞에서는 '맏아매'로 지칭하고 안면이 적은 사람들 앞에서는 '시이모'로 지칭하고 친정 식구들이나 친한 친구들 앞에서는 '시이모' 혹은 '남편 이름+외맏아매'로 지칭한다.

'시어머니의 언니'의 배우자는 모든 세대에서 '어머니의 언니'의 배우자에 대한 호칭과 같이 '맏아바이'로 호칭한다. 지칭어는 G1, G2세대의 사용이 같은데 시가 편 식구들 앞에서는 호칭어 '맏아바이'를 그대로 사용하고 친정 식구들이나 친구들, 안면이 적은 사람들 앞에서는 '시이모부, 남편/나그내 맏아바이'로 지칭한다. G3세대도 시가 편 식구들 앞에서는 '맏아바이'로 지칭하고 안면이 적은 사람들 앞에서는 '시이모부'로 지칭하고 친정 식구들이나 친한 친구들 앞에서는 '시이모부' 혹은 '남편 이름+맏아바이'로 지칭한다.

'시어머니의 여동생'은 모든 세대에서 '어머니의 여동생'에 대한 호칭과 같이 '아재'로 호칭한다. 지칭어는 G1, G2세대의 사용이 같은데 시가 편 식구들 앞에서는 호칭어 '아재'를 그대로 사용하고 친정 식구들이나 친구들, 안면이 적은 사람들 앞에서는 '시이모, 남편/나그내 외아재'로 지칭한다. G3세대도 시가 편 식구들 앞에서는 '아재'로 지칭하고 안면이 적은 사람들 앞에서는 '시이모'로 지칭하며 친정 식구들이나 친한 친구들 앞에서는 '시이모' 혹은 '남편 이름+외아재'로 지칭한다.

'시어머니의 여동생'의 배우자는 모든 세대에서 '어머니의 여동생'의 배우자에 대한 호칭과 같이 '아즈바이'로 호칭한다. 지칭어는 G1, G2세대의 사용이 같은데 시가 편 식구들 앞에서는 호칭어 '아즈바이'를 그대로 사용하고 친정 식구들이나 친구들, 안면이 적은 사람들 앞에서는 '시이모부, 남편/나그내 아즈바이'로 지칭한다. G3세대도 시가 편 식구들 앞에서는 '아즈바이'로 지칭하고 안면이 적은 사람들 앞에서는 '시이모부'로 지칭하고 친정 식구들이나 친한 친구들 앞에서는 '시이모부' 혹은 '남편 이름+아즈바이'로 지칭한다.

3.3.2 시가계 동기에 대한 호칭어와 지칭어

시가계 동기에는 여성 화자인 '나'의 남편의 형제자매와 그 배우자가 포함된다. 아래에 이들에 대한 호칭어와 지칭어 사용 양상을 세대별로 구체적으로 알아보기로 한다.

3.3.2.1 '남편의 형님'과 그 배우자에 대한 호칭어와 지칭어

'남편의 형님'은 모든 세대에서 '아주버님', '아즈반님'으로 호칭한다. '아주버님'은 표준어이고 '아즈반님'은 연변 지역에서 쓰이는 방언 형태다. '아즈반님'의 사용은 G1세대에서 G3세대로 오면서 사용비율이 점차 낮아지고(G1세대 : 87.2%, G2세대 : 50.8%, G3세대 : 22.6%) 표준어인 '아주버님'의 사용은 G1세대에서 G3세대로 오면서 사용비율이 점차 높아진다(G1세대 : 12.8%, G2세대 : 49.2%, G3세대 : 77.4%). 이것은 G3세대가 방언 형태를 지양하고 표준어를 지향하여 씀을 의미한다. '남편의 형님'에 대한 지칭어는 G3세대는 모든 청자 앞에서 본인이 사용하는 호칭어 '아주버님', '아즈반님'을 그대로 사용하고 G2, G1세대는 시가 편 식구들 앞에서는 '아주버님'과 '아즈반님'으로 지칭하고 친구나 친정 식구, 안면이 적은 사람들 앞에서는 친족관계를 나타내는 '시형'으로 지칭한다.

'남편의 형님'의 배우자는 모든 세대에서 '형님'으로 호칭한다. 지칭어는 G2, G3세대 사용이 같은데 모든 청자 앞에서 '형님'으로 지칭한다. G1세대도 '형님'으로 지칭하지만 '동서'의 방언형 '동세'로도 지칭하며 제일 큰 '형님'은 앞에 접두요소 '-큰, -맏'을 붙여 '(큰, 맏)+동세'로 지칭한다.

3.3.2.2 '남편의 남동생'과 그 배우자에 대한 호칭어와 지칭어

'남편의 남동생'에 대한 호칭어는 세대에 따라 차이를 보인다. G2, G3세대의 사용이 같은데 '이름', '새워이', 자녀 이름에 기댄 종자명 호칭어 '자녀 이름+아버지/아빠' 등 호칭어를 때와 장소에 따라 번갈아가며 사용한다. 이름호칭어에는 호격조사 '-아/-야'를 붙이지 않고 '-이/ø'를 붙여 사용한다. 자녀들이 없는 사적인 대화 장면에서는 '이름'으로 호칭하고(G3세대 : 52.8%, G2세대 : 27.8%) 자녀들 앞에서는 종자명 호칭어 '자녀 이름+아버지/아빠'로 호칭하며(G3세대 : 24.5%, G2세대 : 22.6%) 친척과 안면이 적은 사람들 앞에서는 '새워이'로 호칭한다(G3세대 : 37.7%, G2세대 : 62.4%). G3세대는 대부분의 화자가 이름호칭어를 사용하고 '새워이'는 30대 후반의 화자가 많이 사용한다. G2세대로 가면서 이름호칭어의 사용은 줄어들고 '새워이'로 호칭하는 화자가 늘어난다. 이름호칭어를 쓰던 화자들이 장성한 '시동생'의 이름을 부르기가 어색하여 차츰 '새워이' 혹은 '자녀 이름+아버지/아빠'로 호칭을 바꾸기 때문이다. 하지만 보다시피 G2, G3세대에서 적지 않은 비율로 '시동생'에 대한 호칭으로 이름호칭어를 사용하는데 이것은 혼인으로 맺어진 인척도 이름을 불러 호칭하는 중국의 이름문화의 영향으로 이해된다. G1세대로 가면

이름호칭어는 완전히 소실된다. 이것은 중년이상 세대에 진입한 '시동생'의 이름을 부르는 것은 예의가 아니라고 생각하는 화자의 심리적요소가 작용하기 때문이다. G2세대도 노년에 가서 이름호칭어를 사용하지 않을지에 대해서는 더 고찰해 보아야 할 것이다. 동시에 G1세대에서 '새워이'와 종자명 호칭어 '자녀 이름＋아버지/애비'의 사용이 늘어나게 된다(각각 78.6%, 30.3%). '도련님, 서방님'과 같은 호칭어는 조사되지 않았다. '남편의 남동생'에 대한 지칭어의 사용도 세대에 따라 차이를 보인다. G2, G3세대는 시댁 식구들 앞에서는 '이름', '새워이', '자녀 이름＋아버지/아빠'로 지칭하고 친구나 안면이 적은 사람들 앞에서는 '시동생'을 '시동새'로 발음하여 지칭한다. G2세대와 같은 경우는 '시동생'의 함경도 방언형 '시애끼'로도 지칭한다. G1세대는 시댁 식구들 앞에서는 호칭어 '새워이', '자녀 이름＋아버지/애비'를 그대로 사용하고 친구나 친정 식구, 안면이 적은 사람들 앞에서는 '시동새' 혹은 '시애끼'로 지칭한다. '시애끼'의 사용은 G1세대에서 G2세대로 오면서 사용비율이 줄어들고(G1세대 : 46.3%, G2세대 : 32.5%) G3세대에 와서는 그 쓰임이 관찰되지 않는다.

'남편의 남동생'의 배우자에 대한 호칭어 사용은 세대별로 조금 차이를 보인다. G1, G2세대에서 '이름', '동서', '동서'의 방언형 '동세', 자녀 이름에 기댄 종자명 호칭어 '자녀 이름＋엄마/에미' 등이 조사되었다. 화자마다 하나의 호칭어만을 사용하지 않고 두세 개 호칭어를 번갈아 사용한다. 매개 호칭어의 사용비율은 G1세대와 G2세대에서 차이를 보인다. G1세대는 '동서'의 방언형 '동세'가 가장 높은 사용비율을 보였고(69.2%) 다음으로 자녀 이름에 기댄 종자명 호칭어 '자녀 이름＋엄마/에미'의 사용이 많다(28.3%). 소수의 화자가 표준형인 '동서'와 이름호칭어를 사용한다(각각 12.8%, 7.7%). G2세대는 표준어인 '동서'가 가장 높은 사용비율을 보이고(43.5%) 다음으로 G1세대에서 소수의 화자만 사용하던 이름호칭어가 활발하게 사용된다(24.2%). 방언형 '동세'는 G1세대에서 절반이상의 화자가 사용하지만 G2세대에 와서는 그 사용비율이 훨씬 낮아진다(22.6%). 자녀 이름에 기댄 종자명 호칭어 '자녀 이름＋엄마/에미'의 사용은 G1세대보다 조금 낮은 비율로 사용된다(17.7%). G3세대는 방언형 '동세'는 사용하지 않고 표준어인 '동서'와 이름호칭어를 사용한다. 이름호칭어(60.4%)와 '동서'(57.8%)가 비슷한 비율로 사용되고 있다. 보다시피 이름호칭어는 G3세대에서 활발히 쓰이던 데로부터 G1세대로 가면서 매우 적게 쓰인다. 이것은 '시동생'에 대한 호칭의 경우와 같이 중년 이상 세대에 진입한 '동서'의 이름을 부르는 것은 예의가 아니라고 생각하는 화자의 심리적요소가 작용한 결과라고 할 수 있다. 하지만 모든 세대에서 적지 않은 비율로 이름호칭어가 사용되는데 이것도 혼인으로 맺어진 인척을 이름을 불러 호칭하는 중국의 이름문화의 영향으로 이해할 수 있다. 그리고 G1세대에서 G3세대로 오면서 방언형 '동세'의 쓰임이 약화되고 표준어인 '동서'의 쓰임이 활발해지는 것을 볼 수 있는데 이것은 G3세대가 표준어 사용을 주도해 나가고 있음을 설명한다. '남편의 남동생'의 배우자에 대한 지칭어는 세대별로 각자가 사용하고 있는 호칭어를 그대로 사용한다. G1, G2세대는 시댁 식구들 앞에서는 '이름', '동세', '동서', '자녀 이름＋엄마/에미'를 모두 지칭어로 사용한다. 친구나 친정 식구, 안면이 적은 사람들 앞에서는 '동세', '동서'로 지칭한다. G3세대도 호칭어 '이름', '동서'를 지칭어로 사용한다. 이름호칭어와 '동서'는 시댁 식구들에게 두루 쓰는 지칭어이고 '동서'는 시댁 식구 이외의 기타 사람들에게도 두루 쓸 수 있는 지칭어다.

'남편의 누나'와 그 배우자에 대한 호칭어와 지칭어

'남편의 누나'에 대한 호칭어 사용은 세대별로 차이를 보인다. G1세대는 '형님', '시누이' 그리고 '시누이'의 함경도 방언형 '시누비'로 호칭한다. '형님'의 사용비율이 가장 높고(60.2%) 다음으로 '시누비'(33.3%), '시누이'(6.5%)의 순서로 사용된다. G2와 G3세대에 와서는 방언형 '시누비'는 사용되지 않고 '형님'과 '시누이'만 사용된다. 대부분 화자가 '형님'으로 호칭하고(G2세대 : 71.5%, G3세대 : 77.2%) '시누이'의 사용비율은 높지 않다(G2세대 : 28.5% G3세대 : 22.8%). '남편의 누나'에 대한 지칭어는 모든 세대에서 시댁 식구들 앞에서는 '형님'으로 지칭한다. 친정 식구와 친구, 안면이 적은 사람들 앞에서 G2, G3세대는 '시누이'로 지칭하고 G1세대는 본인들이 사용하는 호칭어에 따라 '시누비', '시누이'로 지칭한다. G1세대 일부 화자가 손아래 시누이와 구별하기 위해 '이상 시누비'[26]로도 지칭한다. 보다시피 G1세대에서 사용되던 '시누비'가 G2, G3세대에 와서 사용되지 않고 표준어인 '시누이'의 사용이 점차 확대되는데 이것은 표준어 사용은 G2세대에서 시작되어 G3세대에 와서 상당히 진행되었음을 설명한다.

'남편의 누나'의 배우자는 '남편의 형님'에 대한 호칭과 같이 모든 세대에서 '아주버님', '아즈반님'으로 호칭한다. 하지만 그 사용비율은 차이를 보인다. '아주버님'의 방언 형태인 '아즈반님'의 사용비율은 G1세대에서 G3세대로 오면서 점차 낮아지고(G1세 : 85.8%, G2세대 : 56.5%, G3세

---

26) 연변 지역에서 본인보다 손위인 친족에게는 접두요소 '이상-'을 붙여 가리키는데 예하면 '이상 시누비', '이상 처남' 등이다.

대 : 20.8%) 표준어인 '아주버님'은 사용비율은 G1세대에서 G3세대로 오면서 점차 높아진다(G1세대 : 14.2%, G2세대 : 43.5%, G3세대 : 79.2%). 이것은 역시 G3세대가 표준어 사용을 주도해 나가고 있음을 설명한다. '남편의 누나'의 배우자에 대한 지칭어는 G3세대는 모든 청자 앞에서 본인이 사용하는 호칭어 '아주버님', '아즈반님'을 그대로 사용하고 G2, G1세대는 시댁 식구들 앞에서는 '아주버님'과 '아즈반님'으로 지칭하고 친구나 친정 식구들 앞에서는 '남편의 형님'에 대한 지칭어와 구별하기 위하여 '시누이/시누비 남편/나그내'로도 지칭한다.

3.3.2.4 '남편의 여동생'과 그 배우자에 대한 호칭어와 지칭어

'남편의 여동생'에 대한 호칭어는 세대별로 다양하게 조사되었다. 매개 화자마다 하나의 호칭어를 사용하지 않고 두세 개의 호칭어를 사용하는데 사용비율도 세대별로 차이를 보인다. G1세대는 '이름', '시누이'의 방언형 '시누비', '시누이', 자녀 이름에 기댄 종자명 호칭어 '자녀 이름+엄마/에미' 등으로 호칭한다. G2세대는 G1세대에서 쓰는 방언형 '시누비'를 사용하지 않고 '이름', '시누이', '자녀 이름+엄마/에미'로 호칭하고 G3세대는 '이름', '시누이'로 호칭한다. 모든 세대에서 이름호칭어에 호격조사 '-이/ø'를 붙여 사용한다. G3세대는 대부분 '이름'으로 호칭하고(60.2%), 일부 화자가 '시누이'로 호칭한다(45.6%). 이름호칭어는 G1세대로 가면서 사용비율이 점차 낮아진다(G2세대 : 40%, G1세대 : 26.8%). 이것은 노년으로 갈수록 장성한 '시누이'의 이름을 부르기가 어색하여 예의를 갖추어 '시누이' 혹은 '시누비'나 종자명 호칭어로 호칭을 바꾸기 때문이다. 하지만 모든 세대에서 적지 않은 비율로 이름호칭어가 사용됨을 알 수 있는데 역시 혼인으로 맺어진 인척도 이름을 불러 호칭하는 중국의 이름문화의 영향으로 볼 수 있다. G1세대에서 '시누이'의 사용비율은(57.1%), '시누비'의 사용비율보다(31.7%) 높고 자녀 이름에 기댄 종자명 호칭어 '자녀 이름+엄마/에미'는 소수의 화자가 사용한다(8.6%). G2세대는 G1세대보다 높은 비율로 '시누이'가 사용되고(61.5%) 일부 화자가(10.8%) 종자명 호칭어 '자녀 이름+엄마/에미'를 사용한다. 한국에서와 같이 '아가씨'로 호칭하는 현상은 관찰되지 않았다. '남편의 여동생'에 대한 지칭어는 매 세대마다 사용하고 있는 호칭어를 그대로 사용한다. G1세대는 시댁 식구들 앞에서는 '이름'과 자녀 이름에 기댄 종자명 지칭어 '자녀 이름+엄마/에미'로 지칭하고 친정 식구나 친구, 안면이 적은 사람 앞에서는 '시누비', '시누이'로 지칭한다. 일부 화자가 '이상 시누비'와 구별하기 위하여 '지하 시누비'[27]로 지칭한다. G2, G3세대는 친정 식구나 친구, 안면이 적은 사람들 앞에서는 '시누이'로 지칭하고 시댁 식구들 앞에서는 '이름'으로 지칭한다. 소수의 G2세대 화자들이 자녀 이름에 기댄 종자명 지칭어 '자녀 이름+엄마/에미'로 지칭한다.

'남편의 여동생'의 배우자에 대한 호칭어 사용은 세대별로 차이를 보인다. G1세대는 '새워이'와 자녀 이름에 기댄 종자명 호칭어 '자녀 이름+아버지/애비'로 호칭하고 G2, G3세대는 '이름', '새워이', 자녀 이름에 기댄 종자명 호칭어 '자녀 이름+아버지/아빠'로 호칭한다. 대부분 화자들이 두세 개의 호칭어를 번갈아가며 사용한다. 이름호칭어는 G3세대에서 G2세대로 가면서 사용비율이 낮아지고 G1세대는 사용하지 않는다

---

27) 연변 지역에서 본인보다 손아래인 친족에게 접두요소 '지하-'를 붙여 가리키는데 예하면 '지하 시누비', '지하 처남' 등이다.

(G3세대 : 58.2%, G2세대 : 38.6%, G1세대 : 0%). 반면에 '새워이'의 사용비율은 G3세대에서 G1세대로 가면서 점차 높아진다(G3세대 : 45.5%, G2세대 : 66.7%, G1세대 : 86.9%). 이것은 자식까지 있는 시누이 남편의 이름을 부르는 것은 예의에 맞지 않는다고 생각하는 화자의 심리적 요인이 작용하기 때문에 생긴 현상이다. 이름호칭어 사용이 어색한 경우 '새워이' 혹은 자녀 이름에 기댄 종자명 호칭어로 호칭을 바꿔 사용하는 것이다. 하지만 G2, G3세대에서 적지 않은 비율로 이름호칭어가 사용되는데 역시 인척도 이름을 불러 호칭하는 중국의 이름문화의 영향으로 볼 수 있다. 종자명 호칭어는 G2, G3세대는 '자녀 이름+아버지/아빠'(G2세대 : 14.5%, G3세대 : 9.1%)를 사용하고 G1세대는 '자녀 이름+아버지/애비'(28.7%)를 사용한다. 한국에서와 같이 '서방님'으로 호칭하는 현상은 관찰되지 않았다. '남편의 여동생'의 배우자에 대한 지칭어도 세대별로 차이를 보인다. G1세대는 시댁 식구들 앞에서 '새워이', '자녀 이름+아버지/애비'로 지칭하고 친정 식구나 친구들 앞에서는 '시누이/시누비 남편/나그내'로 지칭한다. G2세대는 시댁 식구들 앞에서 '이름', '새워이', '자녀 이름+아버지/아빠'로 지칭하고 친정 식구나 친구들 앞에서는 '시누이 남편/나그내'로 지칭한다. G3세대는 시댁 식구들 앞에서 '이름', '새워이'로 지칭하고 친정 식구나 친구들 앞에서는 '시누이 남편/신랑'으로 지칭한다.

지금까지 연변 지역 친족호칭어와 지칭어 중에서 시가계에 해당하는 친족에게 사용하는 호칭어와 지칭어에 대해 살펴보았는데 그 특징을 요약하면 다음과 같다.

시가계 존속에 대한 호칭어는 친가계와 외가계 존속에 대한 호칭어와 사용이 같다. 시가계 존속에 대한 지칭어는 친가계와 외가계 존속에 대한 지칭어와 구별하기 위하여 호칭어 앞에 '남편의'의 뜻을 나타내는 접두 요소 '시-'를 붙여 사용하는 것이 특징이다.

시가계 동기에 대한 호칭어와 지칭어에서 함경도 방언형 '시애끼, 시누비'와 연변 지역에서 쓰이는 특수한 방언형 '동세', '아즈반님', '새워이' 등이 G1세대에서 G3세대로 오면서 점차 그 사용이 약화되거나 없어지고 '시동생'(실제 발음은 '시동새'임), '시누이', '동서'와 같은 표준어가 활발하게 사용된다. 이것은 호칭어와 지칭어 사용의 개신은 G2세대에서 일어나기 시작하여 G3세대에 와서는 상당히 진행되었음을 설명하며 젊은층의 화자들이 표준어를 지향한다는 것을 설명한다.

상대 친족원이 혼인에 의해 맺어진 인척일 경우 동일 항렬내의 하위자이더라도 거의 반드시 친족호칭어와 지칭어가 사용되는 것이 우리말 호칭어와 지칭어의 특점이다. 하지만 모든 세대에서 시가계 손아래 동기에 대한 호칭어와 지칭어에서 이름호칭어가 활발하게 사용되며 G3세대로 올수록 사용비율이 높아진다. 이것은 혼인으로 맺어진 인척도 이름을 불러 호칭하는 중국의 이름문화의 영향이 큰 것으로 보았다. 반면에 G1세대로 갈수록 이름호칭어 사용의 비율이 줄어들고 친족관계를 나타내는 호칭어와 지칭어를 사용하는 것은 장성한 손아래 청자를 대우해주려는 화자의 심리적요소가 작용한 결과로 보았다.

3.4 처가계 호칭어와 지칭어

처가계는 시가계와 마찬가지로 결혼으로 하여 형성되는 친족관계로, 남성인 '나'의 아내 쪽 가계를 말한다. 처가계 호칭어와 지칭어는 남성인 '나'를 기준으로 하여 아내의 조부모와 부모, 아내 부모의 형제자매와 그 배우자, 그리고 아내의 형제자매와 그 배우자까지 논의하였다.

처가계 호칭어와 지칭어 사용 양상을 세대별로 제시한 것이 <표 5>
다. 표에서 보는바와 같이 왼쪽에는 남성을 기준으로 원(元)친족원의 호
칭어와 지칭어를 제시하고 오른쪽에는 그 배우자의 호칭어와 지칭어를
구분하여 제시하였다.

<표 5> 처가계 호칭어와 지칭어

항렬, 촌수	세대	元친족원		배우자	
		호칭어	지칭어	호칭어	지칭어
妻의 祖父	G1	아바이, 할아버지	아바이, 할아버지, 처/앙까이+아바이/할아버지	아매, 할머니, 할머이	아매, 할머니, 할머이, 처/앙까이+아매/할머니/할머이
	G2				
	G3		아바이, 할아버지, 처+아바이/할아버지, 아내 이름+아바이/할아버지		아매, 할머니, 할머이, 처+아매/할머니/할머이, 아내 이름+아매/할머니/할머이
妻의 父	G1	아버지, 아버님	아버지, 아버님, 가시아버지, 자녀 이름+외아바이/외할아버지	어머니, 어마이, 어머이, 어머님	어머니, 어마이, 어머이, 어머님, 가시엄마, 가시어머니/어마이/어머이, 자녀 이름+외아매/외할머니/외할머이
	G2				
	G3		아버지, 아버님, 가시아버지, 장인	어머니, 어마이, 어머이, 어머님, 장모님	어머니, 어마이, 어머이, 어머님, 가시 엄마, 가시어머니/어마이/어머이, 장모
丈人의 兄	G1	맏아바이	맏아바이, 처/앙까이 맏아바이	맏아매	맏아매, 처/앙까이 맏아매
	G2				
	G3		맏아바이, 처맏아바이, 아내 이름+맏아바이		맏아매, 처맏아매, 아내 이름+맏아매
丈人의 弟	G1	삼추이, 아즈바이	삼추이, 아즈바이, 처/앙까이+삼추이/아즈바이	아즈마이	아즈마이, 처/앙까이 아즈마이
	G2	삼추이	삼추이, 처/앙까이 삼추이	아즈마이, 아지미	아즈마이, 아지미, 처/앙까이+아즈마이/아지미

	G3		삼추이, 처삼추이, 아내 이름+삼추이		아즈마이, 아지미, 처아즈마이/아지미, 아내 이름+아즈마이/아지미
丈人의 姐	G1 G2	맏아매	맏아매, 처/앙까이 맏아매, 처/앙까이 고모	맏아바이	맏아바이, 처/앙까이 맏아바이, 처/앙까이 고모부
	G3		맏아매, 처맏아매, 처고모, 아내 이름+맏아매		맏아바이, 처맏아바이, 처고모부, 아내 이름+맏아바이
丈人의 妹	G1 G2	아재	아재, 처/앙까이 아재, 처/앙까이 고모	아즈바이	아즈바이, 처/앙까이 아즈바이, 처/앙까이 고모부
	G3		아재, 처아재, 처고모, 아내 이름+아재		아즈바이, 처아즈바이, 처고모부, 아내 이름+아즈바이
丈母의 兄	G1 G2	맏아바이	맏아바이, 처/앙까이 외맏아바이	맏아매	맏아매, 처/앙까이 맏아매
	G3		맏아바이, 처외맏아바이, 아내 이름+외맏아바이		맏아매, 처맏아매, 아내 이름+맏아매
丈母의 弟	G1	삼추이, 아즈바이	삼추이, 아즈바이 처/앙까이+외삼추이/외아즈바이	아즈마이	아즈마이, 처/앙까이 아즈마이
	G2	삼추이	삼추이, 처/앙까이 외삼추이	아즈마이, 아지미	아즈마이, 아지미, 처/앙까이+아즈마이/아지미
	G3		삼추이, 처외삼추이, 아내 이름+외삼추이		아즈마이, 아지미, 처아즈마이/아지미, 아내 이름+아즈마이/아지미
丈母의 姐	G1 G2	맏아매	맏아매, 처/앙까이 이모, 처/앙까이 외맏아매	맏아바이	맏아바이, 처/앙까이 맏아바이, 처/앙까이 이모부
	G3		맏아매, 처이모, 처외맏아매, 아내 이름+외맏아매		맏아바이, 처맏아바이, 처이모부, 아내 이름+맏아바이
丈母의 妹	G1 G2	아재	아재, 처/앙까이 외아재, 처/앙까이 이모	아즈바이	아즈바이, 처/앙까이 아즈바이, 처/앙까이 이모부
	G3		아재, 처외아재, 처이모,		아즈바이, 처아즈바이, 처

			아내 이름+외아재		이모부, 아내 이름+아즈바이
아내의 兄	G1	형님	형님, 처/앙까이 오빠, 처남, 이상 처남	아즈마이	아즈마이, 처남댁
	G2		형님, 처오빠, 처남, 아내 이름+오빠		
	G3				
아내의 弟	G1	이름, 처남	이름, 처남, 지하 처남	이름, 처남댁	이름, 처남댁
	G2		이름, 처남		
	G3				
아내의 姐	G1	아즈마이	아즈마이, 처/앙까이 언니, 처형	형님	형님, 랜쵸(連襟)
	G2		아즈마이, 처언니, 아내 이름+언니, 처형		
	G3				
아내의 妹	G1	이름, 처제	이름, 처제	이름, 동세, 동새	이름, 동세, 동새, 랜쵸
	G2			이름, 동새	이름, 동새, 랜쵸
	G3				

　처가계 호칭어와 지칭어는 결혼에 의해 형성되는 친족호칭어와 지칭어 체계로 결혼한 남성들만 사용하게 된다. 한국의 경우, 결혼으로 의해 형성되는 인척인 처가계 호칭어와 지칭어에 존칭의 접미사 '-님'을 붙여 화자 자신의 친가계와 외가계 친족에 대한 호칭어와 지칭어들과 구별하여 사용한다. 하지만 연변의 경우 자신의 인척인 처가계의 친족에게 존칭의 접미사 '-님'을 붙여 호칭, 지칭하는 현상은 매우 드물다. 연변의 경우 처가계 존속에 대한 호칭어는 대부분 친가계와 외가계 존속에 대한 호칭어를 그대로 사용한다. 지칭어는 호칭어 앞에 '아내' 또는 '아내의 친정'의 뜻을 나타내는 접두요소 '가시-'를 붙이거나 '아내'의 뜻을

나타내는 접두요소 '처-'를 붙여 사용함으로써 화자 자신의 친가계와 외가계 친족을 가리키는 지칭어들과 분명히 구별하여 사용한다. 동기에 대한 호칭어와 지칭어는 결혼과 함께 새롭게 배워서 사용하게 된다. 아래에 처가계 호칭어와 지칭어를 손위 존속과 동기로 나누어 구체적으로 살펴보려 한다.

3.4.1 처가계 손위 존속에 대한 호칭어와 지칭어

처가계 손위 존속에는 '처조부모', '처부모', '처부모의 형제자매'와 그 배우자 등이 포함된다. 아래에 이들에 대한 호칭어와 지칭어 사용 양상을 세대별로 구체적으로 알아보기로 한다.

3.4.1.1 '처조부모'에 대한 호칭어와 지칭어

'처조부모'에 대한 호칭어와 지칭어를 조사할 때 제보자들은 "아바이, 아매(할아버지, 할머니) 부르는 것과 같게 불렀다."고 하였다. '처조부모'에 대한 호칭어는 모든 세대에서 '조부모'에 대한 호칭과 같이 '처조부'는 '아바이, 할아버지'로, '처조모'는 '아매, 할머니, 할머이'로 호칭한다. 지칭어는 모든 세대에서 처가 편 친척들 앞에서는 호칭어를 그대로 사용한다. 자기 쪽 식구들이거나 친구들 앞에서 G1, G2세대는 호칭어 앞에 '처/앙까이'를 붙여 '처/앙까이+아바이/할아버지', '처/앙까이+아매/할머니/할머이'로 지칭하고 G3세대는 호칭어 앞에 '처-'를 붙여 '처+아바이/할아버지', '처+아매/할머니/할머이'로 지칭한다. 또 G3세대는 가까운 친구 앞에서 '아내 이름+아바이/할아버지', '아내 이름+아매/할머니/할머이'로도 지칭한다. '아내 이름'을 빌린 지칭어를 쓸 수 있는 것은 앞서 알아보았듯이 G3세대가 G1이나 G2세대보다 아내를 이름으로 호칭하는 비율이 훨씬 높기에 가능한 것이다.

3.4.1.2 '처부모'에 대한 호칭어와 지칭어

'처의 아버지'는 모든 세대에서 '아버지'[28) '아버님'으로 호칭한다. 대부분의 화자가 '아버지'로 호칭하고 '아버님'은 어느 세대나 사용이 매우 드문 것으로 나타났다(G1세대 : 6.8%, G2세대 : 10.6%, G3세대 : 9.4%). 한국에서 쓰고 있는 '장인'이나 '장인어른'과 같은 호칭어는 조사되지 않았다. '처의 아버지'에 대한 지칭어는 G1, G2세대는 처가 편 식구들 앞에서는 '아버지, 아버님'으로 지칭하고 친한 친구, 자기 쪽 식구들 앞에서는 자녀 이름에 기댄 종자명 지칭어 '자녀 이름+외아바이/외할아버지'로 지칭한다. 그리고 친구나 안면이 적은 사람들 앞에서는 '가시아버지'로 지칭한다. G3세대는 처가 편 식구들 앞에서는 '아버지, 아버님'으로 지칭하고 친구나 자기 쪽 식구들, 안면이 적은 사람들 앞에서는 '가시아버지', '장인'으로 지칭한다. G3세대에서 호칭어로는 '장인'이 관찰되지 않았지만 지칭어로 21.6%의 화자가 '장인'을 사용하고 있는 것으로 나타났다. '장인'도 인적교류와 다양한 매체를 통해 한국으로부터 유입된 것으로 아직 호칭어로는 사용하지 않지만 개신형의 어휘는 역시 G3세대에서 받아들여 쓰이고 있음을 알 수 있다. 지칭어로 '장인어른'은 관찰되지 않았다.

---

28) '아버지'를 실제상 '아부지'로 발음하는 화자가 많지만 여기에서는 따로 '아부지'로 표기하지 않기로 한다.

'처의 어머니'에 대한 호칭어는 G3세대가 기타 세대와 조금 차이를 보인다. G1, G2세대는 '어머니, 어마이, 어머이, 어머님'으로 호칭하고 G3세대는 '어머니, 어마이, 어머이, 어머님, 장모님'으로 호칭한다. G1, G2세대에서 가장 많이 쓰는 호칭어는 '어머니'의 방언 형태인 '어마이/어머이'(G1세대 : 82.4%, G2세대 : 58.5%)로 G1세대는 거의 모든 화자가, G2세대는 절반이상의 화자가 사용한다. 다음 '어머니'와 '어머님'의 사용은 G1세대가 각각 7.8%, 9.8%를 차지하고 G2세대는 각각32.1%, 9.4%를 차지한다. G3세대에서 가장 보편적으로 쓰는 호칭어는 '어머니'(55.8%)고 다음으로 '어마이/어머이', '어머님'이 각각 21,8%, 8.7%로 사용되고 있다. '처아버지'에 대한 호칭어로 '장인어른'은 관찰되지 않았지만 그것과 대응하는 호칭어 '장모님'은 G3세대 일부 화자가(13.7%) 사용하는 것으로 나타났다. G3세대에서 G1세대로 갈수록 '어마이/어머이'로 호칭하는 비율이 높아지는데 이것은 남성 화자들도 '어마이/어머이'에 [존경]의 자질이 내포되어 있는 것으로 인식하고 있기 때문이다. '처의 어머니'에 대한 지칭어는 처가 편 식구들 앞에서는 모든 세대에서 호칭어 '어머니, 어마이/어머이, 어머님'을 그대로 사용한다. 친구나 자기 쪽 식구들 앞에서는 호칭어 앞에 '가시-'를 붙여 '가시 어머니/어마이/어머이'로 지칭한다. 흥미로운 것은 모든 세대에서 '처어머니'는 '엄마'라고 호칭하지 않으면서 지칭어는 '엄마' 앞에 '가시-'를 붙여 '가시엄마'로 지칭하는 것이다. 이것은 자기 '어머니'를 호칭하던 습관이 '처어머니'에 대한 지칭에 반영된 것이라고 할 수 있다. 그 외에 G1, G2세대 일부 화자들은 친한 친구나 자기 쪽 식구들 앞에서 자녀 이름에 기댄 종자명 지칭어 '자녀 이름+외아매/외할머니/외할머이'로 지칭하고 G3세대는 호칭어로 '장모님'을 사용하는 화자들이 지칭어로 '장모'를 사용한다. '처어머니'를 지칭할 때는 존칭의 의미의 접미요소 '-님'을 붙이지 않는다.

3.4.1.3 '장인의 형제자매'와 그 배우자에 대한 호칭어와 지칭어

'장인의 형님'은 모든 세대에서 친가계 '백부'에 대한 호칭어와 같이 '맏아바이'로 호칭한다. '장인의 형님'에 대한 지칭어는 모든 세대에서 처가 편 식구들에게는 호칭어 '맏아바이'를 그대로 사용한다. 자기 쪽 식구들이나 친구들에게는 G1이나 G2세대는 '처/앙까이 맏아바이'로, G3세대는 '처맏아바이', '아내 이름+맏아바이'로 지칭한다.

'장인의 형님'의 배우자는 모든 세대에서 '백모'에 대한 호칭어와 같이 '맏아매'로 호칭한다. '장인의 형님'의 배우자에 대한 지칭어는 모든 세대에서 처가 편 식구들에게는 호칭어 '맏아매'를 그대로 사용한다. 자기 쪽 식구들이나 친구들 앞에서 G1, G2세대는 '처/앙까이 맏아매'로, G3세대는 '처맏아매', '아내 이름+맏아매'로 지칭한다.

'장인의 남동생'은 모든 세대에서 친가계 '숙부'에 대한 호칭어와 같이 G1세대는 '삼추이, 아즈바이'로, G2와 G3세대는 '삼추이'로 호칭한다. '장인의 남동생'에 대한 지칭어로 G1세대는 처가 편 식구들에게는 호칭어 '삼추이, 아즈바이'를 그대로 사용하고 자기 쪽 식구들이나 친구들 앞에서는 '처/앙까이+삼추이/아즈바이'로 지칭한다. G2, G3세대는 처가 편 식구들에게는 호칭어 '삼추이'를 그대로 사용하고 자기 쪽 식구들이나 친구들 앞에서 G2세대는 '처/앙까이 삼추이'로, G3세대는 '처삼추이', '아내 이름+삼추이'로 지칭한다.

'장인의 남동생'의 배우자는 '숙모'에 대한 호칭어와 같이 G1세대는

'아즈마이'로, G2, G3세대는 '아즈마이', '아지미'로 호칭한다. '장인의 남동생'의 배우자에 대한 지칭어는 G1세대는 처가 편 식구들에게는 호칭어 '아즈마이'를 그대로 사용하고 자기 쪽 식구들이나 친구들 앞에서는 '처/앙까이 아즈마이'로 지칭한다. G2와 G3세대는 처가 편 식구들에게는 호칭어 '아즈마이/아지미'를 그대로 사용하고 자기 쪽 식구들이나 친구들 앞에서 G2세대는 '처/앙까이+아즈마이/아지미'로, G3세대는 '처 아즈마이/아지미', '아내 이름+아즈마이/아지미'로 지칭한다.

'장인의 누나'는 모든 세대에서 '아버지의 누나'와 같이 '맏아매'로 호칭한다. '장인의 누나'에 대한 지칭어는 모든 세대에서 처가 편 식구들에게는 호칭어 '맏아매'를 그대로 사용한다. 자기 쪽 식구들이나 친구들 앞에서 G1, G2세대는 '처/앙까이 맏아매, 처/앙까이 고모'로, G3세대는 '처맏아매, 처고모, 아내 이름+맏아매'로 지칭한다.

'장인의 누나'의 배우자는 모든 세대에서 '아버지의 누나'의 배우자와 같이 '맏아바이'로 호칭한다. '장인의 누나'의 배우자에 대한 지칭어는 모든 세대에서 처가 편 식구들에게는 호칭어 '맏아바이'를 그대로 사용한다. 자기 쪽 식구들이나 친구들에게 G1, G2세대는 '처/앙까이 맏아바이, 처/앙까이 고모부'로, G3세대는 '처맏아바이, 처고모부, 아내 이름+맏아바이'로 지칭한다.

'장인의 여동생'은 모든 세대에서 '아버지의 여동생'과 같이 '아재'로 호칭한다. '장인의 여동생'에 대한 지칭어는 모든 세대에서 처가 편 식구들에게는 호칭어 '아재'를 그대로 사용한다. 자기 쪽 식구들이나 친구들 앞에서 G1, G2세대는 '처/앙까이 아재, 처/앙까이 고모'로 지칭하고 G3세대는 '처아재, 처고모, 아내 이름+아재'로 지칭한다.

'장인의 여동생'의 배우자는 모든 세대에서 '아버지의 여동생'의 배우자와 같이 '아즈바이'로 호칭한다. '장인의 여동생'의 배우자에 대한 지칭어는 모든 세대에서 처가 편 식구들에게는 호칭어 '아즈바이'를 그대로 사용한다. 자기 쪽 식구들이나 친구들에게 G1, G2세대는 '처/앙까이 아즈바이, 처/앙까이 고모부'로 지칭하고 G3세대는 '처아즈바이, 처고모부, 아내 이름+아즈바이'로 지칭한다.

❙3.4.1.4❙ '장모의 형제자매'와 그 배우자에 대한 호칭어와 지칭어

'장모의 오빠'는 모든 세대에서 '어머니의 오빠'에 대한 호칭어와 같이 '맏아바이'로 호칭한다. '장모의 오빠'에 대한 지칭어는 모든 세대에서 처가 편 식구들에게는 호칭어 '맏아바이'를 그대로 사용한다. 자기 쪽 식구들이나 친구들 앞에서 G1, G2세대는 '처/앙까이 외맏아바이'로, G3세 대는 '처외맏아바이, 아내 이름+외맏아바이'로 지칭한다. '장모의 형제자매'에 대한 지칭어에는 어머니 쪽 혈족관계를 나타내는 접두요소 '외-'를 붙여 '장인의 형제자매'와 구별하는 것이 특징이다.

'장모의 오빠'의 배우자는 모든 세대에서 '어머니의 오빠'의 배우자와 같이 '맏아매'로 호칭한다. '장모의 오빠'의 배우자에 대한 지칭어는 모든 세대에서 처가 편 식구들에게는 호칭어 '맏아매'를 그대로 사용한다. 자기 쪽 식구들이나 친구들 앞에서 G1, G2세대는 '처/앙까이 맏아매'로, G3세대는 '처맏아매, 아내 이름+맏아매'로 지칭한다.

'장모의 남동생'은 '어머니의 남동생'에 대한 호칭과 같이 G1세대는 '삼추이, 아즈바이'로, G2, G3세대는 '삼추이'로 호칭한다. '장모의 남동생'에 대한 지칭어는 처가 편 식구들에게는 모든 세대에서 본인이 사용

하는 호칭어를 그대로 사용한다. 자기 쪽 식구들이나 친구들 앞에서 G1
세대는 '처/앙까이＋외삼추이/외아즈바이'로, G2세대는 '처/앙까이 외삼
추이'로, G3세대는 '처외삼추이, 아내 이름＋외삼추이'로 지칭한다.

　'장모의 남동생'의 배우자는 '어머니의 남동생'의 배우자에 대한 호칭
과 같이 G1세대는 '아즈마이'로, G2와 G3세대는 '아즈마이/아지미'로
호칭한다. '장모의 남동생'의 배우자에 대한 지칭어는 G1세대는 처가 편
식구들에게는 호칭어 '아즈마이'를 그대로 사용하고 자기 쪽 식구들이나
친구들 앞에서는 '처/앙까이 아즈마이'로 지칭한다. G2, G3세대는 처가
편 식구들에게는 호칭어 '아즈마이/아지미'를 그대로 사용하고 자기 쪽
식구들이나 친구들 앞에서 G2세대는 '처/앙까이＋아즈마이/아지미'로, G3
세대는 '처 아즈마이/아지미, 아내 이름＋아즈마이/아지미'로 지칭한다.

　'장모의 언니'는 '어머니의 언니'에 대한 호칭과 같이 모든 세대에서
'맏아매'로 호칭한다. '장모의 언니'에 대한 지칭어는 모든 세대에서 처
가 편 식구들에게는 호칭어 '맏아매'를 그대로 사용한다. 자기 쪽 식구
들이나 친구들에게 G1, G2세대는 '처/앙까이 외맏아매, 처/앙까이 이모'
로, G3세대는 '처외맏아매, 처이모, 아내 이름＋외맏아매'로 지칭한다.

　'장모의 언니'의 배우자는 '어머니의 언니'의 배우자와 같이 모든 세
대에서 '맏아바이'로 호칭한다. '장모의 언니'의 배우자에 대한 지칭어는
모든 세대에서 처가 편 식구들에게는 호칭어 '맏아바이'를 그대로 사용
한다. 자기 쪽 식구들이나 친구들 앞에서 G1, G2세대는 '처/앙까이 맏아
바이, 처/앙까이 이모부'로 지칭하고 G3세대는 '처맏아바이, 처이모부,
아내 이름＋맏아바이'로 지칭한다.

　'장모의 여동생'은 '어머니의 여동생'과 같이 모든 세대에서 '아재'로
호칭한다. '장모의 여동생'에 대한 지칭어는 모든 세대에서 처가 편 식

구들에게는 호칭어 '아재'를 그대로 사용한다. 자기 쪽 식구들이나 친구들 앞에서 G1, G2세대는 '처/앙까이 외아재, 처/앙까이 이모'로 지칭하고 G3세대는 '처외아재, 처이모, 아내 이름+외아재'로 지칭한다.

'장모의 여동생'의 배우자는 '어머니의 여동생'의 배우자와 같이 모든 세대에서 '아즈바이'로 호칭한다. '장모의 여동생'의 배우자에 대한 지칭어는 모든 세대에서 처가 편 식구들에게는 호칭어 '아즈바이'를 그대로 사용한다. 자기 쪽 식구들이나 친구들에게 G1, G2세대는 '처/앙까이 아즈바이, 처/앙까이 이모부'로 지칭하고 G3세대는 '처아즈바이, 처이모부, 아내 이름+아즈바이'로 지칭한다.

3.4.2 처가계 동기에 대한 호칭어와 지칭어

처가계 동기에는 남성 화자인 '나'의 아내의 형제자매와 그 배우자가 포함된다. 아래에 이들에 대한 호칭어와 지칭어 사용 양상을 세대별로 구체적으로 알아보기로 한다.

3.4.2.1 '아내의 오빠'와 그 배우자에 대한 호칭어와 지칭어

'아내의 오빠'는 모든 세대에서 '형님'으로 호칭하는데 보통 뒤에 '-에'를 붙여 '형님에'로 호칭한다. '아내의 오빠'에 대한 지칭어 사용은 세대별로 조금 차이를 보인다. G1세대는 처가 편 식구들 앞에서는 '형님'으로 지칭하고 자기 쪽 식구들이나 친구, 안면이 적은 사람들 앞에서는 친족관계를 명확히 하는 지칭어 '처/앙까이 오빠', '처남'으로 지칭한다. 일부 화자가 '지하 처남'과 구분하기 위하여 '이상 처남'으로도 지칭한다. G2, G3세대의 지칭어 사용이 같은데 처가 편 식구들 앞에서는 '형님'으로 지칭하고 자기 쪽 식구들이나 친구, 안면이 적은 사람들 앞에서는 '처오빠, 처남'으로 지칭한다. 또 친한 친구나 자기 쪽 식구들 앞에서 '아내 이름+오빠'로도 지칭한다.

'아내의 오빠'의 배우자는 모든 세대에서 '아즈마이'로 호칭한다. 지칭어는 모든 세대에서 처가 편 식구들 앞에서는 '아즈마이'로 지칭하고 자기 쪽 식구들이나 친구, 안면이 적은 사람들 앞에서는 '처남댁'으로 지칭한다.

3.4.2.2 '아내의 남동생'과 그 배우자에 대한 호칭어와 지칭어

'아내의 남동생'은 모든 세대에서 때와 장소에 따라 '이름'과 '처남'을 바꿔가며 호칭하는데 사용비율은 세대별로 차이를 보인다. 보통 가까운 친척들이 모인 장소에서는 '이름'으로 호칭하고 친구들이 모인 장소에서는 '이름' 혹은 '처남'으로 호칭한다. 이름호칭어는 G1세대에서 G3세대로 오면서 사용비율이 높아지고(G1세대 : 36.6%, G2세대 : 62.1%, G3세대 : 83.6%) '처남'에 대한 사용은 G1세대에서 G3세대로 오면서 사용비율이 낮아진다(G1세대 : 80.8%, G2세대 : 49.7%, G3세대 : 35.3%). 이것은 결혼 초기에는 대부분 화자들이 '처남'의 '이름'을 부르지만 중, 노년에 진입하면서 장성한 '처남'의 '이름'을 부르는 것은 예의에 맞지 않는다고 생각하여 호칭을 '처남'으로 바꾸기 때문에 생긴 현상이다. 이름호칭어에 붙는 호격조사도 변화를 가져오는데 결혼 초기에는 대부분 호격조사 '-아/-

야'를 붙여 호칭하고 중, 노년에 진입하면서 호격조사 '-이/ø'를 바꿔 붙여 호칭한다. 따라서 뒤에 오는 종결형식도 변화를 가져오는데 구체적인 것은 4장에서 밝힌다. 하지만 보다시피 모든 세대에서 '처남'과의 친밀감에 기대여 이름호칭어를 활발하게 사용하는데 이것도 이름을 부르는 문화가 발달한 중국어의 영향을 배제할 수 없다. '아내의 남동생'에 대한 지칭어는 호칭어와 같이 모든 세대에서 '이름', '처남'으로 지칭한다. 모든 세대에서 처가 편 식구들 앞에서는 '이름', '처남'으로 지칭하고 자기 쪽 식구들이나 친구, 안면이 적은 사람들 앞에서는 '처남'으로 지칭한다. G1세대의 일부 화자가 '이상 처남'과 구분하기 위하여 '지하 처남'으로도 지칭한다.

'아내의 남동생'의 배우자에 대한 호칭어는 모든 세대에서 '이름'과 '처남댁'을 바꿔가며 사용하는데 그 사용비율은 세대별로 차이를 보인다. 이름호칭어는 G1세대에서 G3세대로 오면서 사용비율이 높아지고(G1세대 : 31.6%, G2세대 : 47.8%, G3세대 : 67.8%) '처남댁'의 사용은 G1세대에서 G3세대로 오면서 사용비율이 낮아진다(G1세대 : 82.4%, G2세대 : 66.5%, G3세대 : 47.9%). 그 원인은 결혼 초기에는 올케의 '이름'을 부르는 아내를 따라 본인도 '처남댁'의 '이름'을 부르다가 점차 나이가 들어감에 따라 '처남댁'의 이름을 부르기가 어색하여져 호칭을 '처남댁'으로 바꾸기 때문이다. 하지만 때로는 친밀감에 기대여 '이름'을 계속 부르는 경우도 있다. 이름호칭어에는 호격조사 '-이/ø'를 붙여 호칭한다. 모든 세대에서 이름호칭어가 활발하게 사용되는데 그 원인을 두 가지로 해석할 수 있다. 하나는 남성 화자들이 처남댁과 친밀한 관계를 유지하고 있기 때문이고 다른 하나는 혼인으로 맺어진 인척도 이름을 불러 호칭하는 중국의 이름문화의 영향을 받았기 때문이다. '아내의 남동생'의 배우자에 대한 지칭어는 모든 세대에서 처가 편 식구들에게는 호칭어 '이름', '처남댁'을 그대로 사용하고 자기 쪽 식구들이나 친구, 안면이 적은 사람들 앞에서는 '처남댁'으로 지칭한다.

3.4.2.3 '아내의 언니'와 그 배우자에 대한 호칭어와 지칭어

'아내의 언니'는 모든 세대에서 '아즈마이'로 호칭한다. 한국에서 쓰는 호칭어 '처형'은 조사되지 않았다. '아내의 언니'에 대한 지칭어는 '아즈마이' 외에 호칭어에서는 관찰되지 않았던 '처형'이 관찰되었다. 모든 세대에서 처가 편 식구들에게 대부분 화자가 '아즈마이'로 지칭하고 일부 화자가 '처형'으로 지칭한다. 자기 쪽 식구들이나 친구, 안면이 적은 사람들 앞에서 G1세대 대부분 화자는 '처/앙까이 언니'로 지칭하고 일부 화자가 '처형'으로 지칭한다. G2, G3세대는 자기 쪽 식구들이나 친구에게 대부분 화자가 '처언니, 아내 이름+언니'로 지칭하고 일부 화자가 '처형'으로 지칭한다.

'아내의 언니'의 배우자는 모든 세대에서 '형님'으로 호칭한다. 지칭어는 '형님'과 '랜쵸(連襟)'가 조사되었다. '랜쵸'는 중국어에서 '동서'를 가리키는데 말로 음차어휘에 속한다. 모든 세대에서 처가 편 식구들 앞에서는 '형님, 랜쵸'로 지칭하고 자기 쪽 식구들이나 친구, 안면이 적은 사람들 앞에서는 모든 세대에서 '랜쵸(連襟)'로 지칭한다.

'아내의 여동생'과 그 배우자에 대한 호칭어와 지칭어

'아내의 여동생'에 대한 호칭어는 모든 세대에서 때와 장소에 따라 '이름', '처제'를 바꿔가며 사용한다. 보통 가까운 친척들이 모인 장소에서는 '이름'으로 호칭하고 친구들이 모인 장소에서는 '이름', 혹은 '처제'로 호칭한다. 이름호칭어는 G1세대에서 G3세대로 오면서 사용비율이 높아지고(G1세대 : 36.5%, G2세대 : 65.8%, G3세대 : 87.6%) '처제'는 G1세대에서 G3세대로 오면서 사용비율이 낮아진다(G1세대 : 79.7%, G2세대 : 53.1%, G3세대 : 32.6%). 이것은 노년으로 갈수록 장성한 '처제'의 이름을 부르는 것은 예의에 맞지 않는다고 생각하는 화자들의 심리적 요인에 의해 형성된 것이다. 하지만 모든 세대에서 '처제'와의 친밀감에 기대여 이름호칭어를 활발하게 사용하는데 이것도 이름을 부르는 문화가 발달한 중국어의 영향을 배제할 수 없다. 결혼 초기에는 이름호칭어에 대부분 호격조사 '-아/-야'를 붙여 호칭하고 중, 노년에 진입하면서 호격조사 '-이/ø'를 바꿔 붙여 호칭한다. 따라서 뒤에 오는 종결형식도 변화를 가져오게 된다. '아내의 여동생'에 대한 지칭어도 모든 세대에서 '이름', '처제'를 사용한다. 모든 세대에서 처가 편 식구들 앞에서는 '이름', '처제'로 지칭하고 자기 쪽 식구들이나 친구, 안면이 적은 사람들 앞에서는 '처제'로 지칭한다.

'아내의 여동생'의 배우자에 대한 호칭어로 '이름', '동서'의 방언형 '동세' 그리고 '동새' 등이 조사되었다. 그 사용은 세대별로 차이를 보인다. G2, G3세대는 '이름'과 '동새' 이 두 호칭어를 번갈아가면서 사용하는데 가까운 친척들이 모인 장소에서는 '이름'으로 호칭하고 친구들이 모인 장소에서는 '이름' 혹은 '동새'로 호칭한다. G1세대는 '이름'과 '동새' 그리고 '동세'를 번갈아가면서 사용하는데 대부분의 화자가 '이름'과 '동새'로 호칭하고 일부 70대의 화자가(7.6%) '동세'로 호칭한다. 표준어 '동서'의 사용은 관찰되지 않았다. 보다시피 모든 세대에서 이름호칭어가 활발하게 사용되는데 그 원인을 두 가지로 해석할 수 있다. 하나는 남성 화자들이 '동서'와 친밀한 관계를 유지하고 있기 때문이라고 볼 수 있고 다른 하나는 혼인으로 맺어진 인척도 이름을 불러 호칭하는 중국의 이름문화의 영향을 받았기 때문이라고 볼 수 있다. '아내의 여동생'의 배우자에 대한 지칭어는 '이름', '동세', '동새', '랜쵸' 등이 조사되었다. G2, G3세대는 처가 편 식구들 앞에서는 '이름, 동새, 랜쵸'로 지칭하고 자기 쪽 식구들이나 친구, 안면이 적은 사람들 앞에서는 '랜쵸'로 지칭한다. G1세대는 처가 편 식구들 앞에서는 '이름, 동새, 동세'로 지칭하고 자기 쪽 식구들이나 친구, 안면이 적은 사람들 앞에서는 '랜쵸'로 지칭한다.

지금까지 연변 지역 친족호칭어와 지칭어 중에서 처가계에 해당하는 친족에게 사용하는 호칭어와 지칭어에 대해 살펴보았는데 그 특징을 요약하면 다음과 같다.

처가계 존속에 대한 호칭어는 친가계와 외가계 존속에 대한 호칭어와 사용이 같다. 처가계 존속에 대한 지칭어는 친가계와 외가계 존속에 대한 지칭어와 구별하기 위하여 호칭어 앞에 '아내' 또는 '아내의 친정'의 뜻을 나타내는 접두요소 '가시-'를 붙이거나 '아내'의 뜻을 나타내는 접두요소 '처-'를 붙여 사용하는 것이 특징이다.

모든 세대에서 처가계 손아래 동기에 대한 호칭어와 지칭어는 이름호칭어와 지칭어가 활발하게 사용되며 G3세대로 올수록 사용비율이 높아진다. 이것은 혼인으로 맺어진 인척도 이름을 부르는 중국의 이름문화의 영향이 큰 것으로 보았다. 반면에 G1세대로 갈수록 이름호칭어와 지칭어 사용의 비율이 줄어들고 친족관계를 나타내는 호칭어와 지칭어를 사용하는 것은 장성한 손아래 청자를 대우해주려는 화자의 심리적인소가 작용한 결과로 보았다.

제4장

연변 지역 친족호칭어와 청자대우법

인간은 사회적 존재이기에 언어행위에서 화자는 청자와의 사회적 관계에 따라 알맞은 말을 골라 쓰게 된다. 이때 언어행위에는 여러 인물이 등장하게 되는데 화제 밖에는 화자와 청자가 있고 화제에는 등장하는 인물이 있을 수 있다. 화자는 바로 이런 인물들 사이의 상호 관계 즉 높낮이관계, 친소관계 등을 바탕으로 하여 상황에 알맞은 말을 골라 청자를 대우하게 된다. 즉 화자는 청자나 화제속의 인물을 알맞게 대접하여 말을 하게 되는데 이것이 바로 '대우법'이다. '대우법'은 우리말의 특성을 가장 잘 드러내주고 다른 말과의 차이를 가장 잘 보여주는 특징가운데의 하나다. 우리말은 다른 어느 언어보다도 '대우법'이 잘 발달되어 있다. 따라서 '대우법'은 일찍부터 많은 학자들의 관심의 대상이 되었고 그 연구 업적도 상당하다.

서정수(2010 : 971)에 의하면 '대우법'은 학자에 따라 '존대법', '경어법', '존비법' 등 여러 가지 명칭으로 불리었다. 하지만 이런 용어들은 글자 그대로 따지면 윗사람이나 존대를 해야 할 이들에게 쓰이는 말씨 즉 높임의 경우만 가리키는데 현대의 말에는 동료끼리 또는 아래 사람에게 쓰는 안 높임의 말씨도 비중이 커지게 되었고 이런 높낮이관계 뿐만 아니라 횡적인 관계 곧 더 친하고 덜 친한 관계 또는 멀고 가까운 관계 따위로 쓰이는 말씨들도 중요한 자리를 차지하게 되었다고 하였다. 그러므로 이런 다양한 인간관계에 따른 말씨를 모두 포괄하여 가리키는 용어로는 '존대법'이나 '경어법' 따위보다 '대우법'이 더 알맞다고 하였는데 본고는 서정수(2010)에 따라 '대우법'이라는 용어를 사용한다.

대화는 화자와 청자 그리고 대화에 등장하는 여러 인물들에 의하여 이루어지고 이때 대화에 등장하는 인물들을 각각의 경우에 따라 달리 대우해주는데, 대우의 대상에 따라 대우법은 주체대우법, 객체대우법, 청자대우법으로 나눈다.[1]

주체대우법은 화자가 문장의 주어나 주체의 자리에 나타나는 인물을 존대 또는 비존대하는 것이다. 주체대우에서는 일반적으로 존대를 표시하는 데에만 특정형태를 쓰고 비존대일 경우에는 평어형태 그대로 씀으로써 비존대의 표지가 없다. 주체를 존대하는 표현은 일반적으로 존대 접미사 '-(으)시'를 용언에 첨가하고 그와 동시에 주체를 직접 표시하는 말이나 주체와 관련된 사람이나 사물을 가리키는 말도 가능하면 존대 형태로 바꾸는 것이다. 아래의 예문을 보기로 하자.

(1) 할아버지께서는 댁으로 돌아가신다.

---

[1] 이하 주체대우법, 객체대우법, 청자대우법의 개념에 대한 논의는 서정수(2010)를 참고하여 그 견해를 수용한 것이다.

예문 (1)에서 주체인 '할아버지'를 존대하는 표현으로 용언에 존대 접미사 '-시'를 썼고 주어 표지도 '께서' 형태를 썼으며 그분과 관련된 사물인 '집'을 '댁'이라고 존대하여 표시하였다.

객체대우법은 주체인물과 대비되는 객체인물을 존대 또는 비존대하는 것이다. 객체존대는 주체와 대비하여 객체가 존대되어야 한다고 판단될 때에 쓰이고 객체 비존대는 주체와 대비하여 객체가 존대될 필요가 없다고 판단되는 경우에 쓰인다. 객체를 존대하는데 우선 객체가 주체와 대비하여 존대의 대상으로 판단되어야 한다. 아래의 예문을 보기로 하자.

(2) 아들이 아버지께 말씀을 드린다.

예문 (2)에서 '아버지'는 객체로 주체인 '아들'의 윗사람으로서 존대의 대상이기에 객체존대가 나타났다. 이때 주체를 낮추고 객체를 높여서 표현하는 것이 객체존대의 방식인데 예문에서 주체인 아들의 행동을 나타내는 서술어는 '주다'의 겸양형태인 '드리다'이다. 말하자면 주체를 낮추고 객체를 높여서 표현하는 형식을 보인 것이다. 그러나 주체존대나 청자존대는 이러한 겸양 표현이 없이 주체나 청자를 높이기만 하면 되는데 이것이 객체존대와의 다른 점이다.

청자대우법은 화자가 청자를 존대 또는 비존대하는 것으로, 화자는 청자를 존대하되 어느 정도 존대할 것이며 낮추되 어느 정도 낮출 것인가 하는 것을 결정하여 표현하게 되며 그 표현형식은 문장의 종결어미로 체현된다. 이처럼 우리말에서 청자에 대한 대우의 등급이 세분화되어 있어 대단히 복잡한 양상을 띠고 있음은 공인하는 사실이다. 지금까지의 연구논저에서 밝혀진 바에 따르면 청자대우법의 체계는 각양각색이나 대체로 3등급에서 7등급 사이로 되어 있는데 청자대우법의 등급 체계를 설정할 때 쟁점이 되는 것은 각 등급사이의 관계설정이다. 이에는 두 가지 견해가 있는데, 하나는 일원적 체계로 반말을 등분에 포함시키는 것과 등외로 처리하는 두 가지 경우가 있고 다른 하나는 이원적 체계인데 격식체와 비격식체를 설정하고 반말을 등급에 넣어 처리하는 것이다.[2]

청자대우법은 학자에 따라 여러 가지 용어들이 사용되었다. 즉 청자경어법(이익섭 1974), 들을이높임법(한길 2002), 청자존대법(성기철 1970, 안귀남 2006), 청자대우법(성기철 1987, 서정수 2010) 등이다. 본고는 서정수(2010)를 따라 '청자대우법'이라는 용어를 사용하도록 하고[3] 청자에게 적용되는 발화 문장에서 청자에 대한 대우의 단계를 가리켜 '청자대우 등급'이란 용어를 사용하려 한다.

연변 지역 청자대우법에 대한 선행연구들은 대부분 이 지역의 청자대우법 체계를 대체로 '존대', '대등', '하대'의 세 등급으로 나누어 서술하고 있음은 앞에서 이미 밝혔다. 이기갑(1997)은 연변 지역과 인접한 함경도 지역에도 3등급 체계가 사용되고 있다고 하였는데 이러한 등급 체계가 연변 지역에도 그대로 반영되어 현재까지 이어지고 있다. 이것은 연변 지역은 함경도방언에 기반을 하고 있음을 다시 한번 입증해주는 것이지만 세대가 거듭되고 각종 사회적 요인으로부터 영향을 받아 변화하

---

2) 일원적 체계로 설정한 연구로는 주시경(1910)(3등급), 최현배(1971)(4등급), 이익섭 (1974)(6등급), 김종택(1981)(3등급), 유송영(1996)(6등급), 김태엽(1999)(4등분) 등이 있고 이원적 체계로 설정한 연구로는 고영근(1974)(6등급), 황적륜(1976)(6등급), 서정수(1984)(6등급), 성기철(1985)(6등급), 김영희(1996)(7등급), 한길(2002)(7등급) 등이 있다.

3) 서정수(2010)에서는 다른 용어들은 높임의 경우만을 가리키므로 적당하지 않다고 하면서 청자에 대해 쓰는 높임이나 안 높임을 포괄할 수 있는 '청자대우'라는 용어를 사용해야 한다고 주장하였다.

는 것이 언어이기에 본고에서는 기존의 연구 성과를 바탕으로 하고 화자들의 실제 발화에 대한 면밀한 분석을 통해 청자대우법 체계를 다시 제시해보려 한다.

다음의 예문 (3)에서 보듯이 연변 지역에서 보통 화자들이 상대방의 물음에 긍정적인 반응을 보일 때 대답의 첫머리에 '예', '야', '응' 등 형태소를 넣어 응답한다.4) 연변 지역에서 말하는 '예예체', '야야체', '응응체'는 바로 긍정적으로 대답하는 형식에 사용되는 '예, 야, 응'에서 기원하는 것으로 판단된다(박경래 2003).

(3) 가. 밥 먹었니? → 예, 먹었슴다.

나. 밥 먹었니? → 야, 먹었소.

다. 밥 먹었니? → 응, 먹었다.

또 예문 (4)에서 보듯이 이 형태소들은 대화의 중간에도 쓰이는데 이 때는 상대방의 주의를 환기시키거나 대화내용을 강조할 때 삽입되어 그것과 공기하는 존대표현의 등급과 호응하여 사용된다. 즉 '예', '야', '응' 은 각각 종결어미 '-슴다', '-우', '-다'와 호응하여 사용된다.

(4) 가. 오늘 있잼까 예, 내 큰일 칠 뻔했슴다.

나. 나느[는] 지금 야, 아이[안] 미끄는 신 신구 다니우.

다. 이 약이 응, 되게 쓰겁다.

---

4) 왕한석(1996 : 171-184)은 룡정시 장재촌과 해란촌의 청자에 대한 존대표현의 등급을 기본적으로 '예예한다', '야야한다' 그리고 '응응한다' 또는 '야자한다'의 3등급으로 구분하면서 이러한 말단계가 화자와 청자의 사회적 관계에 따라 사용되는 규칙을 기술하고 있다. 그리고 '예예', '야야', '응응'은 각 말 단계에 공기하여 쓰이는 형태소 '예', '야', '응'에서 온 것으로 그 연원을 밝히고 있다.

또 예문 (5)에서 보듯이 이 형태소들은 대화의 제일 끝자락에도 쓰이는데 이때는 상대방에게 어떤 다짐을 하거나 상대방을 재촉하는 의미에서 역시 그것과 공기하는 존대표현의 등급과 함께 사용된다.

> (5) 가. 어머니, 내 오늘 저녁에 집 아이 갑다 예?
>   나. 어째 아직두 아이 먹었소 야?
>   다. 어머니 오기 전에 빨리 해치워라 응?

이처럼 연변 지역에서는 청자대우법에 대한 명칭으로 '예예한다', '야야한다', '응응한다'('야자한다')를 쓰는데 '예예한다'는 '예예체', '야야한다'는 '야야체', '응응한다' 또는 '야자한다'는 '응응체'라고 규정할 수 있다.

그런데 기존연구에서 연변 지역 청자대우법을 앞에서 알아본바와 같이 '존대, 대등, 하대' 혹은 '높임, 같음, 낮춤'의 세 등급으로 나누고 있는데 이때 '예'로 대답하는 대상은 '존대'나 '높임'이라고 할 수 있지만 '야'를 쓰는 대상은 화자와의 관계가 '대등' 또는 '같음'만이 아니다. 이것은 예문 (6)을 통해 알아볼 수 있다.

> (6) 가. 동무, 이 시계 문제 있소.(남편 → 아내)
>   나. 삼추이, 생일 축하하오.(조카 → 삼촌)
>   다. 엄마, 배 고프우.(아들 → 어머니)
>   라. 빨리 들어오.(장모 → 사위)
>   마. 네레[래일] 비 온답데.(시어머니 → 며느리)

예문 (6가)의 화자와 청자인 남편과 아내를 제외한 기타 예문 (6나~
마)의 화자와 청자인 조카와 삼촌, 아들과 어머니, 장모와 사위, 시어머
니와 며느리 관계는 '대등' 또는 '같음'이라고 할 수 없다. 즉 청자대우
법을 '존대, 대등, 하대' 혹은 '높임, 같음, 낮춤'의 세 등급으로 나누면
높임의 정도가 구분되어 있는 여러 종결어미들 즉 예문 (6나, 다)와 (6라,
마)의 종결어미가 하나의 등급에 들어가게 되는 문제점이 나타나게 되고
이 지역의 청자대우법의 특징을 제대로 기술할 수 없다. 따라서 본고는
청자대우법을 화자를 기준으로 손위 사람인가, 대등한 사람인가, 손아래
사람인가에 따라 나누지 않고 박경래(2003)에 따라 잠정적으로 '예예체',
'야야체', '응응체'로 구분하고 4.2에서 자세한 논의를 거쳐 최종적으로
연변 지역의 청자대우법 체계를 제시하고자 한다.

문장종결 형식의 조사는 청자가 가장 중요한 언어요소이므로 청자가
구체적으로 드러나는 현실 구어에서 언어자료를 수집해야만 순수한 체
계가 밝혀진다. 앞서 밝혔듯이 본 장의 청자대우법에 대한 자료는 두 가
지 방법에 의해 조사되었다. 하나는 면접조사시의 질문형식을 통해 호칭
대상에 따라 사용되는 종결형식의 방언형을 조사한 것이고 다른 한 가
지는 자연발화에 대한 녹취와 참여관찰의 방법으로 대화 상황에서 다양
하게 구사되는 종결형식의 사용 용례를 수집한 것이다. 면접조사에서 제
보자들은 한 호칭대상에 대해서 대체로 하나의 종결형식을 사용하는 것
으로 응답했지만 실제 대화 상황을 들어보면 어떤 대상에 대하여 거의
두 가지 정도의 종결형식을 사용하고 있었다. 예문 (7)과 (8)이 바로 그
보기다.

(7) 가. 내 가 보구 올게.(G1세대 : 아내 → 남편)

나. 단위 나가무[나가면] 누기두[누구도] 나르[나를] 치부(欺負)
　　못하지무.(G2세대 : 아들 → 아버지)
다. 내 원래 똑똑하재.(G3세대 : 딸 → 어머니)
(8) 가. 오늘 올 줄 생각 못했지?(G1세대 : 이모 → 조카)
　　나. 약 잘못 먹었재?(G2세대 : 어머니 → 아들)
　　다. 내 뭐 잘못했길래?(G3세대 : 언니 → 동생)

　면접조사 시 G1세대에서 아내가 남편에게, G2세대에서 아들이 아버
지에게, G3세대에서 딸이 어머니에게 전부 '예예체'를 사용한다고 응답
했지만 예문 (7)에서 보다시피 단순히 '예예체'만을 사용하는 것이 아니
었다. 또한 면접조사 시 G1세대에서 이모가 조카에게, G2세대에서 어머
니가 아들에게, G3세대에서 언니가 여동생에게 전부 '응응체'를 사용한
다고 응답했지만 예문 (8)에서 보다시피 단순히 '응응체'만을 사용하는
것이 아니었다. 이러한 예문들이 바로 연변 지역 화자들이 인식하고 있
는 '반말체' 문장이다. "어디서 반말이야?"는 연변 지역에서 청자가 화
자에게서 적절한 대우를 받지 못한 경우 불쾌감을 표현할 때 자주 쓰는
말로 '반말체'는 분명히 대화 상대를 높이는 등급의 대우법은 아님을 알
수 있다. 그런데 예문 (7)에서 보다시피 평시에 '예예체'를 사용하는 대
화 상대에게도 '반말체'를 사용한다는 것을 알 수 있다. 이러한 사실은
연변 지역의 청자대우법이 그리 단순한 것이 아니라는 것을 말해준다.
　청자대우법은 화자가 청자를 어떻게 대우하는가에 따라 결정되고 문
장의 종결어미에 의해 나타나는 것이 일반적이다. 또 화자는 종결어미에
의지해 청자에게 자기의 생각이나 의향을 여러 가지 방식으로 표현한다.
자기의 생각이나 의향을 평범하게 진술할 수도 있고 물을 수도 있고 청

자에게 시키거나 같이 움직이기를 권유할 수도 있다. 이것이 곧 문장종결법5)인데 이처럼 청자대우법은 문장종결법과 밀접한 관계를 갖고 있다. 문장종결법 종류는 연구자에 따라 차이를 보이는데 적게는 네 가지에서 많게는 열 가지로 분류하고 있다. 본고에서는 남명옥(2012)의 견해를 수용하여 문장종결법을 '서술문', '의문문', '명령문', '청유문'으로 나누고 연변 지역의 청자대우법 사용 양상을 대우 등급과 문장종결법을 고려하여 살펴보고자 한다.6)

청자대우법은 일차적으로 종결어미에 의해 실현되나 그밖에도 호칭어를 통하여 청자에 대한 존대의 정도를 알 수 있다. 호칭어가 청자에 대한 것이기에 청자대우법에 관여함은 당연하다. 하지만 청자대우법 연구에서 일차적으로 중요한 역할을 하는 요소가 종결어미이기에 지금까지 연변 지역의 청자대우법 연구는 주로 종결어미에 치중하여 연구되어 왔고 호칭어는 청자대우법의 기술에서 제외되었다. 박경래(2005)는 호칭어의 사용은 청자대우법과 밀접한 관련을 가지기에 호칭어와 청자대우와의 호응관계를 고찰하는 것은 청자대우법의 기술에서 중요한 의의를 지니는 것으로 파악하였다. 이에 따라 본 장에서는 청자대우법을 문장의 종결형식 뿐만 아니라 종결형식과 호응하는 청자를 함께 고려하여 논의

---

5) '문장종결법'은 학자들에 의해 여러 가지 용어가 사용되는데 대체로 '문체법'(이희승 1949), '서법'(한길 1991), '문장마침법'(김석득 1992), '문장종결법'(남기심 외 1993), '의향법'(허웅 1999), '문말 서법'(서정수 2010) 등이 있다. 본고는 종결어미의 문장종결의 기능을 잘 드러내는 '문장종결법'이란 용어를 사용하기로 한다.
6) 남명옥(2012)에서는 기존의 논의에서 문장종결법이 다양하게 분류된 것은 그 분류기준이 다르기 때문이라고 하면서 현대 국어와 북한 문화어 두 부류로 나누어 꼼꼼히 검토하였다. 결과적으로 문장종결법의 문법적 특성을 기준으로 문장종결법을 '서술법', '의문법', '명령법', '청유법'의 네 가지로 분류하였는데 본고는 이 견해를 수용하기로 한다.

하는 방법을 취하고자 한다.

앞 장에서 우리는 연변 지역 친족호칭어와 지칭어의 사용 양상을 세대별로 살펴보았다. 이 장에서는 친족호칭어와 그에 호응하는 청자대우법의 표현 양상을 문장종결법과 결부하여 세대별로 구체적으로 살펴보고 연변 지역의 청자대우법 체계를 제시하기로 한다.

4.1 청자대우법 사용의 결정 요인

서정수(2010 : 973)는 우리말 대우법은 한마디로 대인관계에 따라 알맞은 말씨를 골라 쓰는 것이라고 정의하였다. 이렇게 놓고 볼 때 대우법은 사회학적인 측면과 언어학적인 측면을 동시에 나타낸다. 청자대우법에서 화자가 청자에 대하여 가지는 대인관계는 사회적 인간관계에 속한다. 이러한 사회적 관계는 언어표현이 되기 전에 존재하고 의식되는 인간들 사이의 얽힘인 것이다. 청자대우법은 바로 이러한 사회적 인간관계를 의식하거나 식별하고 그것을 바탕으로 하여 언어표현을 하는 것이다. 이런 사회적 관계에 속하는 요인들을 그 특성의 면에서 크게 둘로 묶으면 '힘'과 '유대'라고 할 수 있다.[7] 나이, 사회적 직위 등이 힘과 관련된 것이고 친소관계는 유대와 관련된 것이다. 이 외에도 청자대우법 사용에 관여하는 요인들로 성별, 세대, 결혼 여부, 대화 상황 등 수많은 것들이 있다. 아래에 이러한 요인들이 청자대우법의 사용에 어떻게 관여하는가를 알아보도록 한다.

나이는 화자와 청자의 높낮이 관계를 나타내는 요인으로 청자대우법

---

[7] 청자대우 등급을 결정하는 중요한 요소인 힘(power)과 유대(solidarity)의 개념은 브라운과 길만(Brown and Gilman 1960)에서 제시되었다.

사용에 기본적이면서도 중요한 역할을 한다. 사람들은 처음 만났을 때 상대방이 자신보다 손위인가 손아래인가를 먼저 판단하고 존대하여 말할 것인지 아니면 낮추어 말할 것인지를 결정한다. 물론 서로 잘 알고 지내는 선후배 간이나 사생 간, 부모 자식 간의 청자대우법 사용의 중요한 요인도 나이에 있다. 친족관계에 있는 화자와 청자사이에서 청자대우법 사용의 중요한 요인도 나이인데 주로 '항렬'을 통해 표현된다. 보통 항렬이 높은 청자에게는 높임 등급을 사용하고 항렬이 낮은 청자에게는 낮춤 등급을 사용한다.

나이가 청자대우법 사용의 요인으로 작용하는 보기를 들면 다음과 같다.

(9) 가. 선생님, 우리 주제반회 언제 함까?(학생 → 선생님)
    나. 응, 다음 달에 할 예정이다.(선생님 → 학생)
(10) 가. 어머니, 어디 갔다 왔슴까?(G3세대 : 딸 → 어머니)
    나. 아매 집 갔다 왔다.(어머니 → 딸)
(11) 가. 엄마, 어디 아프우?(G2세대 : 딸 → 어머니)
    나. 응, 위 좀 아프다.(어머니 → 딸)

예문 (9)는 학생과 선생님의 대화이고, 예문 (10)과 (11)은 딸과 어머니의 대화다. 예문 (9~11가)에서는 화자가 청자보다 손아래임이 드러나고 (9~11나)에서는 그 반대의 상하관계가 드러나는데 이것은 모두 종결어미 '-ㅁ까/-슴까, '-우'와 '-다'를 통해서 표현된다. 즉 학생과 G3세대의 딸은 각각 선생님과 어머니에게 '예예체' 어미를, G2세대의 딸은 어머니에게 '야야체' 어미를 사용하고 선생님과 어머니는 각각 학생과 딸에게 '응응체' 어미를 사용한다.

사회적 직위는 대화 참여자가 사회적으로 어떠한 직함을 가지는가를 나타낸다고 할 수 있다. 일반적으로 사회에서 일정한 직위가 있는 사람은 일반인보다 힘에서 우위에 있다. 연변 지역에서는 직위를 갖고 있는 사람에게는 일반적으로 성에 직위 명을 붙여 호칭한다. 성 뒤에 붙인 직위는 그 인물이 어떤 인물인지, 어디에 소속된 인물인지를 알려주는 동시에 '두드러진' 지위를 과시하는 기능을 하기에 일반인보다 힘에서 우위에 있다.

사회적 직위가 청자대우법 사용의 요인으로 작용하는 보기를 들면 다음과 같다.

(12) 김선생님, 우리 ○○○ 요즘 표현이 어떻습니까?

예문 (12)는 할머니가 손자의 담임선생님에게 한 발화다. 손자의 담임선생님이 30대의 젊은 여성이지만 할머니는 힘에서 우위에 있는 담임선생님에게 존대를 나타내는 어미 '-습니까'를 사용하여 대우해준 것을 알 수 있다. 이런 경우는 나이보다 사회적 직위가 대우 등급을 결정하는데 우선 요인으로 작용한다는 것을 설명한다.

친소관계는 화자와 청자가 얼마나 가까운 사이인가를 말하는 것이다. 서정수(1980, 1984)[8]는 사회의 인간관계가 종적 상하관계 위주에서 횡적 관계 곧 평등관계로 변동되면서 그것이 대우법 사용에 반영되고 있음을 지적하였다. 이를테면 '해요, 해'의 비격식체 말씨가 현대 후기에 접어들

---

8) 서정수(1980, 1984)는 대우법의 사용 실태를 조사하기 위하여 약 1000명에게 설문지를 배부하고 그 중 약 700명에게서 응답을 받아 분석한 결과를 발표하였다.

면서 남녀노소 모든 사람들의 말씨로 널리 퍼지기에 이르렀다는 점을 밝혔다. 이것은 현대 사회에서 상하 위계질서보다 호상간의 친밀성에 기댄 대우의 표현이 언어에 더 많이 반영된다는 것을 의미한다. 친족관계에서도 일반적으로 '나이'와 '항렬'이 청자대우법 사용에 결정적 영향을 미치지만 화자와 청자사이의 친밀성의 정도가 더욱 결정적인 영향을 미치기도 한다. 예하면 같은 항렬일지라도 화자와 청자의 관계가 혈연관계인가 인척관계인가에 따라 청자대우 등급이 달라지기도 하는데 구체적인 것은 다음 절에서 밝혀진다.

친소관계가 청자대우법 사용을 결정하는 요인으로 작용하는 보기를 들면 다음과 같다.

(13) ○○○이/ø 점심 먹으러 가기오.

(14) ○○○아/야 빨리 가자.

(15) 어머니, 내 인차 갔다 올게.

예문 (13)은 동료 사이에 나이가 세살 위인 선배 동료가 후배 동료와 같이 일을 한 지 얼마 안 되었을 때에 한 발화이고 예문 (14)는 몇 년 동안 일을 같이 하고나서 선배 동료가 후배 동료에게 한 발화다. 처음에는 둘 사이가 서먹서먹하여 후배 동료에게도 '야야체'의 종결어미 '-오'를 사용하여 대우해 주지만 후에는 관계가 가까워져서 친밀감에 기대여 '응응체'의 종결어미 '-자'를 사용한 것이다. 자녀도 부모에게 높임의 등급을 사용하지만 (15)와 같이 친밀성에 기대여 높임의 등급을 사용하지 않고 '반말체' 어미를 사용하는 현상을 볼 수 있다. 이 외에도 손위 친형제에게는 친밀감에 기대여 등급을 낮추어 사용하는 현상이 있지만 손위 사촌 형제에게는 항상 높은 등급을 사용하데 이것은 모두 친소관계가 청자대우법 사용의 결정 요인으로 작용하는 실례라고 할 수 있다.

청자의 성별이 무엇이냐에 따라서도 대우표현이나 등급이 달라지기도 한다. 즉 청자와 화자의 성별이 같은가 다른가에 따라 청자대우의 등급이 달라지기도 한다. 일반적으로 성별이 같은 경우보다 성별이 다른 경우 더 거리감이 있고 격식을 차리게 되며 따라서 대우의 등급이 높아지게 된다. 연변 지역에서는 일반적으로 여성은 자기보다 손위인 남성에게 제일 높임 등급을 사용하지만 남성은 자기보다 손위인 여성에게 꼭 제일 높임 등급만을 사용하는 것이 아니다.

성별이 청자대우법의 사용 요인으로 작용하는 보기를 들면 다음과 같다.

    (16) 여 : 무슨 운동 좋아함까?
          남 : 뽈 차기 좋아하오.

예문 (16)은 나이가 비슷한 남녀가 초면에 만나서 나눈 대화다. 여성은 남성에게 종결어미 '-ㅁ까'와 같은 '예예체' 어미를 사용하지만 남성은 여성에게 '-오'와 같은 '야야체' 어미를 사용한다. 그리고 친족관계에서 여성은 시가의 모든 손위 인척에게 '예예체' 어미를 사용하지만 남성은 처가의 일부 손위 인척에게 '야야체' 어미를 사용하기도 하는데 이러한 것은 모두 성별이 청자대우법 사용의 요인으로 작용한 예라고 할 수 있다.

세대는 나이와도 관련이 있는 것으로 우리의 일생을 몇 개의 연령층으로 나누고 각 연령층의 언어적 특징을 살펴볼 때 유용한 개념이다. 세대와 관련하여 박경래(2004)는 현장시간 방법9)에 따라 두 세대 간의 언어차이를 비교해 봄으로써 언어변화의 실마리를 찾을 수 있을뿐더러 또래 집단이 연령단계에 따라 거기에 알맞은 언어형식을 선택하여 사용하는 양상을 살펴봄으로써 언어사용과 연령과의 관계를 파악해볼 수 있다고 하였다. 이것은 화자가 어른일 때와 어른이 아닐 때 즉 세대에 따라 사용하는 말이 다를 수 있다는 뜻이다. 본고에서 호칭어와 청자대우법의 사용 양상을 세대별로 살펴보는 이유가 여기에 있다.

세대가 청자대우법 사용의 요인으로 작용하는 보기를 들면 다음과 같다.

(17) 가. 엄마, 오늘 날이 춥소.
　　 나. 아부지, 내 왔스꾸마.
(18) 가. 엄마, 내 말 좀 들어보쇼.
　　 나. 아빠, 다 했슴다.

예문 (17)은 60대의 여성 화자가 부모에게 한 발화이고 예문 (18)은 20대의 여성 화자가 부모에게 한 발화다. 우의 예에서 보듯이 두 예문에서 부모에게 사용된 청자대우법의 종결어미는 같은 등급의 것이 아니다. 연변 지역에서 노년층의 많은 화자들은 어머니에게 (17가)의 '-소'와 같은 '야야체' 어미를 사용하고 아버지에게는 '-스꾸마'와 같은 '예예체' 방언형 어미를 사용한다. 하지만 20대의 젊은층은 예문 (18)에서처럼 전부가 부모에게 '예예체'의 '-쇼, -슴다'와 같은 어미를 사용한다. 보다시

---

9) 어느 한 시기에 둘 또는 그 이상의 연령집단을 조사하여 비교함으로써 언어변화의 양상과 방향을 알아보는 방법을 말한다.

피 세대에 따라 같은 청자에게 사용하는 종결어미의 등급이 다름을 알 수 있고 같은 '예예체' 등급이더라도 세대 간에 선택하는 종결어미가 다르다는 것을 알 수 있다.

청자의 결혼 여부도 청자대우법 사용에 중요한 요인이 될 수 있다. 흔히 결혼 전의 청자에게는 낮은 대우 등급을 쓰지만 결혼한 후의 청자에게는 좀 더 높은 대우 등급을 쓰기도 한다.

결혼 여부가 청자대우법 사용의 요인으로 작용하는 보기를 들면 다음과 같다.

(19) 가. ○○○아/야, 밥 먹었니?
    나. 처남, 잘 있소?
(20) 가. ○○○아/야, 저녁에 늦지 말고 오라.
    나. ○○○이/ø 애비, 저녁에 여기 와서 식사하오.

예문 (19가)는 남성 화자가 처남이 결혼하기 전에 처남에게 한 발화이고 (19나)는 처남이 결혼하여 자녀가 생긴 이후에 처남에게 한 발화다. 보다시피 처남이 결혼 전에는 '-니'와 같은 '응응체' 어미를 사용하고 처남이 결혼하여 자녀가 생긴 후에는 '-소'와 같은 '야야체'의 어미를 사용한다. 예문 (20가)는 아들이 장가가기 전에 어머니가 아들에게 한 발화로 '응응체'의 어미 '-라'를 사용하고 예문 (20나)는 아들이 장가가서 자식이 생긴 후 아들에게 한 발화로 '야야체'의 어미 '-오'를 사용한다. 이와 같이 대화 상대자인 청자의 결혼 여부도 대우 등급 사용의 중요한 요인으로 작용함을 알 수 있다.

화자가 청자에게 어떤 대우 등급을 사용하는가는 대화 상황에 따라서도 달라진다. 즉 언어행위가 이루어질 때 화자와 청자가 어떤 장면에 놓이는가에 따라 화자가 청자에게 사용하는 청자대우법의 선택이 달라지기도 한다. 일반적으로 사적인 장면에서의 대우 등급은 공적인 장면에서의 대우 등급보다 낮다. 친족관계에서 일반적으로 웃어른이 계시는 장면에서와 계시지 않는 장면에서 젊은이들 사이에서 사용하는 대우 등급이 달라진다. 대체로 웃어른 앞에서는 상대를 높이는 대우의 표현을 쓰고 웃어른이 계시지 않는 장면에서는 낮춤의 등급이나 반말과 같은 표현을 스스럼없이 쓴다.

대화 상황이 청자대우법 사용의 요인으로 작용하는 보기를 들면 다음과 같다.

(21) 니[너] 혼자 가라, 난 아이[안] 가겠다.
(22) 오늘 저녁에 친구 생일임다.

예문 (21)은 청년층의 젊은 부부가 둘만의 공간에서 아내가 남편에게 한 발화로 '응응체'의 어미 '-다'를 사용하고 예문 (22)는 웃어른들과 함께 하는 자리에서 청년층의 아내가 남편에게 한 발화로 '예예체'의 어미 '-ㅁ다'를 사용한다. 이것은 부동한 대화 상황에서 화자들이 대우 등급을 달리하여 사용한다는 것을 말해준다.

청자대우법에 대한 지금까지의 연구를 검토해보면 대우법의 사용 조건에 의한 대우표현에 비해 대우법의 체계화에 더 많은 관심을 기울여왔다. 1970년대부터 청자대우법을 대화 참여자간의 사회적 관계의 표현으로 보고 대우법 사용에 작용하는 요인을 찾아내려는 사회언어학적 접근 방법을 취한 본격적인 연구가 시작되었다(이정복 1992). 본고는 상술한 청자대우법의 사용에 관여하는 요인들을 고려하여 연변 지역에서 관찰된 실제 발화 문장들을 분석해 봄으로써 연변 지역의 청자대우법 실체에 접근해보고자 한다.

4.2 친족호칭어와 청자대우법

호칭어는 청자를 가리키는 말로, 화자는 청자와의 관계에 따라 적절한 호칭어를 써야 하고 또 호칭어가 청자를 가리키는 말이기에 청자대우법과 연관됨은 당연한 일이다. 그러나 청자대우법에서 일차적으로 중요한 요소는 종결어미기에 지금까지는 주로 종결어미의 사용에 치중하여 연구하여왔고 호칭어에 대해서는 거의 관심을 갖지 못한 실정이다.[10)]

우리말의 친족용어 및 친족관련 어휘들은 그 수자에서도 엄청나게 많을 뿐만 아니라 그것이 사용되는 사회적 맥락에 따라서 그리고 우리말의 주요 특질인 대우법의 차원에 대응되어 매우 체계적인 어휘 분화를 이루고 있다(왕한석 1990 : 160). 연변 지역의 친족호칭어는 한국어의 친족호칭어 체계와 맥락을 같이 하면서도 역사적, 지리적, 사회적 각종 원인으로 인해 현재는 매우 다양하고 복잡한 양상을 띠고 있다. 하지만 그 복잡하고 다양함 속에도 존속과 동기, 비속의 친족관계 계선이 분명하며 따라서 그런 관계를 나타내는 친족호칭어와 청자대우법은 규칙적이고 체계적인 분화와 대응을 이루어 우리말의 특징을 잘 드러내고 있다.

이 절에서는 연변 지역의 친족호칭어를 친가계, 외가계, 시가계, 처가

---

10) 이와 같은 이유에 대하여 이익섭(1997 : 238)에서는 다음과 같은 두 가지를 들고 있다. 첫째는 경어법에 대하여 이야기하려면 자연히 어미에 의한 경어법 쪽으로 쏠릴 수밖에 없는 사정 때문이고 둘째는 한국어의 호칭은 워낙 복잡하여 그것을 일목요연하게 등급화하기 어려웠던 점을 들었다.

계로 나누어 매개 호칭대상과 청자대우법의 실현 양상을 문장종결법의
네 개 유형과 함께 세부적으로 살펴보고자 한다.

4.2.1 친가계 호칭어와 청자대우법

아래에 친가계 호칭어를 손위, 동기, 부부, 손아래로 나누어 매개 호칭
대상과 청자대우법의 실현 양상을 알아보기로 한다. 친가계 호칭어와 청
자대우법의 호응이 서술문, 의문문, 명령문, 청유문에서 각각 어떻게 실
현되는지 그 양상을 살펴볼 것이다.

4.2.1.1 손위 친가계 호칭어와 청자대우법

손위 친가계 호칭의 대상에는 증조부모, 조부모, 조부의 형제와 그 배
우자, 부모, 아버지의 형제자매와 그 배우자 등이 포함되는데 청자가 친
가계 존속인 경우 화자와 청자의 항렬 관계, 화자가 청자를 얼마나 친밀
하게 인식하는가에 따라 종결어미의 사용이 달라질 수 있다.

아래에 서술문, 의문문, 명령문, 청유문에서 호칭 대상에 따라 청자대
우법의 사용 양상이 어떠한지에 대하여 살펴보고자 한다.

4.2.1.1.1 서술문에서의 실현 양상

서술문은 화자가 자기의 생각이나 느낌을 객관적으로 진술하는 문장
이다. 따라서 화자가 청자인 손위나 손아래 사람 모두에게 어떤 사실에
대하여 객관적으로 이야기할 때 쓰이는 문장이다. 다음의 예들을 보자.

G1세대의 사용 양상 :

(23) 가-1. 예, 무사하꾸마.(손자/손녀 → 할아버지/할머니)

　　 가-2. 아직 멀었스꾸마. (딸 → 아버지)

　　 가-3. 어느 게 좋은지 모르겠습더구마.(아들 → 아버지)

　　 가-4. 만나무[만나면] 알아보겠습지비.(딸 → 아버지)

　　 가-5. 올해느[올해는] 날이 잘 봐췄습다.(딸 → 아버지)

　　 가-6. 삼추이 왔습데다.(아들 → 어머니)

　　 가-7. 야, 무사하오.(손자/손녀 → 할아버지/할머니)

　　 가-8. 엄마, 우리 가오.(딸 → 어머니)

　　 가-9. 내 지금 내려가우.(조카 → 삼촌)

　　 가-10. 아부지, 우리 왔소.(아들 → 아버지)

　　 가-11. 어제 봤는데 곰팽이 하나두 안 났습데.(조카 → 숙모)

　　 가-12. 내 어제 가봤습네.(조카 → 고모)

　　 가-13. 아부지, 가져옵소, 내 할게.(아들 → 아버지)

　　 가-14. 오늘내루[오늘내로] 돈 물어야지.(아들 → 어머니)

　　 가-15. 지금 못 가는데.(딸 → 아버지)

　　 가-16. 내 다 먹어 치웠지무.(아들 → 아버지)

　　 가-17. 엄마, 아부지 집에 없네.(딸 → 어머니)

　　 가-18. 엄만 좀만 추워두 꼼짝 못하재.(딸 → 어머니)

　　G1세대는 증조부모와 조부모가 모두 계시지 않는 경우가 대부분이다. 제보자들은 증조부모에 대한 호칭어는 어릴 때 불렀겠는데 잘 기억나지 않지만 응당 조부모의 호칭에 접두요소 '노-'를 붙여서 불러야 할 것이라고 대답했다. 증조부모에 대한 호칭이 기억나지 않는 것과 마찬가지로

증조부모에 대한 문장종결 형식의 사용도 잘 기억나지 않지만 "아바이, 아매에게 '-꾸마'라고 하니까 노아바이, 노아매에게도 '-꾸마'라고 했겠지."라고 대답했다. 현실에서는 증조부모가 없지만 이들에게는 가장 존대하는 호칭과 대우 등급을 사용해야 한다는 것을 의미한다. 이때 사용하는 호칭은 '노아바이/노아매'가 될 것이고 여기에 호응하는 서술형 종결어미는 '-꾸마'가 된다.

G1세대의 조부모에 대한 서술문 종결형식의 사용을 알아보기 위하여 "손자나 손녀에게 조부와 조모가 '어머니 아버지가 무사하냐?'라고 물어본다면 손자나 손녀는 어떻게 대답하는가?"라는 물음을 제기하였다. 이에 대한 G1세대 제보자들의 응답이 예문 (23가-1)과 (23가-7)이다. 대부분의 화자들이 조부모에게 (23가-1)과 같이 전형적인 함경도 방언형 '-꾸마'를 사용한다고 응답하였다. 종결어미 '-꾸마'는 한국어의 '아주 높임' 정도에 해당한데 연변 지역 화자들이 인식하는 청자대우법으로 보면 '예예체'의 어미에 해당한다. 일부 70대의 화자들은 (23가-7)과 같이 조부모에게 종결형 어미로 '-오'를 쓴다고 하였다. 종결형어미 '-오'는 이 지역 화자들이 인식하는 청자대우법으로 보면 '야야체'의 어미에 해당하는 것인데 현실적으로 70대의 화자들이 조부모에게 말할 수 없기 때문에 실제로 '야야체' 어미인 '-오'를 쓸 것인지에 대하여는 회의적이다. 실제로 이런 상황에서 종결어미로 '-오'를 쓴다면 이때의 '-오'는 '-꾸마'보다 한 등급 낮은, 한국어의 '해요체'에 대응하는 어미라고 할 수 있다. 조부의 형제와 그 배우자에 대한 서술문의 청자대우법 사용은 조부모에게 사용하는 서술문의 청자대우법 사용과 같다.

G1세대가 부모에게 쓰는 서술형 종결어미의 예는 (23가-2~6), (23가-8~18)과 같다. 70대의 대부분 화자와 60대의 일부 화자가 아버지에

게 (23가-2~4)의 종결어미 '-스꾸마, -습더구마, -습지비'와 같은 '예예체'의 방언형 어미를 사용한다.[11] 이 어미들은 받침이 있는 용언 어간에 쓰이는 어미이고 그 외에 받침이 없는 용언 어간에 쓰이는 어미 '-꾸마, -ㅂ더구마, -ㅂ지비'도 쓰인다.[12] 60대의 일부 화자가 (23가-5)와 같이 '-습니다'의 줄임말 형인 '-습다'와 (23가-6)과 같이 어떤 사실을 회상하여 알릴 때 쓰는 '-습데다'와 같은 '예예체' 어미를 사용한다. 60대 화자들의 일부에서 '-ㅂ니다/-습니다'의 줄임말 형인 '-ㅁ다/-습다'를 사용한다는 것은 G1세대의 이 연령층에서 개신이 일어난 것으로 이해된다. 왜냐 하면 G1세대의 70대에서 '-ㅂ니다/-습니다'나 이의 줄임말 형인 '-ㅁ다/-습다'가 관찰되지 않기 때문이다. 그렇다면 서술형 종결어미로 쓰이는 '-ㅁ다/-습다'는 한국이나 북한에서 쓰이는 '-ㅂ니다/-습니다'를 줄여서 차용한 것이라고 할 수 있다. 여기에 G1세대에서 70대의 일부 화자들은 예문 (가-8~12)의 경우와 같이 서술형 종결어미로 '-오/-우, -소, -습데, -습네'를 사용하기도 한다. 이 어미들은 '야야체' 어미에 해당되는 것인데 이런 어미들을 아버지에게 사용한다는 것은 이때 사용되는 어미들이 일반적인 '야야체'와는 다른 즉 한국어의 '해요체' 정도의 어미로 사용하는 것이라고 할 수 있다. 이때의 '-오/-우, -소, -습데, -습네'는 단순한 '야야체'의 어미가 아니고 '예예체'에 가까운 어미로 볼 수 있다는 것이다. 어머니에게는 일부 화자가 아버지의 경우와 같이 '예예체'의 어미를 사용하고 대부분의 화자는 예문 (23가-8~12)의 경우와 같이 '야야체' 종결어미를 사용한다. 어머니에게 대부분 화자가 '야

11) 70대 제보자들의 부모님이 타계하고 없기에 여기에 제시한 예문은 상황을 설정하여 주고 제보자들로 하여금 발화하게 하여 얻어낸 결과다.
12) 이처럼 용언어간에 받침이 있고 없음에 따라 종결어미가 짝을 맞추어 두 개씩 존재하는 경우, 예문은 그 중의 하나만 제시하기로 한다.

야체' 어미를 쓴다는 것은 아버지에 비해 어머니를 더 친근하게 여기기 때문이라고 할 수 있다. 바꾸어 말하면 '-꾸마/-스꾸마, -ㅂ더구마/-습더구마'는 다소 격식적이고 엄격한 이미지를 지닌 아버지에게 쓰이는 종결어미인데 비해 '-오/-우, -소, -습데, -습네'는 상대적으로 덜 격식적이고 덜 엄격한 이미지를 지닌 어머니에게 쓰이는 종결어미라고 할 수 있다. 아버지에게는 대부분의 화자들이 전형적인 '예예체' 종결어미인 '-꾸마/-스꾸마'나 '-ㅁ다/-습다'를 쓰고 일부 화자가 '-오/-우, -소, -습데, -습네'와 같은 '야야체' 종결어미를 쓰기도 하지만 어머니에게는 대부분의 화자들이 '-오/-우, -소, -습데, -습네'와 같은 '야야체' 종결어미를 쓴다는 것은 연변 지역의 G1세대가 서술형 종결어미 사용에서 아버지와 어머니에 대한 대우 등급을 어느 정도 다르게 적용하고 있다는 것을 의미한다. 예문 (23가-13~18)의 종결어미 '-게, -지, -는데, -지무, -네, -재'는 평시에 아무 사람에게나 쉽게 쓸 수 없는 '반말체'의 어미들이다. 자녀가 부모에게 이런 '반말체' 어미를 쓸 수 있는 것은 부모와 자녀사이는 그 누구보다도 가장 가까운 사이이기 때문이다. 하지만 자녀들도 사람들이 많이 모인 장소에서는 부모에게 함부로 이런 반말을 쓰지 않고 부모와 단독으로 있거나 가까운 친척끼리 있는 사적인 자리에서 가끔 쓴다. 주지하다시피 어른에게 반말을 하는 것은 버릇이 없고 예모가 없는 행위로 알려졌기 때문이다.

아버지의 손위 남자, 여자형제와 그 배우자들 가운데서 남자들은 '맏아바이'로 여자들은 '맏아매'로 호칭한다. '맏아바이', '맏아매'에게 사용하는 서술문의 청자대우법 사용은 아버지에게 사용하는 서술문의 청자대우법 사용과 같다. 즉 대부분의 화자가 '예예체'의 방언형 '-스꾸마, -습더구마, -습지비'와 같은 어미를 사용하고 일부가 '-슴다, -습데다'와 같은 어미를 사용하며 일부 70대의 화자가 '-오/-우, -소, -습데, -습네' 와 같은 '야야체' 어미를 사용한다. 다만 부모에게 사적인 자리에서 가끔 쓰는 반말은 사용하지 않는다.

아버지의 손아래 남자, 여자형제와 그 배우자에게는 (23가-8~12)의 서술형 어미 '-오/-우, -소, -습데, -습네' 등과 같은 '야야체' 어미를 사용한다. 이 어미들은 상대적으로 덜 격식적이고 덜 엄격한 이미지를 지닌 어머니에게 쓰이는 종결어미임을 이미 알아보았다. 조카들은 '삼추이', '아재'와 상대적으로 나이차이가 많이 나지 않기에 비교적 높은 친밀도를 유지하고 있다. 때문에 '예예체'의 어미들보다 격식성이 약한 '야야체'의 어미를 사용하는 것이다.

G2세대의 사용 양상 :
(24) 나-1. 아매, 우리 영화 보러 가꾸마.(손녀 → 할머니)
　　 나-2. 아이[안] 먹어두 일없스꾸마.(아들 → 아버지)
　　 나-3. 북경 유람 시킵더구마.(손자 → 할아버지)
　　 나-4. 집에 없습더구마.(딸 → 아버지)
　　 나-5. 우리 모태[부근] 이사 왔담다.(손녀 → 할머니)
　　 나-6. 아버지, 전기 갔슴다.(아들 → 아버지)
　　 나-7. 춤 잘 춥데다.(손녀 → 할아버지)
　　 나-8. 모긴데[모기한테] 물려 형편없습데다.(딸 → 아버지)

　　 나-9. 삼추이, 남은 게 이것밖에 안되오.(조카 → 삼촌)
　　 나-10. 엄마, 내 이거 두구[두고] 가우.(아들 → 어머니)
　　 나-11. 아직두 더 자라겠소.(딸 → 어머니)
　　 나-12. 아매네 옥시죽[옥수수죽] 합데.(딸 → 어머니)

나-13. 아재, 아즈바이 몸이 좋아졌습데.(조카 → 고모)

나-14. 내 이따 꼭 갚을게.(아들 → 아버지)

나-15. 그럴거면 오지 말게지.(딸 → 아버지)

나-16. 어머니 말 들었더면 좋았겠는데.(아들 → 어머니)

나-17. 우리두 언제 한번 가보지무.(딸 → 아버지)

나-18. 네레[래일] 온다던게 벌써 왔네.(딸 → 아버지)

나-19. 이렇게 하니까 보기 좋재.(딸 → 어머니)

나-20. 날 오지 말라겠꾸나.(아들 → 아버지)

    G2세대가 증조부모, 조부모, 조부의 형제와 그 배우자에게 사용하는 서술형 종결어미의 예는 (24나-1~8)과 같다. (24나-1~4)의 종결어미 '-꾸마/-스꾸마', '-ㅂ더구마/-습더구마'는 '예예체'의 함경도 방언형 어미들이다. 대부분의 화자가 이 '예예체'의 함경도 방언형을 사용한다. '-꾸마', '-ㅂ더구마'는 (24나-1, 3)에서와 같이 받침이 없는 용언 어간에 쓰이는 어미이고 '-스꾸마', '-습더구마'는 (24나-2, 4)에서와 같이 받침이 있는 용언 어간에 쓰이는 어미다. (24나-5~8)의 '-ㅁ다/-슴다', '-ㅂ데다/-습데다'와 같은 표준형의 줄임말 형태의 '예예체'를 사용하는 화자는 소수에 지나지 않는다. '-ㅁ다', '-ㅂ데다'는 (24나-5, 7)에서와 같이 받침이 없는 용언 어간에 쓰이는 어미이고 '-슴다', '-습데다'는 (24나-6, 8)에서와 같이 받침이 있는 용언 어간에 쓰이는 어미다. G2세대의 40대 초반의 한 제보자는 조모가 세상 뜬지 얼마 안 되었는데 조모가 돌아가고 나니 '-꾸마'와 같은 방언형의 종결어미를 쓸 대상이 없어졌다고 말했다. 이것은 40대 초반의 중년층의 화자들이 조부모에게까지 이 방언 형태를 많이 사용하고 그 아래 항렬의 친족한테는 쓰지 않는

다는 것을 설명한다.

G2세대가 부모에게 쓰는 서술형 종결어미 사용의 예문은 (24나-1~20)과 같다. 소수의 화자가 아버지에게 (24나-1~4)의 '-꾸마/-스꾸마', '-ㅂ더구마/-습더구마'와 같은 '예예체'의 방언형 어미를 사용하고 대부분의 화자는 (24나-5~8)의 종결어미 '-ㅁ다/-습다', '-ㅂ데다/-습데다' 등과 같은 표준형 줄임말 형태의 '예예체' 어미를 사용한다. 어머니에게는 대부분의 화자가 (24나-9~13)의 종결어미 '-오/-우, -소, -ㅂ데/-습데' 등과 같은 '야야체' 어미를 사용하고 일부 화자가(24나-5~8)의 종결어미 '-ㅁ다/-습다, -ㅂ데다/-습데다' 등과 같은 표준형 줄임말 형태의 '예예체' 어미를 사용한다. 이때의 '야야체' 어미도 '예예체'에 가까운, 한국어의 '해요체' 정도에 해당하는 어미라고 할 수 있다. 어머니에게 대부분 화자가 '야야체' 어미를 쓴다는 것은 G2세대도 아버지에 비해 어머니를 더 친근하게 여긴다는 것을 설명한다. 이것은 G2세대도 서술형 종결어미 사용에서 아버지와 어머니에 대한 대우 등급을 어느 정도 다르게 적용한다는 것을 말한다. '-ㅂ데'는 (24나-12)에서와 같이 받침이 없는 용언 어간에 쓰이는 어미이고 '-습데'는 (24나-13)에서와 같이 받침이 있는 용언 어간에 쓰이는 어미다. (24나-14~20)의 종결어미 '-게, -지, -는데, -지무, -네, -재, -꾸나'는 '반말체' 서술형 어미에 속하는데 부모와의 친밀성에 기대여 자녀들이 부모와의 사적인 자리에서 이런 반말을 사용한다.

G2세대도 아버지의 손위 남자, 여자형제와 그 배우자들 가운데서 남자들은 '맏아바이'로 여자들은 '맏아매'로 호칭한다. '맏아바이', '맏아매'에게 사용하는 서술문의 청자대우법 사용은 아버지에게 사용하는 서술문의 청자대우법 사용과 같다. 즉 소수의 화자가 '예예체'의 방언 형

태인 '-꾸마/-스꾸마, -ㅂ더구마/-습더구마'와 같은 어미를 사용하고 대부분의 화자가 표준형의 줄임말 형태인 '-ㅁ다/-슴다, -ㅂ데다/-습데다'와 같은 어미를 사용한다. 하지만 부모와의 사적인 자리에서 쓰는 반말은 사용하지 않는다. '맏아매'에게는 어머니에게 쓰는 '야야체' 어미를 사용하는 현상이 조사되지 않았다.

아버지의 손아래 남자, 여자형제와 그 배우자에게는 어머니에게 사용하는 서술형 어미 '-오/-우, -소, -ㅂ데/-습데' 등과 같은 '야야체' 어미를 사용한다. G2세대도 조카들은 '삼추이', '아재'와 상대적으로 나이 차이가 많이 나지 않고 비교적 높은 친밀도를 유지하고 있기 때문에 '예예체'의 어미들보다 격식성이 약한 '야야체'의 어미를 사용하는 것이다.

G3세대의 사용 양상 :

(25) 다-1. 할머이, 배 고픔다.(손자 → 할머니)

다-2. 시름 놓으쇼, 문제 없슴다.(손녀 → 할머니)

다-3. 우리 엄마 보냅데다.(손녀 → 할아버지)

다-4. 없는 게 없이 다 샀습데다.(손자 → 할머니)

다-5. 내 말 아이[안] 듣슴다.(아들 → 어머니)

다-6. 밥 다 해났습데다.(딸 → 아버지)

다-7. 담이 없어 못할게.(딸 → 어머니)

다-8. 말 안 해두 알겠지.(아들 → 아버지)

다-9. 밤 새두 일없었는데[괜찮았는데].(딸 → 어머니)

다-10. 새벽에 일어났지무.(아들 → 아버지)

다-11. 그래두 엄마 한 게 제일 맛있네.(딸 → 어머니)

다-12. 내 지금 일어나재.(딸 → 아버지)

다-13. 완전 씽씽 날아 다니겠꾸나.(아들 → 어머니)

예문 (25다-1~6)의 종결어미 '-ㅁ다/-슴다, -ㅂ데다/-습데다'는 G3
세대가 증조부모, 조부모와 부모, 조부의 형제와 그 배우자, 그리고 아버
지의 손위 남자, 여자형제와 그 배우자, 아버지의 손아래 남자, 여자형제
와 그 배우자에게 사용하는 서술형 어미로 모두 '예예체'의 어미들이다.
G3세대는 '예예체'의 함경도 방언형 '-꾸마/-스꾸마, -ㅂ더구마/-습더
구마'와 같은 어미들은 사용하지 않는다. G1, G2세대는 아버지와 어머
니에 대한 대우 등급을 어느 정도 다르게 사용하지만 G3세대는 똑같이
'예예체'의 어미들을 사용한다. 그리고 G1, G2세대는 아버지의 손아래
남자, 여자형제와 그 배우자에게 모두 '야야체'의 어미를 사용하지만 G3
세대는 모두 '예예체'의 어미를 사용한다. 이것은 G3세대에서 청자대우
법 사용의 간소화가 일어나고 있음을 설명한다. (25다-7~13)의 종결어
미 '-게, -지, -는데, -지무, -네, -재, -꾸나'는 부모에게 쓰는 '반말체'
의 어미로, 부모 자식 간의 친밀성에 기대여 집안 내 사적인 자리에서만
쓸 수 있는 어미들이다.

4.2.1.1.2 의문문에서의 실현 양상

의문문은 화자가 청자에게서 무엇을 알아내려고 묻는 문장이다. 따라
서 화자가 청자인 손위 혹은 손아래 사람에게 어떤 사항에 관하여 의문
을 제기하거나 청자에게 응답하여 주기를 바라는 태도를 드러내는 문장
이다. 다음의 예들을 보자.

G1세대의 사용 양상 :

(26) 가-1. 무사함두?(손자/손녀 → 할아버지/할머니)

　　가-2. 아직 멀었습두?(아들 → 아버지)

　　가-3. 아직 아이 일어났습덤두?(딸 → 아버지)

　　가-4. 마저 다 잡숫구 갑지?(아들 → 아버지)

　　가-5. 거기서 잘 보임까?(딸 → 아버지)

　　가-6. 비자 인차 나온답데까?(딸 → 어머니)

　　가-7. 무사하우?(손자/손녀 → 할아버지/할머니)

　　가-8. 내 좀 빌려 써 보자는데 아이 되오?(조카 → 삼촌)

　　가-9. 문이 작아서 들어가우?(조카 → 고모)

　　가-10. 엄마 아직 아이 낫소?(딸 → 어머니)

　　가-11. 아직두 아이 일어났습데?(아들 → 어머니)

　　가-12. 날이 좋지?(딸 → 어머니)

　　가-13. 열이 나재?(아들 → 아버지)

　　가-14. 모른다구?(딸 → 아버지)

　　가-15. 어디 뒀길개?(아들 → 어머니)

　G1세대 제보자들은 증조부모에 대한 호칭이 기억나지 않는 것과 마찬가지로 증조부모에 대한 의문문의 문장종결 형식의 사용도 잘 기억나지 않지만 "아바이, 아매에게 '-습두'라고 하니까 노아바이, 노아매에게도 '-습두'라고 했겠지."라고 대답했다. G1세대가 증조부모에게 사용하는 의문문의 종결형식은 '-습두'와 같은 '예예체'의 함경도 방언형이다.

　G1세대가 조부모에게 사용하는 의문문 종결형식의 사용을 알아보기 위하여 "오랜만에 조부와 조모에게 문안인사를 드릴 때 어떻게 말했습

니까?"라는 물음을 제기하여 알아보았다. 여기에 제보자들이 대답한 것이 예문 (26가-1)과 (26가-7)이다. 대부분의 화자들이 (26가-1)과 같이 조부모에게 서술형의 전형적인 함경도방언 형태인 '-꾸마'와 대응되는 '-ㅁ두'를 사용한다고 응답하였다. 의문형 어미 '-ㅁ두'는 한국어의 '아주 높임' 정도에 해당한데 청자대우법으로 보면 '예예체'의 어미에 해당한다. 일부 70대의 화자가 조부모에게 (26가-7)과 같이 의문형의 종결어미 '-우'를 쓴다고 했는데 이것은 '야야체'의 어미에 해당한다. 현실적으로 70대의 화자들이 조부모에게 말할 수 없기 때문에 '야야체'의 어미 '-우'를 쓸 것인지에 대하여는 회의적이다. 서술형의 종결어미 '-오/-우'를 상승조로 발화하면 의문형의 종결어미로 된다. 실제로 이런 상황에서 종결어미로 '-우'를 쓴다면 이때의 '-우'는 '-ㅁ두'보다 한 등급 낮은, 한국어의 '해요체'에 대응하는 어미라고 할 수 있다. 조부의 형제와 그 배우자에 대한 의문문의 청자대우법 사용은 조부모에게 사용하는 의문문의 청자대우법 사용과 같다고 제보자들은 대답하였다.

G1세대가 부모에게 쓰는 의문형 종결어미는 예문 (26가-2~6), (26가-8~15)에 제시된바와 같다. 예문 (26가-2~4)의 종결어미 '-슴두, -습덤두, -ㅂ지'는 70대의 대부분 화자와 60대의 일부 화자가 아버지에게 사용하는 '예예체'의 방언형 종결어미다.[13] 60대의 일부 화자가 (26가-5)와 같이 표준형 '-ㅂ니까'의 줄임말 형태인 '-ㅁ까', (26가-6)과 같이 어떤 사실을 확인할 때 쓰는 '-ㅂ데까'를 사용한다. 60대 화자들의 일부에서 '-ㅂ니까/-습니까'의 줄임말 형태인 '-ㅁ까/-슴까'를 사용한다는 것은 G1세대의 이 연령층에서 개신이 일어난 것으로 이해된다. 왜냐

---

13) 70대 제보자들의 부모님이 타계하고 없기에 상황을 설정하여주고 제보자들로 하여금 발화하게 하여 그 종결형식을 조사하였다.

하면 G1세대의 70대에서 '-ㅂ니까/-습니까'나 이의 줄임말 형태인 '-ㅁ까/-슴까'가 관찰되지 않기 때문이다. 그렇다면 의문형 종결어미로 쓰이는 '-ㅁ까/-슴까'는 한국이나 북한에서 쓰이는 '-ㅂ니까/-습니까'를 줄여서 차용한 것이라고 할 수 있다. '-ㅁ까/-슴까'는 서술형의 어미 '-ㅁ다/-슴다'와 대응되어 쓰이는 의문형의 어미다. 이렇게 대부분의 화자가 아버지에게 '-ㅁ두/-슴두', '-ㅁ까/-슴까'와 같은 '예예체' 어미를 사용하고 일부 화자가 (26가-8~11)의 '-오/-우, -소, -습데'와 같은 어미를 사용한다. 이 어미들은 '야야체' 어미에 해당되는 것인데 이런 어미들을 아버지에게 사용한다는 것은 이때 사용되는 어미들이 일반적인 '야야체' 어미와는 다른 즉 한국어의 '해요체' 정도의, '예예체'에 가까운 어미라고 할 수 있다. 어머니에게는 일부 화자가 아버지의 경우와 같이 '예예체'의 어미를 사용하고 대부분의 화자가 예문 (26가-8~11)의 경우와 같은 '야야체' 어미를 사용하는데 이때 사용되는 어미들도 일반적인 '야야체' 어미와는 다른, 한국어의 '해요체' 정도에 가깝다고 할 수 있다. 이처럼 G1세대는 의문문의 종결어미 사용에서 아버지와 어머니에 대한 대우 등급을 어느 정도 다르게 적용하여 사용한다. '야야체' 서술형의 종결어미 '-오/-우, -소, -습데'를 문말에서 상승조로 발화하면 이처럼 의문형의 종결어미가 된다. (26가-12~15)의 종결어미 '-지, -재, -다구, -길래'는 평시에 아무 사람에게나 함부로 쓸 수 없는 '반말체' 의문형 어미들이다. 부모와의 사적인 자리에서만 친밀성에 기대여 가끔 쓰는데 서술형 '반말체' 어미들인 '-지, -재'를 문말에서 상승조로 발화하면 의문형의 어미로 된다.

아버지의 손위 남자형제, 여자형제와 그 배우자들 가운데서 '맏아바이', '맏아매'에게 사용하는 의문문의 청자대우법 사용은 아버지에게 사

용하는 의문문의 청자대우법 사용과 같다. 즉 대부분의 화자가 '예예체'
의 방언형 '-ㅁ두/-습두'와 같은 어미를 사용하고 일부가 표준형의 줄임
말 형태인 '-ㅁ까/-습까'와 같은 어미를 사용하며 일부 70대의 화자가
'-오/-우, -소, -습데'와 같은 '야야체' 어미를 사용한다. 다만 부모에게
사적인 자리에서 가끔 쓰는 반말은 사용하지 않는다.

아버지의 손아래 남자, 여자형제와 그 배우자에게는 어머니에게 사용
하는 (26가-8~11)의 의문형의 '야야체' 종결어미를 사용한다. 이런 어
미들은 '예예체'의 어미들보다 격식성이 약하기에 비교적 높은 친밀도를
유지하는 '삼추이', '아재'에게 사용하는 것이다.

G2세대의 사용 양상 :
(27) 나-1. 아바이, 마음에 듬두?(손녀 → 할아버지)
　　　나-2. 어쩨 오늘 운동하러 아이 갔슴두?(아들 → 아버지)
　　　나-3. 우리 엄마 뭐라 합덤두?(손자 → 할머니)
　　　나-4. 불기[상추] 마이[많이] 자랐습덤두?(딸 → 아버지)
　　　나-5. 어디 산담까[산다고 합니까]?(손자 → 할머니)
　　　나-6. 돈 벌러 간답데까[간다고 합데까]?(딸 → 아버지)

　　　나-7. 아즈바이, 아재 같이 오오?(조카 → 고모부)
　　　나-8. 머이[무엇이] 필요하우?(아들 → 어머니)
　　　나-9. 삼추이, 아버지 취했소?(조카 → 삼촌)
　　　나-10. 엄마, 삼추이 담배 뗐습데?(아들 → 어머니)

　　　나-11. 내 한 게 맛있지?(딸 → 어머니)
　　　나-12. 어뤄스(俄羅斯) 원래 비싸재?(딸 → 아버지)

나-13. 180원 줬다구?(딸 → 어머니)

나-14. 몇 시 왔길래?(딸 → 어머니)

G2세대가 증조부모, 조부모, 조부의 형제와 그 배우자에게 사용하는 의문문의 종결형식의 사용 예문은 (27나-1~6)과 같다. 대부분의 화자가 (27나-1~4)의 종결어미 '-ㅁ두/-슴두, -ㅂ덤두/-습덤두'와 같은 '예예체'의 함경도 방언형 어미를 사용한다. '-ㅁ두', '-ㅂ덤두'는 (27나-1, 3)에서와 같이 받침이 없는 용언 어간에 쓰이는 어미이고 '-슴두', '-습덤두'는 (27나-2, 4)에서와 같이 받침이 있는 용언 어간에 쓰이는 어미다. 그리고 일부 화자가 (27나-5)와 같이 표준형 '-ㅂ니까'의 줄임말 형태인 '-ㅁ까', (27나-6)의 '-ㅂ데까'와 같은 어미를 사용한다.

G2세대가 부모에게 사용하는 의문문의 종결형식의 예문은 (27나-1~14)와 같다. 소수의 화자가 아버지에게 (27나-1~4)의 종결어미 '-ㅁ두/-슴두, -ㅂ덤두/-습덤두'와 같은 '예예체'의 방언형 어미를 사용하고 대부분의 화자는 아버지에게 (27나-5, 6)의 종결어미 '-ㅁ까, -ㅂ데까' 등과 같은 '예예체' 어미를 사용한다. 어머니에게는 대부분의 화자가 (27나-7~10)의 종결어미 '-오/-우, -소, -습데'와 같은 '야야체' 어미를 사용하고 일부 화자가 (27나-5, 6)의 '-ㅁ까, -ㅂ데까'와 같은 '예예체' 어미를 사용한다. 이때의 '야야체' 어미도 '예예체'에 가까운, 한국어의 '해요'체 정도에 해당하는 어미라고 할 수 있다. 이것은 G2세대도 의문문의 종결어미 사용에서 아버지와 어머니에 대한 대우 등급을 어느 정도 다르게 적용한다는 것을 말한다. (27나-11~14)의 종결어미 '-지, -재, -다구, -길래'는 '반말체' 의문형 어미에 속하는데 부모와의 친밀성에 기대여 자녀들이 부모와의 사적인 자리에서 이런 반말체 어미를 사용한다.

아버지의 손위 남자, 여자형제와 그 배우자들 가운데서 '맏아바이', '맏아매'에게 사용하는 의문문의 청자대우법 사용은 아버지에게 사용하는 의문문의 청자대우법 사용과 같다. 즉 소수의 화자가 '-ㅁ두/-슴두, -ㅂ덤두/-습덤두'와 같은 '예예체'의 방언 형태를 사용하고 대부분의 화자가 '-ㅁ까, -ㅂ데까'와 같은 '예예체' 어미를 사용한다. 하지만 부모와의 사적인 자리에서 쓰는 반말은 사용하지 않는다. '맏아매'에게는 어머니에게 쓰는 '야야체' 어미를 사용하는 현상이 조사되지 않았다.

아버지의 손아래 남자, 여자형제와 그 배우자에게는 (27나-7~10)의 의문형 종결어미 '-오/-우, -소, -습데' 등과 같은 '야야체' 어미를 사용한다. G2세대도 '삼추이', '아재'와 비교적 높은 친밀도를 유지하기에 '예예체'의 어미들보다 격식성이 약한 이와 같은 '야야체'의 어미를 사용하는 것이다.

G3세대의 사용 양상 :
(28) 다-1. 할머이 그 사람 암까[압니까]?(손녀 → 할머니)
　　　다-2. 아버지느 어디 있슴까?(손자 → 할아버지)
　　　다-3. 그 식당 음식 먹을만합데까? (아들 → 아버지)
　　　다-4. 연출 재밌습데까?(딸 → 어머니)
　　　다-5. 내 오늘 집에 있어두 됩다?(딸 → 어머니)
　　　다-6. 발전에 촬뗀(串店)이 많슴다?(아들 → 아버지)
　　　다-7. 날 기다립데다?(딸 → 어머니)
　　　다-8. 맛있습데다?(아들 → 아버지)

　　　다-9. 이젠 돈 없지?(딸 → 어머니)
　　　다-10. 엄마 다 잊어먹었재?(아들 → 어머니)

다-11. 생각 아이 난다구?(딸 → 아버지)

다-12. 무슨 좋은 일이 있길래?(아들 → 아버지)

예문 (28다-1~8)의 종결어미 '-ㅁ까/-습까, -ㅂ데까/-습데까, -ㅁ다/
-습다', '-ㅂ데다/-습데다'는 G3세대가 증조부모, 조부모와 부모, 조부
의 형제와 그 배우자 그리고 아버지의 손위 남자, 여자형제와 그 배우자,
아버지의 손아래 남자, 여자형제와 그 배우자에게 사용하는 의문형의
'예예체' 어미들이다. '-ㅁ다/-습다, -ㅂ데다/-습데다'는 원래 서술형의
어미인데 G3세대 화자들이 문말에서 상승조로 발화하여 의문형의 어미
로 사용한다. 이렇게 서술형의 어미들을 의문형 어미로 쓰는 현상은 G3
세대에만 존재하는 특이한 현상이다. '-ㅁ까, -ㅂ데까, -ㅁ다, -ㅂ데다'
는 (28다-1, 3, 5, 7)에서와 같이 받침이 없는 용언 어간에 쓰이는 어미
이고 '-습까, -습데까, -습다, -습데다'는 (28다-2, 4, 6, 8)에서와 같이
받침이 있는 용언 어간에 쓰이는 어미다. 의문형 어미 사용에서도 G1,
G2세대는 아버지와 어머니에 대한 대우 등급을 어느 정도 다르게 사용
하지만 G3세대는 똑같이 '예예체'의 어미들을 사용한다. 의문형의 어미
도 '-ㅁ두/-습두, -ㅂ덤두/-습덤두, -ㅂ지/-습지'와 같은 '예예체'의 함
경도 방언형은 사용하지 않는다. 또 G1, G2세대는 아버지의 손아래 남
자, 여자형제와 그 배우자에게 모두 '야야체'의 어미를 사용하지만 G3세
대는 모두 '예예체'의 어미를 사용한다. 이것 역시 G3세대에서 진행되고
있는 청자대우법 사용의 간소화를 설명한다. (28다-9~12)의 종결어미
'-지, -재, -다구, -길래'는 '반말체'의 의문형 어미로, 부모 자식 간의
친밀성에 기대여 집안 내 사적인 장소에서 부모에게 쓸 수 있는 어미들
이다.

명령문에서의 실현 양상

명령문은 화자가 청자에게 어떤 행동을 하도록 지시하거나 바라는 문장이다. 따라서 명령문은 청자에게 어떤 정보를 제시하는데 그치는 서술문이나 청자에게 정보를 요청하는 것이 주된 기능인 의문문과 달리 청자가 행동을 하게 하는 언어적 수행력을 드러내는 점이 특징이다. 다음의 예들을 보자.

　　G1세대의 사용 양상 :
　　(29) 가-1. 병원에 가봅소.(손자/손녀 → 할아버지/할머니)
　　　　 가-2. 그만 쓰구 버립소.(딸 → 어머니)
　　　　 가-3. 머리 좀 깎읍소.(딸 → 아버지)
　　　　 가-4. 난 쪼꼼[조금] 주쇼.(딸 → 어머니)
　　　　 가-5. 오늘 저녁에 여기 묵으쇼.(아들 → 아버지)

　　　　 가-6. 병원에 가보오.(손자/손녀 → 할아버지/할머니)
　　　　 가-7. 엄만 상관 마우.(딸 → 어머니)
　　　　 가-8. 성의로 주는 거 받소.(조카 → 고모)

G1세대 제보자들은 증조부모에 대한 호칭이 기억나지 않는 것과 마찬가지로 증조부모에 대한 명령문의 문장종결 형식의 사용도 잘 기억나지 않지만 "아바이, 아매에게 '-읍소'라고 하니까 노아바이, 노아매에게도 '-읍소'라고 했겠지."라고 대답했다. G1세대가 증조부모에게 사용하는 명령문의 종결형식은 '-읍소'와 같은 '예예체'의 함경도 방언형이다.

G1세대의 조부모에 대한 명령문 종결형식의 사용을 알아보기 위하여

"예를 들어 조부와 조모에게 병원에 가보시라고 시킬 때 어떻게 말했습니까?"라는 물음을 제기하였다. 여기에 제보자들이 대답한 것이 예문 (29가-1)과 (29가-6)이다. 대부분의 화자가 (29가-1)과 같이 조부모에게 함경도 방언형 '-ㅂ소'를 사용한다고 응답했다. '-ㅂ소'는 서술형의 어미 '-꾸마', 의문형의 어미 '-ㅁ두'와 대응하여 사용되는 '예예체'의 어미로, 한국어의 '아주 높임' 정도에 해당한다. 일부 70대의 화자가 (29가-6)과 같이 조부모에게 명령형의 종결어미로 '-오'를 쓴다고 했는데 이것은 '야야체'의 어미에 해당한다. 서술형의 종결어미 '-오/-우'를 문말에서 하향조로 발화하면 명령형의 어미로 된다. 현실적으로 70대의 화자들이 조부모에게 말할 수 없기 때문에 '야야체' 어미인 '-오'를 쓸 것인지에 대하여는 회의적이다. 실제로 이런 상황에서 종결어미로 '-오'를 쓴다면 이때의 '-오'는 '-ㅂ소'보다 한 등급 낮은, 한국어의 '해요체' 정도에 대응하는 어미라고 할 수 있다. 조부의 형제와 그 배우자에 대한 명령문의 청자대우법 사용은 조부모에게 사용하는 명령문의 청자대우법 사용과 같다고 제보자들은 대답하였다.

G1세대가 부모에게 쓰는 명령형 종결어미의 예는 (29가-2~5), (29가-7, 8)과 같다. 70대의 대부분 화자와 60대의 일부 화자가 아버지에게 (29가-2, 3)의 '-ㅂ소/-읍소'와 같은 '예예체'의 방언형 어미를 사용한다.[14] '-ㅂ소'는 (29가-2)에서와 같이 받침이 없는 용언 어간에 쓰이는 어미이고 '-읍소'는 (29가-3)에서와 같이 받침이 있는 용언 어간에 쓰이는 어미다. 그리고 60대의 일부 화자가 (29가-4, 5)와 같이 표준형 '-시오/-으시오'의 줄임말 형태인 '-쇼/-으쇼'를 사용한다. '-쇼'는 (29가-4)

---

14) 70대 제보자들의 부모님이 타계하고 없기에 상황을 설정하여주고 제보자들로 하여금 발화하게 하여 그 종결형식을 조사하였다.

에서와 같이 받침이 없는 용언 어간에 쓰이는 어미이고 '-으쇼'는 (29가-5)에서와 같이 받침이 있는 용언 어간에 쓰이는 어미다. '-쇼/-으쇼'는 서술형의 어미 '-ㅁ다/-슴다', 의문형의 어미 '-ㅁ까/-슴까'와 대응되어 쓰이는 명령형의 어미다. 이렇게 대부분의 화자가 아버지에게 '-ㅂ소/-읍소', '-쇼/-으쇼'와 같은 '예예체' 어미를 사용하고 일부 화자가 (29 가-7, 8)의 종결어미 '-우, -소'와 같은 '야야체' 어미를 사용한다. 이런 어미들을 아버지에게 사용한다는 것은 이때 사용되는 어미들이 일반적인 '야야체'와는 다르다는 것을 설명한다. 즉 '예예체'에 가까운, 한국어의 '해요체' 의미 정도에 가깝다고 할 수 있다. 어머니에게는 일부 화자가 아버지의 경우와 같이 '예예체'의 어미를 사용하고 대부분의 화자가 예문 (29가-7, 8)의 경우와 같은 '야야체' 어미를 사용하는데 이때 사용되는 어미들도 일반적인 '야야체' 어미와는 다른, 한국어의 '해요체' 정도의 의미로 사용되는 것이다. 이처럼 G1세대는 명령형의 어미도 아버지와 어머니에 대한 대우 등급을 어느 정도 다르게 적용하여 사용한다.

아버지의 손위 남자, 여자형제와 그 배우자들 가운데서 '맏아바이', '맏아매'에게 사용하는 명령문의 청자대우법 사용은 아버지에게 사용하는 명령문의 청자대우법 사용과 같다. 즉 대부분의 화자가 '예예체'의 방언형 '-ㅂ소/-읍소'와 같은 어미를 사용하고 일부가 표준형의 줄임말 형태인 '-쇼/-으쇼'와 같은 어미를 사용하며 일부 70대의 화자가 '-우, -소'와 같은 '야야체' 어미를 사용한다.

아버지의 손아래 남자, 여자형제와 그 배우자에게는 (29가-7, 8)의 경우와 같은 '야야체' 어미를 사용한다. 이런 어미들은 '예예체'의 어미들보다 격식성이 약하기에 비교적 높은 친밀도를 유지하는 '삼추이', '아재'에게 사용하는 것이다.

G2세대의 사용 양상 :

(30) 나-1. 아바이, 딸기 잡숩소.(손자 → 할아버지)

　　 나-2. 내 말 들읍소.(아들 → 아버지)

　　 나-3. 먼저 전기 꼽구 이걸 누르쇼.(아들 → 아버지)

　　 나-4. 아재, 올 때 포도 사오오.(조카 → 고모)

　　 나-5. 엄마, 아매 집 가우.(딸 → 어머니)

　　 나-6. 아재 먼저 올라가 자리 맡아놓소.(조카 → 고모)

G2세대가 증조부모, 조부모, 조부의 형제와 그 배우자에게 사용하는 명령문 종결형식의 예문은 (30나-1~3)과 같다. 대부분의 화자가 (30나-1, 2)의 '-ㅂ소/-읍소'와 같은 함경도 방언형 '예예체' 어미를 사용한다. (30나-3)과 같이 명령문의 표준형 어미 '-시오'의 줄임말 형태인 '-쇼'와 같은 '예예체' 어미를 사용하는 화자는 소수에 지나지 않는다.

(30나-1~6)은 G2세대가 부모에게 쓰는 명령형 종결어미 사용의 예문이다. 소수의 화자가 아버지에게 (30나-1, 2)의 '-ㅂ소/-읍소'와 같은 '예예체'의 방언형을 사용하고 대부분의 화자는 (30나-3)의 '-쇼'와 같은 '예예체' 어미를 사용한다. 어머니에게는 대부분의 화자가 (30나-4~6)의 종결어미 '-오/-우, -소'와 같은 '야야체' 어미를 사용하고 일부 화자가 (30나-3)의 종결어미 '-쇼'와 같은 '예예체' 어미를 사용한다. 이때의 '야야체' 어미도 '예예체'에 가까운, 한국어의 '해요체' 정도의 어미라고 할 수 있는데 덜 격식적이고 덜 엄격한 이미지를 가진 어머니에게 쓰이는 것이다. 이것은 G2세대도 명령형 어미의 사용에서 아버지와 어머니에 대한 대우 등급을 어느 정도 다르게 적용한다는 것을 말한다.

아버지의 손위 남자, 여자형제와 그 배우자들 가운데서 '맏아바이', '맏아매'에게 사용하는 명령문의 청자대우법 사용은 아버지에게 사용하는 명령문의 청자대우법 사용과 같다. 즉 소수의 화자가 '예예체'의 방언 형태인 '-ㅂ소/-읍소'를 사용하고 대부분의 화자가 표준어의 줄임말 형태인 '-쇼/-으쇼'를 사용한다. '맏아매'에게는 어머니에게 쓰는 '야야체' 어미를 사용하는 현상이 조사되지 않았다.

아버지의 손아래 남자, 여자형제와 그 배우자에게는 (30나-4~6)의 경우와 같은 '야야체' 어미를 사용한다. G2세대도 '삼추이', '아재'와 비교적 높은 친밀도를 유지하기에 '예예체'의 어미들보다 격식성이 약한 이와 같은 '야야체'의 어미를 사용하는 것이다.

G3세대의 사용 양상 :
(31) 다-1. 할머이 이거 열어주쇼.(손녀 → 할머니)
　　　다-2. 술 좀 그만 마시쇼.(딸 → 아버지)
　　　다-3. 엄마 대신 해주쇼.(아들 → 어머니)
　　　다-4. 내 곁에 앉으쇼.(딸 → 어머니)

G3세대의 명령형의 종결어미 사용은 매우 단순하다. 예문 (31다-1~4)의 종결어미 '-쇼/-으쇼'는 증조부모, 조부모와 부모, 조부의 형제와 그 배우자 그리고 아버지의 손위 남자, 여자형제와 그 배우자, 아버지의 손아래 남자, 여자형제와 그 배우자에게 두루 사용하는 명령문의 '예예체' 어미다. '예예체'의 함경도 방언형 '-ㅂ소/-읍소'와 같은 어미들은 전혀 사용하지 않는다. 명령문의 종결어미도 G1, G2세대는 아버지와 어머니에 대한 대우 등급을 어느 정도 다르게 사용하지만 G3세대는

똑같이 '예예체'의 어미를 사용한다. 또 G1, G2세대는 아버지의 손아래 남자, 여자형제와 그 배우자에게 모두 '야야체'의 어미를 사용하지만 G3 세대는 모두 '예예체'의 어미를 사용한다. 이것 역시 G3세대에서 일어나고 있는 청자대우법 사용의 간소화를 설명한다.

4.2.1.1.4 청유문에서의 실현 양상

청유문은 화자가 청자에게 어떤 행동을 자기와 함께 하려고 요청하는 문장이다. 따라서 청자에게 행동을 요구하거나 요청하는 점은 명령문과 같으나 청자와 함께 하도록 하는 것이 명령문과 다른 점이자 또 청유문의 특징이다. 다음의 예들을 보자.

> G1세대의 사용 양상 :
> (32) 가-1. 병원에 같이 가 보깁소.(손자/손녀 → 할아버지/할머니)
>   가-2. 보고만 있지 말구 같이 치깁소.(아들 → 아버지)
>   가-3. 명년에는[명년에는] 장백산 놀러 가기쇼.(딸 → 어머니)
>
>   가-4. 병원에 같이 가 보기오.(손자/손녀 → 할아버지/할머니)
>   가-5. 우리 같은 거 사기오.(딸 → 어머니)
>
>   가-6. 엄마 이 구름[크림] 발라보지.(딸 → 어머니)

G1세대 제보자들은 증조부모에 대한 호칭이 기억나지 않는 것과 마찬가지로 증조부모에 대한 청유문의 문장종결 형식의 사용도 잘 기억나지 않지만 "아바이, 아매에게 '-깁소'라고 하니까 노아바이, 노아매에게

도 '-깁소'라고 했겠지."라고 대답했다. G1세대가 증조부모에게 사용하는 청유문의 종결형식은 '-깁소'와 같은 '예예체'의 함경도 방언형이다.

G1세대가 조부모에게 사용하는 청유문 종결형식을 알아보기 위하여 "예를 들어 조부와 조모에게 병원에 같이 가보자고 할 때 어떻게 말했습니까?"라는 물음을 제기하였다. 여기에 제보자들이 응답한 것이 예문 (32가-1)과 (32가-4)다. 대부분의 화자들이 (32가-1)과 같이 조부모에게 함경도방언 형태인 '-깁소'를 사용한다고 응답했다. '-깁소'는 함경도방언 형태인 서술형의 어미 '-꾸마/-스꾸마', 의문형의 어미 '-ㅁ두/-슴두', 명령형의 어미 '-ㅂ소/-읍소'와 대응하여 사용되는 청유형 어미다. '-깁소'는 청자대우법의 등급으로 보면 '예예체'의 어미로 한국어의 '아주 높임' 정도에 해당한다. 일부 70대의 화자가 (32가-4)와 같이 조부모에게 청유형의 종결어미로 '-기오'를 쓴다고 했는데 이것은 '야야체'의 어미에 해당한다. 현실적으로 70대의 화자들이 조부모에게 말할 수 없기 때문에 '야야체' 어미인 '-기오'를 쓸 것인지에 대하여는 회의적이다. 실제로 이런 상황에서 종결어미로 '-기오'를 쓴다면 이때의 '-기오'는 '-깁소'보다 한 등급 낮은, 한국어의 '해요체'에 대응하는 어미라고 할 수 있다. 조부의 형제와 그 배우자에 대한 청유문의 청자대우법 사용은 조부모에게 사용하는 청자대우법 사용과 같다고 제보자들은 대답하였다.

G1세대가 부모에게 쓰는 청유형 종결어미의 예는 (32가-2, 3, 5, 6)과 같다. 70대의 대부분 화자와 60대의 일부 화자가 아버지에게 (32가-2)와 같이 '예예체'의 방언형 '-깁소'를 사용한다.[15] 그리고 일부 60대의 화자가 (32가-3)과 같이 '예예체'의 '기시오'의 줄임말 형태인 '-기쇼'를

---

15) 70대 제보자들의 부모님이 타계하고 없기에 상황을 설정하여주고 제보자들로 하여금 발화하게 하여 그 종결형식을 조사하였다.

사용한다. '-기쇼'는 서술형의 어미 '-ㅁ다/-습다'와 의문형의 어미 '-ㅁ까/-습까', 명령형의 어미 '-쇼/-으쇼'와 대응되어 쓰이는 청유형의 어미다. 이렇게 대부분의 화자가 아버지에게 '-깁소', '-기쇼'와 같은 '예예체' 어미를 사용하고 일부 화자가 (32가-5)의 '-기오'와 같은 '야야체' 어미를 사용한다. 이런 어미를 아버지에게 사용한다는 것은 이때 사용되는 어미들이 일반적인 '야야체' 어미와는 다르다. 즉 '예예체'에 가까운, 한국어의 '해요체' 정도의 의미로 사용하는 것이다. 어머니에게는 아버지의 경우와 같이 '예예체' 어미를 사용하는 화자가 일부분이고 대부분의 화자가 예문 (32가-5)의 '야야체'의 종결어미 '-기오'를 사용하는데 이때 사용되는 어미도 일반적인 '야야체' 어미와는 다른, 한국어의 '해요체' 의미 정도로 사용하는 것이라고 할 수 있다. 이처럼 G1세대는 청유형의 어미도 아버지와 어머니에 대한 대우 등급을 어느 정도 다르게 적용하여 사용한다. (32가-6)의 종결어미 '-지'는 청유문의 '반말체' 어미에 속하는데 부모와의 친밀성에 기대여 자녀들이 부모와의 사적인 자리에서 이런 반말을 사용한다. '반말체' 어미 '-지'는 문말에서 억양에 따라 서술형, 의문형, 청유형으로 된다.

아버지의 손위 남자, 여자형제와 그 배우자들 가운데서 '맏아바이', '맏아매'에게 사용하는 청유문의 청자대우법 사용은 아버지에게 사용하는 청유문의 청자대우법 사용과 같다. 즉 대부분의 화자가 '예예체'의 방언형 어미 '-깁소'를 사용하고 일부가 '-기쇼'를 사용하며 일부 70대의 화자가 '-기오'와 같은 '야야체' 어미를 사용한다. 하지만 부모와의 사적인 자리에서 쓰는 반말은 사용하지 않는다.

아버지의 손아래 남자, 여자형제와 그 배우자에게는 (32가-5)의 청유형 종결어미 '-기오'와 같은 '야야체' 어미를 사용한다. 이런 어미들은

'예예체'의 어미들보다 격식성이 약하기에 비교적 높은 친밀도를 유지하는 '삼추이', '아재'에게 사용하는 것이다.

G2세대의 사용 양상 :
(33) 나-1. 그만하고 쉬깁소.(손자 → 할아버지)
　　　나-2. 이젠 출발하기쇼.(딸 → 아버지)

　　　나-3. 죽 먹이기오.(딸 → 어머니)

　　　나-4. 아재랑 같이 가지.(딸 → 어머니)

G2세대가 증조부모, 조부모, 조부의 형제와 그 배우자에게 사용하는 청유문 종결형식의 예문은 (33나-1, 2)와 같다. 대부분의 화자가 (33나-1)의 '예예체'의 방언형 어미 '-깁소'를 사용한다. (33나-2)의 '-기쇼'와 같은 '예예체' 어미를 사용하는 화자는 소수에 지나지 않는다.

(33나-1~4)는 G2세대가 부모에게 쓰는 청유형 종결어미 사용의 예문인데 소수의 화자가 아버지에게 (33나-1)과 같은 '예예체'의 방언형 '-깁소'를 사용하고 대부분의 화자는 (33나-2)와 같은 '예예체'의 어미 '-기쇼'를 사용한다. 어머니에게는 대부분의 화자가 (33나-3)의 종결어미 '-기오'와 같은 '야야체' 어미를 사용하고 일부 화자가 (33나-2)의 '-기쇼'와 같은 '예예체' 어미를 사용한다. 이때의 '야야체' 어미도 '예예체'에 가까운, 한국어의 '해요체' 정도에 해당하는 어미라고 할 수 있는데 덜 격식적이고 덜 엄격한 이미지를 가진 어머니에게 쓰이는 것이다. 이것은 G2세대도 청유형 어미의 사용에서 아버지와 어머니에 대한 대우 등급을

어느 정도 다르게 적용한다는 것을 말한다. (33나-4)의 종결어미 '-지'
는 청유문의 '반말체' 어미에 속하는데 부모와의 친밀성에 기대여 자녀
들이 부모와의 사적인 자리에서 이런 '반말체' 어미를 사용한다.

아버지의 손위 남자, 여자형제와 그 배우자들 가운데서 '맏아바이',
'맏아매'에게 사용하는 청유문의 청자대우법 사용은 아버지에게 사용하
는 청유문의 청자대우법 사용과 같다. 즉 소수의 화자가 '예예체'의 방
언 형태인 '-깁소'를 사용하고 대부분의 화자가 '-기쇼'를 사용한다. 하
지만 부모와의 사적인 자리에서 쓰는 반말은 사용하지 않는다. '맏아매'
에게는 어머니에게 쓰는 '야야체' 어미를 사용하는 현상이 조사되지 않
았다.

아버지의 손아래 남자, 여자형제와 그 배우자에게는 (33나-3)의 명령
형 종결어미 '-기오'와 같은 '야야체' 어미를 사용한다. G2세대도 '삼추
이', '아재'와 비교적 높은 친밀도를 유지하기에 '예예체'의 어미들보다
격식성이 약한 이와 같은 '야야체'의 어미를 사용하는 것이다.

　　G3세대의 사용 양상 :
　　(34) 다-1. 문 닫기쇼.(손자 → 할머니)
　　　　다-2. 옷 입기쇼.(딸 → 아버지)
　　　　다-3. 좀 더 기다리기쇼.(딸 → 어머니)

　　　　다-4. 엄마, 같이 놀지.(딸 → 어머니)

G3세대의 청유문의 종결어미 사용은 매우 단순하다. 예문 (34다
-1~3)의 종결어미 '-기쇼'는 증조부모, 조부모와 부모, 조부의 형제와

그 배우자 그리고 아버지의 손위 남자, 여자형제와 그 배우자, 아버지의 손아래 남자, 여자형제와 그 배우자에게 두루 사용하는 청유문의 '예예체' 어미다. '예예체'의 함경도 방언형 어미인 '-깁소'는 사용하지 않는다. 청유문의 종결어미도 G1, G2세대는 아버지와 어머니에 대한 대우 등급을 어느 정도 다르게 사용하지만 G3세대는 똑같이 '예예체'의 어미를 사용한다. 또한 G1, G2세대는 아버지의 손아래 남자, 여자형제와 그 배우자에게 모두 '야야체'의 어미를 사용하지만 G3세대는 모두 '예예체'의 어미를 사용한다. 이것 역시 G3세대에서 진행되고 있는 청자대우법 사용의 간소화를 설명한다. (34다-4)의 종결어미 '-지'는 청유문의 '반말체' 어미에 속하는데 부모와의 친밀성에 기대여 자녀들이 부모와의 사적인 자리에서 이런 반말체 어미를 사용한다.

4.2.1.2 동기에 대한 호칭어와 청자대우법

동기에는 '나'의 형제자매와 그 배우자가 포함된다. 동기에 대한 호칭어는 남, 녀의 구분이 있기에 남성 화자와 여성 화자로 나누어 청자대우법과의 호응 양상을 보기로 한다.

청자가 '나'의 형제자매와 그 배우자인 경우 청자가 화자의 손위인지 손아래인지, 결혼으로 인한 인척으로 맺어진 관계인지, 그리고 화자가 청자를 얼마나 친밀하게 인식하는지 등에 따라 종결어미의 사용이 달라질수 있다. 아래에 서술문, 의문문, 명령문, 청유문에서 호칭 대상에 따라 청자대우법의 사용 양상이 어떻게 나타나는 지에 대하여 살펴보고자 한다.

남성 화자의 서술문에서의 실현 양상

G1, G2세대의 남성 화자들이 동기에 대한 청자대우법 사용 양상이 같으므로 함께 논의하기로 한다. 다음의 예들을 보자.

G1, G2세대의 사용 양상 :
(35) 가-1. 누애, 바쁨[바쁘면] 그만두오.(동생 → 누나)
　　　가-2. 그 정도면 이젠 못 일어나우.(동생 → 형님)
　　　가-3. 술이 들어온 게 없소.(형님 → 매부)
　　　가-4. 제수, 수고했소.(아주버님 → 제수)
　　　가-5. 어제 술 너무 마시구 못 일어났습데.(동생 → 형님)

　　　가-6. 청가 맡구 왔다.(형님 → 남동생)
　　　가-7. 날이 아이 좋음 못 간다.(형님 → 남동생)
　　　가-8. 오른쪽으로 돌림[돌리면] 되더라.(오빠 → 여동생)
　　　가-9. 한국은 되게 덥네라.(오빠 → 여동생)
　　　가-10. 같이 있기 불편하겠구나.(형님 → 남동생)

　　　가-11. 내 빌려줄게.(형님 → 여동생)
　　　가-12. 손벽두 마주 쳐야 소리 나지.(남동생 → 형님)
　　　가-13. 네 시 전에 온다 했는데.(형님 → 여동생)
　　　가-14. 한데[함께] 말아서 넣었지무.(남동생 → 형님)
　　　가-15. 내 말은 통 안 듣네.(형님 → 여동생)
　　　가-16. 가[개] 능력은 있재.(형님 → 동생)
　　　가-17. 우리 단위 령도 바꿨단말이.(남동생 → 형님)

G1, G2세대 남성 화자가 손위 남자, 여자형제인 '형님', '누나/누이/누애'와 그 배우자인 '아즈마이', '매부/매형' 그리고 손아래 남자, 여자형제의 배우자인 '제수'와 손아래 '매부'에게 사용하는 서술문의 종결형식의 예문은 (35가-1~5)와 같다. 종결어미 '-오/-우, -소, -습데' 등과 같은 '야야체' 어미를 사용한다. '형님', '누나/누이/누애'와 그 배우자인 '아즈마이', '매부/매형'에게 사용하는 '야야체' 어미는 존속인 어머니에게 사용하는 '야야체'의 어미와 같은 성질의 것으로 한국어의 '해요체' 정도에 해당한다. '제수'와 손아래 '매부'는 비록 비속에 속하지만 결혼으로 맺어진 인척이기에 동생들과 다른 등급인 '야야체' 어미를 사용하는데 이때의 '야야체' 어미는 존속인 어머니에게 사용하는 '야야체'의 어미와 다른 성질의 것으로 한국어의 '하오체' 정도에 해당한다. 동생은 이름호칭어에 (35가-6~10)의 예문과 같이 '-다/-ㄴ다, -더라, -네라, -구나' 등 '응응체' 어미를 대응하여 사용한다. (35가-6)의 어미 '-다'는 받침이 있는 용언 어간에 쓰이는 어미이고 (35가-7)의 어미 '-ㄴ다'는 받침이 없는 용언 어간에 쓰이는 어미다. 그리고 형제들끼리는 친밀성에 기대여 예문 (35가-11~17)의 '-게, -지, -는데, -지무, -네, -재, -말이' 등과 같은 서술형의 '반말체' 어미들을 스스럼없이 사용한다.

  G3세대의 사용 양상 :
  (36) 나-1. 내 오늘 휴식임다.(동생 → 매부)
      나-2. 아즈마이 차 기름 없슴다.(동생 → 형수)
      나-3. 매부 없습데다.(동생 → 누나)

      나-4. 손 떼기 쉽지 않을게요.(형님 → 매부)

나-5. 운전 조심하우.(아주버님 → 제수)

나-6. 등산 갔다 왔소.(아주버님 → 제수)

나-7. 온 하루 기다렸다.(형님 → 동생)

나-8. 공안국에 가 증명 떼오라더라.(형님 → 동생)

나-9. 맛이 완전 죽이네라.(오빠 → 동생)

나-10. 동미[친구] 돼서 좋구나.(오빠 → 동생)

나-11. 청명에 갈게.(동생 → 형님)

나-12. 이젠 그만하구 가지.(형님 → 동생)

나-13. 이재 금방 시작했는데.(오빠 → 동생)

나-14. 일이 바빠서 그래[그러]겠지무.(동생 → 누나)

나-15. 잘 만들었네.(동생 → 형님)

나-16. 아이 간다구 말했재.(오빠 → 동생)

나-17. 엄마 먼저 갔단말이.(형님 → 동생)

나-18. 글쎄 몇 천원 든다겠꾸나.(동생 → 누나)

G3세대 남성 화자가 손위 남자, 여자형제인 '형님', '누나'와 그 배우자인 '아즈마이/형수', '매부'에게 사용하는 서술문 종결형식의 예문은 (36나-1~3)과 같다. '-ㅁ다/-슴다, -습데다'와 같은 가장 높은 등급의 '예예체' 어미를 사용한다. G1, G2세대는 손위 남자, 여자형제와 그 배우자에게 모두 '야야체' 어미를 사용하는데 G3세대가 '예예체' 어미를 사용한다는 것은 G3세대에서 청자대우법의 간소화가 일어나고 있음을 말해준다. 손아래 형제는 이름호칭어에 (36나-7~10)의 종결어미 '-다, -더라, -네라, -구나' 등과 같은 '응응체' 어미를 대응하여 사용한다. 하

지만 손아래 형제의 배우자인 '제수'와 '매부'는 비록 비속에 속하지만 결혼으로 맺어진 인척이기에 등급을 달리 하여 (36나-4~6)과 같이 '-요/-우, -소'와 같은 '야야체' 어미를 사용한다. 이때의 '야야체' 어미는 한국어의 '하오체' 정도에 해당한다. 그리고 형제들끼리는 친밀성에 기대여 예문 (36나-11~18)의 '-게, -지, -는데, -지무, -네, -재, -말이, -꾸나' 등과 같은 '반말체' 어미들을 스스럼없이 사용한다.

4.2.1.2.2 남성 화자의 의문문에서의 실현 양상

G1, G2세대의 사용 양상 :

(37) 가-1. 아즈마이, 5월에 오오?(동생 → 형수)

가-2. 잘 갔다 왔소?(동생 → 누나)

가-3. 일이 바쁩데?(형님 → 매부)

가-4. 보험비 물었니?(형님 → 동생)

가-5. 그 말에 속아?(오빠 → 동생)

가-6. 잘 있었냐?(형님 → 동생)

가-7. 가네[걔들이] 촬(串) 먹을라 갔을까?(오빠 → 동생)

가-8. 돈 벌수 있개?(형님 → 동생)

가-9. 너네 동차[동창]이야?(오빠 → 동생)

가-10. 철남에 산다데?(형님 → 동생)

가-11. 정말 량심 없지?(동생 → 형님)

가-12. 날 놀리재?(오빠 → 동생)

가-13. 처음 본다구?(형님 → 동생)

가-14. 얼마나 벌었길래?(동생 → 형님)

G1, G2세대 남성 화자가 '형님', '누나/누이/누애'와 그 배우자인 '아즈마이', '매부/매형' 그리고 '제수'와 손아래 '매부'에게 사용하는 의문문의 종결형식의 예문은 (37가-1~3)과 같다. 종결어미 '-오, -소, -ㅂ데'와 같은 '야야체' 어미를 사용한다. '형님', '누나/누이/누애'와 그 배우자인 '아즈마이', '매부/매형'에게 사용하는 '야야체' 어미는 한국어의 '해요체' 정도에 해당한다. '제수'와 손아래 '매부'는 비록 비속이지만 결혼으로 맺어진 인척이기에 동생들과 다른 등급인 '야야체' 어미를 사용하는데 이때의 '야야체' 어미는 한국어의 '하오체' 정도에 해당한다. 동생은 이름호칭어에 예문 (37가-4~10)의 '-니, -아, -냐, -ㄹ가, -개, -야, -데' 등과 같은 '응응체' 어미를 대응하여 사용한다. 그리고 형제들끼리는 친밀성에 기대여 예문 (37가-11~14)의 '-지, -재, -다구, -길래' 등과 같은 '반말체' 어미를 스스럼없이 사용한다.

　　G3세대의 사용 양상 :

　　(38) 나-1. 형님, 어딤까?(동생 → 형님)

　　　　 나-2. 그 자전거 탑데까?(시동생 → 형수)

　　　　 나-3. 다섯 시 쌰발(下班)임다?(동생 → 누나)

　　　　 나-4. 어머니 잘 도착했답데다?(처남 → 매부)

　　　　 나-5. 그게 미친 짓이 아이요?(형님 → 매부)

　　　　 나-6. 저녁 먹었소?(형님 → 매부)

　　　　 나-7. 사두이[사돈이] 잘 있답데?(아주버님 → 제수)

　　　　 나-8. 니 어떻게 알구 사왔니?(오빠 → 동생)

　　　　 나-9. 밥 먹어?(형님 → 동생)

나-10. 어느 때 일 아직두 기억하냐?(형님 → 동생)

나-11. 너 각시 가져갔잴까?(형님 → 동생)

나-12. 몇 개 아이 남았는데 니 가져가개?(오빠 → 동생)

나-13. 잠 못 깼재이야?(형님 → 동생)

나-14. 니[네가] 왔을 때느[때는] 열렸데?(오빠 → 동생)

나-15. 정말 맛이 없지?(형님 → 동생)

나-16. 요즘 감기 돌재?(동생 → 누나)

나-17. 어디서 모인다구?(형님 → 동생)

나-18. 꼭대기까지 올라갔길래?(동생 → 형님)

G3세대 남성 화자가 '형님', '누나'와 그 배우자인 '아즈마이/형수', '매부'에게 사용하는 의문문 종결형식의 예문은 (38나-1~4)와 같다. '-ㅁ 까, -ㅂ데까, -ㅁ다, -ㅂ데다'와 같은 '예예체' 어미를 사용한다. G1, G2세대는 손위 남자, 여자형제와 그 배우자에게 모두 '야야체' 어미를 사용하는데 G3세대에서 '예예체' 어미를 사용한다는 것은 역시 G3세대에서 청자대우법의 간소화가 일어나고 있다는 것을 말해준다. 손아래 형제는 이름호칭어에 (38나-8~14)의 종결어미 '-니, -어, -냐, -르가, -개, -야, -데' 등과 같은 '응응체' 어미를 대응하여 사용한다. 하지만 그 배우자인 '제수'와 '매부'에게는 등급을 달리 하여 (38나-5~7)과 같이 '-요, -소, -ㅂ데'와 같은 '야야체' 어미를 사용한다. 이때의 '야야체' 어미는 한국어의 '하오체' 정도에 해당한다. 그리고 형제들끼리는 친밀성에 기대여 예문 (38나-15~18)의 '-지, -재, -다구, -길래' 등과 같은 '반말체' 어미를 스스럼없이 사용한다.

G1, G2세대의 사용 양상 :

(39) 가-1. 우리 집 들렀다 가우.(동생 → 형님)

　　가-2. 아즈마이, 가서 땐디(点滴) 맞소.(동생 → 형수)

　　가-3. 빨리 말해 보라이.(형님 → 매부)

　　가-4. 넌 이젠 그만 말해라.(형님 → 동생)

　　가-5. 일하지 말구 놀아라.(오빠 → 동생)

　G1, G2세대 남성 화자가 '형님', '누나/누이/누애'와 그 배우자인 '아즈마이', '매부/매형' 그리고 '제수'와 손아래 '매부'에게 사용하는 명령문 종결형식의 예문은 (39가-1, 2)와 같다. 즉 종결어미 '-우, -소'와 같은 '야야체' 어미를 사용한다. '형님', '누나/누이/누애'와 그 배우자인 '아즈마이', '매부/매형'에게 사용하는 '야야체' 어미는 한국어의 '해요체' 정도에 해당하고 '제수'와 손아래 '매부'에게 사용하는 '야야체' 어미는 한국어의 '하오체' 정도에 해당한다. 동생은 이름호칭어에 (39가-4, 5)와 같이 '-라/-아라' 등 '응응체' 어미를 대응하여 사용한다. (39가-3)의 어미 '-라이'는 G1세대의 남성 화자만 사용하는 방언형 어미로, 손아래 남성 청자에게 많이 사용한다.

　G3세대의 사용 양상 :

(40) 나-1. 형님에 엄마 좀 말리쇼.(동생 → 형님)

　　나-2. 누나, 매부 못 가게 잡으쇼.(동생 → 누나)

나-3. 제수, 물 좀 주우.(아주버님 → 제수)

나-4. 고기 골라서 먹소.(형님 → 매부)

나-5. 살 좀 빼라.(오빠 → 동생)

나-6. 좀 웃어라.(형님 → 동생)

G3세대 남성 화자가 '형님', '누나'와 그 배우자인 '아즈마이/형수', '매부'에게 사용하는 명령문 종결형식의 예문은 (40나-1, 2)와 같다. 즉 종결어미 '-쇼/-으쇼'와 같은 '예예체' 어미를 사용한다. G1, G2세대는 손위 남자, 여자형제와 그 배우자에게 모두 '야야체' 어미를 사용하는데 G3세대가 '예예체' 어미를 사용한다는 것은 G3세대에서 청자대우법의 간소화가 일어나고 있다는 것을 말해준다. 손아래 형제는 이름호칭어에 (40나-5, 6)의 종결어미 '-라/-어라'와 같은 '응응체' 어미를 대응하여 사용한다. 하지만 그 배우자들인 '제수'와 '매부'에게는 등급을 달리 하여 (40나-3, 4)의 '-우, -소' 등과 같은 '야야체' 어미를 사용한다. 이때의 '야야체' 어미는 한국어의 '하오체' 정도에 해당한다.

`4.2.1.2.4` 남성 화자의 청유문에서의 실현 양상

G1, G2세대의 사용 양상 :

(41) 가-1. 형님에, 같이 씻기오.(동생 → 형님)

가-2. 누애, 조선 티비 보기오. (동생 → 누나)

가-3. 술 그만 마이구 빨리 부커[트럼프] 치자.(형님 → 동생)

가-4. 바람 쐬러 가자.(오빠 → 동생)

가-5. 이것두 먹어보지.(동생 → 형님)

　G1, G2세대 남성 화자가 '형님', '누나/누이/누애'와 그 배우자인 '아즈마이', '매부/매형' 그리고 '제수'와 손아래 '매부'에게 사용하는 청유문 종결형식의 예문은 (41가-1, 2)와 같다. 즉 '야야체'의 종결어미 '-기오'를 사용한다. '형님', '누나/누이/누애'와 그 배우자인 '아즈마이', '매부/매형'에게 사용하는 '야야체' 어미는 한국어의 '해요체' 정도에 해당하고 '제수'와 손아래 '매부'에게 사용하는 '야야체' 어미는 한국어의 '하오체' 정도에 해당한다. 동생은 이름호칭어에 (41가-3, 4)와 같이 '응응체'의 종결어미 '-자'를 대응하여 사용한다. 그리고 형제들끼리는 친밀성에 기대여 예문 (41가-5)의 '반말체' 어미 '-지'를 스스럼없이 사용한다.

　G3세대의 사용 양상 :
(42) 나-1. 오전내루 다 해 치우기쇼.(동생 → 형님)
　　　나-2. 아즈마이 차 좀 쓰기쇼.(동생 → 형수)
　　　나-3. 우리 훠궈(火鍋) 먹을라 가기쇼.(처남 → 매부)

　　　나-4. 나가 피우기오.(형님 → 매부)
　　　나-5. 유리병에 넣기오.(아주버님 → 제수)

　　　나-6. 우리 오늘 한바탕 놀아보자.(형님 → 동생)

　　　나-7. 못하게 좀 말리지.(동생 → 형님)

G3세대 남성 화자가 '형님', '누나'와 그 배우자인 '아즈마이/형수', '매부'에게 사용하는 청유문 종결형식의 예문은 (42나-1~3)과 같다. 즉 '예예체'의 종결어미 '-기쇼'를 사용한다. G1, G2세대는 손위 남자, 여자형제와 그 배우자에게 모두 '야야체' 어미를 사용하는데 G3세대가 '예예체' 어미를 사용한다는 것은 G3세대에서 청자대우법의 간소화가 일어나고 있다는 것을 말해준다. 손아래 형제는 이름호칭어에 (42나-6)의 '응응체' 종결어미 '-자'를 대응하여 사용한다. 하지만 그 배우자인 '제수'와 '매부'에게는 등급을 달리 하여 (42나-4, 5)와 같이 '야야체'의 종결어미 '-기오'를 사용한다. 이때의 '야야체' 어미는 한국어의 '하오체' 정도에 해당한다. 그리고 형제들끼리는 친밀성에 기대여 예문 (42나-7)의 '반말체' 어미 '-지'를 스스럼없이 사용한다.

4.2.1.2.5 여성 화자의 서술문에서의 실현 양상

G1, G2세대 여성 화자의 동기에 대한 청자대우법의 실현 양상은 남동생에 대한 것만 제외하고 모두 일치하다. 이 점에 유의하면서 G1, G2세대를 함께 논의하기로 한다.

G1, G2세대의 사용 양상 :
(43) 가-1. 이 고치느[고추는] 아이 맵슴다.(처제 → 형부)
　　 가-2. 아즈바이 제일 멋있습데다.(처제 → 형부)

　　 가-3. 언니, 난 아이 가우.(동생 → 언니)
　　 가-4. 지금 상해 아들집 가 있소.(누나 → 동생)

가-5. 개[개] 정말 말 아이 듣습데.(시누이 → 올케언니)

가-6. 오빠, 형님이 갔습네.(동생 → 오빠)

가-7. 그럭저럭 보낸다.(누나 → 동생)

가-8. 한국에선 참기름 넣구 하더라.(언니 → 동생)

가-9. 버릇이 뚝 떨어졌네라.(누나 → 동생)

가-10. 그럼 한국두 못 나가겠구나.(누나 → 동생)

가-11. 그 나그내 그렇슬게[그럴게].(동생 → 오빠)

가-12. 사람 꾸(雇)해서 할게지.(동생 → 오빠)

가-13. 원래 영 곱았댔는데.(언니 → 동생)

가-14. 그 나그내 돈이 많지무.(누나 → 동생)

가-15. 그래두 생각보다 낫네.(동생 → 언니)

가-16. 가네 엄마 못가게 한다재. (언니 → 동생)

가-17. 그때 면바루 비 왔단말이.(동생 → 언니)

G1, G2세대 여성 화자가 '오빠/오래비'와 그 배우자인 '형님' 그리고 '언니'에게 사용하는 서술문의 종결형식은 예문 (43가-3~6)과 같다. '-우, -소, -습데, -습네' 등과 같은 '야야체' 어미를 사용한다. 이때의 '야야체' 어미는 존속인 어머니에게 사용하는 '야야체'의 어미와 같은 성질의 것으로 한국어의 '해요체' 정도에 해당한다. '언니'의 배우자 즉 '아즈바이/아저씨'에게는 (43가-1, 2)의 '-슴다, -습데다'와 같은 가장 높은 등급의 '예예체' 어미를 사용한다. 하지만 방언형의 '예예체' 어미는 사용하지 않는다. 손아래 남, 여동생에게는 대부분의 화자가 이름호칭어에 (43가-7~10)의 '-ㄴ다, -더라, -네라, -구나'와 같은 '응응체' 어미를

대응시켜 사용한다. G1세대의 일부 화자들은 장성한 남동생을 대우하여 호칭어 '오래비' 혹은 '동새'에 대응하여 (43가-3~6)과 같은 '야야체'의 어미를 사용한다. 남동생과 여동생의 배우자에게도 등급을 달리 하여 (43가-3~6)과 같은 '야야체' 어미를 사용한다. 이때의 '야야체' 어미는 한국어의 '하오체' 정도에 해당한다. 그리고 형제들끼리는 친밀성에 기대여 예문 (43가-11~17)의 '-게, -지, -는데, -지무, -네, -재, -말이' 와 같은 서술형의 '반말체' 어미를 스스럼없이 사용한다.

G3세대의 사용 양상 :
(44) 나-1. 사진 찍어 날 보이더란 말임다.(동생 → 오빠)
　　 나-2. 좀 더 놀구 갔음 해 했답데다.(동생 → 언니)

　　 나-3. 오늘 저녁에 일 있어 못 간다. (언니 → 동생)
　　 나-4. 영 아담하게 꾸려났더라.(누나 → 동생)
　　 나-5. 엄마 치웠네라.(언니 → 동생)
　　 나-6. 벌써 싹이 올라왔구나.(누나 → 동생)

　　 나-7. 정작 먹으라무 못 먹을게.(누나 → 동생)
　　 나-8. 옷으 그리 쪼끔[적게] 입은 게 그래 춥지.(동생 → 언니)
　　 나-9. 그런 말 한 적이 없는데.(언니 → 동생)
　　 나-10. 내 못하게 말렸지무.(동생 → 언니)
　　 나-11. 내보다 일찍 왔네.(동생 → 언니)
　　 나-12. 이래무[이러면] 다시 아이 와두 되재.(언니 → 동생)
　　 나-13. 나두 봤단말이.(동생 → 언니)
　　 나-14. 막 내 동새르[동생을] 오라겠꾸나.(누나 → 동생)

G3세대 여성 화자의 동기에 대한 청자대우법의 사용은 남성 화자에 비하여 비교적 단순하다. 손위 남자, 여자형제인 '오빠/오래비', '언니'와 그 배우자인 '형님/언니', '아저씨/형부'에게 전부 서술형의 종결어미로 예문 (44나-1, 2)와 같이 '-ㅁ다, -ㅂ데다'와 같은 가장 높은 등급의 '예예체' 어미를 사용한다. 손아래의 남자, 여자형제는 이름호칭어에 (44 나-3~6)의 종결어미 '-ㄴ다, -더라, -네라, -구나'와 같은 '응응체' 어미를 대응하여 사용하지만 그들의 배우자에게는 (44나-1, 2)와 같이 손위 형제에게 사용하는 '예예체' 어미를 사용한다. G3세대 남성 화자들은 손아래의 남자, 여자형제의 배우자에게 '야야체'의 어미를 사용하지만 여성 화자들은 전부 '예예체' 어미를 사용한다. 이처럼 G3세대 여성 화자들이 비속의 인척에게도 '야야체' 어미를 사용하지 않고 '예예체' 어미를 사용한다는 것은 G3세대 여성 화자들의 청자대우법 사용의 간소화가 G3세대 남성 화자보다 더 빨리 진행되고 있음을 설명한다. 그리고 형제들끼리는 친밀성에 기대여 예문 (44나-7~14)의 '-게, -지, -는데, -지무, -네, -재, -말이, -꾸나'와 같은 서술형의 '반말체' 어미를 스스럼없이 사용한다.

4.2.1.2.6 여성 화자의 의문문에서의 실현 양상

G1, G2세대의 사용 양상 :
(45) 가-1. 아직 멀었슴까?(처제 → 형부)
　　 가-2. 집 거의 다 짓습데까?(처제 → 형부)

　　 가-3. 가 대학두 못 가무[가면] 어찌오?(누나 → 동생)

가-4. 오빠 동미란[친구란] 말이요?(동생 → 오빠)

가-5. 지금두 기억하구 있소?(시누이→ 언니)

가-6. 그렇게 하이까[하니] 맛있습데?(동생 → 언니)

가-7. 니 지금 어디 있니?(누나 → 동생)

가-8. 그 학교 붙었어?(언니 → 동생)

가-9. 감기 나았냐?(언니 → 동생)

가-10. 엄마 데리구 갈까?(언니 → 동생)

가-11. 불 때는 일 하개?(누나 → 동생)

가-12. 연길의 애[아이]야?(누나 → 동생)

가-13. 곱은 게 많데?(언니 → 동생)

가-14. 니 거짓말 했지?(동생 → 오빠)

가-15. 가 원래 키 영 작았재?(언니 → 동생)

가-16. 다음 주에 도착한다구?(동생 → 언니)

가-17. 상금 얼마나 탔길래?(누나 → 동생)

G1, G2세대 여성 화자가 '오빠/오래비'와 그 배우자인 '형님' 그리고 '언니'에게 사용하는 의문문의 종결형식의 예문은 (45가-3~6)과 같다. 즉 '-오, -요, -소, -습데'와 같은 '야야체' 어미를 사용한다. 이때의 '야야체' 어미는 한국어의 '해요체' 정도에 해당한다. '언니'의 배우자 즉 '아즈바이/아저씨'에게는 (45가-1, 2)의 '-습까, -습데까'와 같은 '예예체' 어미를 사용하지만 방언형의 '예예체' 어미는 사용하지 않는다. 손아래 남, 여동생에게는 대부분의 화자가 이름호칭어에 대응하게 (45가 -7~13)의 '-니, -어, -냐, -르가, -개, -야, -데'와 같은 '응응체' 어미

를 사용하지만 G1세대의 일부 화자들은 장성한 남동생을 대우하여 호칭어 '오래비' 혹은 '동새'에 대응하여 (45가-3~6)의 경우와 같은 '야야체' 어미를 사용한다. 그 배우자에게도 등급을 달리 하여 이런 '야야체' 어미를 사용한다. 이때의 '야야체' 어미는 한국어의 '하오체' 정도에 해당한다. 그리고 형제들끼리는 친밀성에 기대여 예문 (45가-14~17)의 '-지, -재, -다구, -길래'와 같은 의문형의 '반말체' 어미를 스스럼없이 사용한다.

G3세대의 사용 양상 :
(46) 나-1. 그렇게 말해주겠슴까?(동생 → 오빠)
　　나-2. 문 닫았습데까?(동생 → 형부)
　　나-3. 이젠 몇 번쨈다?(동생 → 언니)
　　나-4. 손님이 그럽데다?(시누이 → 올케언니)

　　나-5. 벌써 잊어먹었니?(누나 → 동생)
　　나-6. 니 빼앗아?(언니 → 동생)
　　나-7. 우리 먼저 가볼까?(언니 → 동생)
　　나-8. 어느 날 가개?(언니 → 동생)
　　나-9. 지금 몇 시야?(누나 → 동생)
　　나-10. 언제 왔다데?(언니 → 동생)

　　나-11. 다시느 아이 가지?(누나 → 동생)
　　나-12. 그만 싸두 되재?(동생 → 언니)
　　나-13. 쌍왕(上网) 아이 된다구?(누나 → 동생)
　　나-14. 어느 모테[부근]길래?(동생 → 오빠)

G3세대 여성 화자는 '오빠/오래비', '언니'와 그 배우자인 '형님/언니', '아저씨/형부'에게 의문문의 종결어미로 예문 (46나-1~4)에서와 같이 '-슴까, -습데까, -ㅁ다, -ㅂ데다' 등과 같은 '예예체' 어미를 사용한다. 손아래의 남자, 여자형제는 이름호칭어에 (46나-5~10)의 종결어미 '-니, -아, -ㄹ가, -개, -야, -데'와 같은 '응응체' 어미를 대응하여 사용하지만 그들의 배우자에게는 (46나-1~4)와 같은 손위 형제들에게 사용하는 '예예체' 어미를 사용한다. 보다시피 G3세대 여성 화자는 G3세대 남성화자와 달리 비속의 인척에게 '야야체' 어미를 사용하지 않고 '예예체' 어미를 사용하는데 이것은 G3세대 여성 화자의 청자대우법 사용의 간소화가 G3세대 남성 화자보다 더 빨리 진행되고 있음을 설명한다. 그리고 형제들끼리는 친밀성에 기대여 예문 (46나-11~14)의 '-지, -재, -다구, -길래'와 같은 의문형의 '반말체' 어미를 스스럼없이 사용한다.

4.2.1.2.7 여성 화자의 명령문에서의 실현 양상

G1, G2세대의 사용 양상 :

(47) 가-1. 추운데 문 좀 닫으쇼.(처제 → 형부)

가-2. 우리 집 호구부 갖다 주오.(누나 → 동생)
가-3. 그런 사람과 같으네 하지 마우.(동생 → 언니)
가-4. 사위 온단데 닭의[닭을] 잡소.(동생 → 오빠)

가-5. 슬쩍 덮어놔라.(언니 → 동생)
가-6. 시장에 갔다 오라.(누나 → 동생)

G1, G2세대 여성 화자가 '오빠/오래비'와 그 배우자인 '형님' 그리고 '언니'에게 사용하는 명령문의 종결형식은 예문 (47가-2~4)와 같다. 즉 '-오/-우, -소'와 같은 '야야체' 어미를 사용한다. 이때의 '야야체' 어미는 한국어의 '해요체' 정도에 해당한다. '언니'의 배우자 즉 '아즈바이/아저씨'에게는 (47가-1)의 '-으쇼'와 같은 '예예체' 어미를 사용하지만 방언형의 '예예체' 어미는 사용하지 않는다. 손아래 남, 여동생에게는 대부분의 화자가 이름호칭어에 대응하게 (47가-5, 6)의 '응응체' 어미 '-라'를 사용하지만 G1세대의 일부 화자들은 장성한 남동생을 대우하여 호칭어 '오래비' 혹은 '동새'에 대응하여 (47가-2~4)와 같은 '야야체' 어미를 사용한다. 그 외에 남, 여동생의 배우자에게도 등급을 달리하여 (47가-2~4)의 경우와 같은 '야야체' 어미를 사용하는데 이때의 '야야체' 어미는 한국어의 '하오체' 정도에 해당한다.

G3세대의 사용 양상 :
(48) 나-1. 엄마 집 가보쇼.(동생 → 오빠)
　　　 나-2. 언니, 내 손 꼭 잡으쇼.(동생 → 언니)
　　　 나-3. 형부, 힘 내쇼.(동생 → 형부)

　　　 나-4. 니 좀 사줘라.(누나 → 동생)
　　　 나-5. 이거 다 가져가라.(언니 → 동생)
　　　 나-6. 세탁기에다 좀 빨아라.(언니 → 동생)

G3세대 여성 화자는 '오빠/오래비', '언니'와 그 배우자인 '형님/언니', '아저씨/형부'에게 명령문의 종결어미로 예문 (48나-1~3)의 '-쇼/-으쇼'

와 같은 '예예체' 어미를 사용한다. 손아래의 남자, 여자형제는 이름호칭
어에 (48나-4~6)의 종결어미 '-라/-아라'와 같은 '응응체' 어미를 대응
하여 사용하지만 그들의 배우자에게는 (48나-1~3)과 같이 손위 형제들
에게 사용하는 '예예체' 어미를 사용한다. 보다시피 G3세대 여성 화자는
G3세대 남성 화자와 달리 비속의 인척에게도 '야야체' 어미를 사용하지
않고 '예예체' 어미를 사용하는데 이것은 G3세대 여성 화자의 청자대우
법 사용의 간소화가 G3세대 남성 화자보다 더 빨리 진행되고 있음을 설
명한다.

4.2.1.2.8 여성 화자의 청유문에서의 실현 양상

G1, G2세대의 사용 양상 :
(49) 가-1. 기다렸다가 언니 같이 가기쇼.(처제 → 형부)

　　　가-2. 찜질방 같이 가기오.(동생 → 언니)
　　　가-3. 울 집에 가 먹기오.(동생 → 오빠)
　　　가-4. 옥시[옥수수] 뜯으러 같이 가기오.(누나 → 동생)

　　　가-5. 우리 이따 한국 가 살자.(언니 → 동생)

　　　가-6. 식기 전에 빨리 먹지.(동생 → 언니)

　G1, G2세대 여성 화자가 '오빠/오래비'와 그 배우자인 '형님' 그리고
'언니'에게 사용하는 청유문 종결형식은 예문 (49가-2~4)와 같다. 즉
'야야체'의 종결어미 '-기오'를 사용한다. 이때의 '야야체' 어미는 한국

어의 '해요체' 정도에 해당한다. '언니'의 배우자 즉 '아즈바이/아저씨'에게는 (49가-1)과 같이 '예예체'의 종결어미 '-기쇼'를 사용하지만 방언형의 '예예체' 어미는 사용하지 않는다. 손아래 남, 여동생에게는 대부분의 화자가 이름호칭어에 (49가-5)와 같이 '응응체'의 종결어미 '-자'를 대응하여 사용하지만 G1세대의 일부 화자들은 장성한 남동생을 대우하여 호칭어 '오래비' 혹은 '동새'에 대응하여 (49가-2~4)와 같은 '야야체' 어미를 사용한다. 남, 여동생의 배우자에게도 등급을 달리 하여 (49가-2~4)의 경우와 같은 '야야체' 어미를 사용한다. 이때의 '야야체' 어미는 한국어의 '하오체' 정도에 해당한다. 그리고 형제들끼리는 친밀성에 기대여 예문 (49가-6)과 같은 '반말체' 종결어미 '-지'를 스스럼없이 사용한다.

G3세대의 사용 양상 :
(50) 나-1. 주방만 뜯어 고치기쇼.(동생 → 오빠)
　　　나-2. 우리 언니 좀 말리기쇼.(동생 → 형부)

　　　나-3. 누가 빠른가 내기 하자.(언니 → 동생)
　　　나-4. 여기 쓴 대로 해보자.(누나 → 동생)

　　　나-5. 그만 좀 싸우지.(동생 → 언니)

　G3세대 여성 화자는 '오빠/오래비', '언니'와 그 배우자인 '형님/언니', '아저씨/형부'에게 청유문의 종결어미로 예문 (50나-1, 2)와 같이 '예예체' 어미 '-기쇼'를 사용한다. 손아래의 남자, 여자형제는 이름호칭어에

(50나-3, 4)와 같이 '응응체'의 종결어미 '-자'를 사용하지만 그들의 배우자에게는 (50나-1, 2)와 같이 손위 형제들에게 사용하는 '예예체' 어미를 사용한다. 보다시피 G3세대 여성 화자는 G3세대 남성 화자와 달리 손아래 비속의 인척에게도 '야야체' 어미를 사용하지 않고 '예예체' 어미를 사용하는데 이것은 G3세대 여성 화자의 청자대우법 사용의 간소화가 G3세대 남성 화자보다 더 빨리 진행되고 있음을 설명한다. 그리고 형제들끼리는 친밀성에 기대여 예문 (50나-5)와 같은 '반말체' 어미 '-지'를 스스럼없이 사용한다.

사촌형제에 대한 청자대우법의 사용은 친형제의 경우와 똑같기에 논의를 생략하기로 한다. 다만 사촌 간은 친형제 간보다 친밀도가 떨어지기에 '반말체'의 어미들을 사용하지 않는 경우가 대부분이고 나이 차이가 많이 나지 않고 가깝게 지내는 일부 사촌 간에는 '반말체' 어미들을 사용하는 경우가 있다.

4.2.1.3 부부사이의 호칭어와 청자대우법

여기에서는 남편과 아내에 대한 호칭어와 청자대우법의 실현 양상을 알아보도록 한다. 아래에 서술문, 의문문, 명령문, 청유문에서 각각 어떻게 실현되는 지 살펴보고자 한다.

G1세대의 사용 양상 :

(51) 가-1. 이봅소, 처음에 좋은 걸루 해야 되꾸마.

가-2. 훈춘집 령감은 혼자 영[매우] 잘합더구마.

가-3. 대답이야 잘합지비.

가-4. 이보쇼, 매일마다 아침 저녁을루[으로] 먹으면 좋담다.

가-5. 이것보다 약간 색이 다릅데다.

가-6. 가져오쇼, 내 먹을게.

가-7. 코끝이 빨간 게 원래 술주정뱅이지.

가-8. 내 입에는 맞는데.

가-9. 명년 설에 가지무.

가-10. 생전 별 일 다 보겠네.

가-11. 순댓국 먹구 배탈 났다재.

가-12. 내 잊어먹구 못 말했단말이.

G1세대 여성 화자가 남편에게 사용하는 서술문 종결형식은 예문 (51 가-1~5)와 같이 모두 '예예체' 어미를 사용한다. (51가-1~3)의 종결어 미 '-꾸마, -ㅂ더구마, -ㅂ지비' 등 방언형은 주로 70대의 여성 화자가 남편에게 사용하는 서술형 어미로 주로 호칭어 '이봅소, 령감'과 대응하 여 사용된다. G1세대 여성 화자들이 조부모와 아버지에게 이런 '아주 높임' 등급의 '예예체'의 방언형을 쓰던 것이 그 사용이 남편에게까지 확장된 것이다. 그 외에 60대의 여성 화자들은 (51가-4, 5)의 종결어미

'-ㅁ다, -ㅂ데다'와 같은 '예예체' 어미를 사용한다. 이것은 이 연령대의 여성 화자가 문장종결 형식의 개신자임을 설명한다. 이 연령대로부터 아래로 내려오면서 남편에게 서술문의 '예예체' 방언형을 쓰는 여성 화자가 존재하지 않기 때문이다. '-ㅁ다, -ㅂ데다'는 주로 호칭어 '이보쇼, 여보, 당신'과 대응하여 쓰이는 종결어미다. (51가-6~12)의 서술형 종결어미 '-게, -지, -는데, -지무, -네, -재, -말이'는 부부사이에 쓰는 '반말체'의 어미들이다. 이런 '반말체' 어미들은 웃어른들이 있는 자리에서나 자녀들 앞에서는 사용하기 어렵고 부부가 둘만이 있는 사적인 장소나 친한 친구들과 함께 있는 편한 자리에서 흔히 사용한다.

G2세대의 사용 양상 :
(52) 나-1. 우리느 시험 칠 때 훈춘 가 쳤댔습다.
　　　나-2. 설명서에 그렇게 썼습데다.

G2세대 여성 화자가 남편에게 사용하는 서술문 종결형식의 예문은 (52나-1, 2)와 같다. 호칭어 '동무, 이보쇼' 등과 호응하여 종결어미 '-습다, -습데다'와 같은 '예예체' 어미를 사용하는데 G1세대의 일부 여성 화자가 사용하는 방언형의 '예예체' 어미는 사용하지 않는다. G2세대 여성 화자도 G1세대와 같이 부부가 둘만이 있는 사적인 장소나 친한 친구들과 함께 있는 편한 자리에서 부부사이에 '반말체' 어미를 사용하는데 그 사용 양상은 G1세대와 같다. 즉 (51가-6~12)의 서술형 종결어미 '-게, -지, -는데, -지무, -네, -재, -말이'와 같은 '반말체' 어미들을 사용한다.

G3세대의 사용 양상 :

(53) 다-1. 내 오늘 이상한 사람 봤슴다.

다-2. 소문이 벌써 다 났습데다.

다-3. 내 다시느[다시는] 아이 간다.

다-4. 너네 누나 한국 가겠다더라.

다-5. 김이 여자들한테는 좋네라.

다-6. 그 옷이 닌데[너한테] 딱 맞구나.

다-7. 오라지 않을게.

다-8. 누구도 못 말리지.

다-9. 난 모르는데.

다-10. 어찌는가 보느라구 거짓말 했지무.

다-11. 오늘은 기분이 좋네.

다-12. 책꽂이 제일 우에 있재.

다-13. 내 거르마이[호주머니]에 돈 일전두 없었단말이.

다-14. 택시 하나두 없겠꾸나.

G3세대 여성 화자가 남편에게 사용하는 서술문 종결형식의 예문은 (53다-1~14)와 같다. 일부 여성 화자가 (53다-1, 2)와 같이 '-슴다, -습데다' 등 '예예체' 어미를 사용하고 대부분의 여성 화자는 (53다-3~6)의 '-ㄴ다, -더라, -네라, -구나'와 같은 '응응체' 어미를 사용한다. 이는 호칭의 사용과도 연관이 있다. G1, G2세대는 비교적 보수적이어서 남편의 이름을 마음대로 부르지 못하지만 이 세대는 중국의 개혁개방정책의 실시와 더불어 학교생활을 보냈기에 비교적 활달하고 개방된 사유

를 갖고 있다. 하여 서로 잘 아는 친구나 학교 때 동창끼리 만나 연애하다가 결혼한 경우가 많다. 서로 이름을 부르던 습관을 결혼하여 자녀가 태어나도 바꾸지 못하고 계속 사용하는데 보통 '이름'에 호격조사 '-아/-야'를 붙여 부르고 거기에 (53다-3~6)의 경우와 같이 '응응체' 어미를 대응하여 사용한다. 자녀가 커가면서 말길을 알아듣게 되면 자녀 앞에서 이름을 부르는 것은 자제하지만 종결어미는 계속 '응응체' 어미를 사용한다. (53다-7~14)의 종결어미 '-게, -지, -는데, -지무, -네, -재, -말이, -꾸나' 등은 G3세대 부부사이에 사용하는 서술문의 '반말체' 어미들이다. 다른 세대보다 G3세대가 이런 반말 사용에 능숙한데 그것은 평시에 호상 상대방을 가까운 친구처럼 여기고 서로 '응응체'의 대우 등급을 사용하는 것과도 관계된다. 연변 지역에서 어른들이 "부부사이에 어떻게 응응하니?", "어른들 앞에서 무슨 말버릇이야?"라고 말하는 정경을 쉽사리 목격할 수 있다. 이처럼 G3세대는 부부끼리 때와 장소를 별로 고려하지 않고 반말을 자유롭게 사용하는 편이다.

4.2.1.3.1.2 의문문에서의 실현 양상

G1세대의 사용 양상 :
(54) 가-1. 이봅소, 어디 아픔두?
　　　가-2. 딸 만나이[만나니] 좋습덤두?
　　　가-3. 작년 겨울에 돌아갔습지?
　　　가-4. 재별루[자기절로] 키우니까 얼매[얼마나] 좋습까?
　　　가-5. 안마 받아 보이[보니] 어떻습데까?

　　　가-6. 좀 슴슴한 같지?

가-7. 너무 환하재?

가-8. 한국 가겠다구?

가-9. 수지느[영수증은] 어디다 뒀길래?

G1세대의 여성 화자가 남편에게 사용하는 의문문의 종결형식은 예문 (54가-1~5)와 같이 모두 '예예체' 어미를 사용한다. (54가-1~3)의 종결어미 '-ㅁ두, -습덤두, -습지' 등 방언형은 주로 남편에 대한 호칭으로 '이봅소, 령감'을 사용하는 70대의 여성 화자가 사용하는 의문형 어미다. G1세대 여성 화자들이 조부모와 아버지에게 이런 '아주 높임' 등급의 '예예체'의 방언형을 쓰던 것이 그 사용이 남편에게까지 확장된 것이다. 그 외에 60대의 여성 화자들은 (54가-4, 5)의 종결어미 '-습까, -습데까'와 같은 '예예체' 어미를 사용하는데 주로 '이보쇼, 여보, 당신' 등 호칭어와 대응하여 사용한다. 이 연령대로부터 아래로 내려오면서 남편에게 의문문의 '예예체' 방언형을 쓰는 여성 화자는 존재하지 않는다. (54가-6~9)의 종결어미 '-지, -재, -다구, -길래'는 부부사이에 쓰는 '반말체'의 어미들이다. 이런 반말은 웃어른들이 있는 자리에서나 자녀들 앞에서는 사용하기 어렵고 부부가 둘만이 있는 사적인 장소나 친한 친구들과 함께 있는 편한 자리에서 흔히 사용한다.

G2세대의 사용 양상 :

(55) 나-1. 이보쇼, 오늘은 집에 있음 아이 되겠슴까?

　　　나-2. 동무, 뿔이 하얀 겝데까?

G2세대 여성 화자가 남편에게 사용하는 의문문 종결형식의 예문은

(55나-1, 2)와 같다. 호칭어 '동무, 이보쇼' 등과 호응하여 종결어미 '-슴까, -ㅂ데까'와 같은 '예예체' 어미를 사용한다. G1세대의 일부 여성 화자가 사용하는 방언형의 '예예체' 어미는 사용하지 않는다. G2세대 여성 화자도 G1세대와 같이 부부가 둘만이 있는 사적인 장소나 친한 친구들과 함께 있는 편한 자리에서 부부사이에 반말을 하는데 그 사용 양상은 G1세대와 같다. 즉 (54가-6~9)의 의문형 종결어미 '-지, -재, -다구, -길래'와 같은 '반말체' 어미들을 사용한다.

G3세대의 사용 양상 :
(56) 다-1. 개두 악이 나무 문다잼까?
　　다-2. 영화 재밌습데까?
　　다-3. 어느 모태[부근] 가겠슴다?
　　다-4. 어느 대학 붙었답데다?

　　다-5. 내 말 들었니?
　　다-6. 피 멎어?
　　다-7. 머리 그리 좋다는 사람이 70점밖에 못 맞아?
　　다-8. 우리두 피발해[도매하여] 장사 할까?
　　다-9. 내 오늘 누기[누구] 만났개?
　　다-10. 호박 넣은까[넣으니] 맛이 못하야?
　　다-11. 울 엄마 산 게 마음에 들데?

　　다-12. 넌 아이 마시지?
　　다-13. 니 정신 나갔재?
　　다-14. 저녁에 아이 온다구?
　　다-15. 전화기 어쨌길래?

G3세대 여성 화자가 남편에게 사용하는 의문문 종결형식의 예문은 (56다-1~15)와 같다. 일부 여성 화자가 (56다-1~4)의 종결어미 '-ㅁ까, -습데까, -슴다, -ㅂ데다'와 같은 '예예체' 어미를 사용한다. 그리고 대부분의 여성 화자는 남편의 '이름'에 호격조사 '-아/-야'를 붙여 부르고 거기에 (56다-5~11)의 종결어미 '-니, -어/-아, -ㄹ가, -개, -야, -데'와 같은 '응응체' 어미를 대응하여 사용한다. 앞에서도 언급했지만 이 세대는 서로 잘 아는 친구나 학교 때 동창끼리 만나 연애하다가 결혼한 경우가 많다. 서로 이름을 부르던 습관을 결혼하여 자녀가 태어나도 바꾸지 못하고 계속 사용하는데 자녀가 생겨서도 대우 등급은 계속 '응응체'를 사용한다. '응응체'의 사용이 활발한 만큼 부부사이에 (56다-12~15)의 의문형 종결어미 '-지, -재, -다구, -길래'와 같은 '반말체' 어미 사용도 매우 자유롭다.

4.2.1.3.1.3 명령문에서의 실현 양상

G1세대의 사용 양상 :
(57) 가-1. 이봅소, 날 이거 좀 내려줍소.
　　　가-2. 이불 좀 개쇼.
　　　가-3. 머리 좀 감으쇼.

G1세대의 여성 화자가 남편에게 사용하는 명령문의 종결형식은 예문 (57가-1~3)과 같이 모두 '예예체' 어미를 사용한다. (57가-1)의 종결어미 '-ㅂ소'는 '예예체'의 방언형으로 남편에 대한 호칭으로 '이봅소, 령감'을 사용하는 70대의 여성 화자가 주로 사용하는 명령형 어미다. 그

외에 60대의 여성 화자들은 호칭어 '이보쇼, 여보, 당신'에 (57가-2, 3)의 종결어미 '-쇼/-으쇼'와 같은 '예예체' 어미를 대응하여 사용한다. 이 연령대로부터 아래로 내려오면서 남편에게 명령문의 '예예체' 방언형을 쓰는 여성 화자는 존재하지 않는다.

G2세대의 사용 양상 :
(58) 나-1. 이보쇼, 애[애] 숙제 좀 봐주쇼.
　　나-2. 동무, 집에서 좀 담배 피우지 마쇼.
　　나-3. 도마도 씻으쇼.

G2세대 여성 화자가 남편에게 사용하는 명령문 종결형식의 예문은 (58나-1~3)과 같다. 호칭어 '동무, 이보쇼' 등과 호응하여 종결어미로 '-쇼/-으쇼'를 대응하여 사용하는데 이것은 '예예체'의 어미에 속한다. G1세대의 일부 여성 화자가 사용하는 '예예체'의 방언형 어미는 사용하지 않는다.

G3세대의 사용 양상 :
(59) 다-1. 점심은 나가 잡숫쇼.
　　다-2. 쌰빨(下班)할 때 오이 몇 개 사가지구 오쇼.
　　다-3. 주방에 갖다 놓으쇼.

　　다-4. 쓰레기 밖에 내다 버려라.
　　다-5. 사과 먹어라.

G3세대 여성 화자가 남편에게 사용하는 명령문 종결형식의 예문은

(59다-1~5)와 같다. 일부 여성 화자가 (59다-1~3)의 종결어미 '-쇼/-으쇼'와 같은 '예예체' 어미를 사용하고 대부분의 여성 화자는 남편의 '이름'에 호격조사 '-아/-야'를 붙여 부르고 거기에 (59다-4, 5)의 종결어미 '-라/-어라'와 같은 '응응체' 어미를 대응하여 사용한다.

4.2.1.3.1.4 청유문에서의 실현 양상

G1세대의 사용 양상 :
(60) 가-1. 난치(暖气)비르[난방비를] 빨리 물깁소.
　　 가-2. 기다려서 같이 가기쇼.
　　 가-3. 손자들 오면 주기쇼.

　　 가-4. 어머이 집에 가져가지.
　　 가-5. 운동이나 하지.

G1세대의 여성 화자가 남편에게 사용하는 청유문의 종결형식의 예문은 (60가-1~5)와 같다. (60가-1)의 종결어미 '-깁소'는 '예예체'의 방언형으로 남편에 대한 호칭으로 '이봅소, 령감'을 사용하는 70대의 여성화자가 주로 사용하는 어미다. 그 외에 60대의 여성 화자들은 호칭어 '이보쇼, 여보, 당신'에 (60가-2, 3)과 같은 '예예체'의 종결어미 '-기쇼'를 대응하여 사용한다. 이 연령대로부터 아래로 내려오면서 남편에게 청유문의 '예예체' 방언형을 쓰는 여성 화자는 존재하지 않는다. (60가-4, 5)의 종결어미 '-지'는 '반말체'의 청유형 어미로 부부사이에 친밀성에 기대여 둘만이 있는 사적인 장소나 친한 친구들과 함께 있는 편한 자리에서 흔히 사용한다.

G2세대의 사용 양상 :

(61) 나-1. 어머니 옷 한 벌 사기쇼.

　　　나-2. 얼굴 펴고 좀 웃기쇼.

G2세대 여성 화자가 남편에게 사용하는 의문문 종결형식의 예문은 (61나-1, 2)와 같다. 호칭어 '동무, 이보쇼' 등과 호응하여 '예예체'의 종결어미 '-기쇼'를 대응하여 사용하는데 G1세대의 일부 여성 화자가 사용하는 방언형의 '예예체' 어미 '-깁소'는 사용하지 않는다. G2세대 여성 화자도 G1세대와 같이 부부가 둘만이 있는 사적인 장소나 친한 친구들과 함께 있는 편한 자리에서 부부사이에 반말을 하는데 그 사용 양상은 G1세대와 같다. 즉 (60가-4, 5)의 청유형 '반말체' 어미 '-지'를 사용한다.

G3세대의 사용 양상 :

(62) 다-1. 우리 맏아바이한테 말해 보기쇼.

　　　다-2. 우리두 돈 모아서 큰 집 바꾸자.

　　　다-3. 선심 좀 써보지.

G3세대 여성 화자가 남편에게 사용하는 청유문 종결형식의 예문은 (62다-1~3)과 같다. 일부 여성 화자가 (62다-1)과 같이 '예예체' 종결어미 '-기쇼'를 사용하고 대부분의 여성 화자는 남편의 '이름'에 호격조사 '-아/-야'를 붙여 부르고 거기에 (62다-2)와 같이 '응응체'의 종결어미 '-자'를 대응하여 사용한다. '응응체'의 사용이 활발한 만큼 부부사이에

(62다-3)의 청유형 '반말체' 어미 '-지'의 사용도 매우 자유롭다.

4.2.1.3.2 '아내'에 대한 호칭어와 청자대우법

G1, G2세대 남성 화자들의 아내에 대한 청자대우법의 사용 양상이 같으므로 함께 논의하기로 한다.

4.2.1.3.2.1 서술문에서의 실현 양상

G1, G2세대의 사용 양상 :
(63) 가-1. 이보, 화룡 형님이 왔다우.
　　가-2. 화장실 들어갔소.
　　가-3. 열콩 밥 영 잘 먹습데.
　　가-4. 어릴 때 뽈 잘 찼습네.

G1, G2세대 남성 화자가 아내에 대한 호칭과 대응하여 사용하는 서술문의 종결형식은 예문 (63가-1~4)와 같다. '-우, -소, -습데, -습네' 등과 같은 '야야체' 어미를 사용한다. 이때의 '야야체' 어미는 '예예체'에 가까운, 한국어의 '해요체' 정도에 해당하는 어미라고 할 수 있다. G1, G2세대 남성 화자들도 아내와 똑같이 서술형의 '반말체' 어미들을 사용하는 데 부부사이에 사용하는 서술형의 '반말체' 어미들을 앞에서 밝혔기에 여기서는 생략하기로 한다.

G3세대의 사용 양상 :
(64) 나-1. 거기 사람 살 곳이 아이요.

나-2. 내 말 들으무[들으면] 낭패 없소.

나-3. 날이 영 덥습데.

나-4. 오늘 정말 재수없다.

나-5. 우리 엄마 김치 가져가라더라.

나-6. 니 그럼 못쓰네라.

나-7. 그 머리 보기 좋구나.

    G3세대 남성 화자가 아내에 대한 호칭과 대응하여 사용하는 서술문의 종결형식은 G1, G2세대와 다른 양상을 보인다. 예문 (64나-1~3)의 종결어미 '-요, -소, -습데'와 같은 '야야체' 어미를 사용하는 남성 화자는 소부분이고 (64나-4~7)의 종결어미 '-다, -더라, -네라, -구나'와 같은 '응응체' 어미를 사용하는 남성 화자가 훨씬 더 많다. 이것도 호칭의 사용과 연관이 있다. 앞서 밝혔듯이 이 세대는 서로 잘 아는 친구나 학교 때 동창끼리 만나 연애하다가 결혼한 경우가 많다. 서로 이름을 부르던 습관을 결혼하여 자녀가 태어나도 바꾸지 못하고 계속 사용하는데 보통 아내의 '이름'에 호격조사 '-아/-야'를 붙여 부르고 거기에 (64나-4~7)의 경우와 같이 '응응체' 어미를 대응하여 사용한다. 자녀가 커가면서 말길을 알아듣게 되면 자녀 앞에서 이름을 부르는 것은 자제하지만 종결어미는 계속 '응응체' 어미를 사용한다. G3세대 남성 화자도 아내와 똑같이 서술형의 '반말체' 어미의 사용이 활발한데 부부사이에 사용하는 서술형의 '반말체' 어미들을 앞에서 밝혔기에 여기서는 생략하기로 한다.

G1, G2세대의 사용 양상 :
(65) 가-1. 바쁘재이요?
　　　가-2. 손톱 깎개 어디 있소?
　　　가-3. 지금 생일에 그런 거 먹는 사람 어디 있습데?

G1, G2세대 남성 화자가 아내에 대한 호칭과 대응하여 사용하는 의문문의 종결형식은 예문 (65가-1~3)과 같다. '-요, -소, -습데' 등 '야야체' 어미를 사용한다. 이때의 '야야체' 어미는 '예예체'에 가까운, 한국어의 '해요체' 정도에 해당하는 어미라고 할 수 있다. G1, G2세대 남성 화자들도 아내와 똑같이 의문형의 '반말체' 어미들을 사용하는데 부부사이에 사용하는 의문형의 '반말체' 어미들을 앞에서 밝혔기에 여기서는 생략하기로 한다.

G3세대의 사용 양상 :
(66) 나-1. 내 말 듣기우?
　　　나-2. 검사결과 나왔소?
　　　나-3. 그 남자 뭐라 합데?

　　　나-4. 이런 개고생이 어디 있니?
　　　나-5. 오늘 집에서 놀아?
　　　나-6. 답답한데 바람 쐬러 갔다 올까?
　　　나-7. 내 있는데 오개?
　　　나-8. 내 무슨 비렁뱅이야?

나-9. 의사 그렇게 말하데?

G3세대 남성 화자가 아내에 대한 호칭과 대응하여 사용하는 의문문의 종결형식의 예문은 (66나-1~9)와 같다. 일부 화자가(66나-1~3)의 '-우, -소, -ㅂ데' 등 '야야체' 어미를 사용하고 대부분의 남성 화자가 (66나-4~9)의 종결어미 '-니, -아, -ㄹ가, -개, -야, -데' 등과 같은 '응응체' 어미를 사용한다. 이는 호칭의 사용과도 연관이 있음을 앞에서 밝혔다. 보통 아내의 '이름'에 호격조사 '-아/-야'를 붙여 부르고 거기에 (66나-4~9)의 경우와 같이 '응응체' 어미를 대응하여 사용한다. '응응체'의 사용이 활발한 만큼 G3세대 남성 화자도 아내와 똑같이 의문형의 '반말체' 어미들을 활발하게 사용하는데 부부사이에 사용하는 의문형의 '반말체' 어미들을 앞에서 밝혔기에 여기서는 생략하기로 한다.

4.2.1.3.2.3 명령문에서의 실현 양상

G1, G2세대의 사용 양상 :
(67) 가-1. 여기 오오.
　　　가-2. 담배 갖다 주우.
　　　가-3. 밥 가마 전기 꼽소.

G1, G2세대 남성 화자가 아내에 대한 호칭과 대응하여 사용하는 명령문 종결형식의 예문은 (67가-1~3)과 같다. 종결어미 '-오/-우, -소'는 G1, G2세대 남편들이 아내에게 사용하는 명령형의 '야야체' 어미다. 이때의 '야야체' 어미도 '예예체'에 가까운, 한국어의 '해요체' 정도에

해당하는 어미라고 할 수 있다.

G3세대의 사용 양상 :
(68) 나-1. 이거 마시우.
　　　나-2. 저기 가 앉소.

　　　나-3. 난 일 있다. 니 혼자 가라.
　　　나-4. 양념 좀 마이[많이] 넣어라.

예문 (68나-1, 2)의 종결어미 '-우, -소'는 G3세대의 일부 남성 화자
가 아내에 대한 호칭과 대응하여 사용하는 명령형의 '야야체' 어미다.
대부분의 남성 화자는 아내의 '이름'에 호격조사 '-아/-야'를 붙여 부르
고 거기에 (68 나-3, 4)의 경우와 같이 '응응체' 어미 '-라/-어라'를 대
응하여 사용한다.

4.2.1.3.2.4 청유문에서의 실현 양상

G1, G2세대의 사용 양상 :
(69) 가-1. 가까운 친구들만 부르기오.
　　　가-2. 술 사가지구 가기오.

예문 (69가-1, 2)의 종결어미 '-기오'는 G1, G2세대 남성 화자가 아
내에 대한 호칭과 대응하여 사용하는 '야야체'의 청유형 종결어미다. 이
때의 '야야체' 어미도 '예예체'에 가까운, 한국어의 '해요체' 정도에 해
당하는 어미라고 할 수 있다. G1, G2세대 남성 화자들도 아내와 똑같이

청유형의 '반말체' 어미들을 사용하는데 부부사이에 사용하는 청유형의 '반말체' 어미를 앞에서 밝혔기에 여기서는 생략하기로 한다.

    G3세대의 사용 양상 :
    (70) 나-1. 다음 주부터 등산하기오.
        나-2. 돈 좀 모으기오.

        나-3. 속는 셈 치구 한번 해보자.
        나-4. 나두 비싼 옷 좀 입자.

    예문 (70나-1, 2)의 종결어미 '-기오'는 G3세대의 일부 남성 화자가 아내에 대한 호칭과 대응하여 사용하는 '야야체'의 청유형 어미다. 대부분의 남성 화자는 아내의 '이름'에 호격조사 '-아/-야'를 붙여 부르고 거기에 (70나-3, 4)의 경우와 같이 '응응체' 어미 '-자'를 대응하여 사용한다. G3세대 남성 화자들도 아내와 똑같이 청유형의 '반말체' 어미를 활발하게 사용하는데 부부사이에 사용하는 청유형의 '반말체' 어미들을 앞에서 밝혔기에 여기서는 생략하기로 한다.

4.2.1.4 손아래 친가계 호칭어와 청자대우법

    손아래 친가계 호칭의 대상에는 자녀, 조카, 손자(녀)와 그 배우자가 포함되는데 청자가 친가계 비속인 경우 화자와 청자와의 항렬 관계, 결혼으로 맺어진 인척관계, 화자가 청자를 얼마나 친밀하게 인식하는지 등에 따라 종결어미의 사용이 달라질 수 있다.

아래에 서술문, 의문문, 명령문, 청유문에서 호칭 대상에 따라 청자대우법의 실현 양상이 어떤지에 대하여 살펴보고자 한다.

4.2.1.4.1 서술문에서의 실현 양상

G1세대의 사용 양상 :

(71) 가-1. 아이 와두 되오.(어머니 → 아들)

　　가-2. 애비 왔다 갔소.(시어머니 → 며느리)

　　가-3. 교회 사람들이 사왔습데.(고모 → 조카)

　　가-4. 전번 날에 가져왔습네.(시할아버지 → 손녀사위)

　　가-5. 밥보다 좋은 게 없다이.(장인 → 사위)

　　가-6. 아재 다방 한다.(고모 → 조카)

　　가-7. 불기[상추] 뽑아 먹으라더라.(시어머니 → 며느리)

　　가-8. 야 엄마 한국에 있네라.(시할머니 → 손자며느리)

　　가-9. 애[아이] 마이[많이] 컸구나.(삼촌 → 조카사위)

　　가-10. 저쪽 가오. 내 할게.(고모 → 조카)

　　가-11. 니 말하무[말하면] 무조건 듣지.(큰아버지 → 조카)

　　가-12. 내 오늘 교회 가야 하는데.(어머니 → 딸)

　　가-13. 빈속에 먹음 속이 쓰리지무.(할머니 → 손자)

　　가-14. 우리 손녀 이뻐졌네.(할머니→ 손녀)

　　가-15. 맏아매두 오재.(아버지 → 아들)

　　가-16. 잊어먹구 전화 못했단말이.(삼촌 → 조카)

일반적으로 존속의 친족은 상응하는 친족호칭어에 높임의 대우 등급을 대응하여 사용하고 비속의 친족은 이름호칭어에 낮춤의 대우 등급을 대응하여 사용한다. G1세대의 대부분의 화자가 비속인 자녀, 조카, 손자(녀)에게 사용하는 서술문의 종결형식은 (71가-6~9)와 같다. 즉 이름호칭어에 호격조사 '-아/-야'를 붙이고 거기에 '-ㄴ다, -더라, -네라, -구나' 등과 같은 '응응체' 어미를 대응하여 사용한다. 일부 화자가 이름호칭어에 호격조사 '-이/ø'를 붙이고 거기에 (71가-1~4)의 '-오, -소, -습데, -습네' 등과 같은 '야야체' 어미를 대응하여 사용한다. 이것은 자녀와 조카들이 장성하여 중년에 진입했기에 그들을 대우하여 높임의 표현을 쓰는 것인데 이때의 '야야체' 어미는 단순한 '야야체'의 어미가 아니고 한국어의 '하오체' 어미 정도에 가깝다고 할 수 있다. 대부분의 화자가 '응응체' 어미를 사용하는 만큼 (71가-10~16)의 '-게, -지 -는데, -지무, -네, -재, -말이' 등과 같은 서술문의 '반말체' 어미를 자유롭게 사용한다.

자녀, 조카, 손자(녀)의 배우자 즉 며느리, 사위, 조카며느리, 조카사위, 손자며느리, 손녀사위 등은 비속의 친족이지만 결혼으로 인한 인척이기에 대부분의 화자가 (71가-1~4)의 경우와 같이 '야야체' 서술형 어미를 사용한다. 이때의 '야야체' 어미도 상대를 대우하여 쓰는 것인데 한국어의 '하오체' 어미 정도에 해당한다. 하지만 일부 화자들은 상대와의 친밀성에 기대여 (71가-6~9)와 같은 '응응체' 어미를 사용하기도 한다. 어떤 화자들은 '야야체'의 어미와 '응응체'의 어미를 혼용하기도 한다. 예를 들면 장인은 사위에게 평시에는 '야야체'의 어미를 사용하다가도 기쁜 일이 있거나 기분이 좋으면 '응응체' 어미를 섞어 쓰기도 한다. 하지만 여성 화자는 사위나 조카사위, 손녀사위에게 언제나 '야야체' 어미를 사용한다. 그리고 (71가-5)의 종결어미 '-다이'는 G1세대 남성 화자만 사용하는 '야야체' 서술형 어미로, 손아래 남성 청자에게 사용된다.

G2세대의 사용 양상 :

(72) 나-1. 이젠 몸이 마이[많이] 알리오.(시어머니 → 며느리)

나-2. 길에서 딱 마주쳤소.(큰아버지 → 조카사위)

나-3. 훈춘두 마이[많이] 변했습데.(고모 → 조카며느리)

나-4. 우린 그렇게 쓰지 않습네.(삼촌 → 조카며느리)

나-5. 래년이무[내년이면] 팔십이다.(할머니 → 손자)

나-6. 아매르 두구 오는 게 가슴 아프더라.(어머니 → 아들)

나-7. 그건 식은 죽 먹기네라.(삼촌 → 조카)

나-8. 열쇠 하나밖에 없구나.(고모 → 조카)

나-9. 내 알아볼게.(삼촌 → 조카)

나-10. 뭐 하개? 맨날[매일] 집구석에 있지.(어머니 → 딸)

나-11. 안 그랬음 언녕 왔겠는데.(할머니 → 손녀)

나-12. 가 말대루 했지무.(아버지 → 딸)

나-13. 말 잘 듣네.(할머니 → 손자)

나-14. 가 원래 마음이 약하재.(고모 → 조카)

나-15. 장사 밑졌단말이.(고모 → 조카)

나-16. 자기네 집 가자겠구나.(어머니→ 딸)

G2세대가 비속인 자녀, 조카, 손자(녀)에게 사용하는 서술문의 종결 형식의 예문은 (72나-5~8)과 같다. 종결어미 '-다, -더라, -네라, -구나' 등과 같은 '응응체' 어미를 사용한다. 즉 이름호칭어에 호격조사 '-아/-야'를 붙이고 거기에 '응응체' 어미를 대응하여 사용한다. G1세대는 일

부 화자가 장성한 자녀와 조카를 대우하여 '야야체' 어미를 사용하는데 G2세대는 이런 현상이 조사되지 않았다. 그것은 G2세대는 보통 자녀가 한 명씩이고 조카들도 많지 않은데다가 자녀와 조카들이 결혼하지 않은 경우가 대부분이고 결혼했더라도 그들과의 친밀성에 기대여 계속 '응응체' 어미를 사용하기 때문이다. G2세대가 노년에 가서는 비속의 친족에게 어떤 대우형식을 사용할 지에 대해서는 앞으로 더 고찰해보아야 할 것이다. 모든 화자가 비속인 자녀, 조카, 손자(녀)에게 '응응체' 어미를 사용하는 만큼 (72나- 9~16)의 종결어미 '-게, -지, -는데, -지무, -네, -재, -말이, -꾸나' 등과 같은 서술형의 '반말체' 어미를 자유롭게 사용한다.

자녀, 조카의 배우자에게도 대부분의 화자가 이름호칭어에 호격조사 '-아/-야'를 붙이고 거기에 예문 (72나-5~8)의 경우와 같이 서술문의 '응응체' 어미를 대응하여 사용한다. 일부 화자가 자녀, 조카의 배우자에게 이름호칭어에 호격조사 '-이/ø'를 붙이고 거기에 (72나-1~4)와 같이 '야야체' 어미를 대응하여 사용한다. 이때의 '야야체' 어미는 자녀와 조카의 배우자를 대우하여 높임의 표현으로 쓰인 것인데 한국어의 '하오체' 어미 정도에 가깝다고 할 수 있다. G1세대는 대부분의 화자가 그들에게 '야야체' 어미를 사용하지만 G2세대는 '응응체' 어미를 사용한다. 그것은 앞서 밝혔듯이 G2세대는 보통 자녀가 한 명씩이고 조카도 많지 않기에 그들의 배우자도 자기 식구처럼 생각하고 그만큼 가깝게 여기기 때문이다. 한 제보자는 "며느리에게 야야하면 거리감이 있구 우리 집 식구가 아닌 것 같아서 아들에게와 같이 응응한다."고 말했다. 하지만 화자들은 처음부터 그들에게 '응응체' 어미를 자유롭게 사용한 것은 아니다. 처음에는 '야야체' 어미를 사용하다가 사이가 가까워지면서 차츰 '응응체' 어미를 바꿔 쓰는 것이다.

G3세대의 사용 양상 :

(73) 다-1. 저기 아빠 온다.(어머니 → 딸)

　　　다-2. 엄마 사온다더라.(아버지 → 아들)

　　　다-3. 니 말 잘 들으무[들으면] 가네라.(고모 → 조카)

　　　다-4. 키 또 컸구나.(큰아버지 → 조카)

　　　다-5. 학교 갔다 오무[오면] 다 될게.(고모 → 조카)

　　　다-6. 이발 닦구 자야지.(어머니 → 아들)

　　　다-7. 난 안 다쳤는데.(삼촌 → 조카)

　　　다-8. 의사 하란 대루[하라는 대로] 했지무.(아버지→ 딸)

　　　다-9. 어느샐루[어느사이] 꽃이 폈네.(어머니 → 딸)

　　　다-10. 미안해 그러재.(고모 → 조카)

　　　다-11. 딸밖에 모른단말이.(아버지 → 딸)

　　　다-12. 밥이 아이 됐겠꾸나.(어머니→ 아들)

　　G3세대의 손아래 비속에는 자녀와 조카가 포함되는데 자녀와 조카가 어린 만큼 이름호칭어를 사용한다. 모든 화자가 이름호칭어에 호격조사 '-아/-야'를 붙이고 거기에 (73다-1~4)의 '-ㄴ다, -더라, -네라, -구나' 등과 같은 서술형의 '응응체' 어미를 대응하여 사용한다. 이름호칭어의 사용이 활발한 만큼 (73다-5~12)의 종결어미 '-게, -지, -는데, -지무, -네, -재, -말이, -꾸나' 등과 같은 서술문의 '반말체' 어미를 모든 화자가 자유롭게 사용한다.

G1세대의 사용 양상 :

(74) 가-1. 이러다가 문 닫는 게 아이요?(삼촌 → 조카사위)

　가-2. 돈 받아왔소?(어머니 → 아들)

　가-3. 전번에 말한 거 알아봐주겠소?(큰아버지 → 조카)

　가-4. 엄마 집은 어디 있소?(시할머니 → 손자며느리)

　가-5. 파는 게 없습데?(장모 → 사위)

　가-6. 벌이 되니?(아버지 → 아들)

　가-7. 얼매[얼마나] 큰 거 잡아?(할아버지 → 손녀)

　가-8. 애는 잘 크냐?(아버지 → 딸)

　가-9. 화분에 물이나 줄까?(고모 → 조카)

　가-10. 넌 몇 시에 자개?(할머니 → 손자)

　가-11. 니 지금 단위야?(삼촌 → 조카)

　가-12. 엄마랑 무사하데?(시어머니 → 며느리)

　가-13. 내 깨우무[깨우면] 일어날 수 있지?(할머니 → 손자)

　가-14. 명년이무[명년이면] 학교 들어가재?(고모 → 조카)

　가-15. 다 했다구?(아버지 → 딸)

　가-16. 얼마나 잘 추길래?(어머니 → 아들)

　G1세대의 대부분의 화자가 비속인 자녀, 조카, 손자(녀)에게 사용하는 의문문의 종결형식의 예문은 (74가-6~12)와 같다. 즉 이름호칭어에 호격조사 '-아/-야'를 붙이고 거기에 '-니, -아, -냐, -ㄹ가, -개, -야, -데' 등과 같은 '응응체' 어미를 대응하여 사용한다. 일부 화자가 장성한 자

녀와 조카에게 이름호칭어에 호격조사 '-이/ø'를 붙이고 거기에 (74가
-1~5)의 '-요, -소, -습데'와 같은 의문문의 '야야체' 어미를 대응하여
사용한다. 이것은 자녀와 조카들이 장성하여 중년에 진입했기에 그들을
대우하여 높임의 표현을 쓰는 것인데 이때의 '야야체' 어미는 한국어의
'하오체' 어미 정도에 가깝다고 할 수 있다. 대부분의 화자가 비속인 자
녀, 조카, 손자(녀)에게 '응응체' 어미를 사용하는 만큼 (74가-13~16)의
의문형 종결어미 '-지, -재, -다구, -길래' 등과 같은 '반말체' 어미를
자유롭게 사용한다.

　자녀, 조카, 손자(녀)의 배우자들에게는 등급을 달리 하여 (74가-
1~5)의 경우와 같이 의문문의 '야야체' 어미를 사용한다. 이때의 '야야
체' 어미도 상대를 대우하여 쓰인 것인데 한국어의 '하오체' 어미 정도
에 해당한다. 하지만 일부 화자들은 상대와의 친밀성에 기대여 (74가
-6~12)와 같은 의문문의 '응응체' 어미를 사용하기도 한다. 어떤 화자
들은 '야야체' 어미와 '응응체' 어미를 혼용하기도 한다. 예를 들면 시어
머니는 며느리에게 평시에는 '야야체' 어미를 사용하다가도 기쁜 일이
있거나 기분이 좋으면 '응응체' 어미를 섞어 쓰기도 한다. 하지만 여성
화자는 사위나 조카사위, 손녀사위에게 언제나 의문문의 '야야체' 어미
를 사용한다.

　　G2세대의 사용 양상 :
　　(75) 나-1. 이렇게 쓰무[쓰면] 되오?(큰아버지 → 조카며느리)
　　　　　나-2. 오늘이 초사흘이요?(시아버지 → 며느리)
　　　　　나-3. 어느 날이 좋소?(고모 → 조카사위)
　　　　　나-4. 5.1절에 며칠 논답데?(장모 → 사위)

나-5. 단위서 전화하니?(어머니 → 딸)

나-6. 집 문 열어?(고모 → 조카)

나-7. 많이 잡혔냐?(아버지 → 아들)

나-8. 얼마나 줄까?(할머니 → 손녀)

나-9. 우리 집 놀러 오개?(고모 → 조카)

나-10. 언제 필업[졸업]이야?(삼촌 → 조카)

나-11. 아바이 말 아이 하데?(할머니 → 손자)

나-12. 니 거짓말 했지?(어머니 → 아들)

나-13. 내 못 알아듣는가 하재?(삼촌 → 조카)

나-14. 래년이무 끝난다구?(할아버지 → 손녀)

나-15. 돈 다 어쨌길래?(고모 → 조카)

　　G2세대가 비속인 자녀, 조카, 손자(녀)에게 사용하는 의문문의 종결형
식의 예문은 (75나-5~11)과 같다. 모든 화자가 이름호칭어에 호격조사
'-아/-야'를 붙이고 거기에 종결어미 '-니, -어, -냐, -르가, -개, -야,
-데' 등 의문문의 '응응체' 어미를 대응하여 사용한다. G1세대 일부 화
자는 장성한 자녀와 조카를 대우하여 '야야체' 어미를 사용하는데 G2세
대는 이런 현상이 조사되지 않았다. G2세대가 노년에 가서는 비속의 친
족에게 어떤 대우 등급을 사용할지에 대해서는 앞으로 더 고찰해보아야
할 것이다. 모든 화자들이 비속인 자녀, 조카, 손자(녀)에게 '응응체' 어
미를 사용하는 만큼 (75나-12~15)의 '-지, -재, -다구, -길래' 등과 같
은 '반말체' 어미를 자유롭게 사용한다.

　　자녀, 조카의 배우자에게도 대부분의 화자가 이름호칭어에 호격조사
'-아/-야'를 붙이고 거기에 예문 (75나-5~11)의 경우와 같이 '응응체'

어미를 대응하여 사용한다. 일부 화자가 자녀, 조카의 배우자에게 이름호칭어에 호격조사 '-이/ø'를 붙이고 거기에 (75나-1~4)의 '-오/-요, -소, -ㅂ데'와 같은 의문문의 '야야체' 어미를 대응하여 사용한다. 이때의 '야야체' 어미는 자녀와 조카의 배우자를 대우하여 높임의 표현으로 쓰인 것인데 한국어의 '하오체' 어미 정도에 가깝다고 할 수 있다. G1세대는 대부분의 화자가 그들에게 '야야체' 어미를 사용하지만 G2세대는 '응응체' 어미를 사용한다. 그것은 G2세대는 보통 자녀가 한 명씩이고 조카도 많지 않기에 그들의 배우자도 그만큼 가깝게 여기기 때문이다. 화자들은 처음부터 '응응체' 어미를 자유롭게 사용한 것은 아니다. 처음에는 '야야체' 어미를 사용하다가 사이가 가까워지면 차츰 '응응체' 어미를 바꿔 쓰는 것이다.

G3세대의 사용 양상 :
(76) 다-1. 배 고프니?(고모 → 조카)
　　 다-2. 오늘 뭐[뭘] 하구 놀아?(아버지 → 아들)
　　 다-3. 달리[달래] 캘라[캐러] 갈까?(고모 → 조카)
　　 다-4. 엄마 아이 주개?(어머니 → 아들)
　　 다-5. 오늘은 어째 이리 한가하야?(어머니 → 딸)
　　 다-6. 아빠 친구 주데?(삼촌 → 조카)

　　 다-7. 이젠 자야지?(어머니 → 아들)
　　 다-8. 장난감 많재?(고모 → 조카)
　　 다-9. 형님 먼저 먹는다구?(큰아버지 → 조카)
　　 다-10. 누가 사왔길래?(아버지 → 딸)

G3세대가 자녀와 조카에게 사용하는 의문문의 종결형식의 예문은 (76다-1~10)과 같다. 모든 화자가 이름호칭어에 호격조사 '-아/-야'를 붙이고 거기에 (76다-1~6)의 '-니, -아, -ㄹ가, -개, -야, -데' 등과 같은 의문문의 '응응체' 어미를 대응하여 사용한다. 그리고 비속의 친족인 만큼 (76다-7~10)의 '-지, -재, -다구, -길래' 등과 같은 의문문의 '반말체' 어미도 모든 화자가 자유롭게 사용한다.

4.2.1.4.3 명령문에서의 실현 양상

G1세대의 사용 양상 :

(77) 가-1. 이젠 좀 그만 가져오오.(어머니→ 아들)

　가-2. 언제 오는지 알려주오.(고모 → 조카사위)

　가-3. 부모한테 잘하우.(할아버지 → 손녀사위)

　가-4. 갖춘 게 없어두 마이[많이] 먹소.(장모 → 사위)

　가-5. 공작[일] 잘해라.(할머니 → 손녀)

　가-6. 니 지금 너 각신데[각시한테] 가봐라.(고모 → 조카)

　가-7. 돈 마이 벌어라.(어머니 → 아들)

G1세대의 대부분의 화자가 비속인 자녀, 조카, 손자(녀)에게 사용하는 명령문의 종결형식의 예문은 (77가-5~7)과 같다. 이름호칭어에 호격조사 '-아/-야'를 붙이고 거기에 '-라/-어라' 등과 같은 '응응체' 어미를 대응하여 사용한다. 일부 화자가 장성한 자녀와 조카에게 이름호칭어에 호격조사 '-이/∅'를 붙이고 거기에 (77가-1~4)의 '-오/-우, -소'와 같은 명령문의 '야야체' 어미를 대응하여 사용한다. 이것은 자녀와 조카들이 장

성하여 중년에 진입했기에 그들을 대우하여 높임의 표현을 쓰는 것인데 이때의 '야야체' 어미는 한국어의 '하오체' 어미 정도에 가깝다고 할 수 있다.

자녀, 조카, 손자(녀)의 배우자들에게는 등급을 달리 하여 (77가-1~4)의 경우와 같이 명령문의 '야야체' 어미를 사용한다. 이때의 '야야체' 어미도 상대를 대우하여 쓰인 것인데 한국어의 '하오체' 어미 정도에 해당한다. 하지만 일부 화자들은 상대와의 친밀성에 기대여 (77가-5~7)과 같은 명령문의 '응응체' 어미를 사용하기도 한다. 어떤 화자들은 '야야체' 어미와 '응응체' 어미를 혼용하기도 한다. 하지만 여성 화자는 사위나 조카사위, 손녀사위에게 언제나 '야야체' 어미를 사용한다.

G2세대의 사용 양상 :

(78) 나-1. 여기서 자구 가오.(시어머니 → 며느리)

나-2. 또 놀러 오오.(큰아버지 → 조카사위)

나-3. 몸 조심하우.(장인 → 사위)

나-4. 저는 쌀 씻소.(고모 → 조카며느리)

나-5. 집 좀 어지꾸지[어지럽히지] 말라.(어머니 → 아들)

나-6. 땐디(点滴) 좀 맞아라.(할머니 → 손자)

나-7. 아매 집에 가 먹어라.(큰아버지 → 조카)

G2세대가 비속인 자녀, 조카, 손자(녀)에게 사용하는 명령문의 종결형식의 예문은 (78나-5~7)과 같다. 모든 화자가 이름호칭어에 호격조사 '-아/-야'를 붙이고 거기에 '응응체'의 종결어미 '-라/-(아, 어)라'를 대응하여 사용한다. G1세대는 일부 화자가 장성한 자녀와 조카를 대우하

여 '야야체' 어미를 사용하는데 G2세대는 이런 현상이 조사되지 않았다. G2세대가 노년에 가서는 비속의 친족에게 어떤 대우 등급을 사용할지에 대해서는 앞으로 더 고찰해보아야 할 것이다.

자녀, 조카의 배우자에게도 대부분의 화자가 이름호칭어에 호격조사 '-아/-야'를 붙이고 거기에 예문 (78나-5~7)의 경우와 같이 명령문의 '응응체' 어미를 대응하여 사용한다. 일부 화자가 이름호칭어에 호격조사 '-이/ø'를 붙이고 거기에 (78나-1~4)의 '-오/-우, -소' 등과 같은 명령문의 '야야체' 어미를 대응하여 사용하는데 이때의 '야야체' 어미는 상대를 대우하여 높임의 표현으로 쓰인 것인데 한국어의 '하오체' 어미 정도에 해당한다. 화자들은 처음부터 그들에게 '응응체' 어미를 자유롭게 사용한 것이 아니다. 처음에는 '야야체' 어미를 사용하다가 사이가 가까워지면 차츰 '응응체' 어미로 바꿔 쓰는 것이다.

G3세대의 사용 양상 :
(79) 다-1. 할머이 오는가 봐라.(어머니 → 아들)
　　 다-2. 니절루[너 혼자] 먹어라.(큰아버지 → 조카)
　　 다-3. 저 파리 잡아라.(아버지 → 딸)
　　 다-4. 옷 마이 입어라.(고모 → 조카)

G3세대가 자녀와 조카에게 사용하는 명령문의 종결형식의 예문은 (79 다-1~4)와 같다. 모든 화자가 이름호칭어에 호격조사 '-아/-야'를 붙이고 거기에 명령문의 '응응체' 종결어미 '-라/-(아, 어)라'를 대응하여 사용한다.

G1세대의 사용 양상:

(80) 가-1. 병원에 들렀다 가기오.(어머니 → 아들)

　　가-2. 그리 사정하는데 빌려 주기오.(고모 → 조카)

　　가-3. 우리 손녀 솜씨 한번 보기오.(시할머니 → 손녀사위)

　　가-4. 택시 타구 가자.(아버지 → 아들)

　　가-5. 밴새[만두] 해먹자.(고모 → 조카)

　　가-6. 화분에 물 주자.(할머니 → 손녀)

　　가-7. 얇은 옷의[옷을] 입지.(어머니 → 딸)

　　가-8. 여기다 넣지.(고모 → 조카)

　　가-9. 엄마하고 물어보지.(할머니 → 손녀)

　G1세대 대부분의 화자가 비속인 자녀, 조카, 손자(녀)에게 사용하는 청유문의 종결형식의 예문은 (80가-4~6)과 같다. 이름호칭어에 호격조사 '-아/-야'를 붙이고 거기에 청유문의 '응응체'의 어미 '-자'를 대응하여 사용한다. 일부 화자가 이름호칭어에 호격조사 '-이/ø'를 붙이고 거기에 (80가-1~3)과 같이 청유문의 '야야체' 어미 '-기오'를 대응하여 사용한다. 이것은 장성한 자녀와 조카들을 대우하여 높임의 표현을 쓰는 것인데 이때의 '야야체' 어미는 한국어의 '하오체' 어미 정도에 해당한다고 할 수 있다. 대부분의 화자들이 비속인 자녀, 조카, 손자(녀)에게 '응응체' 어미를 사용하는 만큼 (80가-7~9)와 같이 청유문의 '반말체' 종결어미 '-지'를 자유롭게 사용한다.

자녀, 조카, 손자(녀)의 배우자들에게는 대우 등급을 달리 하여 (80가 -1~3)의 경우와 같이 청유문의 '야야체' 어미를 사용한다. 이때의 '야야 체' 어미도 상대를 대우하여 쓰인 것인데 한국어의 '하오체' 어미 정도 에 해당한다. 하지만 일부 화자들은 상대와의 친밀성에 기대여 '응응체' 어미를 사용하기도 한다. 어떤 화자들은 '야야체' 어미와 '응응체' 어미 를 혼용하기도 한다. 하지만 여성 화자는 사위나 조카사위, 손녀사위에 게 언제나 '야야체' 어미를 사용한다.

G2세대의 사용 양상 :
(81) 나-1. 같이 가 사기오.(시어머니 → 며느리)
　　 나-2. 다른 날에 만나기오.(장인 → 사위)
　　 나-3. 우리 아들 잔치 때 보기오. (삼촌 → 조카사위)
　　 나-4. 저네 신랑까[신랑에게] 말해 보기오.(고모 → 조카며느리)

　　 나-5. 목욕하러 가자.(어머니 → 딸)
　　 나-6. 아버지 깜짝 놀라게 하자.(고모 → 조카)
　　 나-7. 그림 그리자.(할머니 → 손녀)

　　 나-8. 애 데리구 오지.(아버지 → 딸)
　　 나-9. 한잔 하지.(삼촌 → 조카)
　　 나-10. 세수 하지.(할머니 → 손녀)

G2세대가 비속인 자녀, 조카, 손자(녀)에게 사용하는 청유문의 종결형 식의 예문은 (81나-5~7)과 같다. 모든 화자가 이름호칭어에 호격조사 '-아/-야'를 붙이고 거기에 '응응체'의 종결어미 '-자'를 대응하여 사용

한다. G1세대는 일부 화자가 장성한 자녀와 조카를 대우하여 '야야체' 어미를 사용하는데 G2세대는 이런 현상이 조사되지 않았다. G2세대가 노년에 가서는 비속의 친족에게 어떤 대우 등급을 사용할지에 대해서는 앞으로 더 고찰해보아야 할 것이다. 모든 화자가 비속인 자녀, 조카, 손자(녀)에게 '응응체' 어미를 사용하는 만큼 (81나-8~10)과 같이 청유문의 '반말체' 종결어미 '-지'를 자유롭게 사용한다.

자녀, 조카의 배우자에게도 대부분의 화자가 예문 (81나-5~7)의 경우와 같이 이름호칭어에 호격조사 '-아/-야'를 붙이고 거기에 청유문의 '응응체' 어미를 대응하여 사용한다. 일부 화자가 이름호칭어에 호격조사 '-이/ø'를 붙이고 거기에 (81나-1~4)와 같이 청유문의 '야야체' 어미 '-기오'를 대응하여 사용하는데 이때의 '야야체' 어미는 상대를 대우하여 높임의 표현으로 쓰인 것인데 한국어의 '하오체' 어미에 정도에 해당한다. 하지만 여성 화자들은 처음부터 그들에게 '응응체' 어미를 자유롭게 사용한 것은 아니다. 처음에는 '야야체' 어미를 사용하다가 사이가 가까워지면 차츰 '응응체' 어미로 바꿔 쓰는 것이다.

G3세대의 사용 양상 :
(82) 다-1. 우리 오늘 공원 가자.(아버지 → 아들)
　　　다-2. 할머이 같이 땐쓰(電視) 보자.(고모 → 조카)

　　　다-3. 이젠 일어나지.(어머니 → 아들)

G3세대가 자녀와 조카에게 사용하는 청유문의 종결형식의 예문은 (82 다-1, 2)와 같다. 모든 화자가 이름호칭어에 호격조사 '-아/-야'를 붙이

고 거기에 청유문의 '응응체' 어미 '-자'를 대응하여 사용한다. 그리고 비속의 친족인 만큼 (82다-3)과 같이 청유문의 '반말체' 어미 '-지'도 자유롭게 사용한다.

4.2.2 외가계 호칭어와 청자대우법

아래에 외가계 호칭어를 손위, 동기로 나누어 청자대우법과의 호응 양상을 알아보기로 한다. 외가계 호칭어와 청자대우법의 호응이 서술문, 의문문, 명령문, 청유문에서 각각 어떻게 실현되는지 그 양상을 살펴볼 것이다.

4.2.2.1 손위 외가계 호칭어와 청자대우법

손위 외가계 호칭의 대상에는 외조부모, 외조부의 형제와 그 배우자, 어머니의 형제자매와 그 배우자 등이 포함된다.

청자가 외가계 존속인 경우 화자와 청자의 항렬 관계, 화자가 청자를 얼마나 친밀하게 인식하느냐에 따라 종결어미의 사용이 달라질 수 있다. 아래에 서술문, 의문문, 명령문, 청유문에서 호칭 대상에 따라 청자대우법의 사용 양상이 어떻게 나타나는지에 대하여 살펴보고자 한다.

4.2.2.1.1 서술문에서의 실현 양상

G1세대의 사용 양상 :
(83) 가-1. 예, 무사하꾸마.(외손자/외손녀 → 외할아버지/외할머니)

가-2. 김치 다 먹은 지 오래꾸마.(조카 → 큰 이모16))

가-3. 가네[걔네] 나그내 잘 생겼습더구마.(조카 → 큰 외삼촌)

가-4. 이젠 다 왔슴다.(조카 → 큰 외숙모)

가-5. 먹을 거 가득 사왔습데다.(조카 → 큰 이모부)

가-6. 야, 무사하오.(손자/손녀 → 할아버지/할머니)

가-7. 가르[걔를] 너무 탓하지 마오.(조카 → 작은 이모부)

가-8. 난 그런 거 아이 좋아하우.(조카 → 작은 외삼촌)

가-9. 어제 금방 도착했소.(조카 → 큰 이모)

가-10. 너무 오래 돼서 다 잊어먹었습데.(조카 → 작은 외숙모)

　　G1세대는 외조부모가 모두 계시지 않는 경우가 대부분이다. G1세대의 외조부모에 대한 서술문 종결형식의 사용을 알아보기 위하여 "외손자나 외손녀에게 외조부와 외조모가 '어머니 아버지가 무사하냐?'라고 물어본다면 외손자나 외손녀는 어떻게 대답하는가?"라는 물음을 제기하였다. 이에 대한 G1세대 제보자들의 응답이 예문 (83가-1)과 (83가-6)이다. 대부분의 화자가 외조부모에게 (83가-1)과 같이 전형적인 함경도 방언형 '-꾸마'를 사용한다고 응답하였다. 종결형어미 '-꾸마'는 한국어의 '아주 높임' 정도의 어미에 해당한다. 일부 70대의 화자는 (83가-6)과 같이 외조부모에게 종결형어미로 '-오'를 쓴다고 하였다. 종결형어미 '-오'는 '야야체'의 어미에 해당하는 것인데 현실적으로 70대의 화자들이 외조부모에게 말할 수 없기 때문에 실제로 '야야체'의 '-오'를 쓸 것인

---

16) 논의의 편리를 위하여 어머니의 손위 오빠와 언니를 각각 '큰 외삼촌', '큰 이모'로, 손아래 남동생과 여동생을 각각 '작은 외삼촌', '작은 이모'로 표기하여 사용한다. 그들의 배우자도 같은 방법으로 '큰 외숙모', '큰 이모부', '작은 외숙모', '작은 이모부' 등으로 표기하여 사용한다.

지에 대하여는 회의적이다. 실제로 이런 상황에서 종결어미로 '-오'를 쓴다면 이때의 '-오'는 '-꾸마'보다 한 등급 낮은, 한국어의 '해요체'에 해당하는 정도의 어미라고 할 수 있다. 외조부의 형제와 그 배우자에 대한 서술문의 청자대우법 사용은 외조부모에 대한 서술문의 청자대우법 사용과 같다고 제보자들은 대답하였다.

G1세대가 어머니의 형제자매와 그 배우자에게 쓰는 서술형 종결어미의 예문은 (83가-2~5), (83가-7~10)과 같다. 어머니의 손위 남자, 여자 형제와 그 배우자 즉 '맏아바이, 맏아매'에게 70대의 대부분 화자와 60대의 일부 화자가 (83가-2, 3)의 종결어미 '-꾸마, -습더구마'와 같은 '예예체'의 방언형을 사용한다.[17] 60대의 일부 화자가 (83가-4, 5)와 같이 '-슴다, -습데다'와 같은 서술문의 '예예체' 어미를 사용하며 여기에 일부 70대의 화자는 예문 (83가-7~10)에서와 같은 '야야체'의 종결어미 '-오/-우, -소, -습데'를 사용한다. 어머니의 손아래 남자, 여자형제와 그 배우자에게도 모든 화자가 (83가-7~10)의 '야야체' 어미를 쓴다. 이 어미들은 상대적으로 덜 격식적이고 덜 엄격한 이미지를 지닌 어머니에게 쓰이는 종결어미임을 이미 알아보았다. 조카들은 '삼추이(외삼촌)', '아재'와 상대적으로 나이 차이가 많이 나지 않기에 비교적 높은 친밀도를 유지하고 있다. 때문에 그들에게 '예예체'의 어미들보다 격식성이 약한 '야야체'의 어미를 사용하는 것이다. 이 서술문의 '야야체' 어미들은 한국어의 '해요체' 정도의 어미에 해당한다.

---

17) 70대 제보자들의 어머니의 손위 형제가 대부분 타계하고 없기에 여기에 제시한 예문은 상황을 설정하여 주고 제보자들로 하여금 발화하게 하여 얻어낸 결과이다.

G2세대의 사용 양상 :

(84) 나-1. 우리 아버지 오꾸마.(외손녀 → 외할아버지)

　나-2. 땐스(電視) 바꿨[바꾸었]습더구마.(외손자→ 외할머니)

　나-3. 문이 열려 있습다.(외손자 → 외할머니)

　나-4. 원래보다 좋아졌습데다.(외손녀 → 외할머니)

　나-5. 제일 안에까지 들어갔다 왔스꾸마.(조카 → 큰 외삼촌)

　나-6. 던지구 없답더구마.(조카 → 큰 외숙모)

　나-7. 사람 너무 많아 왔습다.(조카 → 큰 이모)

　나-8. 제 앞 가림두 못합데다.(조카 → 큰 이모부)

　나-9. 삼추이 그런 성격이 아이요.(조카 → 작은 외숙모)

　나-10. 옛날에 보따리장사 했소.(조카 → 작은 외삼촌)

　나-11. 돈 번 거 도박에 다 처넣었답데.(조카 → 작은 이모부)

　나-12. 아매 상세났을[세상 떴을]때 왔댔습네.(조카 → 작은 이모)

　G2세대가 외조부모, 외조부의 형제와 그 배우자에게 사용하는 서술문의 종결형식은 예문 (84나-1~4)와 같다. 대부분의 화자가 (84나-1, 2)의 '-꾸마, -습더구마'와 같은 '예예체'의 방언형 어미를 사용한다. (84나-3, 4)의 '-습다, -습데다'와 같은 '예예체' 어미를 사용하는 화자는 일부에 지나지 않는다.

　(84나-5~12)는 어머니의 형제자매와 그 배우자에게 쓰는 서술형 종결어미 사용의 예문이다. 그 중 '맏아바이, 맏아매'에게 일부 화자가 (84나-5, 6)의 '-스꾸마, -ㅂ더구마'와 같은 '예예체'의 방언형 어미를 사용하고 대부분의 화자는 (84나-7, 8)의 종결어미 '-습다, -ㅂ데다'와 같은 서술문의 '예예체' 어미를 사용한다. 어머니의 손아래 동생과 그 배우자

에게는 모든 화자가 (84나-9~12)의 '-요, -소, -ㅂ데, -습네'와 같은
서술문의 '야야체' 어미를 사용한다. G2세대도 G1세대와 마찬가지로 조
카들은 '삼추이(외삼촌)', '아재'와 상대적으로 나이 차이가 많이 나지 않
기에 비교적 높은 친밀도를 유지하고 있기 때문에 그들에게 '예예체'의
어미들보다 격식성이 약한 '야야체'의 어미를 사용하는 것이다. 이 서술
문의 '야야체' 어미들은 한국어의 '해요체' 정도의 어미에 해당한다.

   G3세대의 사용 양상 :
   (85) 다-1. 맨날[매일] 집에서 빈둥거립다.(조카 → 이모)
        다-2. 너무 마이 먹었슴다.(외손자 → 외할머니)
        다-3. 가르[걔를] 정말 고와합데다.(조카 → 외삼촌)
        다-4. 손님이 영 많습데다.(조카 → 외숙모)

   G3세대가 외조부모, 외조부의 형제와 그 배우자, 어머니의 형제자매
와 그 배우자에게 사용하는 서술문의 종결형식은 모두 같다. (85다
-1~4)의 '-ㅁ다/-슴다, -ㅂ데다/-습데다' 등과 같은 '예예체' 어미를
사용한다. G1, G2세대는 어머니의 손아래 동생과 그 배우자에게 '-요,
-소, -ㅂ데, -습네' 등과 같은 '야야체'의 어미들을 사용하지만 G3세대
는 전부 '예예체'의 어미를 사용한다. 이것은G3세대에서 일어나고 있는
문장종결 형식의 간소화를 설명한다.

의문문에서의 실현 양상

G1세대의 사용 양상 :

(86) 가-1. 무사함두?(외손자/외손녀 → 외할아버지/외할머니)

　　가-2. 우리 엄마 어디 있슴두?(조카 → 큰 이모)

　　가-3. 돈의[돈을] 마이 벌었답덤두?(조카 → 큰 이모부)

　　가-4. 괜찮습지?(조카 → 큰 외숙모)

　　가-5. 얼마나 팔았슴까?(조카 → 큰 외삼촌)

　　가-6. 사람 많습데까?(조카 → 큰 이모)

　　가-7. 무사하우?(손자/손녀 → 할아버지/할머니)

　　가-8. 무슨 사업 하오?(조카 → 큰 이모부)

　　가-9. 이것보다 좀 작재이요?(조카 → 작은 이모)

　　가-10. 삼추이 소식이 있소?(조카 → 작은 외숙모)

　　가-11. 멀미약 효과 있습데?(조카 → 작은 외삼촌)

　G1세대의 외조부모에 대한 의문문 종결형식의 사용을 알아보기 위하여 "오랜만에 외조부와 외조모에게 문안인사를 드릴 때 어떻게 말했습니까?"라는 물음을 제기하여 알아보았다. 여기에 제보자들이 대답한 것이 예문 (86가-1)과 (86가-7)이다. 대부분의 화자가 (86가-1)과 같이 전형적인 함경도방언 형태인 의문형의 종결어미 '-ㅁ두'를 사용한다고 하였다. 일부 70대의 화자가 조부모에게 (86가-7)과 같이 의문형의 종결어미로 '-우'를 쓴다고 했는데 이것은 '야야체'의 어미에 해당한다. 현실적으로 70대의 화자들이 외조부모에게 말할 수 없기 때문에 실제로 '야야체'의 어미 '-오/-우'를 쓸 것인지에 대하여는 회의적이다. 실제로 이런

상황에서 종결어미로 '-오/-우'를 쓴다면 이때의 '-오/-우'는 '-ㅁ두'보다 한 등급 낮은, 한국어의 '해요체' 정도에 해당하는 어미라고 할 수 있다. 외조부의 형제와 그 배우자에 대한 의문문의 청자대우법 사용은 외조부모에 대한 의문문의 청자대우법 사용과 같다고 제보자들은 대답하였다.

G1세대가 어머니의 형제자매와 그 배우자에게 쓰는 의문형 종결어미의 예는 (86가-2~6), (86가-8~11)과 같다. '맏아매, 맏아바이'에게 70대의 대부분 화자와 60대의 일부 화자가 (86가-2~4)의 종결어미 '-슴두, -ㅂ덤두, -습지'와 같은 '예예체'의 방언형 어미를 사용한다.[18] 60대의 일부 화자가 (86가-5, 6)과 같은 '예예체' 어미 '-슴까, -습데까'를 사용하며 여기에 70대의 일부 화자들은 예문 (86가-8~11)에서와 같은 의문문의 '야야체' 어미 '-오/-요, -소, -습데'를 사용한다. 어머니의 손아래 남자, 여자형제와 그 배우자에게도 모든 화자가 (86가-8~11)의 '야야체' 어미를 쓴다. 이 어미들은 상대적으로 덜 격식적이고 덜 엄격한 이미지를 지닌 어머니에게 쓰이는 종결어미임을 이미 알아보았다. 조카들은 '삼추이(외삼촌)', '아재'와 상대적으로 비교적 높은 친밀도를 유지하고 있기 때문에 그들에게 '예예체'의 어미들보다 격식성이 약한 '야야체'의 어미를 사용하는 것이다. 이 의문문의 '야야체' 어미들은 한국어의 '해요체' 정도의 어미에 해당한다.

G2세대의 사용 양상 :
(87) 나-1. 아매, 뭐 잡숫기 싫슴두?(외손녀 → 외할머니)

---

18) 70대 제보자들의 어머니의 손위 형제가 대부분 타계하고 없기에 여기에 제시한 예문은 상황을 설정하여주고 제보자들로 하여금 발화하게 하여 얻어낸 결과이다.

나-2. 내 그렇게 보기 싫습덤두?(외손자 → 외할아버지)

나-3. 요즘 감기 도는거 암까?(외손녀 → 외할머니)

나-4. 아재 말 아이 합데까?(외손자 → 외할머니)

나-5. 맏아매, 우리 엄마 부럽습두?(조카 → 큰 이모부)

나-6. 나두 오랍덤두?(조카 → 큰 이모)

나-7. 대학교 못가무[못가면] 어찜까?(조카 → 큰 외숙모)

나-8. 지망 어디다 썼답데까?(조카 → 큰 외삼촌)

나-9. 사고 어떻게 났다오?(조카 → 작은 이모)

나-10. 삼추이느 리해되우?(조카 → 작은 외삼촌)

나-11. 내 대신 가겠소?(조카 → 작은 외숙모)

나-12. 아재 물어봅데?(조카 → 작은 이모부)

G2세대가 외조부모, 외조부의 형제와 그 배우자에게 사용하는 의문문의 종결형식은 예문 (87나-1~4)와 같다. 대부분의 화자가 외조부모에게 (87나-1, 2)의 '-습두, -습덤두'와 같은 '예예체'의 방언형 어미를 사용한다. (87나-3, 4)의 '-ㅁ까, -ㅂ데까'와 같은 '예예체' 어미를 사용하는 화자는 일부에 지나지 않는다.

(87나-5~12)는 어머니의 형제자매와 그 배우자에게 쓰는 의문형 종결어미 사용의 예문이다. 그 중 '맏아바이, 맏아매'에게 일부 화자가 (87나-5, 6)의 '-습두, -ㅂ덤두'와 같은 '예예체'의 방언형을 사용하고 대부분의 화자는 (87나-7, 8)의 종결어미 '-ㅁ까, -ㅂ데까'와 같은 '예예체' 어미를 사용한다. 어머니의 손아래 동생과 그 배우자에게는 모든 화자가 (87나-9~12)의 '-오/-우, -소, -ㅂ데'와 같은 의문문의 '야야체' 어미를 사용한다. 의문문의 종결어미 사용에서도 비교적 높은 친밀도를 갖고

있는 '삼추이(외삼촌)', '아재'에게는 '예예체'의 어미들보다 격식성이 약한 '야야체'의 어미를 사용하는 것이다. 이 의문문의 '야야체' 어미들도 한국어의 '해요체' 정도의 어미에 해당한다.

G3세대의 사용 양상 :
(88) 다-1. 택배 받았습까?(조카 → 외숙모)
　　다-2. 아직두 못했습데까?(조카 → 이모부)
　　다-3. 할머이, 내 가방 못봤습다?(외손녀 → 외할머니)
　　다-4. 바나나 잘 익었습데다?(조카 → 이모)

　G3세대가 외조부모, 외조부의 형제와 그 배우자, 어머니의 형제자매와 그 배우자에게 사용하는 의문문의 종결형식은 모두 같다. (88다-1~4)의 종결어미 '-습까, -습데까, -습다, -습데다' 등과 같은 '예예체' 어미를 사용한다. G3세대는 G1, G2세대와 달리 의문형의 '야야체' 어미를 사용하지 않고 전부 '예예체'의 어미를 사용하는데 이것은 G3세대에서 일어나고 있는 문장종결 형식의 간소화를 설명한다.

`4.2.2.1.3` 명령문에서의 실현 양상

G1세대의 사용 양상 :
(89) 가-1. 병원에 가봅소.(외손자/외손녀 → 외할아버지/외할머니)
　　가-2. 일 그만 합소.(조카 → 큰 외삼촌)
　　가-3. 이젠 시름 놓읍소.(조카 → 큰 이모부)
　　가-4. 좀 쉤[쉬었]다가 해보쇼.(조카 → 큰 이모)
　　가-5. 파이[파]나 심으쇼.(조카 → 큰 외숙모)

가-6. 병원에 가보오.(손자/손녀 → 할아버지/할머니)

가-7. 좀 식혀서 마시우.(조카 → 큰 외숙모)

가-8. 베란다에다 놓소.(조카 → 작은 이모)

　

G1세대의 외조부모에 대한 명령문 종결형식의 사용을 알아보기 위하여 "예를 들어 외조부와 외조모에게 병원에 가보시라고 시킬 때 어떻게 말했습니까?"라는 물음을 제기하였다. 여기에 제보자들이 대답한 것이 예문 (89가-1)과 (89가-6)이다. 대부분의 화자가 (89가-1)과 같이 함경도방언 형태인 '-ㅂ소'를 사용한다고 응답했다. 일부 70대의 화자가(89가-6)과 같이 외조부모에게 명령형의 종결어미로 '-오'를 쓴다고 했는데 이것은 '야야체'의 어미에 해당한다. 현실적으로 70대의 화자들이 외조부모에게 말할 수 없기 때문에 실제로 '야야체' 어미인 '-오'를 쓸 것인지에 대하여는 회의적이다. 실제로 이런 상황에서 종결어미로 '-오'를 쓴다면 이때의 '-오'는 '-ㅂ소'보다 한 등급 낮은, 한국어의 '해요체' 정도에 해당하는 어미라고 할 수 있다. 외조부의 형제와 그 배우자에 대한 명령문의 청자대우법 사용은 외조부모에 대한 명령문의 청자대우법 사용과 같다고 제보자들은 대답하였다.

G1세대가 어머니의 형제자매와 그 배우자에게 쓰는 명령형 종결어미의 예는 (89가-2~5), (89가-7, 8)과 같다. '맏아매, 맏아바이'에게 70대의 대부분 화자와 60대의 일부 화자가 (89가-2, 3)의 종결어미 '-ㅂ소/-읍소'와 같은 '예예체'의 방언형을 사용한다.[19] 60대의 일부 화자가 (89가-4, 5)와 같이 '예예체'의 어미 '-쇼/-으쇼'를 사용하며 여기에 70

---

19) 70대 제보자들의 어머니의 손위 형제가 대부분 타계하고 없기에 여기에 제시한 예문은 상황을 설정하여주고 제보자들로 하여금 발화하게 하여 얻어낸 결과이다.

대의 일부 화자들은 예문 (89가-7, 8)의 '-우, -소'와 같은 '야야체'의 종결어미를 사용한다. 어머니의 손아래 남자, 여자형제와 그 배우자에게 도 모든 화자가 (89가-7, 8)과 같은 명령문의 '야야체' 어미를 쓴다. 이 런 '야야체'의 어미들은 상대적으로 비교적 높은 친밀도를 유지하고 있 는 '삼추이(외삼촌)', '아재'에게 사용하는 것이다. 이 명령문의 '야야체' 어미들은 한국어의 '해요체' 정도의 어미에 해당한다.

> G2세대의 사용 양상 :
> (90) 나-1. 이 딸기 맛있스꾸마. 잡숩소.(외손녀 → 외할머니)
>   나-2. 이거 받으쇼.(외손자 → 외할머니)
>   나-3. 내 불러줄게. 적읍소.(조카 → 큰 외숙모)
>   나-4. 오늘은 집에서 쉬쇼.(조카 → 큰 이모부)
>   나-5. 어제 산 거 입으쇼.(조카 → 큰 이모)
>
>   나-6. 이거 이젠 버리오.(조카 → 작은 외삼촌)
>   나-7. 가네[걔들] 생각 이젠 그만하우.(조카 → 작은 이모부)
>   나-8. 아즈마이, 사진 찍소.(조카 → 작은 외숙모)

G2세대가 외조부모, 외조부의 형제와 그 배우자에게 사용하는 명령문 의 종결형식은 예문 (90나-1~2)와 같다. 대부분의 화자가 외조부모에게 (90나-1)의 '-ㅂ소'와 같은 '예예체'의 방언형을 사용한다. (90나-2)의 '-으쇼'와 같은 '예예체' 어미를 사용하는 화자는 일부에 지나지 않는다.
　(90나-3~8)은 어머니의 형제자매와 그 배우자에게 쓰는 명령형 종결 어미 사용의 예문이다. 그 중 '맏아바이, 맏아매'에게 일부 화자가 (90 나-3)의 '-읍소'와 같은 '예예체'의 방언형을 사용하고 대부분의 화자는

(90나-4, 5)의 종결어미 '-쇼/-으쇼'와 같은 '예예체' 어미를 사용한다. 어머니의 손아래 동생과 그 배우자에게는 모든 화자가 (90나-6~8)의 종결어미 '-오/-우, -소' 등과 같은 '야야체' 어미를 사용한다. 명령문의 종결어미 사용에서도 비교적 높은 친밀도를 갖고 있는 '삼추이(외삼촌)', '아재'에게는 '예예체'의 어미들보다 격식성이 약한 '야야체'의 어미를 사용하는 것이다. 이 명령문의 '야야체' 어미들도 한국어의 '해요체' 정도의 어미에 해당한다.

　　G3세대의 사용 양상 :
　　(91) 다-1. 우리 어머니까[에게서] 달라쇼.(외손녀 → 외할머니)
　　　　 다-2. 기다리게 하지 말구 빨리 가쇼.(조카 → 외삼촌)
　　　　 다-3. 쪼끔마[조금만] 참으쇼.(조카 → 이모)

　G3세대가 외조부모, 외조부의 형제와 그 배우자, 어머니의 형제자매와 그 배우자에게 사용하는 명령문의 종결형식은 모두 같다. (91다-1~3)의 종결어미 '-쇼/-으쇼'와 같은 '예예체' 어미를 사용한다. G3세대는 G1, G2세대와 달리 명령형의 '야야체' 어미를 사용하지 않고 전부 '예예체'의 어미를 사용하는데 이것도 G3세대에서 일어나고 있는 문장 종결 형식의 간소화를 설명한다.

4.2.2.1.4 청유문에서의 실현 양상

　　G1세대의 사용 양상 :
　　(92) 가-1. 병원에 같이 가 보깁소.(외손자/외손녀 → 외할아버지/외

할머니)

가-2. 돼지고기 장물[국] 먹깁소.(조카 → 큰 이모)

가-3. 날이 따뜻해지무[면] 가기쇼.(조카 → 큰 외삼촌)

가-4. 병원에 같이 가 보기오.(손자/손녀 → 할아버지/할머니)

가-5. 아재 시간 있을 때 놀러 가기오.(조카 → 큰 이모)

가-6. 삼추이까[한테] 비밀로 하기오.(조카 → 작은 외숙모)

　G1세대가 외조부모에게 사용하는 청유문 종결형식을 알아보기 위하여 "예를 들어 외조부와 외조모에게 병원에 같이 가보자고 할 때 어떻게 말했습니까?"라는 물음을 제기하였다. 여기에 제보자들이 응답한 것이 예문 (92가-1)과 (92가-4)다. 대부분의 화자가 (92가-1)과 같이 함경도 방언 형태인 청유형의 어미 '-깁소'를 사용한다. 일부 70대의 화자가 (92가-4)와 같이 청유형의 종결어미로 '-기오'를 쓴다고 했는데 이것은 '야야체'의 어미에 해당한다. 현실적으로 70대의 화자들이 외조부모에게 말할 수 없기 때문에 실제로 '야야체' 어미인 '-기오'를 쓸 것인지에 대하여는 회의적이다. 실제로 이런 상황에서 종결어미로 '-기오'를 쓴다면 이때의 '-기오'는 '-깁소'보다 한 등급 낮은, 한국어의 '해요체' 정도에 해당하는 어미라고 할 수 있다. 외조부의 형제와 그 배우자에 대한 청유문의 청자대우법 사용은 외조부모에 대한 청유문의 청자대우법 사용과 같다고 제보자들은 대답하였다.

　G1세대가 어머니의 형제자매와 그 배우자에게 쓰는 청유형 종결어미의 예는 (92가-2, 3, 5, 6)과 같다. '맏아매, 맏아바이'에게 70대의 대부분 화자와 60대의 일부 화자가 (92가-2)의 종결어미 '-깁소'와 같은 '예

예체'의 방언형을 사용한다.[20] 60대의 일부 화자가 (92가-3)과 같이 '예예체'의 어미 '-기쇼'를 사용하며 여기에 70대의 일부 화자들은 예문 (92가-5, 6)에서와 같은 '야야체'의 종결어미 '-기오'를 사용한다. 어머니의 손아래 남자, 여자형제와 그 배우자에게도 모든 화자가 (92가-5, 6)과 같은 청유문의 '야야체' 어미를 쓴다. 이런 '야야체'의 어미들은 상대적으로 비교적 높은 친밀도를 유지하고 있는 '삼추이(외삼촌)', '아재'에게 사용하는 것이다. 이 청유문의 '야야체' 어미들은 한국어의 '해요체' 정도의 어미에 해당한다.

G2세대의 사용 양상 :
(93) 나-1. 치료할래[하러] 다니깁소.(외손녀 → 외할머니)
　　 나-2. 어머니께[한테] 말하기쇼.(외손녀→ 외할아버지)
　　 나-3. 맏아매 보구 오라깁소.(조카 → 큰 이모부)
　　 나-4. 백화 가 사기쇼.(조카 → 큰 외삼촌)

　　 나-5. 한 이년 더 버텨보기오.(조카 → 작은 이모)
　　 나-6. 닭다리 사기오.(조카 → 작은 외숙모)

G2세대가 외조부모, 외조부의 형제와 그 배우자에게 사용하는 청유문의 종결형식은 예문 (93나-1~2)와 같다. 대부분의 화자가 외조부모에게 (93나-1)의 '-깁소'와 같은 '예예체'의 방언형을 사용한다. (93나-2)의 '-기쇼'와 같은 '예예체' 어미를 사용하는 화자는 일부에 지나지 않는다. (93나-3~6)은 어머니의 형제자매와 그 배우자에게 쓰는 청유형 종결

---

20) 70대 제보자들의 어머니의 손위 형제가 대부분 타계하고 없기에 여기에 제시한 예문은 상황을 설정하여주고 제보자들로 하여금 발화하게 하여 얻어낸 결과이다.

어미 사용의 예문이다. 그 중 '맏아바이, 맏아매'에게 일부 화자가 (93나 -3)의 '-깁소'와 같은 '예예체'의 방언형을 사용하고 대부분의 화자는 (93 나-4)의 '예예체'의 종결어미 '-기쇼'를 사용한다. 어머니의 손아래 동생과 그 배우자에게는 모든 화자가 (93나-5, 6)의 '야야체'의 청유형 어미 '-기오'를 사용한다. 청유문의 종결어미 사용에서도 비교적 높은 친밀도를 갖고 있는 '삼추이(외삼촌)', '아재'에게는 '예예체'의 어미들보 다 격식성이 약한 '야야체'의 어미를 사용하는 것이다. 이 청유문의 '야 야체' 어미들도 한국어의 '해요체' 정도의 어미에 해당한다.

G3세대의 사용 양상 :
(94) 다-1. 들어가 기다리기쇼.(외손녀 → 외할아버지)
　　다-2. 더운데 문 열기쇼.(조카 → 이모)
　　다-3. 그 사람 찾아가기쇼.(조카 → 외삼촌)

G3세대가 외조부모, 외조부의 형제와 그 배우자, 어머니의 형제자매 와 그 배우자에게 사용하는 청유문의 종결형식은 모두 같다. 예문 (94다 -1~3)과 같은 '예예체' 종결어미 '-기쇼'를 사용한다. G3세대는 G1, G2세대와 달리 청유형의 '야야체' 어미를 사용하지 않고 전부 '예예체' 의 어미를 사용하는데 이것은 G3세대에서 일어나고 있는 문장종결 형식 의 간소화를 설명한다.

4.2.2.2 동기에 대한 호칭어와 청자대우법

방계에 속하는 외사촌 형제자매와 그 배우자에 대한 청자대우법의 사용은 모든 세대에서 친형제의 경우와 같기에 논의를 생략하기로 한다. 다만 외사촌 간은 친형제 간보다 친밀도가 떨어지기에 나이 차이가 적고 가깝게 지내는 일부 외사촌 간을 제외하고 대부분은 '반말체' 어미를 사용하지 않는다.

4.2.3 시가계 호칭어와 청자대우법

결혼으로 하여 형성되는 친족관계인 시가계는 여성인 '나'의 남편 쪽 가계를 말한다. 아래에 시가계 호칭어를 손위와 동기로 나누어 각 호칭 대상과 청자대우법의 호응 양상을 알아보기로 한다. 시가계 호칭어와 청자대우법의 호응이 서술문, 의문문, 명령문, 청유문에서 각각 어떻게 실현되는지 그 양상을 살펴볼 것이다.

4.2.3.1 손위 시가계 호칭어와 청자대우법

손위 시가계 호칭의 대상에는 시조부모, 시부모, 시부모의 형제자매와 그 배우자 등이 포함된다. 여성 화자인 '나'는 시가 쪽 식구들과 인척관계로 맺어진 친족이기에 친가나 외가의 친족과는 다른 유대감을 갖고 있다. 특히 청자가 시가계 존속인 경우 전적으로 화자와 청자의 항렬관계, 인척관계에 의하여 종결어미의 사용이 결정된다.

아래에 서술문, 의문문, 명령문, 청유문에서 호칭 대상에 따라 청자대우법의 사용 양상이 어떻게 나타나는지에 대하여 살펴보고자 한다.

G1세대의 사용 양상 :

(95) 가-1. 예, 무사하꾸마.(손자며느리 → 시조부/시조모)

　　가-2. 너무 비싸꾸마.(며느리 → 시아버지)

　　가-3. 양념 여야[넣어야] 맛있스꾸마.(조카며느리 → 시고모)

　　가-4. 온 동네서 칭찬이 자자합더구마.(조카며느리 → 시고모부)

　　가-5. 사람이 정말 많습더구마.(조카며느리 → 시삼촌)

　　가-6. 도저히 리해 안됩지비.(조카며느리 → 시숙모)

　　가-7. 요거 우리 몽땅 도맡습지비.(며느리 → 시어머니)

　　가-8. 그래두 딸이 제일임다.(조카며느리 → 시큰어머니)

　　가-9. 내 사다 줬슴다.(조카며느리 → 시삼촌)

　　가-10. 북조선 각시르[를] 얻었답데다.(조카며느리 → 시숙모)

　　가-11. 한족 학교에 보냈습데다.(조카며느리 → 시큰아버지)

　G1세대는 시조부모가 모두 계시지 않는 경우가 대부분이다. G1세대의 시조부모에 대한 서술문 종결형식의 사용을 알아보기 위하여 "손자며느리에게 시조부와 시조모가 '어머니 아버지가 무사하냐?'라고 물어본다면 손자며느리는 어떻게 대답하는가?"라는 물음을 제기하였다. 이에 대한 G1세대 제보자들의 응답이 예문 (95가-1)이다. 이처럼 G1세대 화자들은 시조부모에게 서술문의 전형적인 함경도 방언형 '-꾸마'를 사용한다고 응답하였다. 이것은 G1세대의 화자들이 시조부모에게 가장 높은 등급의 '예예체' 어미를 사용함을 의미한다.

　G1세대 화자들이 시부모, 시부모의 형제자매와 그 배우자에게 사용하는 서술문 종결형식은 같은 양상을 보인다. 그 사용의 예문은 (95가-

2~11)과 같다. 남편 부모의 형제자매와 그 배우자에 대한 호칭은 자신의 부모의 형제자매와 그 배우자에 대한 호칭과 똑같지만 서술문의 종결형식의 사용은 차이를 보인다. 자신의 부모의 형제자매 가운데서 손위와 손아래 형제자매 및 그 배우자에게 사용하는 서술문의 종결형식은 차이를 보였지만 시가계의 시부모의 형제자매와 그 배우자에게는 모두 똑같은 종결형식을 사용하는 것으로 나타났다. 즉 70대의 대부분 화자와 60대의 일부 화자가 (95가-2~7)의 '-꾸마/-스꾸마, -ㅂ더구마/-습더구마, -ㅂ지비/-습지비' 등과 같은 서술문의 '예예체' 방언형을 사용하고 60대의 대부분 화자가 (95가-8~11)의 '-ㅁ다/-슴다, -ㅂ데다/-습데다' 등과 같은 서술문의 '예예체' 어미를 사용한다.[21] 보다시피 시가계 존속 친족에게는 모든 화자가 제일 높은 등급의 '예예체' 어미를 사용한다.

G2세대의 사용 양상 :
(96) 나-1. 집에서늬[는] 잘하꾸마.(손자며느리 → 시조모)
　　나-2. 다 한국 가구 없스꾸마.(며느리 → 시아버지)
　　나-3. 장 만드는 거 배울라 오겠답더구마.(조카며느리 → 시고모)
　　나-4. 연길에다 집 샀습더구마.(조카며느리 → 시큰아버지)
　　나-5. 취할 가봐 그램다.(조카며느리 → 시삼촌)
　　나-6. 한국에서 부쳐온 돈으로 샀답데다.(조카며느리 → 시숙모)

G2세대 화자들이 시조부모, 시부모, 시부모의 형제자매와 그 배우자에게 사용하는 서술문의 종결형식은 같은 양상을 보인다. G2세대도 남편의 부모의 형제자매와 그 배우자에 대한 호칭은 자신의 부모의 형제

---

21) 70대 제보자들의 시부모님과 그 형제들이 타계하고 없기에 상황을 설정하여주고 제보자들로 하여금 발화하게 하여 그 종결형식을 조사하였다.

자매와 그 배우자에 대한 호칭과 같다. 하지만 서술문의 종결형식의 사용은 차이를 보인다. 자신의 부모의 형제자매 가운데서 손위와 손아래 형제자매와 그 배우자에게 사용하는 종결형식은 차이를 보였지만 시부모의 형제자매와 그 배우자에게는 모두 같은 종결형식을 사용한다. 즉 대부분의 화자가 (96나-5, 6)의 '-ㅁ다, -ㅂ데다' 등과 같은 서술문의 '예예체' 어미를 사용하고 일부 화자가 (96나-1~4)의 '-꾸마/-스꾸마, -ㅂ더구마/-습더구마'와 같은 서술문의 '예예체' 방언형 어미를 사용한다. G2세대도 시가계의 존속 친족에게 모두 제일 높은 등급의 '예예체' 어미를 사용한다.

G3세대의 사용 양상 :
(97) 다-1. 외가집 갔단 말임다.(손자며느리 → 시조모)
　　　다-2. 맏아맨 데 맡겨놓구 갔슴다.(조카며느리 → 시큰아버지)
　　　다-3. 맛있게 먹었답데다.(며느리 → 시아버지)
　　　다-4. 어쩨 전화 계속 아이 받습데다.(조카며느리 → 시고모)

G3세대 화자들이 시조부모, 시부모, 시부모의 형제자매와 그 배우자에게 사용하는 서술문의 종결형식은 모두 같다. 예문 (97다-1~4)와 같이 모든 화자가 '-ㅁ다/-슴다, -ㅂ데다/-습데다' 등과 같은 '예예체'의 어미를 사용한다. 보다시피 서술문의 '예예체'의 방언형 어미의 사용은 G1세대에서 G2세대로 오면서 점차 약화되다가 G3세대에 와서는 사용되지 않는다. 이로부터 G1세대의 60대에서 문장종결 형식의 개신이 일어나기 시작했고 G2세대가 개신을 이끌었으며 G3세대에서 활발하게 진행되었음을 알 수 있다.

의문문에서의 실현 양상

G1세대의 사용 양상 :

(98) 가-1. 무사함두?(손자며느리 → 시조부/시조모)

　　　가-2. 어느 게 제일 마음에 듭두?(며느리 → 시어머니)

　　　가-3. 어떻게 하는지　알아봤습두?(며느리 → 시아버지)

　　　가-4. 알아볼 만 합덤두?(조카며느리 → 시큰아버지)

　　　가-5. 어디서 샀습덤두?(조카며느리 → 시고모)

　　　가-6. 삼층집에 모둡지?(조카며느리 → 시고모부)

　　　가-7. 또 졌습지?(조카며느리 → 시숙모)

　　　가-8. 태도표시르[를] 아이 함까?(조카며느리 → 시삼촌)

　　　가-9. 이거 어쩜[어쩌면] 좋겠습까?(조카며느리 → 시고모)

　　　가-10. 삼추이 도와줍데까?(조카며느리 → 시숙모)

　　　가-11. 고치[고추] 다 걷었습데까?(조카며느리 → 시고모)

　G1세대의 시조부모에 대한 의문문 종결형식의 사용을 알아보기 위하여 "오랜만에 시조부와 시조모에게 문안인사를 드릴 때 어떻게 말했습니까?"라는 물음을 제기하여 알아보았다. 여기에 제보자들이 대답한 것이 예문 (98가-1)이다. 이처럼 G1세대 화자들은 시조부모에게 의문문의 전형적인 함경도방언 형태인　종결어미 '-ㅁ두'를 사용한다고 응답하였다. 이것은 G1세대의 화자들이 시조부모에게 가장 높은 등급의 '예예체' 어미를 사용함을 의미한다.

　G1세대 화자들이 시부모, 시부모의 형제자매와 그 배우자에게 사용하는 의문문 종결형식은 같은 양상을 보인다. 그 예문은 (98가-2~11)과 같다. 자신의 부모의 형제자매 가운데서 손위와 손아래 형제자매 및 그

배우자에게 사용하는 의문문의 종결형식은 차이를 보였지만 시부모의 형제자매와 그 배우자에게는 모두 똑같은 종결형식을 사용하는 것으로 나타났다. 즉 70대의 대부분 화자와 60대의 일부 화자가 (98가-2~7)의 '-ㅁ두/-슴두, -ㅂ덤두/-습덤두, -ㅂ지/-습지' 등과 같은 의문문의 '예예체' 방언형 어미를 사용하고 60대의 대부분 화자가 (98가-8~11)의 '-ㅁ까/-슴까, -ㅂ데까/-습데까' 등과 같은 의문문의 '예예체' 어미를 사용한다.22) 의문문의 종결어미 사용에서도 시가계 존속 친족에게는 모든 화자가 제일 높은 등급의 '예예체' 어미를 사용한다.

G2세대의 사용 양상 :
(99) 나-1. 그래 얼마 함두?(손자며느리 → 시조부)
　　　나-2. 그 감지[감주] 맛있습덤두?(며느리 → 시아버지)
　　　나-3. 언제 보나 이렇게 깨끗함까?(조카며느리 → 시숙모)
　　　나-4. 돈이 얼마나 든답데까?(조카며느리 → 시삼촌)

G2세대 화자들이 시조부모, 시부모, 시부모의 형제자매와 그 배우자에게 사용하는 의문문의 종결형식은 같은 양상을 보인다. 대부분의 화자가 (99나-3, 4)의 '-ㅁ까, -ㅂ데까' 등과 같은 '예예체'의 어미를 사용하고 일부 화자가 (99나-1, 2)의 '-ㅁ두, -습덤두'와 같은 '예예체'의 방언형 어미를 사용한다. G2세대도 자신의 부모의 형제자매 가운데서 손위와 손아래 형제자매와 그 배우자에게 사용하는 의문문의 종결형식은 차이를 보이지만 시부모의 형제자매와 그 배우자에게는 모두 같은 종결형

---

22) 70대 제보자들의 시부모님과 그 형제들이 타계하고 없기에 상황을 설정하여주고 제보자들로 하여금 발화하게 하여 그 종결형식을 조사하였다.

식을 사용한다. 즉 모두 제일 높은 등급의 '예예체' 어미를 사용한다.

G3세대의 사용 양상 :

(100) 다-1. 그게 무슨 소림까?(손자며느리 → 시조모)

　　　다-2. 어머니, 어제 사온 책 어디 있슴까?(며느리 → 시어머니)

　　　다-3. 화룡 아재네두 온답데까?(조카며느리 → 시고모)

　　　다-4. 집 장식 잘했습데까?(조카며느리 → 시숙모)

　　　다-5. 문제 있음 바꿔준담다?(조카며느리 → 시큰어머니)

　　　다-6. 내 하나 물어봐두 되겠슴다?(조카며느리 → 시삼촌)

　　　다-7. 오빠 돈 잘 법데다?(조카며느리 → 시큰아버지)

　　　다-8. 아직두 정신 못 차렸습데다?(조카며느리 → 시고모부)

　G3세대 화자들이 시조부모, 시부모, 시부모의 형제자매와 그 배우자에게 사용하는 의문문의 종결형식은 같은 양상을 보인다. 예문 (100다-1~8)과 같이 모든 화자들이 '-ㅁ까/-슴까, -ㅂ데까/-습데까, -ㅁ다/-슴다, -ㅂ데다/-습데다' 등과 같은 '예예체'의 어미를 사용한다. 보다시피 의문문의 '예예체' 방언형 어미의 사용도 G1세대에서 G2세대로 오면서 점차 약화되다가 G3세대에 와서는 사용되지 않는다. 이로부터 G1세대의 60대에서 문장종결 형식의 개신이 일어나기 시작했고 G2세대가 개신을 이끌었으며 G3세대에서 활발하게 진행되었음을 알 수 있다.

4.2.3.1.3 명령문에서의 실현 양상

G1세대의 사용 양상 :

(101) 가-1. 병원에 가봅소.(손자며느리 → 시조부/시조모)

가-2. 일이 있음 부릅소.(며느리 → 시아버지)

가-3. 어찌겠슴두, 좀 참읍소.(며느리→ 시어머니)

가-4. 온 김에 식사 하구 가쇼.(조카며느리 → 시삼촌)

가-5. 적슴다. 받으쇼.(조카며느리 → 시고모)

G1세대의 시조부모에 대한 명령문 종결형식의 사용을 알아보기 위하여 "예를 들어 시조부와 시조모에게 병원에 가보시라고 시킬 때 어떻게 말했습니까?"라는 물음을 제기하였다. 여기에 제보자들이 대답한 것이 예문 (101가-1)이다. 이처럼 G1세대 화자들은 시조부모에게 전형적인 함경도방언 형태인 명령형의 종결어미 '-ㅂ소'를 사용한다고 응답하였다. 이것은 G1세대의 화자들이 시조부모에게 가장 높은 등급의 '예예체' 어미를 사용함을 의미한다.

G1세대 화자들이 시부모, 시부모의 형제자매와 그 배우자에게 사용하는 명령문 종결형식은 같은 양상을 보인다. 그 예문은 (101가-2~5)와 같다. 자신의 부모의 형제자매 가운데서 손위와 손아래 형제자매 및 그 배우자에게 사용하는 명령문의 종결형식은 차이를 보였지만 시부모의 형제자매와 그 배우자에게는 모두 똑같은 종결형식을 사용하는 것으로 나타났다. 즉 70대의 대부분 화자와 60대의 일부 화자가 (101가-2, 3)의 '-ㅂ소/-읍소'와 같은 명령문의 '예예체' 방언형 어미를 사용하고 60대의 대부분 화자가 (101가-4, 5)의 '-쇼/-으쇼'와 같은 명령문의 '예예체' 어미를 사용한다.[23] 명령문의 종결어미 사용에서도 시가계 존속 친족에게는 모든 화자가 제일 높은 등급의 '예예체' 어미를 사용한다.

---

23) 70대 제보자들의 시부모님과 그 형제들이 타계하고 없기에 상황을 설정하여주고 제보자들로 하여금 발화하게 하여 그 종결형식을 조사하였다.

G2세대의 사용 양상 :

(102) 나-1. 열쇠르[를] 목에 꼭 걸구 다닙소.(며느리 → 시아버지)

　　　나-2. 삼천원임다. 헤[세여]보쇼.(조카며느리 → 시삼촌)

G2세대 화자들이 시조부모, 시부모, 시부모의 형제자매와 그 배우자에게 사용하는 명령문의 종결형식은 같은 양상을 보인다. 대부분의 화자가 (102나-2)의 종결어미 '-쇼'와 같은 '예예체'의 어미를 사용하고 일부 화자가 (102나-1)의 종결어미 '-ㅂ소'와 같은 '예예체'의 방언형 어미를 사용한다. G2세대도 자신의 부모의 형제자매 가운데서 손위와 손아래 형제자매 및 그 배우자에게 사용하는 명령문의 종결형식은 차이를 보이지만 시부모의 형제자매와 그 배우자에게는 모두 같은 종결형식을 사용한다. 즉 모두 제일 높은 등급의 '예예체' 어미를 사용한다.

G3세대의 사용 양상 :

(103) 다-1. 어머니, 하나 더 주쇼.(며느리 → 시어머니)

　　　다-2. 기회르[를] 잘 잡으쇼.(조카며느리 → 시고모)

G3세대 화자들이 시조부모, 시부모, 시부모의 형제자매와 그 배우자에게 사용하는 명령문의 종결형식은 같은 양상을 보인다. 예문 (103다-1, 2)와 같이 모든 화자가 '-쇼/-으쇼' 등과 같은 명령문의 '예예체' 어미를 사용한다. 보다시피 명령문의 '예예체' 방언형 어미의 사용도 G1세대에서 G2세대로 오면서 점차 약화되다가 G3세대에 와서는 사용되지 않는다. 이로부터 G1세대의 60대에서 문장종결 형식의 개신이 일어나기 시작했고 G2세대가 개신을 이끌었으며 G3세대에서 활발하게 진행되었

음을 알 수 있다.

4.2.3.1.4 청유문에서의 실현 양상

G1세대의 사용 양상 :

(104) 가-1. 병원에 같이 가보깁소.(손자며느리 → 시조부/시조모)

　　　가-2. 같이 찍깁소.(며느리 → 시어머니)

　　　가-3. 채소 사오기쇼.(조카며느리 → 시고모)

G1세대가 시조부모에게 사용하는 청유문 종결형식을 알아보기 위하여 "예를 들어 시조부와 시조모에게 병원에 같이 가보자고 할 때 어떻게 말했습니까?"라는 물음을 제기하였다. 여기에 제보자들이 응답한 것이 예문 (104가-1)이다. 이처럼 G1세대 화자들은 시조부모에게 전형적인 함경도방언 형태인 청유형의 종결어미 '-깁소'를 사용한다고 응답하였다. 이것은 G1세대의 화자들이 시조부모에게 가장 높은 등급의 '예예체' 어미를 사용함을 의미한다.

G1세대 화자들이 시부모, 시부모의 형제자매와 그 배우자에게 사용하는 청유문 종결형식은 같은 양상을 보인다. 그 예문은 (104가-2, 3)과 같다. 자신의 부모의 형제자매 가운데서 손위와 손아래 형제자매 및 그 배우자에게 사용하는 청유문의 종결형식은 차이를 보였지만 시부모의 형제자매와 그 배우자에게는 모두 똑같은 종결형식을 사용하는 것으로 나타났다. 즉 70대의 대부분 화자와 60대의 일부 화자가 (104가-2)의 종결어미 '-깁소'와 같은 '예예체'의 방언형 어미를 사용하고 60대의 대부분 화자가 (104가-3)의 종결어미 '-기쇼'와 같은 '예예체' 어미를 사용

한다.24) 청유문의 종결어미 사용에서도 시가계 존속 친족에게는 모든 화자가 제일 높은 등급의 '예예체' 어미를 사용한다.

G2세대의 사용 양상 :
(105) 나-1. 시장에 내다 팔깁소.(조카며느리 → 시조모)
　　　 나-2. 한집이 오백원씩 내기쇼.(며느리 → 시어머니)

G2세대 화자들이 시조부모, 시부모, 시부모의 형제자매와 그 배우자에게 사용하는 청유문의 종결형식은 같은 양상을 보인다. 대부분의 화자가 (105나-2)의 종결어미 '-기쇼'와 같은 '예예체'의 어미를 사용하고 일부 화자가 (105나-1)의 종결어미 '-깁소'와 같은 '예예체'의 방언형 어미를 사용한다. G2세대도 자신의 부모의 형제자매 가운데서 손위와 손아래 형제자매 및 그 배우자에게 사용하는 청유문의 종결형식은 차이를 보이지만 시부모의 형제자매와 그 배우자에게는 모두 같은 종결형식을 사용한다. 즉 모두 제일 높은 등급의 '예예체' 어미를 사용한다.

G3세대의 사용 양상 :
(106) 다-1. 내 차로 가기쇼.(조카며느리 → 시조부)
　　　 다-2. 오늘내로 결정하기쇼.(며느리 → 시어머니)

G3세대 화자들이 시조부모, 시부모, 시부모의 형제자매와 그 배우자에게 사용하는 청유문의 종결형식은 같은 양상을 보인다. 예문 (106다

---

24) 70대 제보자들의 시부모님과 그 형제들이 타계하고 없기에 상황을 설정하여주고 제보자들로 하여금 발화하게 하여 그 종결형식을 조사하였다.

-1, 2)와 같이 모든 화자가 '예예체'의 어미'-기쇼'를 사용한다. 청유문의 '예예체' 방언형 어미의 사용도 G1세대에서 G2세대로 오면서 점차 약화되다가 G3세대에 와서는 사용되지 않는다. 이로부터 G1세대의 60대에서 문장종결 형식의 개신이 일어나기 시작했고 G2세대가 개신을 이끌었으며 G3세대에서 활발하게 진행되었음을 알 수 있다.

4.2.3.2 동기에 대한 호칭어와 청자대우법

동기에는 여성 화자인 '나'의 남편의 형제자매와 그 배우자가 포함된다. 시가 쪽 식구들은 모두 '나'와 인척관계로 맺어지는 친족이기에 친가나 외가의 친족과는 달리 어렵고 거리감이 있는 존재다. 청자가 '나'의 남편의 형제자매와 그 배우자인 경우 청자가 화자의 손위인지 손아래인지, 화자가 청자를 얼마나 친밀하게 인식하는지 등에 따라 종결어미의 사용이 달라질 수 있다.

아래에 서술문, 의문문, 명령문, 청유문에서 호칭 대상에 따라 청자대우법의 사용 양상이 어떻게 나타나는지에 대하여 살펴보고자 한다.

4.2.3.2.1 서술문에서의 실현 양상

G1세대의 사용 양상 :
(107) 가-1. 장 보구 오는 길이꾸마.(제수 → 아주버님)
　　　가-2. 크구 작은 보따리 가득 들구 왔습더구마.(동서 → 형님)
　　　가-3. 내 인차 갔다 옵지비.(올케 → 형님)
　　　가-4. 감기 몸살인 같슴다.(동서 → 형님)

가-5. 동미[친구] 생일이라고 갑데다.(처남댁 → 아주버님)

가-6. 난 관계르[를] 아이 하우.(형님 → 동서)

가-7. 내 돈 준비했소.(형수 → 시동생)

가-8. 길에서 밨는데 우리 집 오겠답데.(아주머니 → 서방님)

가-9. 새워이 왔다 갔습네.(올케언니 → 시누이)

G1세대가 남편의 손위 남자, 여자형제와 그 배우자 가운데서 남성은 '아주버님/아즈반님', 여성은 '형님', '시누이/시누비'로 호칭한다. 이들에게 사용하는 서술문의 종결형식의 예문은 (107가-1~5)와 같다. 대부분의 화자가 (107가-1~3)의 종결어미 '-꾸마, -습더구마, -ㅂ지비' 등과 같은 '예예체'의 방언형 어미를 사용하고 일부 화자가 (107가-4, 5)의 '-습다, -ㅂ데다'와 같은 '예예체'의 어미를 사용한다. G1세대가 자신의 손위 동기에게 사용하는 서술문의 종결어미는 '-오(-요)/-우, -소'와 같은 '야야체' 어미임을 이미 알아보았다. 이처럼 같은 항렬의 친족이라도 결혼으로 인한 인척에게는 더 높은 등급인 '예예체' 어미를 사용함을 알 수 있다.

G1세대가 남편의 손아래 동기에게 사용하는 서술문의 종결형식의 예문은 (107가-6~9)와 같다. 모든 화자가 '-우, -소, -ㅂ데, -습네' 등과 같은 '야야체' 어미를 사용한다. 이때의 '야야체' 어미는 한국어의 '하오체' 정도에 해당하며 비록 손아래 비속의 친족이지만 결혼으로 인한 인척에 대한 존중의 의미로 쓰인 것이다. 다음 절에서 알아보겠지만 일부 남성 화자들은 처남과 처제에게 '-다/-ㄴ다, -더라, -네라, -구나' 등과 같은 서술문의 '응응체' 어미를 사용하지만 여성 화자들은 시동생과 손아래

시누이에게 이런 '응응체' 어미를 사용하지 않는다. 이것은 동일한 항렬인 비속의 인척에게 여성 화자가 남성 화자보다 더 높은 등급의 대우법을 사용함을 의미한다.

G2세대의 사용 양상 :
(108) 나-1. 어디 갔는지 누기두[누구도] 모름다.(올케 → 형님)
　　　나-2. 땐스(電視)에서 나옵데다.(제수 → 아주버님)

　　　나-3. 우리 아재요.(형수 → 시동생)
　　　나-4. 둘이 말하는 거 들었소.(올케언니 → 시누이)
　　　나-5. 한 백원이무[면] 실컷 먹게 됩데.(형님 → 동서)
　　　나-6. 거긴 늪이 많습네.(아주머니 → 서방님)

G2세대는 남편의 손위 남자, 여자형제와 그 배우자 가운데서 남성은 '아주버님/아즈반님', 여성은 '형님', '시누이'로 호칭한다. 이들에게 사용하는 서술문의 종결형식의 예문은 (108나-1, 2)와 같다. 모든 화자가 종결어미 '-ㅁ다, -ㅂ데다'와 같은 '예예체' 어미를 사용한다. G1세대의 경우와 같이 서술문의 '예예체' 방언형 어미를 사용하는 현상은 조사되지 않았다. G2세대는 자기 부모와 시부모에게까지 '예예체'의 방언형 어미를 사용함을 앞에서 알아보았다. 하지만 동기 항렬의 시가 쪽 손위 친족에게는 이 방언형을 사용하지 않는다. 이 세대 50대의 화자들은 중국이 문화대혁명이 끝나고 전면적으로 대학입시제도가 회복되던 시기에 고중교육을 받던 사람들이다. 이런 학교교육의 영향은 그들이 이러한 방언형을 지양하게 된 주요 원인으로 된다. G2세대도 자신의 손위 동기에

게 사용하는 서술문의 종결어미는 '-오(-요)/-우, -소'와 같은 '야야체' 어미다. 하지만 결혼으로 인한 인척에게는 같은 항렬의 친족이지만 더 높은 등급인 '예예체' 어미를 사용함을 알 수 있다.

G2세대가 남편의 손아래 동기에게 사용하는 서술문의 종결형식의 예문은 (108나-3~6)과 같다. 모든 화자가 '-요, -소, -ㅂ데, -습네' 등과 같은 '야야체' 어미를 사용한다. 이때의 '야야체' 어미는 한국어의 '하오체' 정도에 해당하며 비록 손아래 비속의 친족이지만 결혼으로 인한 인척에 대한 존중의 의미로 쓰인 것이다. 다음 절에서 알아보겠지만 G2세대도 일부 남성 화자들은 처남과 처제에게 '-다/-ㄴ다, -더라, -네라, -구나' 등과 같은 서술문의 '응응체' 어미를 사용하지만 여성 화자들은 시동생과 손아래 시누이에게 이런 '응응체' 어미를 사용하지 않는다. 이것은 G2세대도 동일한 항렬인 비속의 인척에게 여성 화자가 남성 화자보다 더 높은 등급의 대우법을 사용함을 의미한다.

G3세대의 사용 양상 :
(109) 다-1. 지금 떠납다.(올케 → 형님)
　　　다-2. 형님 말이 맞습다.(제수 → 아주버님)
　　　다-3. 집에서 자겠답데다.(형수 → 시동생)
　　　다-4. 칠십 명 넘습데다.(올케언니 → 시누이)

G3세대가 남편의 손위, 손아래 형제와 그 배우자에게 사용하는 서술문의 종결형식은 모두 같다. 예문 (109다-1~4)와 같이 모든 화자가 '-ㅁ다/-습다, -ㅂ데다/-습데다'와 같은 '예예체' 어미를 사용한다. G1, G2세대가 남편의 손아래 형제와 그 배우자에게 서술형의 '야야체' 어미

를 사용하는 것과 비교하면 G3세대 여성 화자들의 종결형식의 사용은 단순해졌음을 의미한다. 결혼한 지 일 년쯤 되는 한 여성 제보자는 "시부모들이 시누이한테 자꾸 '야야' 하라고 하지만 그렇게 말하게 안 됩다."라고 하였다. 제보자는 자신의 손위 형제에게도 '예예체' 어미를 사용하고 선배 언니, 오빠들에게도 모두 이런 '예예체' 어미를 사용하기에 평시에 '야야체' 어미는 사용할 줄 모른다고 하였다.

4.2.3.2.2 의문문에서의 실현 양상

G1세대의 사용 양상 :

(110) 가-1. 이거 어떻게 생각했슴두?(처남댁 → 아주버님)

　　 가-2. 포도주 맛있습덤두?(올케 → 형님)

　　 가-3. 이 바지 편합지?(동서 → 형님)

　　 가-4. 어디 불편함까?(제수 → 아주버님)

　　 가-5. 은행에 저축했답데까?(동서 → 형님)

　　 가-6. 어째 또 이래오?(형수 → 시동생)

　　 가-7. 어쩔게 있소?(형님 → 동서)

　　 가-8. 누가 그런 말 합데?(아주머니 → 서방님)

G1세대가 남편의 손위 동기인 '아주버님/아즈반님'과 '형님', '시누이/시누비'에게 사용하는 의문문의 종결형식의 예문은 (110가-1~5)와 같다. 대부분의 화자가 (110가-1~3)의 '-슴두, -습덤두, -ㅂ지' 등과 같은 '예예체'의 방언형 어미를 사용하고 일부 화자가 (110가-4, 5)의 '-ㅁ까, -ㅂ데까'와 같은 '예예체'의 어미를 사용한다. G1세대가 자신의

손위 동기에게 사용하는 서술문의 종결어미는 '-오(-요)/-우, -소, -ㅂ데/-습데' 등과 같은 '야야체' 어미임을 알아보았다. 이처럼 같은 항렬의 친족이라도 결혼으로 인한 인척에게는 더 높은 등급인 '예예체' 어미를 사용함을 알 수 있다.

G1세대가 남편의 손아래 동기에게 사용하는 의문문의 종결형식의 예문은 (110가-6~8)과 같다. 모든 화자가 '-오, -소, -ㅂ데' 등과 같은 '야야체' 어미를 사용한다. 이때의 '야야체' 어미는 한국어의 '하오체' 정도에 해당하며 비록 손아래 비속의 친족이지만 결혼으로 인한 인척에 대한 존중의 의미로 쓰인 것이다. 다음 절에서 알아보겠지만 일부 남성 화자들은 처남과 처제에게 종결어미 '-니, -어/-아, -냐, -ㄹ가, -개, -야, -데' 등과 같은 의문문의 '응응체' 어미를 사용하지만 여성 화자들은 시동생과 손아래 시누이에게 이런 '응응체' 어미를 사용하지 않는다. 이것은 동일한 항렬인 비속의 인척에게 여성 화자가 남성 화자보다 더 높은 등급의 대우법을 사용함을 의미한다.

　　G2세대의 사용 양상 :
　　(111) 나-1. 이거 미안해서 어쩜까?(제수 → 아주버님)
　　　　　나-2. 언제 퇴원한답데까?(올케 → 형님)

　　　　　나-3. 그 장갑 잃어버렸단 말이요?(아주머니 → 서방님)
　　　　　나-4. 몇 개 가져왔소?(올케언니 → 시누이)
　　　　　나-5. 집 찾아옵데?(형님 → 동서)

G2세대가 남편의 손위 동기인 '아주버님/아즈반님'과 '형님', '시누이'

에게 사용하는 의문문의 종결형식의 예문은 (111나-1, 2)와 같다. 모든 화자가 종결어미 '-ㅁ까, -ㅂ데까'와 같은 '예예체'의 어미를 사용한다. G1세대의 경우와 같이 의문문의 '예예체' 방언형 어미를 사용하는 화자는 조사되지 않았다. G2세대는 자기 부모와 시부모에게까지 이런 '예예체'의 방언형 어미를 사용하지만 동기 항렬의 시가 쪽 손위 친족에게는 이런 방언형을 사용하지 않는다. 이것은 중국에서 학교교육이 보편적으로 보급된 것이 50대의 화자들부터인 것과 관계된다. 이런 학교교육의 영향은 그들이 방언형을 지양하게 된 주요 원인으로 된다. 앞서 알아보았듯이 G2세대가 자신의 손위 동기에게 사용하는 의문문의 종결어미는 '-오(-요)/-우, -소'와 같은 '야야체' 어미다. 하지만 결혼으로 인한 인척에게는 같은 항렬의 친족이지만 이와 같이 더 높은 등급인 '예예체' 어미를 사용함을 알 수 있다.

G2세대가 남편의 손아래 동기에게 사용하는 의문문의 종결형식의 예문은 (111나-3~5)와 같다. 모든 화자가 '-요, -소, -ㅂ데' 등과 같은 '야야체' 어미를 사용한다. 이때의 '야야체' 어미는 한국어의 '하오체' 정도에 해당하며 비록 손아래 비속의 친족이지만 결혼으로 인한 인척에 대한 존중의 의미로 쓰인 것이다. 다음 절에서 알아보겠지만 G2세대도 일부 남성 화자들은 처남과 처제에게 '-니, -어/-아, -냐, -ㄹ가, -개, -야, -데' 등과 같은 의문문의 '응응체' 어미를 사용하지만 여성 화자들은 시동생과 손아래 시누이에게 이런 '응응체' 어미를 사용하지 않는다. 이것은 G2세대도 동일한 항렬인 비속의 인척에게 여성 화자가 남성 화자보다 더 높은 등급의 대우법을 사용함을 의미한다.

G3세대의 사용 양상 :

(112) 다-1. 이거 보무[면] 모르겠슴까?(동서 → 형님)

다-2. 방법이 없답데까?(처남댁 → 아주버님)

다-3. 그게 정말임다?(아주머니 → 서방님)

다-4. 교수 됐답데다?(올케언니 → 시누이)

G3세대가 남편의 손위, 손아래 형제와 그 배우자에게 사용하는 의문문의 종결형식은 모두 같다. 예문 (112다-1~4)와 같이 모든 화자가 종결어미 '-슴까, -ㅂ데까, -ㅁ다/-ㅂ데다' 등과 같은 '예예체' 어미를 사용한다. G1, G2세대에서 남편의 손아래 형제와 그 배우자에게 의문형의 '야야체' 어미를 사용하는 것과 비기면 G3세대 여성 화자들의 종결형식의 사용은 단순해졌음을 의미한다.

4.2.3.2.3 명령문에서의 실현 양상

G1세대의 사용 양상 :

(113) 가-1. 여기 앉아 좀 쉽소.(올케 → 형님)

가-2. 형님 말 좀 들으쇼.(처남댁 → 아주버님)

가-3. 택시 그만 타구 버스 타오.(형수 → 시동생)

가-4. 나그내 말할 때 듣소.(올케언니 → 시누이)

G1세대가 남편의 손위 동기인 '아주버님/아즈반님'과 '형님', '시누이/시누비'에게 사용하는 명령문의 종결형식의 예문은 (113가-1, 2)와 같다. 대부분의 화자가 (113가-1)의 종결어미 '-ㅂ소'와 같은 '예예체'의 방언

형 어미를 사용하고 일부 화자가(113가-2)의 '-으쇼'와 같은 '예예체'의 어미를 사용한다. 앞서 G1세대가 자신의 손위 동기에게 사용하는 명령문의 종결어미는 '-오/-우, -소'와 같은 '야야체' 어미임을 알아보았다. 이처럼 같은 항렬의 친족이라도 결혼으로 인한 인척에게는 더 높은 등급인 '예예체' 어미를 사용함을 알 수 있다.

G1세대가 남편의 손아래 동기에게 사용하는 명령문의 종결형식의 예문은 (113가-3, 4)와 같다. 모든 화자가 '-오, -소' 등과 같은 '야야체' 어미를 사용한다. 이때의 '야야체' 어미는 한국어의 '하오체' 정도에 해당하며 비록 손아래 비속의 친족이지만 결혼으로 인한 인척에 대한 존중의 의미로 쓰인 것이다. 다음 절에서 알아보겠지만 일부 남성 화자들은 처남과 처제에게 종결어미 '-라/-(아, 어)라' 등과 같은 명령문의 '응응체' 어미를 사용하지만 여성 화자들은 시동생과 손아래 시누이에게 이런 '응응체' 어미를 사용하지 않는다. 이것은 동일한 항렬인 비속의 인척에게 여성 화자가 남성 화자보다 더 높은 등급의 대우법을 사용함을 의미한다.

G2세대의 사용 양상 :
(114) 나-1. 한마디 하쇼.(동서 → 형님)
　　　나-2. 얼마래두 받으쇼.(제수 → 아주버님)

　　　나-3. 운동 삼아 걸어가오.(아주머니 → 서방님)
　　　나-4. 그 중간에 걸어놓소.(형수 → 시동생)

G2세대가 남편의 손위 동기인 '아주버님/아즈반님'과 '형님', '시누이'

에게 사용하는 명령문의 종결형식의 예문은 (114나-1, 2)와 같다. 모든 화자가 '-쇼/-으쇼'와 같은 '예예체'의 어미를 사용한다. G1세대의 경우와 같이 '예예체'의 방언형 어미를 사용하는 화자는 조사되지 않았다. G2세대는 자기 부모와 시부모에게까지 이런 '예예체'의 방언형을 사용하지만 동기 항렬의 시가 쪽 손위 친족에게는 이런 방언형을 사용하지 않는다. 이것은 중국에서 학교교육이 보편적으로 보급된 것이 50대의 화자들부터인 것과 관계된다. 이런 학교교육의 영향은 그들이 방언형을 지양하게 된 주요 원인으로 된다. 앞서 알아보았듯이 G2세대가 자신의 손위 동기에게 사용하는 명령문의 종결어미는 '-오/-우, -소'와 같은 '야야체' 어미다. 하지만 결혼으로 인한 인척에게는 같은 항렬의 친족이지만 더 높은 등급인 '예예체' 어미를 사용함을 알 수 있다.

G2세대가 남편의 손아래 동기에게 사용하는 명령문의 종결형식의 예문은 (114나-3, 4)와 같다. 모든 화자가 '-오, -소' 등과 같은 '야야체' 어미를 사용한다. 이때의 '야야체' 어미는 한국어의 '하오체' 정도에 해당하며 비록 손아래 비속의 친족이지만 결혼으로 인한 인척에 대한 존중의 의미로 쓰인 것이다. 다음 절에서 알아보겠지만 G2세대도 일부 남성 화자들은 처남과 처제에게 '-라/-(아, 어)라'와 같은 명령문의 '응응체' 어미를 사용하지만 여성 화자들은 시동생과 손아래 시누이에게 이런 '응응체' 어미를 사용하지 않는다. 이것은 G2세대도 동일한 항렬인 비속의 인척에게 여성 화자가 남성 화자보다 더 높은 등급의 대우법을 사용함을 의미한다.

G3세대의 사용 양상 :
(115) 다-1. 이젠 한국 가지 마쇼.(처남댁 → 아주버님)

다-2. 달걀 삶으쇼.(형수 → 시동생)

G3세대가 남편의 손위, 손아래 형제와 그 배우자에게 사용하는 명령문의 종결형식은 모두 같다. 예문 (115다-1, 2)와 같이 모든 화자가 '예예체'의 종결어미 '-쇼/-으쇼'를 사용한다. G1, G2세대에서 남편의 손아래 형제와 그 배우자에게 '야야체'의 명령형 어미를 사용하는 것과 비기면 G3세대 여성 화자들의 종결형식의 사용은 단순해졌음을 의미한다.

4.2.3.2.4 청유문에서의 실현 양상

G1세대의 사용 양상 :
(116) 가-1. 신세 좀 지깁소.(동서 → 형님)
　　　 가-2. 저기 앉아 가기쇼.(제수 → 아주버님)

　　　 가-3. 빨리 인사하구 가기오.(형수 → 시동생)
　　　 가-4. 우리두 집에서 만들어 보기오.(형님 → 동서)

G1세대가 남편의 손위 동기인 '아주버님/아즈반님'과 '형님', '시누이/시누비'에게 사용하는 청유문의 종결형식의 예문은 (116가-1, 2)와 같다. 대부분의 화자가 (116가-1)의 '-깁소'와 같은 '예예체'의 방언형 어미를 사용하고 일부 화자가(116가-2)와 같이 '예예체'의 종결어미 '-기쇼'를 사용한다. G1세대가 자신의 손위 동기에게 사용하는 청유문의 종결어미는 '-기오'와 같은 '야야체' 어미임을 알아보았다. 이처럼 같은 항렬의 친족이라도 결혼으로 인한 인척에게는 더 높은 등급인 '예예체' 어미를 사용함을 알 수 있다.

G1세대가 남편의 손아래 동기에게 사용하는 청유문의 종결형식의 예문은 (116가-3, 4)와 같다. 모든 화자가 야야체'의 종결어미 '-기오'를 사용한다. 이때의 '야야체' 어미는 한국어의 '하오체' 정도에 해당하며 비록 손아래 비속의 친족이지만 결혼으로 인한 인척에 대한 존중의 의미로 쓰인 것이다. 다음 절에서 알아보겠지만 일부 남성 화자들은 처남과 처제에게 청유문의 '응응체' 어미 '-자'를 사용하지만 여성 화자들은 시동생과 손아래 시누이에게 이런 '응응체' 어미를 사용하지 않는다. 이것은 동일한 항렬인 비속의 인척에게 여성 화자가 남성 화자보다 더 높은 등급의 대우법을 사용함을 의미한다.

G2세대의 사용 양상 :
(117) 나-1. 말 좀 들어 보기쇼.(올케 → 형님)
　　　나-2. 삼계탕 먹어 보기쇼.(처남댁 → 아주버님)

　　　나-3. 그만하고 이젠 자기오.(올케언니 → 시누이)
　　　나-4. 차에 가서 먹기오.(형수 → 시동생)

G2세대가 남편의 손위 동기인 '아주버님/아즈반님'과 '형님', '시누이'에게 사용하는 청유문의 종결형식의 예문은 (117나-1, 2)와 같다. 모든 화자가 '예예체'의 종결어미 '-기쇼'를 사용한다. G1세대의 경우와 같이 종결어미 '-깁소'와 같은 '예예체'의 방언형 어미를 사용하는 화자는 조사되지 않았다. G2세대는 자기 부모와 시부모에게까지 이 '예예체'의 방언형을 사용하지만 동기 항렬의 시가 쪽 손위 친족에게는 이런 방언형을 사용하지 않는다. 이것은 중국에서 학교교육이 보편적으로 보급된 것

이 50대의 화자들부터인 것과 관계된다. 이런 학교교육의 영향은 그들이 방언형을 지양하게 된 주요 원인으로 된다. 앞서 알아보았듯이 G2세대가 자신의 손위 동기에게 사용하는 청유문의 종결어미는 '야야체' 어미 '-기오'다. 하지만 결혼으로 인한 인척에게는 같은 항렬의 친족이지만 더 높은 등급인 '예예체' 어미를 사용함을 알 수 있다.

G2세대가 남편의 손아래 동기에게 사용하는 청유문의 종결형식의 예문은 (117나-3, 4)와 같다. 모든 화자가 '야야체'의 종결어미 '-기오'를 사용한다. 이때의 '야야체' 어미는 한국어의 '하오체' 정도에 해당하며 비록 손아래 비속의 친족이지만 결혼으로 인한 인척에 대한 존중의 의미로 쓰인 것이다. 다음 절에서 알아보겠지만 G2세대도 일부 남성 화자들은 처남과 처제에게 '-자'와 같은 청유문의 '응응체' 어미를 사용하지만 여성 화자들은 시동생과 손아래 시누이에게 이런 '응응체' 어미를 사용하지 않는다. 이것은 G2세대도 동일한 항렬인 비속의 인척에게 여성 화자가 남성 화자보다 더 높은 등급의 대우법을 사용함을 의미한다.

G3세대의 사용 양상 :
(118) 다-1. 좀 기다려 보기쇼.(제수 → 아주버님)
　　　다-2. 우리 언제 같이 가기쇼.(올케언니 → 시누이)

G3세대가 남편의 손위, 손아래 형제와 그 배우자에게 사용하는 청유문의 종결형식은 모두 같다. 예문 (118다-1, 2)와 같이 모든 화자가 '예예체'의 종결어미 '-기쇼'를 사용한다. G1, G2세대에서 남편의 손아래 형제와 그 배우자에게 '야야체'의 종결어미 '-기오'를 사용하는 것과 비기면 G3세대 여성 화자들의 종결형식의 사용은 단순해졌음을 의미한다.

처가계 호칭어와 청자대우법

결혼으로 하여 형성되는 친족관계인 처가계는 남성인 '나'의 아내 쪽 가계를 말한다. 아래에 처가계 호칭어를 손위와 동기로 나누어 각 호칭 대상과 청자대우법의 호응 양상을 알아보기로 한다. 처가계 호칭어와 청자대우법의 호응이 서술문, 의문문, 명령문, 청유문에서 각각 어떻게 실현되는지 그 양상을 살펴볼 것이다.

4.2.4.1 손위 처가계 호칭어와 청자대우법

손위 처가계 호칭의 대상에는 아내의 조부모, 아내의 부모, 아내의 부모의 형제자매와 그 배우자 등이 포함된다. 남성 화자인 '나'는 처가 쪽 식구들과 인척관계로 맺어진 친족이기에 친가나 외가의 친족과는 다른 유대감을 갖고 있다. 특히 청자가 처가계 존속인 경우 전적으로 화자와 청자의 항렬관계, 인척관계에 의하여 종결어미의 사용이 결정된다.

아래에 서술문, 의문문, 명령문, 청유문에서 호칭 대상에 따라 청자대우법의 사용 양상이 어떻게 나타나는지에 대하여 살펴보고자 한다.

4.2.4.1.1 서술문에서의 실현 양상

G1세대의 사용 양상 :

(119) 가-1. 예, 무사하구마.(손녀사위 → 처조부/처조모)

　　　가-2. 어마이, 소고기 사왔스꾸마.(사위 → 장모)

　　　가-3. 처남 결혼 때 오겠답더구마.(조카사위 → 처고모부)

　　　가-4. 때 되무[면] 오겠습지비.(조카사위 → 처큰아버지)

가-5. 바빠서 못 만나보구 갑다.(사위 → 장인)

가-6. 어떻게 생겼는지 봤습다.(조카사위 → 처고모)

가-7. 기가 차서 말이 아이 나옵데다.(조카사위 → 처삼촌)

G1세대는 아내의 조부모가 모두 계시지 않는 경우가 대부분이다. G1
세대의 처조부모에 대한 서술문 종결형식의 사용을 알아보기 위하여
"손녀사위에게 처조부와 처조모가 '어머니 아버지가 무사하냐?'라고 물
어본다면 손녀사위는 어떻게 대답하는가?"라는 물음을 제기하였다. 이에
대한 G1세대 제보자들의 응답이 예문 (119가–1)이다. 이처럼 G1세대
화자들은 아내의 조부모에게 전형적인 함경도 방언형 '–꾸마'를 사용했
다고 응답하였다. 이것은 G1세대의 화자들이 처조부모에게 가장 높은
등급인 '예예체' 어미를 사용함을 의미한다.

G1세대 화자들이 처부모, 처부모의 형제자매와 그 배우자에게 사용
하는 서술문 종결형식은 같은 양상을 보인다. 그 예문은 (119가–2~7)과
같다. 70대의 대부분 화자와 60대의 일부 화자가 (119가–2~4)의 '–스
꾸마, –ㅂ더구마, –습지비' 등과 같은 서술문의 '예예체' 방언형 어미를
사용하고 60대의 대부분 화자가 (119가–5~7)의 '–ㅁ다/–습다, –ㅂ데다'
등과 같은 서술문의 '예예체' 어미를 사용한다.[25] 아내의 부모의 형제자
매와 그 배우자에 대한 호칭은 자신의 부모의 형제자매와 그 배우자에
대한 호칭과 같지만 종결형식의 사용은 차이를 보인다. 즉 자신의 부모
의 형제자매 가운데서 손위와 손아래 형제자매와 그 배우자에게 사용하
는 종결형식은 다르지만 처가계의 처부모의 형제자매와 그 배우자에게

---

25) 70대 제보자들의 장인, 장모와 그들의 형제자매가 타계하고 없기에 상황을 설정하여
주고 제보자들로 하여금 발화하게 하여 그 종결형식을 조사하였다.

는 모두 같은 종결형식인 '예예체'를 사용한다. 보다시피 처가계 존속 친족에게는 모든 화자가 제일 높은 등급인 '예예체' 어미만을 사용한다.

G2세대의 사용 양상 :
(120) 나-1. 올해늬[는] 아무것두 없스꾸마.(손녀사위 → 처조부)
　　　나-2. 어머이 벌써 다 해났습더구마. (조카사위 → 처큰아버지)
　　　나-3. 어머이 오니까 시름 놓임다.(사위 → 장인)
　　　나-4. 돈 벌 자신이 있습다.(조카사위 → 처고모)
　　　나-5. 몇 십 만 내구 갔답데다.(조카사위 → 처삼촌)

　G2세대 화자가 처조부모, 처부모, 처부모의 형제자매와 그 배우자에게 사용하는 서술문의 종결형식의 예문은 (120나-1~5)와 같다. 처조부모에게는 대부분의 화자가 (120나-1, 2)의 '-스꾸마, -습더구마'와 같은 서술문의 '예예체' 방언형 어미를 사용하고 일부 화자가 (120나-3~5)의 '-ㅁ다/-습다, -ㅂ데다' 등과 같은 서술문의 '예예체' 어미를 사용한다. 처부모, 처부모의 형제자매와 그 배우자에게는 일부 50대의 화자가 (120나-1, 2)와 같은 서술문의 '예예체' 방언형 어미를 사용하는 외에 대부분의 화자는 (120나-3~5)와 같은 서술문의 '예예체' 어미를 사용한다. G2세대도 아내의 부모의 형제자매와 그 배우자에 대한 호칭 사용은 자신의 부모의 형제자매와 그 배우자에 대한 호칭 사용과 같다. 하지만 서술문의 종결형식의 사용은 차이를 보인다. 자신의 부모의 형제자매가운데서 손위와 손아래 형제자매와 그 배우자에게 사용하는 종결형식은 다르지만 처부모의 형제자매와 그 배우자에게는 모두 같은 종결형식인 '예예체'를 사용한다. 보다시피 G2세대도 처조부모, 처부모, 처부모의 형제

자매와 그 배우자에게 모두 제일 높은 등급인 '예예체' 어미를 사용한다.

G3세대의 사용 양상 :
(121) 다-1. 마음이 고운 사람임다. (손녀사위 → 처조부)
　　　다-2. 내 인차 갔다 오겠슴다.(사위 → 장모)
　　　다-3. 앙까인데 들키워서 쫓겨났답데다.(조카사위 → 처삼촌)
　　　다-4. 그래두 주무[면] 받습데다.(조카사위 → 처큰아버지)

　G3세대가 처조부모, 처부모, 처부모의 형제자매와 그 배우자에게 사용하는 서술문의 종결형식은 같은 양상을 보인다. 예문 (121다-1~5)와 같이 모든 화자가 '-ㅁ다/-슴다, -ㅂ데다/-습데다' 등과 같은 '예예체'의 어미를 사용한다. 보다시피 서술문의 '예예체' 방언형 어미의 사용은 G1세대에서 G2세대로 오면서 점차 약화되다가 G3세대에 와서는 사용되지 않는다. 이로부터 G1세대의 60대에서 문장종결 형식의 개신이 일어나기 시작했고 G2세대가 개신을 이끌었으며 G3세대에서 활발하게 진행되었음을 알 수 있다.

4.2.4.1.2 의문문에서의 실현 양상

G1세대의 사용 양상 :
(122) 가-1. 무사함두?(손녀사위 → 처조부/처조모)
　　　가-2. 벌써 저녁 다 됐슴두?(사위 → 장모)
　　　가-3. 맏아매 좀 낫습덤두?(조카사위 → 처큰아버지)
　　　가-4. 한국 가구 없습지?(조카사위 → 처고모)
　　　가-5. 낚시질 가겠슴까?(조카사위 → 처삼촌)

가-6. 맏아맨데서 전화 왔습데까?(조카사위 → 처고모부)

　　G1세대가 아내의 조부모에 대한 의문문 종결형식의 사용을 알아보기
위하여 "오랜만에 처조부와 처조모에게 문안인사를 드릴 때 어떻게 말
했습니까?"라는 물음을 제기하여 알아보았다. 여기에 제보자들이 대답한
것이 예문 (122가-1)이다. 이처럼 G1세대 화자들은 아내의 조부모에게
전형적인 함경도방언 형태인 의문형의 종결어미 '-ㅁ두'를 사용한다고
응답하였다. 이것은 G1세대의 화자들이 처조부모에게 가장 높은 등급인
'예예체' 어미를 사용함을 의미한다.

　　G1세대 화자들이 처부모, 처부모의 형제자매와 그 배우자에게 사용
하는 의문문 종결형식은 같은 양상을 보인다. 그 예문은 (122가-2~6)과
같다. 70대의 대부분 화자와 60대의 일부 화자가 (122가-2~4)의 '-습
두, -습덤두, -습지' 등과 같은 의문문의 '예예체' 방언형 어미를 사용하
고 60대의 대부분 화자가 (122가-5, 6)의 '-슴까, -습데까' 등과 같은
의문문의 '예예체' 어미를 사용한다.[26] 자신의 부모의 형제자매 가운데
서 손위와 손아래 형제자매와 그 배우자에게 사용하는 의문문의 종결형
식은 다르지만 처부모의 형제자매와 그 배우자에게는 모두 똑같은 종결
형식인 '예예체'를 사용한다. 보다시피 처가계 존속 친족에게는 모든 화
자가 제일 높은 등급인 '예예체' 어미를 사용한다.

　　G2세대의 사용 양상 :
　　(123) 나-1. 맛이 어떻슴두?(손녀사위 → 처조모)

---

26) 70대 제보자들의 장인, 장모와 그들의 형제자매가 타계하고 없기에 상황을 설정하여
　　주고 제보자들로 하여금 발화하게 하여 그 종결형식을 조사하였다.

나-2. 내 말이 맞습덤두?(사위 → 장인)

나-3. 올해두 김치 담금까?(조카사위 → 처큰어머니)

나-4. 우리 글쎄 돈이 어디 있슴까?(조카사위 → 처고모)

나-5. 잔치 준비 다 했답데까?(조카사위 → 처삼촌)

G2세대 화자가 처조부모, 처부모, 처부모의 형제자매와 그 배우자에게 사용하는 의문문의 종결형식의 예문은 (123나-1~5)와 같다. 처조부모에게는 대부분의 화자가 (123나-1, 2)의 '-슴두, -습덤두'와 같은 의문문의 '예예체' 방언형 어미를 사용하고 일부 화자가 (123나-3~5)의 '-ㅁ까/-슴까, -ㅂ데까' 등과 같은 의문문의 '예예체'의 어미를 사용한다. 처부모, 처부모의 형제자매와 그 배우자에게는 일부 50대 화자가 (123나-1, 2)와 같은 의문문의 '예예체' 방언형 어미를 사용하는 외에 대부분의 화자가 (123나-3~5)와 같은 의문문의 '예예체' 어미를 사용한다. G2세대도 자신의 부모의 형제자매 가운데서 손위와 손아래 형제자매 및 그 배우자에게 사용하는 의문문의 종결형식은 다르지만 처부모의 형제자매와 그 배우자에게는 모두 같은 종결형식인 '예예체'를 사용한다. 보다시피 G2세대도 처조부모, 처부모, 처부모의 형제자매와 그 배우자에게 모두 제일 높은 등급인 '예예체' 어미를 사용한다.

G3세대의 사용 양상 :

(124) 다-1. 뭐 이리 마이[많이] 갖췄슴까?(손녀사위 → 처조모)

다-2. 차 수리했답데까?(사위 → 장인)

다-3. 의사하구 물어봤슴다?(조카사위 → 처고모)

다-4. 자전거 사주니 좋아합데다?(조카사위 → 처삼촌)

G3세대가 처조부모, 처부모, 처부모의 형제자매와 그 배우자에게 사용하는 의문문의 종결형식은 같은 양상을 보인다. 예문 (124다-1~4)와 같이 모든 화자들이 '-습까, -ㅂ데까, -습다, -ㅂ데다' 등과 같은 '예예체'의 어미를 사용한다. 보다시피 의문문의 '예예체' 방언형 어미의 사용은 G1세대에서 G2세대로 오면서 점차 약화되다가 G3세대에 와서는 사용되지 않는다. 이로부터 G1세대의 60대에서 문장종결 형식의 개신이 일어나기 시작했고 G2세대가 개신을 이끌었으며 G3세대에서 활발하게 진행되었음을 알 수 있다.

`4.2.4.1.3` 명령문에서의 실현 양상

G1세대의 사용 양상 :

(125) 가-1. 병원에 가봅소.(손녀사위 → 시조부/시조모)

　　　 가-2. 어마이, 여기 와 앉읍소.(사위 → 장모)

　　　 가-3. 어서 드쇼.(조카사위 → 처큰아버지)

G1세대가 아내의 조부모에 대한 명령문 종결형식의 사용을 알아보기 위하여 "예를 들어 처조부와 처조모에게 병원에 가보시라고 시킬 때 어떻게 말했습니까?"라는 물음을 제기하였다. 여기에 제보자들이 대답한 것이 예문 (125가-1)이다. 이처럼 G1세대 화자들은 아내의 조부모에게 전형적인 함경도방언 형태인 명령형의 종결어미 '-ㅂ소'를 사용한다고 응답하였다. 이것은 G1세대의 화자들이 처조부모에게 가장 높은 등급인 '예예체' 어미를 사용함을 의미한다.

G1세대 화자들이 처부모, 처부모의 형제자매와 그 배우자에게 사용

하는 명령문 종결형식은 같은 양상을 보인다. 그 예문은 (125가-2, 3)과 같다. 70대의 대부분 화자와 60대의 일부 화자가 (125가-2)의 '-읍소'와 같은 명령문의 '예예체' 방언형 어미를 사용하고 60대의 대부분 화자가 (125가-3)의 '-쇼'와 같은 명령문의 '예예체' 어미를 사용한다.27) 자신의 부모의 형제자매 가운데서 손위와 손아래 형제자매와 그 배우자에게 사용하는 명령문의 종결형식은 다르지만 처부모의 형제자매와 그 배우자에게는 모두 똑같은 종결형식인 '예예체'를 사용한다. 보다시피 처가계 존속 친족에게는 모든 화자가 제일 높은 등급인 '예예체' 어미를 사용한다.

G2세대의 사용 양상 :
(126) 나-1. 어서 가지구 가 물어봅소.(손녀사위 → 시조모)
      나-2. 여기 와 손 씻읍소.(사위 → 장모)
      나-3. 이걸루 택시 타구 가쇼.(조카사위 → 처큰아버지)

G2세대 화자가 처조부모, 처부모, 처부모의 형제자매와 그 배우자에게 사용하는 명령문의 종결형식의 예문은 (126나-1~3)과 같다. 처조부모에게는 대부분의 화자가 (126나-1, 2)의 '-ㅂ소/-읍소'와 같은 명령문의 '예예체' 방언형 어미를 사용하고 일부 화자가 (126나-3)의 '-쇼'와 같은 명령문의 '예예체' 어미를 사용한다. 처부모, 처부모의 형제자매와 그 배우자에게는 일부 50대 화자가 (126나-1, 2)와 같은 명령문의 '예예체' 방언형 어미를 사용하고 대부분의 화자가 (126나-3)의 '-쇼'와 같은

---

27) 70대 제보자들의 장인, 장모와 그들의 형제자매가 타계하고 없기에 상황을 설정하여 주고 제보자들로 하여금 발화하게 하여 그 종결형식을 조사하였다.

명령문의 '예예체' 어미를 사용한다. G2세대도 자신의 부모의 형제자매 가운데서 손위와 손아래 형제자매 및 그 배우자에게 사용하는 명령문의 종결형식은 다르지만 처부모의 형제자매와 그 배우자에게는 모두 같은 종결형식인 '예예체'를 사용한다. 보다시피 G2세대도 처조부모, 처부모, 처부모의 형제자매와 그 배우자에게 모두 제일 높은 등급인 '예예체' 어미를 사용한다.

G3세대의 사용 양상 :
(127) 다-1. 날씨 좋은데 나가서 산보하쇼.(손녀사위 → 시조모)
　　　다-2. 왕츄(网球) 치러 다니쇼.(사위 → 장인)
　　　다-3. 저 구석에 놓으쇼(조카사위 → 처큰아버지)

G3세대가 처조부모, 처부모, 처부모의 형제자매와 그 배우자에게 사용하는 명령문의 종결형식은 같은 양상을 보인다. 예문 (127다-1~3)과 같이 모든 화자가 '-쇼/-으쇼'와 같은 '예예체'의 어미를 사용한다. 보다시피 명령문의 '예예체' 방언형 어미의 사용도 G1세대에서 G2세대로 오면서 점차 약화되다가 G3세대에 와서는 사용되지 않는다. 이로부터 G1세대의 60대에서 문장종결 형식의 개신이 일어나기 시작했고 G2세대가 개신을 이끌었으며 G3세대에서 활발하게 진행되었음을 알 수 있다.

4.2.4.1.4 청유문에서의 실현 양상

G1세대의 사용 양상 :
(128) 가-1. 병원에 같이 가 보깁소.(손녀사위 → 처조부/처조모)

가-2. 야 이따 크무[면] 의사 시키깁소.(사위 → 장모)

가-3. 아부지 있음 데리구 가기쇼.(조카사위 → 처큰아버지)

G1세대가 아내의 조부모에게 사용하는 청유문 종결형식을 알아보기 위하여 "예를 들어 처조부와 처조모에게 병원에 같이 가보자고 할 때 어떻게 말했습니까?"라는 물음을 제기하였다. 여기에 제보자들이 응답한 것이 예문 (128가-1)이다. 이처럼 G1세대 화자들은 아내의 조부모에게 전형적인 함경도방언 형태인 청유형의 종결어미 '-깁소'를 사용한다고 응답하였다. 이것은 G1세대의 화자들이 처조부모에게 가장 높은 등급인 '예예체' 어미를 사용함을 의미한다.

G1세대 화자들이 처부모, 처부모의 형제자매와 그 배우자에게 사용하는 청유문 종결형식은 같은 양상을 보인다. 그 예문은 (128가-2, 3)과 같다. 70대의 대부분 화자와 60대의 일부 화자가 (128가-2)의 '예예체'의 방언형 어미 '-깁소'를 사용하고 60대의 대부분 화자가 (128가-3)의 '예예체' 어미 '-기쇼'를 사용한다.[28] 자신의 부모의 형제자매 가운데서 손위와 손아래 형제자매 및 그 배우자에게 사용하는 청유문의 종결형식은 다르지만 처부모의 형제자매와 그 배우자에게는 모두 똑같은 종결형식인 '예예체'를 사용한다. 보다시피 처가계 존속 친족에게는 모든 화자가 제일 높은 등급인 '예예체' 어미를 사용한다.

G2세대의 사용 양상 :

(129) 나-1. 나두 안아 보깁소.(손녀사위 →처조모)

---

28) 70대 제보자들의 장인, 장모와 그들의 형제자매가 타계하고 없기에 상황을 설정하여 주고 제보자들로 하여금 발화하게 하여 그 종결형식을 조사하였다.

나-2. 다 같이 찾아 보깁소.(사위 → 장모)

나-3. 요 앞에 약방에 가 사기쇼.(조카사위 → 처큰아버지)

G2세대 화자가 처조부모, 처부모, 처부모의 형제자매와 그 배우자에게 사용하는 청유문의 종결형식의 예문은 (129나-1~3)과 같다. 처조부모에게는 대부분의 화자가 (129나-1, 2)와 같이 청유문의 '예예체' 방언형 어미 '-깁소'를 사용하고 일부 화자가 (129나-3)과 같이 청유문의 '예예체' 어미 '-기쇼'를 사용한다. 처부모, 처부모의 형제자매와 그 배우자에게는 일부 50대 화자가 (129나-1, 2)의 '-깁소'와 같은 청유문의 '예예체' 방언형 어미를 사용하고 대부분의 화자가 (129나-3)의 '-기쇼'와 같은 청유문의 '예예체' 어미를 사용한다. G2세대도 자신의 부모의 형제자매 가운데서 손위와 손아래 형제자매와 그 배우자에게 사용하는 청유문의 종결형식은 다르지만 처부모의 형제자매 및 그 배우자에게는 모두 같은 종결형식 즉 '예예체'의 어미를 사용한다. 보다시피 G2세대도 처조부모, 처부모, 처부모의 형제자매와 그 배우자에게 모두 제일 높은 등급인 '예예체' 어미를 사용한다.

G3세대의 사용 양상 :

(130) 다-1. 이 책들 다 버리기쇼.(손녀사위 →처조모)

다-2. 메[무엇]인가 열어 보기쇼.(사위 → 장인)

다-3. 지금이래두 가기쇼.(조카사위 → 처큰아버지)

G3세대가 처조부모, 처부모, 처부모의 형제자매와 그 배우자에게 사용하는 청유문의 종결형식은 같은 양상을 보인다. 예문 (130다-1~3)과

같이 모든 화자가 '-기쇼'와 같은 '예예체'의 어미를 사용한다. 보다시피 청유문의 '예예체' 방언형 어미의 사용도 G1세대에서 G2세대로 오면서 점차 약화되다가 G3세대에 와서는 사용되지 않는다. 이로부터 G1세대의 60대에서 문장종결 형식의 개신이 일어나기 시작했고 G2세대가 개신을 이끌었으며 G3세대에서 활발하게 진행되었음을 알 수 있다.

4.2.4.2 동기에 대한 호칭어와 청자대우법

동기에는 남성 화자인 '나'의 아내의 형제자매와 그 배우자가 포함된다. 처가 쪽 식구들은 모두 '나'와 인척관계로 맺어지는 친족이기에 친가나 외가의 친족과는 달리 어렵고 거리감이 있는 존재다. 청자가 '나'의 아내의 형제자매와 그 배우자인 경우 청자가 화자의 손위인지 손아래인지, 화자가 청자를 얼마나 친밀하게 인식하는지 등에 따라 종결어미의 사용이 달라질 수 있다.

아래에 서술문, 의문문, 명령문, 청유문에서 호칭 대상에 따라 청자대우법의 사용 양상이 어떻게 나타나는지에 대하여 살펴보고자 한다.

4.2.4.2.1 서술문에서의 실현 양상

G1세대의 사용 양상 :

(131) 가-1. 아즈마이 덕에 생진[생일] 잘 쉈스꾸마.(매제 → 처형)
　　　　가-2. 배추 싹이 올라 왔습더구마.(매제 → 형님)
　　　　가-3. 새벽 세시에 들어왔습지비.(동서 → 형님)
　　　　가-4. 맛있게 했슴다.(동서 → 형님)

가-5. 도문엔 비 마이[많이] 왔습데다.(서방님→ 아주머니)

가-6. 큰일 해낼 애[아이]요.(동서 → 형님)

가-7. 저녁마다 한잔씩 마시우.(매제 → 처형)

가-8. 우리 단위서[에서] 나눠줬소.(매제 → 처형)

가-9. 동네 앙까이들이 말합데.(형부 → 처제)

가-10. 다 구경 가구 없습네.(아주버님 → 처남댁)

가-11. 내 자넬 주자구 갖구 왔다이.(매부 → 처남)

가-12. 그럴 일은 절대 없다이.(형님 → 동서)

가-13. 그렇게 말함[말하면] 아이 된다.(매부 → 처남)

가-14. 다 커서 어른이 됐더라.(형부 → 처제)

가-15. 작은 삼추이 상했네라.(매부 → 처남)

가-16. 그래두 고향의 음식이 제일이구나.(형부 → 처제)

　G1세대는 처의 손위 남자, 여자형제와 그 배우자 가운데서 남성은
'형님', 여성은 '아즈마이'로 호칭한다. 이들에게 사용하는 서술문의 종
결형식의 예문은 (131가-1~10)과 같다. 대부분의 화자가 (131가-6~10)
의 종결어미 '-요/-우, -소, -ㅂ데, -습네' 등과 같은 '야야체' 어미를
사용한다. 이때의 '야야체' 어미는 '예예체' 어미에 가까운, 한국어의 '해
요체' 어미 정도에 해당한다. 일부 화자가 (131가-1~5)의 '-스꾸마, -습
더구마, -습지비, -슴다, -습데다' 등과 같은 서술문의 '예예체' 어미를
사용하는데 그 중 (131가-1~3)의 '예예체' 방언형 어미를 사용하는 화
자가 대부분이고 (131가-3, 4)의 '예예체' 어미를 사용하는 화자는 소부

분이다.

G1세대가 처의 손아래 남자, 여자형제인 '처남', '처제'와 그 배우자인 '처남댁', '동세/동새'(동서)에게 사용하는 서술문의 종결형식의 예문은 (131가-6~16)과 같다. 대부분의 화자가 (131가-6~12)의 종결어미 '-요/-우, -소, -ㅂ데, -습네, -다이' 등과 같은 '야야체' 어미를 사용한다. 그 중 (131가-11, 12)의 종결어미 '-다이'는 G1세대의 남성 화자만 쓰는 서술형 어미로, 손아래 남성 청자인 처남과 동서에게 사용한다. 이때의 '야야체' 어미들은 한국어의 '하오체' 정도에 해당하며 비록 손아래 비속의 친족이지만 결혼으로 인한 인척에 대한 존중의 의미로 쓰인 것이다. 그리고 일부 화자가 처남과 처제에게만 이름호칭어에 (131가-13~16)의 종결어미 '-ㄴ다, -더라, -네라, -구나'와 같은 서술문의 '응응체' 어미를 대응하여 사용한다. 보통 화자와 나이 차이가 많이 나는(대 여섯 살 이상) 처남과 처제에게 사용하는데 결혼 초기 처남과 처제를 동생처럼 생각하고 이런 '응응체'의 어미를 사용하던 것을 그들과의 친밀성에 의존하여 계속 쓰고 있는 것이다. 한 제보자는 "다 큰 처남한테 응응하자니 별랗소. 처남을 존중해주지 않는 것 같고…"라고 하면서 "근래에 야야하게 되었다."고 말하였다. 하지만 처남댁과 동서는 비록 화자보다 손아래이지만 이런 '응응체' 어미를 사용하지 않는다.

G2세대의 사용 양상 :
(132) 나-1. 이재 온지 며칠 아이 됨다.(매제 → 형님)
　　　 나-2. 생각보다 비쌉데다.(매제 → 처형)

　　　 나-3. 잘 되니까 맥이 나오.(매제 → 처형)

나-4. 작년보다 낫소.(매제 → 형님)

나-5. 다 걷어 치우구 상해 갔습데.(매부 → 처남)

나-6. (결혼)등기 안 하구 삽네.(형부 → 처제)

나-7. 친구 너무 많아 큰일 났다.(매부 → 처남)

나-8. 싹 여베서[여위여] 왔더라.(형부 → 처제)

나-9. 우리 동창들은 다 한국 갔네라.(매부 → 처남)

나-10. 끝내 해냈구나.(형부 → 처제)

    G2세대도 처의 손위 남자, 여자형제와 그 배우자 가운데서 남성은 '형님', 여성은 '아즈마이'로 호칭한다. 이들에게 사용하는 서술문의 종결형식의 예문은 (132나-1~6)과 같다. G1세대와 같이 대부분의 화자가 (132나-3~6)의 '-오, - 소, -습데, -ㅂ네' 등과 같은 서술문의 '야야체' 어미를 사용하고 일부 화자가 (132나-1, 2)의 '-ㅁ다, -ㅂ데다' 등과 같은 서술문의 '예예체' 어미를 사용한다. 이때의 '야야체' 어미는 '예예체' 어미에 가까운, 한국어의 '해요체' 어미 정도에 해당한다. G1세대의 화자가 사용하는 '예예체'의 방언형 어미를 사용하는 화자는 조사되지 않았다. 이 세대 50대의 화자들이 자기 부모와 처부모에게까지 이런 '예예체'의 방언형을 사용하지만 처가 쪽 동기 항렬의 손위 친족에게는 이 방언형을 사용하지 않는다. 이 세대 50대의 화자들은 중국이 문화대혁명이 끝나고 전면적으로 대학입시제도가 회복되던 시기에 고등학교 교육을 받던 사람들이다. 이런 학교교육의 영향은 그들이 이러한 방언형을 지양하게 된 주요 원인으로 된다.

    G2세대가 처의 손아래 남자, 여자형제인 '처남', '처제'와 그 배우자

인 '처남댁', '이름/동새'(동서)에게 사용하는 서술문의 종결형식의 예문은 (132나-3~10)과 같다. 대부분의 화자가 (132나-3~6)의 '-오, -소, -습데, -ㅂ네' 등과 같은 서술문의 '야야체' 어미를 사용한다. 이때의 '야야체' 어미는 한국어의 '하오체' 정도에 해당하며 비록 손아래 비속의 친족이지만 결혼으로 인한 인척에 대한 존중의 의미로 쓰인 것이다. 일부 화자가 처남과 처제에게만 이름호칭어에 (132나-7~10)의 '-다, -더라, -네라, -구나' 등과 같은 서술문의 '응응체' 어미를 대응하여 사용하는데 G2세대도 결혼 초기 처남과 처제를 동생처럼 생각하고 이런 '응응체'의 어미를 사용하던 것을 지금까지 그들과의 친밀감에 의존하여 계속 쓰고 있는 것이다. 하지만 처남댁과 동서에게는 이런 '응응체' 어미를 사용하지 않는다.

G3세대의 사용 양상 :
(133) 다-1. 우리 동차이[동창이] 꾸린겜다.(매제 → 형님)
　　　다-2. 돈 마이[많이] 벌어 좋겠슴다.(서방님→ 아주머니)
　　　다-3. 가방이 가뜩한데 또 샀답데다.(매제 → 처형)
　　　다-4. 단위서[에서] 산보 갔습데다.(동서 → 형님)

　　　다-5. 가[개] 소문난 바람재요.(매부 → 처남)
　　　다-6. 이거 먹어서 실해 아이 지우.(아주버님→ 처남댁)
　　　다-7. 키 좀 더 컸음 좋겠소.(형부 → 처제)
　　　다-8. 날 보구 하마유(蛤蟆油) 얻어 오랍데.(형님 → 동서)

　　　다-9. 이래다가 기회 놓치무 왈라(完了)다.(매부 → 처남)
　　　다-10. 노트북 만원 짜리 샀더라.(형부 → 처제)

다-11. 가 한 절반 미쳤네라.(매부 → 처남)

다-12. 책장에 책이 많구나.(형부 → 처제)

G3세대도 처의 손위 남자, 여자형제와 그 배우자 가운데서 남성은 '형님', 여성은 '아즈마이'로 호칭한다. 이들에게 사용하는 서술문의 종결형식의 예문은 (133다-1~4)와 같다. 모든 화자가 '-ㅁ다/-습다, -ㅂ데다/-습데다' 등과 같은 서술문의 '예예체' 어미를 사용한다. G1, G2세대 대부분의 화자가 '야야체'의 서술형 어미를 사용하는 것과 비기면 G3세대 화자의 종결형식이 단순해졌음을 말해준다.

G3세대가 처의 손아래 남자, 여자형제인 '처남', '처제'와 그 배우자인 '처남댁', '이름/동새'(동서)에게 사용하는 서술문의 종결형식의 예문은 (133다-5~12)와 같다. 처남댁과 동서에게는 전부의 화자가 (133다-5~8)의 '-요/-우, -소, -ㅂ데' 등과 같은 서술문의 '야야체' 어미를 사용한다. 이때의 '야야체' 어미는 한국어의 '하오체' 정도에 해당하며 비록 손아래 비속의 친족이지만 결혼으로 인한 인척에 대한 존중의 의미로 쓰인 것이다. 하지만 처남과 처제에게는 일부 화자가 호칭어 '처남', '처제'에 (133다-5~8)과 같은 서술문의 '야야체' 어미를 대응하여 사용하고 또 일부 화자는 이름호칭어에 (133다-9~12)의 '-다, -더라, -네라, -구나'와 같은 서술문의 '응응체' 어미를 대응하여 사용한다. G1, G2세대와 마찬가지로 처남과 처제와의 친밀감에 의존하여 이런 '응응체'의 어미를 사용하는 것이다.

G1세대의 사용 양상 :

(134) 가-1. 그 사람 일 잘합덤두?(서방님→ 아주머니)

　　　가-2. 아즈마이 얼매[얼마나] 좋습두?(매제 → 형님)

　　　가-3. 머이[무엇이] 수요되는 게 없습까?(매제 → 처형)

　　　가-4. 그 술 마실 만 합데까?(동서 → 형님)

　　　가-5. 가시집 갔다 오는 길이오?(동서 → 형님)

　　　가-6. 이번에두 아이 되무 어찌우?(매제 → 처형)

　　　가-7. 이재 뭐라 했소?(아주버님→ 처남댁)

　　　가-8. 누기[누가] 거기서 샀답데?(형님 → 동서)

　　　가-9. 한국 사람이니?(형부 → 처제)

　　　가-10. 수속이 다 끝나(아)?(매부 → 처남)

　　　가-11. 그렇게 하면 속이 시원하냐?(매부 → 처남)

　　　가-12. 저쪽으로 가볼까?(형부 → 처제)

　　　가-13. 내 같이 가개?(매부 → 처남)

　　　가-14. 다렸다는 게 이러야?(형부 → 처제)

　　　가-15. 결혼두 아이 하구 뭐 했다데?(매부 → 처남)

　G1세대가 처의 손위 동기인 '형님', '아즈마이'에게 사용하는 의문문의 종결형식의 예문은 (134가-1~8)과 같다. 대부분의 화자가 (134가-5~8)의 '-오/-우, -소, -ㅂ데' 등과 같은 의문문의 '야야체' 어미를 사용한다. 이때의 '야야체' 어미는 '예예체' 어미에 가까운, 한국어의 '해요체' 어미 정도에 해당한다. 일부 화자가 (134가-1~4)의 '-ㅁ두/-습두, -습

까, -ㅂ데까' 등과 같은 의문문의 '예예체' 어미를 사용하는데 그 중 (134가-1, 2)의 '예예체' 방언형 어미를 사용하는 화자가 대부분이고 (134가-3, 4)와 같은 '예예체' 어미를 사용하는 화자는 소부분이다.

G1세대가 처의 손아래 동기인 '처남', '처제'와 '처남댁', '동세/동새'(동서)에게 사용하는 의문문의 종결형식의 예문은 (134가-5~15)와 같다. 대부분의 화자가 (134가-5~8)의 '-오/-우, -소, -ㅂ데' 등과 같은 의문문의 '야야체' 어미를 사용한다. 이때의 '야야체' 어미는 한국어의 '하오체' 정도에 해당하며 비록 손아래 비속의 친족이지만 결혼으로 인한 인척에 대한 존중의 의미로 쓰인 것이다. 그리고 일부 화자가 처남과 처제에게만 이름호칭어에 (134가-9~15)의 '-니, -아, -냐, -ㄹ가, -개, -야, -데' 등과 같은 의문문의 '응응체' 어미를 대응하여 사용한다. 결혼 초기 처남과 처제를 동생처럼 생각하고 이런 '응응체'의 종결어미를 사용하던 것을 지금까지 그들과의 친밀성에 의존하여 계속 쓰고 있는 것이다. 처남댁과 동서는 비록 화자보다 손아래이지만 이런 '응응체' 어미를 사용하지 않는다.

G2세대의 사용 양상 :
(135) 나-1. 그리 더운데서 어떻게 보냈슴까?(매제 → 형님)
　　　나-2. 해남이 좋습데까?(매제 → 처형)

　　　나-3. 잊어 먹은 게 아이요?(매제 → 형님)
　　　나-4. 그때 일이 생각나우?(매제 → 처형)
　　　나-5. 저두 무서운 게 있소?(매부 → 처남)
　　　나-6. 해산물이 신선합데?(형부 → 처제)

나-7. 양고기 아이 먹니?(형부 → 처제)

나-8. 어째 그리 웃어?(형부 → 처제)

나-9. 침 맞아볼까?(형부 → 처제)

나-10. 인삼 술 먹개?(매부 → 처남)

나-11. 니 동미[친구]야?(형부 → 처제)

나-12. 아무 말두 없데?(매부 → 처남)

　　G2세대가 처의 손위 동기인 '형님', '아즈마이'에게 사용하는 의문문의 종결형식의 예문은 (135나-1~6)과 같다. G1세대와 같이 대부분의 화자가 (135나-3~6)의 '-요/-우, -소, -ㅂ데' 등과 같은 의문문의 '야야체' 어미를 사용하고 일부 화자가 (135나-1, 2)의 '-슴까, -습데까'와 같은 의문문의 '예예체' 어미를 사용한다. 이때의 '야야체' 어미는 '예예체' 어미에 가까운, 한국어의 '해요체' 어미 정도에 해당한다. G1세대의 화자가 사용하는 의문문의 '예예체' 방언형 어미를 사용하는 화자는 조사되지 않았다. G2세대 50대의 화자들은 자기 부모와 처부모에게까지 이런 '예예체'의 방언형을 사용하지만 동기 항렬의 처가 쪽 손위 친족에게는 이런 방언형을 사용하지 않는다. 이것은 중국에서 학교교육이 보편적으로 보급된 것이 50대의 화자들부터인 것과 관계된다. 이런 학교교육의 영향은 그들이 방언형을 지양하게 된 주요 원인으로 된다.

　　G2세대가 처의 손아래 동기인 '처남', '처제'와 '처남댁', '이름/동새'(동서)에게 사용하는 의문문의 종결형식의 예문은 (135나-3~12)와 같다. 대부분의 화자가 (135나-3~6)의 '-요/-우, -소, -ㅂ데' 등과 같은 의문문의 '야야체' 어미를 사용한다. 이때의 '야야체' 어미는 한국어의 '하오체' 정도에 해당하며 비록 손아래 비속의 친족이지만 결혼으로 인한 인

척에 대한 존중의 의미로 쓰인 것이다. 일부 화자가 처남과 처제에게만 이름호칭어에 (135나-7~12)의 '-니, -어, -ㄹ가, -개, -야, -데' 등과 같은 의문문의 '응응체' 어미를 대응하여 사용하는데 G2세대도 결혼 초기 처남과 처제를 동생처럼 생각하고 이런 '응응체'의 어미를 사용하던 것을 지금까지 그들과의 친밀감에 의존하여 계속 쓰고 있는 것이다. 하지만 처남댁과 동서에게는 이런 '응응체' 어미를 사용하지 않는다.

G3세대의 사용 양상 :

(136) 다-1. 일본에서두 볼 수 있습까?(매제 → 형님)

　　　다-2. 표 다 팔렸답데까?(매제 → 처형)

　　　다-3. 점심에 보자 해람다?(서방님→ 아주머니)

　　　다-4. 벌써 자리 없답데다?(동서 → 형님)

　　　다-5. 이게 얼마 만이오?(아주버님→ 처남댁)

　　　다-6. 비 오무[면] 아이 된다우?(매부 → 처남)

　　　다-7. 한국 수속 했다던 게 어떻게 됐소?(형부 → 처제)

　　　다-8. 누구랑 오겠답데?(형님 → 동서)

　　　다-9. 기차 타구 가니?(형부 → 처제)

　　　다-10. 무슨 좋은 거 먹어?(형부 → 처제)

　　　다-11. 열이 자꾸 나는데 괜찮을까?(매부 → 처남)

　　　다-12. 이건 아이 가지구 가개?(매부 → 처남)

　　　다-13. 그때 말하던 사람이야?(형부 → 처제)

　　　다-14. 사람 안 찾음 아이 된다데?(매부 → 처남)

G3세대가 처의 손위 동기인 '형님', '아즈마이'에게 사용하는 의문문의 종결형식의 예문은 (136다-1~4)와 같다. 모든 화자가 종결어미 '-슴까, -ㅂ데까, -ㅁ다, -ㅂ데다' 등과 같은 '예예체' 어미를 사용한다. G1, G2세대의 대부분의 화자가 '야야체'의 의문형 어미를 사용하는 것과 비기면 G3세대 화자의 종결형식이 단순해졌음을 말해준다.

G3세대가 처의 손아래 동기인 '처남', '처제'와 '처남댁', '이름/동새'(동서)에게 사용하는 의문문의 종결형식의 예문은 (136다-5~14)와 같다. 처남댁과 동서에게는 전부의 화자가 (136다-5~8)의 종결어미 '-오/-우, -소, -ㅂ데' 등과 같은 의문문의 '야야체' 어미를 사용한다. 이때의 '야야체' 어미는 한국어의 '하오체' 정도에 해당하며 비록 손아래 비속의 친족이지만 결혼으로 인한 인척에 대한 존중의 의미로 쓰인 것이다. 하지만 처남과 처제에게는 일부 화자가 호칭어 '처남', '처제'에 (136다-5~8)의 경우와 같이 의문문의 '야야체' 어미를 대응하여 사용하고 또일부 화자는 이름호칭어에 (136다-9~14)의 '-니, -어, -ㄹ가, -개, -야, -데' 등과 같은 의문문의 '응응체' 어미를 대응하여 사용한다. G1, G2세대와 마찬가지로 처남과 처제와의 친밀감에 의존하여 이런 '응응체'의 어미를 사용하는 것이다.

4.2.4.2.3 명령문에서의 실현 양상

G1세대의 사용 양상 :
(137) 가-1. 알아듣게 말합소.(매제 → 형님)
　　　가-2. 내버려 두구 이리 와 앉읍소.(서방님→ 아주머니)
　　　가-3. 따끈할 때 드쇼.(매제 → 처형)

가-4. 못 가게 막으쇼.(동서 → 형님)

가-5. 늦겠소, 일어나우.(매제 → 형님)
가-6. 식기 전에 빨리 먹소.(형부 → 처제)

가-7. 취했으무[면] 집에 가 자라이.(매부 → 처남)
가-8. 마이[많이] 먹으라이.(형님 → 동서)

가-9. 싸우지 말고 잘 지내라.(매부 → 처남)
가-10. 여기대[에] 붓어라.(형부 → 처제)

G1세대가 처의 손위 동기인 '형님', '아즈마이'에게 사용하는 명령문의 종결형식의 예문은 (137가-1~6)과 같다. 대부분의 화자가 (137가-5, 6)의 종결어미 '-우, -소' 등과 같은 명령문의 '야야체' 어미를 사용한다. 이때의 '야야체' 어미는 '예예체' 어미에 가까운, 한국어의 '해요체' 어미 정도에 해당한다. 일부 화자가 (137가-1~4)의 '-ㅂ소/-읍소, -쇼/-으쇼' 등과 같은 명령문의 '예예체' 어미를 사용하는데 그 중 (137가-1, 2)의 '예예체'의 방언형 어미를 사용하는 화자가 대부분이고 (137가-3, 4)와 같은 '예예체'의 어미를 사용하는 화자는 소부분이다.

G1세대가 처의 손아래 동기인 '처남', '처제'와 '처남댁', '동세/동새'(동서)에게 사용하는 서술문의 종결형식의 예문은 (137가-5~10)과 같다. 대부분의 화자가 (137가-5~8)의 종결어미 '-우, -소, -라이' 등과 같은 명령문의 '야야체' 어미를 사용한다. 그 중 (137가-7, 8)의 '-라이'는 G1세대의 남성 화자만 사용하는 명령형 어미로 손아래 남성 인척인 처남과 동서에게 사용한다. 이때의 '야야체' 어미들은 한국어의 '하오체' 정

도에 해당하며 비록 손아래 비속의 친족이지만 결혼으로 인한 인척에 대한 존중의 의미로 쓰인 것이다. 그리고 일부 화자가 처남과 처제에게만 이름호칭어에 (137가-9, 10)의 '-라/-어라'와 같은 명령문의 '응응체' 어미를 대응하여 사용한다. 결혼 초기 처남과 처제를 동생처럼 여기고 이런 '응응체'의 어미를 사용하던 것을 지금까지 그들과의 친밀감에 의존하여 계속 쓰고 있는 것이다. 처남댁과 동서는 비록 화자보다 손아래이지만 이런 '응응체' 어미를 사용하지 않는다.

G2세대의 사용 양상 :
(138) 나-1. 7시 광장에 나오쇼.(매제 → 형님)
　　　 나-2. 농촌에 공기 좋은 데로 찾으쇼.(매제 → 처형)

　　　 나-3. 소화 아이 된다면서 먹지 마오.(형님 → 동서)
　　　 나-4. 큰 걸루 골라 놓소.(동서 → 형님)

　　　 나-5. 너 각시 오무[면] 말해라.(매부 → 처남)
　　　 나-6. 그만 헤매구 이젠 놀아라.(형부 → 처제)

G2세대가 처의 손위 동기인 '형님', '아즈마이'에게 사용하는 명령문의 종결형식의 예문은 (138나-1~4)와 같다. G1세대와 같이 대부분의 화자가 (138나-3, 4)의 '-오, -소' 등과 같은 명령문의 '야야체' 어미를 사용하고 일부 화자가 (138나-1, 2)의 '-쇼/-으쇼' 등과 같은 명령문의 '예예체' 어미를 사용한다. 이때의 '야야체' 어미는 '예예체' 어미에 가까운, 한국어의 '해요체' 어미 정도에 해당한다. G1세대의 화자가 사용하는 명령문의 '예예체'의 방언형 어미를 사용하는 화자는 조사되지 않

았다. 이 세대 50대 화자들은 자기 부모와 처부모에게까지 이런 '예예체'의 방언형을 사용하지만 동기 항렬의 처가 쪽 손위 친족에게는 이런 방언형을 사용하지 않는다. 이것은 중국에서 학교교육이 보편적으로 보급된 것이 50대의 화자들부터인 것과 관계된다. 이런 학교교육의 영향은 그들이 방언형을 지양하게 된 주요 원인으로 된다.

G2세대가 처의 손아래 동기인 '처남', '처제'와 '처남댁', '이름/동새'(동서)에게 사용하는 명령문의 종결형식의 예문은 (138나-3~6)과 같다. 대부분의 화자가 (138나-3, 4)의 '-오, -소' 등과 같은 명령문의 '야야체' 어미를 사용한다. 이때의 '야야체' 어미는 한국어의 '하오체' 정도에 해당하며 비록 손아래 비속의 친족이지만 결혼으로 인한 인척에 대한 존중의 의미로 쓰인 것이다. 일부 화자가 처남과 처제에게만 이름호칭어에 (138나-5, 6)의 '-라/-아라'와 같은 명령문의 '응응체' 어미를 대응하여 사용하는데 G2세대도 결혼 초기 처남과 처제를 동생처럼 생각하고 이런 '응응체'의 어미를 사용하던 것을 지금까지 그들과의 친밀감에 의존하여 계속 쓰고 있는 것이다. 하지만 처남댁과 동서에게는 이런 '응응체' 어미를 사용하지 않는다.

G3세대의 사용 양상 :
(139) 다-1. 신체 주의하쇼.(매제 → 형님)
　　　 다-2. 다짐 단다이[단단히] 받아 놓으쇼.(매제 → 처형)

　　　 다-3. 이젠 공부 그만 하오.(아주버님→ 처남댁)
　　　 다-4. 우리 가기 전에 준비해놓소.(형님 → 동서)

다-5. 너 엄마한테 가봐라.(매부 → 처남)

다-6. 이 잔 다 깐베이(干杯) 하구 부어라.(형부 → 처제)

G3세대가 처의 손위 동기인 '형님', '아즈마이'에게 사용하는 명령문의 종결형식의 예문은 (139다-1, 2)와 같다. 모든 화자가 종결어미 '-쇼/-으쇼'와 같은 '예예체' 어미를 사용한다. G1, G2세대의 대부분의 화자가 '야야체'의 명령형 어미를 사용하는 것과 비기면 G3세대 남성 화자의 종결형식이 단순해졌음을 말해준다.

G3세대가 처의 손아래 동기인 '처남', '처제'와 '처남댁', '이름/동새'(동서)에게 사용하는 명령문의 종결형식의 예문은 (139다-3~6)과 같다. 처남댁과 동서에게는 전부의 화자가 (139다-3, 4)의 '-오, -소' 등과 같은 명령문의 '야야체' 어미를 사용한다. 이때의 '야야체' 어미는 한국어의 '하오체' 정도에 해당하며 비록 손아래 비속의 친족이지만 결혼으로 인한 인척에 대한 존중의 의미로 쓰인 것이다. 하지만 처남과 처제에게는 일부 화자가 호칭어 '처남', '처제'에 (139다-3, 4)의 경우와 같이 명령문의 '야야체'의 어미를 대응하여 사용하고 또 일부 화자는 이름호칭어에 (139다-5, 6)의 '-라/-어라' 등과 같은 명령문의 '응응체' 어미를 대응하여 사용한다. G1, G2세대와 마찬가지로 처남과 처제와의 친밀감에 의존하여 이런 '응응체'의 어미를 사용하는 것이다.

4.2.4.2.4 청유문에서의 실현 양상

G1세대의 사용 양상 :

(140) 가-1. 북경 가 치료하깁소.(매제 → 형님)

가-2. 한 상자만 사기쇼.(매제 → 처형)

가-3. 둘이 먼저 시작하기오.(매제 → 형님)
가-4. 소탕 먹기오.(매부 → 처남)

가-5. 자전거 타구 가자.(매부 → 처남)

　G1세대가 처의 손위 동기인 '형님', '아즈마이'에게 사용하는 청유문의 종결형식의 예문은 (140가-1~4)와 같다. 대부분의 화자가 (140가-3, 4)의 '-기오'와 같은 청유문의 '야야체' 어미를 사용한다. 이때의 '야야체' 어미는 '예예체' 어미에 가까운, 한국어의 '해요체' 어미 정도에 해당한다. 일부 화자가 (140가-1, 2)의 '-깁소, -기쇼'와 같은 청유문의 '예예체' 어미를 사용하는데 그 중 (140가-1)의 '예예체' 방언형 어미를 사용하는 화자가 대부분이고 (140가-2)와 같은 '예예체' 어미를 사용하는 화자는 소부분이다.

　G1세대가 처의 손아래 동기인 '처남', '처제'와 '처남댁', '동세/동새'(동서)에게 사용하는 청유문의 종결형식의 예문은 (140가-3~5)와 같다. 대부분의 화자가 (140가-3, 4)와 같은 청유문의 '야야체' 어미 '-기오'를 사용한다. 이때의 '야야체' 어미 '-기오'는 한국어의 '하오체' 정도에 해당하며 비록 손아래 비속의 친족이지만 결혼으로 인한 인척에 대한 존중의 의미로 쓰인 것이다. 그리고 일부 화자가 처남과 처제에게만 이름 호칭어에 (140가-5)의 청유문의 '응응체' 어미 '-자'를 대응하여 사용한다. 결혼 초기 처남과 처제를 동생처럼 생각하고 이런 '응응체'의 어미를 사용하던 것을 지금까지 그들과의 친밀감에 의존하여 계속 쓰고 있

는 것이다. 처남댁과 동서는 비록 화자보다 손아래이지만 이런 '응응체' 어미를 사용하지 않는다.

G2세대의 사용 양상 :
(141) 나-1. 성 내지 말구 잘 생각해 보기쇼.(매제 → 형님)

나-2. 비행장에서 만나기오.(매제 → 처형)
나-3. 우리끼리 해 치우기오.(매부 → 처남)

나-4. 우리 노래방 가자.(매부 → 처남)

G2세대가 처의 손위 동기인 '형님', '아즈마이'에게 사용하는 청유문의 종결형식의 예문은 (141나-1~3)과 같다. G1세대와 같이 대부분의 화자가 (141나-2, 3)의 청유문의 '야야체' 어미 '-기오'를 사용하고 일부 화자가 (141나-1)의 청유문의 '예예체' 어미 '-기쇼'를 사용한다. 이때의 '야야체' 어미는 '예예체' 어미에 가까운, 한국어의 '해요체' 어미 정도에 해당한다. G1세대의 화자가 사용하는 청유문의 '예예체' 방언형 어미를 사용하는 화자는 조사되지 않았다. 이 세대 50대의 화자들은 자기 부모와 처부모에게까지 이런 '예예체'의 방언형을 사용하지만 동기 항렬의 처가 쪽 손위 친족에게는 이런 방언형을 사용하지 않는다. 이것은 중국에서 학교교육이 보편적으로 보급된 것이 50대의 화자들부터인 것과 관계된다. 이런 학교교육의 영향은 그들이 방언형을 지양하게 된 주요 원인으로 된다.

G2세대가 처의 손아래 동기인 '처남', '처제'와 '처남댁', '이름/동새'

(동서)에게 사용하는 청유문의 종결형식의 예문은 (141나-2~4)와 같다. 대부분의 화자가 (141나-2, 3)의 청유문의 '야야체' 어미 '-기오'를 사용한다. 이때의 '야야체' 어미는 한국어의 '하오체' 정도에 해당하며 비록 손아래 비속의 친족이지만 결혼으로 인한 인척에 대한 존중의 의미로 쓰인 것이다. 일부 화자가 처남과 처제에게만 이름호칭어에 (141나-4)의 청유문의 '응응체' 어미 '-자'를 대응하여 사용하는데 G2세대도 결혼 초기 처남과 처제를 동생처럼 생각하고 이런 '응응체'의 어미를 사용하던 것을 지금까지 그들과의 친밀감에 의존하여 계속 쓰고 있는 것이다. 하지만 처남댁과 동서에게는 이런 '응응체' 어미를 사용하지 않는다.

G3세대의 사용 양상 :
(142) 다-1. 맛있는 집 찾아 보기쇼.(매제 → 형님)

다-2. 누가 먼저 취하나 마셔 보기오.(매부 → 처남)

다-3. 무슨 문젠가 보자.(매부 → 처남)

G3세대가 처의 손위 동기인 '형님', '아즈마이'에게 사용하는 청유문의 종결형식의 예문은 (142다-1)과 같다. 모든 화자가 청유문의 '예예체'의 어미 '-기쇼'를 사용한다. G1, G2세대의 대부분의 화자가 '야야체'의 청유형 어미를 사용하는 것과 비기면 G3세대 남성 화자의 종결형식이 단순해 졌음을 말해준다.

G3세대가 처의 손아래 동기인 '처남', '처제'와 '처남댁', '이름/동새'(동서)에게 사용하는 청유문의 종결형식의 예문은 (142다-2, 3)과 같다.

처남댁과 동서에게는 전부의 화자가 (142다-2)와 같이 청유문의 '야야체' 어미 '-기오'를 사용한다. 이때의 '야야체' 어미는 한국어의 '하오체' 정도에 해당하며 비록 손아래 비속의 친족이지만 결혼으로 인한 인척에 대한 존중의 의미로 쓰인 것이다. 하지만 처남과 처제에게는 일부 화자가 호칭어 '처남', '처제'에 (142다-2)의 경우와 같이 청유문의 '야야체'의 어미를 대응하여 사용하고 또 일부 화자는 이름호칭어에 (142다-3)의 경우와 같이 청유문의 '응응체' 어미 '-자'를 대응하여 사용한다. 이 것은 G1, G2세대와 마찬가지로 처남과 처제와의 친밀감에 의존하여 '응응체'의 어미를 사용하는 것이다.

제5장

연변 지역의 청자대우법 체계

앞 장에서 우리는 연변 지역의 친족호칭어와 청자대우법의 실현 양상
을 문장종결법의 네 개 유형으로부터 구체적으로 살펴보았다. 이 장에서
는 친족 간에는 확인할 수 없었던 친족 이외의 대상이나 남남끼리의 청
자대우법 사용 양상도 알아보고 친족과 비친족 간의 청자대우법 사용을
종합적으로 검토하여 연변 지역의 청자대우법 체계를 제시하고 친족호
칭어와 청자대우 등급의 호응관계를 도표로 제시할 것이다.

5.1 문장종결법과 청자대우법

청자대우법은 화자와 청자의 관계에 의해 결정되는 언어적 표현이다.
따라서 화자와 청자의 위계관계 뿐만 아니라 친밀도, 대화 상황 등에 따
라 종결어미의 선택이 달라진다. 또 화자는 종결어미에 의지해 청자에게
자기의 생각이나 의향을 여러 가지 방식으로 표현하는데 이것이 바로

문장종결법이다. 아래에 문장종결법에 따라 청자대우법이 어떻게 실현되는지 구체적인 종결어미들의 쓰임을 통하여 살펴보고자 한다.

5.1.1 서술문의 종결어미와 청자대우법

(143) 가. ○○○라고 합니다.
　　　나. 연길에 살고 있습니다.
　　　다. 신흥가두에서 온 ○○○라고 해요.

(144) 가. 이만하면 충분함다.
　　　나. 새벽 3시에 들어 왔슴다.
　　　다. 땐디(点滴) 맞아두 소용없답데다.
　　　라. 어디나 다 찾아봐두 없습데다.

(145) 가. 이재 떠났다꾸마.
　　　나. 아침시장 갔다 봤스꾸마.
　　　다. 영 맛있어 보입더구마.
　　　라. 개르[를] 잡았습더구마.
　　　마. 돈이 하늘에서 거저 떨어지는가 합지비.
　　　바. 사람이 정말 좋았습지비.

예문 (143가, 나)의 종결어미 '-ㅂ니다/-습니다'는 공식적인 상황에서 사용되는 '아주 높임' 등급의 '예예체'의 표준형 어미다. 연변 지역에서 청자를 제일 높여서 대우하는 서술형 어미로 한국어의 '아주 높임' 정도에 해당한다. '-ㅂ니다'는 받침이 없는 용언 어간에 쓰이는 어미이고 '-습니다'는 받침이 있는 용언 어간에 쓰이는 어미다. [+격식], [+존중], [-친밀성], [+규범]의 의미자질을 가진 어미로 평시의 일상 구어에서는 극히 제한적으로 사용되고 그 줄임말 형태인 (144가, 나)의 '-ㅁ다/-습다'가 활발하게 사용된다.

G1세대 화자들은 활동 범위가 주로 가정과 동네에 한정되어 있기에 이런 어미들을 사용할 기회가 매우 적다. 혹시 많은 관중들을 상대로 객관적으로 자신의 의도를 밝히는 경우 '-ㅂ니다/-습니다'와 같은 종결어미를 사용한다. 그리고 라디오 방송국의 생방송 프로그램에 참여할 때도 이런 어미를 사용한다. 그것은 방송국의 아나운서들이 모두 이 표준형 어미를 사용하기에 따라서 함께 사용하는 것도 있겠지만 또 이 어미는 좀 더 격식이 있고 예의를 갖춘 표현이기 때문이다. 그리고 연변 지역에는 학교에 다니는 손자(녀)를 돌보는 G1세대 화자가 많은데 손자(녀)의 선생님에게도 이 종결형식을 사용한다. 비록 선생님이 화자보다 나이가 어리지만 자주 만나는 친밀한 관계가 아니고 또 선생님이라는 사회적 신분이 종결형식의 사용에 영향을 미치기 때문이다.

G2, G3세대는 각종 사회활동이 많은 세대로, 상대적으로 G1세대보다 서술형 어미 '-ㅂ니다/-습니다'를 사용할 기회가 더 많다. 이 어미는 조선말 방송용어의 종결형식이기에 직업적으로 아나운서들이 가장 많이 사용한다. 그리고 각종 잔치, 생일 등의 사회를 보는 진행자들도 흔히 사용한다. 같은 직장에서 계속 함께 일하여온 동료끼리는 이 종결형식을 사용하지 않는다. 직장의 일로 만난 초면의 사람과는 흔히 이 종결형식을 사용하는데 청자가 손위인 경우는 말할 것도 없고 청자가 손아래인 경우에도 사용한다. 하지만 초면의 첫 몇 마디에만 사용할 뿐 대화가 길어지면서 종결형식이 차츰 그 줄임말형인 '-ㅁ다/-습다'로 바뀌게 된다.

그리고 많은 관중을 상대로 객관적으로 자신의 의도를 말할 때, 학부모의 신분으로 자녀의 선생님과 대화할 때도 이 종결형식을 사용한다. 평시의 일상 구어에서는 사용하지 않는다.

예문 (143다)의 종결어미 '-요'는 '아주 높임' 등급의 '예예체'의 표준형 어미다. 한국어의 '해요체' 전형적인 서술형 어미로, 극소수의 G1, G2세대 화자들 특히 여성 화자들이 공식적인 상황에서 가끔 사용하는데 이런 화자들은 대부분 한국에 갔다 온 경험이 있는 사람들이다. 그 외의 평시의 구어에서는 기본상 사용되지 않는다.

예문 (144가, 나)의 종결어미 '-ㅁ다/-슴다'는 표준형 어미 '-ㅂ니다/-습니다'의 줄임말 형태로 [-격식], [+존중], [-규범]의 의미자질을 가진 '예예체'의 방언형 어미다. '-ㅂ니다/-습니다'에 비하여 덜 격식적이지만 공식, 비공식적인 상황에서 두루 사용되며 상대에게 친근감을 준다. 대우 등급은 '-ㅂ니다/-습니다'와 똑같이 한국어의 '아주 높임' 정도에 해당한다. G1, G2세대의 일부 '-꾸마/-스꾸마' 방언형을 사용하는 화자를 제외한 대부분의 화자가 친족 간에는 물론 비친족 간에도 평시의 일상 구어에서 화자보다 손위인 청자에게 활발하게 사용한다. 특히 G3세대는 '야야체'의 서술형 어미인 '-오(-요)/-우, -소'의 쓰임이 약화되거나 없어지면서 거의 전부의 화자가 또래 친구나 손아래 청자를 제외한 기타 청자에게 이 어미를 사용한다. 부부사이에서 G1, G2세대의 일부 방언형 어미 '-꾸마/-스꾸마'를 사용하는 화자를 제외한 대부분의 아내는 남편에게 이 어미를 사용한다.

예문 (144다, 라)의 종결어미 '-ㅂ데다/-습데다'는 어떤 사실을 회상하여 알릴 때만 사용하는 '예예체' 서술형 어미로 '-ㅁ다/-슴다'와 같은 의미자질을 가지며 사용 화자와 적용 대상은 '-ㅁ다/-슴다'의 경우와 같다.

예문 (145가, 나)의 서술형 어미 '-꾸마/-스꾸마'는 '예예체'의 표준형 어미 '-ㅂ니다/-습니다'에 대응하는 '예예체'의 전형적인 함경도 방언형 어미다. 하지만 표준형 어미 '-ㅂ니다/-습니다'와 비교할 때 [+존중], [-친밀성]의 의미자질은 같지만 [-격식], [-규범]의 의미자질을 갖고 있어 공식적인 상황에서는 쓰이지 않는다. G3세대는 사용하지 않고 G1, G2세대의 일부 화자가 아직 쓰고 있지만 그 사용범위가 넓은 축은 아니다. G1세대는 전에 부모나 조부모에게 이 방언형을 썼지만 현재는 친족의 손위 동기에게, 남남끼리의 또래 친구에게 사용한다. 대부분의 70대 여성 화자는 남편에게도 이 방언형을 사용한다. 일부 60대 화자도 부모 항렬의 친족에게 사용하는 외에 평시 서로 잘 아는 관계의 손위 청자에게도 이 방언형을 사용한다. 초면의 중년이상 청자에게 70대의 화자는 보통 이 방언형을 사용하지만 60대의 화자는 표준어의 줄임말 형태인 '-ㅁ다/-슴다'를 사용한다. G2세대는 50대의 일부 화자가 부모를 비롯한 부모 항렬의 친족이나 부모뻘의 친족 이외의 대상에게까지만 이 방언형을 사용한다. 40대의 일부 화자도 조부항렬의 친족, 그리고 친족 이외의 조부뻘의 대상에게 가끔 사용하고 대부분의 화자는 표준어의 줄임말 형태인 '-ㅁ다/-슴다'를 사용한다. 보다시피 전형적인 함경도 방언형 어미 '-꾸마/-스꾸마'는 G2세대에 와서 그 쓰임이 대대적으로 약화되고 표준어의 줄임말 형태인 '-ㅁ다/-슴다'가 활발하게 사용되는데 이것은 G1세대 60대 화자가 종결형식의 개신을 일으켰고 G2세대가 개신을 이끌었음을 의미한다. G1세대 60대 화자와 G2세대 대부분 화자는 이 방언형 어미는 옛날 농촌에서 문화지식이 결여한 사람들이 사용한 것으로 인식하고 있다. 이런 의식은 특히 여성 화자가 강한데 G2세대 대부분 여성 화자들이 이 방언형을 사용하지 않는 것은 바로 이런 언어태도에서 기인된 것이다. '-꾸마/-스꾸마'는 G1세대에서 G2세대로 오면서 쓰임이 위축되고 G3세대에 와서는 완전히 쓰이지 않고 '-ㅁ다/-슴다'로 통일된다.

예문 (145다, 라)의 '-ㅂ더구마/-습더구마'는 '-ㅂ데다/-습데다'와 대응하는 전형적인 함경도 방언형 '예예체' 어미다. '-꾸마/-스꾸마'와 같은 의미자질을 가지며 어떤 사실을 회상하여 알릴 때 사용하고 사용 화자와 적용 대상은 '-꾸마/-스꾸마'의 경우와 같다.

예문 (145마, 바)의 종결어미 '-ㅂ지비/-습지비'도 '예예체'의 전형적인 함경도 방언형 어미다. '-꾸마/-스꾸마'와 같이 [+존중], [-격식], [-친밀성]의 의미자질을 갖고 있지만 '-꾸마/-스꾸마'보다 더 제한적으로 사용된다. G1세대의 일부 화자가 친족의 손위 동기와 남남끼리의 또래 친구에게 사용하고 70대의 일부 여성 화자가 남편에게 사용하는 외에 기타 경우에는 쓰이지 않는다.

(146) 가. 자고 일어났더니 정신 나오.

　　　나. 올해 칠십이요.

　　　다. 이제 두 날이무[면] 끝나우.

　　　라. 언니 젊어졌소.

(147) 가. 택시에 앉혀 보냅데.

　　　나. 말라서 뼈밖에 없습데.

　　　다. 그 앙까이 맛있게 합네.

　　　라. 작년에 왔다 갔습네.

　　　마. 오늘 못 간다이.

예문 (146가~라)의 '-오(-요)/-우, -소'는 연변 지역에서 사용되는 전형적인 '야야체'의 서술형 어미다. '예예체'의 '-ㅁ다/-슴다'와 같이 [+존중]의 의미자질은 갖고 있지만 높임의 정도가 낮고 조금 덜 격식적이고 더 친밀한 관계에서 쓰이기에 한국어의 '해요체'나 '하오체' 정도에 해당하는 등급의 어미로 볼 수 있다. '-오(-요)/-우'는 받침이 없는 용언 어간에 쓰이는 어미이고 '-소'는 받침이 있는 용언 어간에 쓰이는 어미다.

G1, G2세대의 사용이 활발한데 '나'를 중심으로 손위, 동기, 손아래 청자에게까지 광범위하게 사용된다. 먼저 친족관계에서의 사용을 보기로 한다. 손위 존속 친족에게는 대부분의 화자가 부모 항렬에서는 부모의 손아래 형제와 그 배우자에게, 조모와 어머니에게 이 어미들을 사용한다. 부모의 손위 형제 그리고 아버지에게는 '예예체'의 '-꾸마/-스꾸마'나 '-ㅁ다/-슴다'와 같은 '예예체' 어미를 사용하지만 부모의 손아래 형제, 어머니에게 '야야체'의 '-오(-요)/-우, -소'를 사용하는 것은 이 어미들이 갖고 있는 [+친밀성]의 자질로 해석할 수 있다. 동기간에는 손위 형제와 그 배우자에게(여성 화자의 경우 '형부'는 제외함) 사용한다. 이때 청자가 동기이기 때문에 존속의 친족에게 사용하는 '-ㅁ다/-슴다'보다 낮은 등급을 선택하는 것은 당연한 것이다. 하지만 손위의 동기이기에 [+친밀성], [+존중]의 의미자질이 있는 '-오(-요)/-우, -소'를 사용한 것이다. 이 어미들은 부부 사이에서는 남편이 아내에게 사용하는데 이때도 [+친밀성], [+존중]의 의미자질이 작용한 것으로 설명할 수 있다. 하지만 앞서 알아보았듯이 아내는 남편에게 '-ㅁ다/-슴다'를 쓰는 반면 남편은 아내에게 '-ㅁ다/-슴다'보다 높임의 정도가 낮은 '-오(-요)/-우, -소'를 사용한다는 것은 G1, G2세대에 아직까지도 남존여비의 의식이 남아있음을 설명한다. 이처럼 G1, G2세대 화자들이 손위, 동기, 아내에

게 사용하는 '야야체'의 서술형 어미 '-오(-요)/-우, -소'는 '예예체'의 '-ㅁ다/-슴다'보다 한 단계 낮은 등급의 어미로, 한국어의 '해요체' 정도의 어미에 가깝다고 할 수 있다. 손아래 청자에게 쓰이는 경우의 전형적인 실례는 시가 편과 처가 편의 남편 및 아내의 동생들에게 사용하는 경우다. 혈연관계에 있는 자신의 손아래 형제에게는 '-다/-ㄴ다'와 같은 서술형의 '응응체' 어미를 쓰는데 반해 인척에게는 '-오(-요)/-우, -소'와 같은 서술형의 '야야체' 어미를 사용하는 것은 이 어미들의 [-친밀성]의 의미자질 이외에 또 상대방을 대우해주는 [+존중]의 의미자질 때문이다. 또 일부 G1세대 화자는 자녀와 조카, 그들의 배우자에게도 이 어미들을 사용하는데 이것은 장성한 자녀와 조카 및 그 배우자에 대한 대우의 태도를 나타내는 것으로 이때도 [-친밀성], [+존중]의 의미자질이 작용한 것으로 볼 수 있다. 보다시피 손아래 비속에게 사용하는 서술형 어미 '-오(-요)/-우, -소'는 손위 존속에게 사용하는 '-오(-요)/-우, -소'와 다른 등급의 어미임을 알 수 있는데 이때의 '-오(-요)/-우, -소'는 한국어의 '하오체' 어미 정도에 가깝다고 할 수 있다.

다음 G1, G2세대의 남남끼리 비친족관계에서의 사용을 보기로 한다. 나이 차이가 많이 나는 손위 청자에게는 대부분의 화자가 서술문의 '예예체' 어미 '-ㅁ다/-슴다'를 사용하지만 나이 차이가 많이 나지 않고 형제처럼 가깝게 지내는 사이에서는 '-오(-요)/-우, -소'와 같은 '야야체' 어미를 사용한다. 동기의 청자에게는 친밀도에 따라 '응응체'의 '-다/-ㄴ다'와 '야야체'의 '-오(-요)/-우, -소'의 사용이 갈리는데 보통 덜 가까운 사이에서 '-오(-요)/-우, -소'를 쓴다. 손아래의 청년이상 나이의 청자에게도 이 어미들을 쓰는데 이때는 청자를 어느 정도 대우해주기 위해 쓰인 것으로 한국어의 '하오체'에 해당하는 등급의 어미로 볼 수 있다.

G3세대는 20대로 내려올수록 이 어미들을 사용하지 않거나 사용할 줄 모른다. 특히 여성 화자의 경우 이런 현상은 더욱 뚜렷해진다. 여성 화자들은 친족 존속에게는 물론, 시가 편의 손아래 인척, 가깝게 지내는 손위 친구에게도 모두 '예예체'의 어미 '-ㅁ다/-슴다'를 사용하기에 '야야체'의 어미 '-오(-요)/-우, -소'의 사용은 약화되거나 소실되고 있다. 남성 화자들도 나이 차이가 많이 나지 않는 손아래 여성 청자에게, 처가 편의 손아래 동기에게, 그리고 일부 남편들이 아내에게, 등등에서 사용하는 외에 기타 경우에는 사용하지 않는다. 이것은 G3세대에서 일어나고 있는 청자대우법의 간소화를 설명한다.

예문 (147가, 나)의 종결어미 '-ㅂ데/-습데'는 어떤 사실을 회상하여 알릴 때 사용하는 '야야체'의 방언형 어미고 예문 (148다, 라)의 종결어미 '-ㅂ네/-습네'는 이미 일어났거나 앞으로 일어날 사실을 알릴 때 사용하는 '야야체'의 방언형 어미로 '-오(-요)/-우, -소'와 같이 [+존중]의 의미자질을 갖고 있고 덜 격식적이고 친밀한 관계에서 쓰이며 한국어의 '해요체'나 '하오체' 정도에 해당하는 등급의 어미다. '-오(-요)/-우, -소'와 같은 의미자질을 가지며 사용 화자와 적용 대상은 '-오(-요)/-우, -소'의 경우와 같다.

예문 (147마)의 종결어미 '다이'는 G1세대의 남성 화자들만 사용하는 '야야체' 방언형 어미로 손아래 청년이상 나이의 남성 청자에게만 제한적으로 사용된다. [+존중]의 의미자질을 갖고 있고 덜 격식적이고 친밀한 관계에서 쓰이며 한국어의 '하오체' 정도에 해당하는 등급의 어미다. 서술형 어미 '-오(-요)/-우, -소'에 비해 화자의 의도를 좀 더 강조하여 전달하는 기능을 한다.

(148) 가. 그 영화 재밌다.

　　　 나. 인차 들어간다.

　　　 다. 거기 조용하구 좋더라.

　　　 라. 엄마 오늘 오네라.

　　　 마. 값이 마이[많이] 올랐구나.

예문(148가, 나)의 '-다/-ㄴ다'는 '응응체'의 서술형 어미로 한국어의 '낮춤' 정도에 해당하는 어미다. 친족관계에서 청자가 화자보다 손아래인 경우에 많이 사용되는데 모든 세대에서 손자(녀)와 자녀, 조카뻘의 청자, 손아래 동기에게 사용한다. 비친족관계에서는 보통 또래 친구끼리, 나이 차이가 많이 나는 손아래 청자에게 사용된다.

예문 (148다)의 '-더라'는 '예예체'의 '-ㅂ데다/-습데다', '야야체'의 '-ㅂ데/-습데'와 대응하는 '응응체'의 서술형 어미로 어떤 사실을 회상하여 알릴 때만 사용된다. 한국어의 '낮춤' 정도에 해당하는 어미로 '-다/-ㄴ다'와 같이 낮춤의 의미자질을 가지며 사용 화자와 적용 대상은 '-다/-ㄴ다'의 경우와 같다.

예문 (148라)의 '-네라'는 화자가 알고 있는 사실이나 경험을 청자에게 전달할 때 쓰이는 '응응체'의 서술형 어미고 예문 (148마)의 '-구나'는 화자의 어떤 객관적인 느낌이나 생각을 어느 정도 감탄의 어조로 객관적으로 표현할 때 쓰이는 '응응체'의 서술형 어미다. '-네라, -구나'는 한국어의 '낮춤' 정도에 해당하는 어미로 '-다/ㄴ다'와 같이 낮춤의 의미자질을 가지며 사용 화자와 적용 대상은 '-다/-ㄴ다'의 경우와 같다. 하지만 '-다/ㄴ다'처럼 활발하게 쓰이는 것은 아니다.

(149) 가. 내 엄마깨[한테] 물어볼게.

(150) 가. 그런 걸 우리야 구경도 못했지.
　　　나. 짐 부쳤다는데.
　　　다. 제 밥벌이두 못했지무.
　　　라. 빨래 벌써 다 말랐네.
　　　마. 결혼에 못 왔재.
　　　바. 그날 재수 없었단말이.
　　　사. 열쇠 두구 나왔겠꾸나.

　예문(149가), (150가~사)의 '-게, -지, -는데, -지무, -네, -재, -말이, -꾸나'는 연변 지역에서 사용되는 '반말체' 서술형 어미들이다. '-게'가 표준형에 속하는 외에 기타는 모두 방언형 어미다. 한국어의 대표적인 서술형 반말 어미는 '-어'로 그 사용이 매우 규칙적이며 '-요'와 결합하여 '해요체'를 형성하는 특성도 있다. 하지만 보다시피 연변 지역에는 한국어에서 쓰이지 않는 이 지역만의 독특한 '반말체'의 서술형 어미들이 쓰이는데 모든 세대 화자들의 발화에서 어렵지 않게 발견할 수 있다. 흔히 친밀도가 높을수록 대화 중에 이런 '반말체' 어미를 사용하는 비율이 높다.

　'반말'은 원래 말을 다 끝내지 않은 말이라 하여 생긴 이름으로 문장의 끝을 다 맺지 않고 어물어물 넘기는 말이다. 예문 (149가)와 (150가~마)의 '-게, -지, -는데, -지무, -네, -재' 등 어미들이 바로 문말을 제대로 끝맺지 않고 청자를 어느 정도 대우해주어야 할지 망설여질 때 사용되는 어미들이다. 이 지역의 화자들이 인식하는 '예예체' 어미로 우의 예문들을 마무리해 보면 아래와 같다. (149가)는 '물어보겠습다', (150가)

는 '못했슴다', (150나)는 '부쳤답니다(부쳤다고 합니다)', (150다)는 '못
했슴다', (150라)는 '말랐슴다', (150마)는 '못 왔슴다'. 이 '반말체' 어미
들은 비친족관계에서 보통 낯선 사람을 만났을 때 '예예체'의 어미 '-ㅁ
다/-슴다'를 써야 할지 '야야체'의 어미 '-오(-요)/-우, -소'를 써야 할
지 혹은 '응응체'의 어미 '-다/-ㄴ다'를 써야 할지 망설여질 때 말의 뒤
끝을 흐리거나 얼버무리면서 쓰인 것들이다. 친족관계에서는 모든 세대
화자들이 친밀성에 기대여 손위, 동기, 손아래 청자에게 두루 사용한다.
친밀도가 높은 부모 자식 간, 형제 간, 부부 간에 사용하는 빈도가 높다.
신창순(1984)은 반말은 본래 낯선 사람끼리 대화의 대우를 어떻게 해야
할지 결정하기 어려울 때 쓰이던 말이었으나 근대사회로 들어서면서 반
말이 편리한 것으로 이용되어 일상적인 말로 쓰이게 되었는데 현재는
친밀한 사이에 평교적으로 쓰이는 일상적인 말체로 쓰이고 있다고 하였
다. 현재 연변 지역 화자들도 친족 간에 친밀성에 기대여 매우 일상적으
로 반말을 사용하고 있다. 비친족 간에는 아주 친밀한 관계의 또래 친구
끼리만 사용하고 친한 사이라도 나이 차이가 좀 있는 손아래 화자는 손
위 청자에게 이런 반말형 어미를 사용하지 못한다. 친족 간에도 친밀한
관계의 친족을 제외하고는 손아래 화자가 손위 청자에게 사용하지 못한
다. 그것은 이런 어미들은 상대를 높이는 등급의 어미가 아니기에 친밀
하지 않은 관계에서 사용하면 청자를 존중하지 않는 것으로 되기 때문
이다. 보다시피 이 '반말체'의 어미들은 '높임' 정도의 등급도 '낮춤' 정
도의 등급도 아니며 '안 높임' 등급에 해당하는 어미라고 할 수 있다.

　예문 (150바)의 '-말이'는 '-말입니다'의 줄임말 형 '-말임다'에서 '-ㅁ
다'가 생략된 형태다. 지난 사실을 회상하여 청자에게 말해줄 때 쓰이는
데 분명하게 '예예체'의 종결어미 '-ㅁ다'가 생략된 형태이기에 손위의

청자에게 사용하는 것은 버릇없고 예의 없는 것으로 간주된다. 때문에 친족 간에 특별히 친한 사이를 제외하고 모든 세대에서 손위 청자에게 사용하지 않고 손아래 청자에게만 사용한다.

예문 (150사)의 '-꾸나'는 앞의 '반말체' 어미들과 좀 다른 양상을 보인다. G3세대에서 활발하게 사용되는데 비친족관계에서는 또래 친구끼리, 친족관계에서는 동기의 형제, 손위 부모를 비롯한 부모 항렬의 가까운 친족, 조부모 등에게 사용한다. 흔히 선어말어미 '-겠'과 결합되어 사용되는데 지난 사실이나 경험을 강조하여 나타낼 때 강한 어감과 동반되어 사용된다. G2세대의 일부 화자, 특히 여성 화자가 자녀뻘인 G3세대 화자들의 사용에 영향을 입어 또래 친구끼리, 손아래 가까운 관계의 청자에게, 자녀와 조카에게 이 어미를 사용한다.

이상에서 살펴본 서술문의 종결어미들을 청자대우법에 따라 분류하면 <표 6>과 같다.

<표 6> 서술문의 종결어미

청자대우법	세대	표준형	방언형
예예체	G1	-ㅂ니다/-습니다, -요	-ㅁ다/-슴다, -ㅂ데다/-습데다, -꾸마/-스꾸마, -ㅂ더구마/-습더구마, -ㅂ지비/-습지비
	G2	-ㅂ니다/-습니다, -요	-ㅁ다/-슴다, -ㅂ데다/-습데다, -꾸마/-스꾸마, -ㅂ더구마/-습더구마
	G3	-ㅂ니다/-습니다, -요	-ㅁ다/-슴다, -ㅂ데다/-습데다
야야체	G1	-오(-요)/-우, -소	-ㅂ데/-습데, -ㅂ네/-습네, -다이
	G2	-오(-요)/-우, -소	-ㅂ데/-습데, -ㅂ네/-습네
	G3	-오(-요)/-우, -소	-ㅂ데/-습데
응응체	G1	-다/-ㄴ다, -더라, -네	

		라, -구나	
	G2	-다/-ㄴ다, -더라, -네 라, -구나	
	G3	-다/-ㄴ다, -더라, -네 라, -구나	
반말체	G1	-게	-지, -는데, -지무, -네, -재, -말이
	G2	-게	-지, -는데, -지무, -네, -재, -말이, -꾸나
	G3	-게	-지, -는데, -지무, -네, -재, -말이, -꾸나

5.1.2 의문문의 종결어미와 청자대우법

(151) 가. 안녕하십니까?

나. 화장실이 어디 있습니까?

다. 안녕하세요?

(152) 가. 머리 할래[하러] 감까?

나. 집에 있슴까?

다. 같이 살았답데까?

라. 우예비(物業費) 냈습데까?

마. 지금두 술 마이[많이] 마심다?

바. 어디까지 왔슴다?

사. 시험 합격했답데다?

아. 일본 갔습데다?

(153) 가. 난치(暖气) 잘 줌두?

　　　 나. 벌써 학교 들어 갔습두?

　　　 다. 화토치기 한답덤두?

　　　 라. 다 왔습덤두?

　　　 마. 면목 모릅지?

　　　 바. 담배 끊었습지?

　예문 (151가, 나)의 '-ㅂ니까/-습니까'는 공식적인 상황에서 사용되는 '아주 높임' 등급의 '예예체' 표준형 어미다. 연변 지역에서 청자를 제일 높여서 대우하는 의문형 어미로 한국어의 '아주 높임' 정도에 해당한다. '-ㅂ니까'는 받침이 없는 용언 어간에 쓰이는 어미이고 '-습니까'는 받침이 있는 용언 어간에 쓰이는 어미다. [+격식], [+존중], [-친밀성], [+규범]의 의미자질을 가진 어미로 평시의 일상 구어에서는 극히 제한적으로 사용되고 그 줄임말 형태인 '-ㅁ까/-슴까'가 활발하게 사용된다.

　G1세대 화자들은 많은 관중을 상대로 인사를 할 때, 방송국의 생방송 프로그램에 참여할 때, 손자(녀)의 선생님과 대화할 때, 공공장소에서 초면의 사람에게 무엇을 물어볼 때 등등에서 사용한다. G2, G3세대는 사무적으로 만난 초면의 상대에게, 많은 관중을 상대로 인사를 하거나 무엇을 물어볼 때, 자녀의 선생님과 대화할 때, 공공장소에서 만난 초면의 사람에게 무엇을 물어볼 때 등등에서 사용하고 평시의 구어에서는 거의 사용하지 않는다.

　예문 (151다)의 종결어미 '-요'는 '아주 높임' 등급의 '예예체'의 표준형 어미다. 한국어의 '해요체' 전형적인 의문형 어미로, G1, G2세대에서 한국에 갔다 온 경험이 있는 극소수의 여성 화자가 공식적인 상황에서 가끔 사용한다. 그 외의 평시의 구어에서는 기본상 사용되지 않는다.

예문 (152가, 나)의 종결어미 '-ㅁ까/-습까'는 표준형 어미 '-ㅂ니까/-습니까'의 줄임말 형으로 [-격식], [+존중], [-규범]의 의미자질을 가진 '예예체'의 방언형 어미다. '-ㅂ니까/-습니까'에 비하여 덜 격식적이지만 공식, 비공식적인 상황에서 두루 사용되며 상대에게 친근감을 준다. 대우 등급은 똑같이 한국어의 '아주 높임' 정도에 해당한다. G1, G2세대의 일부 '-ㅁ두/-습두'와 같은 방언형 어미를 사용하는 화자를 제외한 대부분의 화자가 평시의 일상 구어에서 친족 간에는 물론 비친족 간에도 화자보다 손위인 청자에게 활발하게 사용한다. 특히 G3세대는 '야야체'의 의문형 어미인 '-오(-요)/-우, -소'의 쓰임이 약화되거나 없어지면서 거의 전부의 화자가 또래 친구와 손아래 청자를 제외한 기타 청자에게 이 어미를 사용한다. 부부사이에서 G1, G2세대의 일부 '-ㅁ두/-습두'와 같은 방언형 어미를 사용하는 화자를 제외한 대부분의 아내가 남편에게 이 어미를 사용한다.

예문 (152다, 라)의 종결어미 '-ㅂ데까/-습데까'는 지난 사실을 확인할 때 사용하는 '예예체'의 의문형 어미로 '-ㅁ까/-습까'와 같은 의미자질을 가지며 사용 화자와 적용 대상은 '-ㅁ까/-습까'의 경우와 같다.

예문 (152마~아)의 종결어미 '-ㅁ다/-습다', '-ㅂ데다/-습데다'는 원래 서술형 어미인데 G3세대 화자들만이 문말에서 상승조로 발화하여 의문형의 어미로 사용한다. '-ㅁ까/-습까', '-ㅂ데까/-습데까'와 똑같은 의미자질을 가지며 적용 대상도 같은데 G3세대 화자들은 '-ㅁ까/-습까', '-ㅂ데까/-습데까'보다 이 종결형식을 더 활발하게 사용한다.

예문 (153가, 나)의 의문형 어미 '-ㅁ두/-습두'는 '예예체'의 표준형 어미 '-ㅂ니까/-습니까'에 대응하는 전형적인 함경도 방언형 어미다. 하지만 표준형 어미 '-ㅂ니까/-습니까'와 비교할 때'[+존중], [-친밀성]의 의미자질은 같지만 [-격식], [-규범]의 의미자질을 갖고 있어 공식적인 상황에서는 쓰이지 않는다. G3세대는 사용하지 않고 G1, G2세대의 일부 화자가 아직 쓰고 있지만 그 사용범위가 넓은 축은 아니다. G1세대는 전에 부모나 조부모에게 이 방언형을 썼지만 현재는 친족의 손위 동기에게, 남남끼리의 또래 친구에게 사용한다. 70대의 여성 화자는 남편에게도 이 방언형을 사용한다. 일부 60대 화자는 부모 항렬의 친족에게 사용하는 외에 평시 서로 잘 아는 관계의 손위 청자에게도 이 방언형을 사용한다. 초면의 중년이상 청자에게 70대의 화자는 보통 이 방언형을 사용하지만 60대의 화자는 표준형의 줄임말 형태인 '-ㅁ까/-슴까'를 사용한다. G2세대는 50대의 일부 화자가 부모를 비롯한 부모 항렬의 친족이나 부모뻘의 친족이외의 대상에게까지만 이 방언형을 사용한다. 40대의 일부 화자는 조부항렬의 친족, 친족 이외의 조부뻘의 대상에게 가끔 사용하고 대부분의 화자는 표준형의 줄임말 형태를 사용한다. 보다시피 전형적인 함경도 방언형 어미 '-ㅁ두/-슴두'는 G2세대에 와서 그 쓰임이 대대적으로 약화되고 표준형의 줄임말 형태인 '-ㅁ까/-슴까'가 활발하게 사용되는데 이것은 G1세대 60대 화자가 종결형식의 개신을 일으켰고 G2세대가 개신을 이끌었음을 의미한다. 이것도 G1세대 60대 화자와 G2세대 대다수 화자의 언어태도에서 기인된 것인데 그들은 이 방언형 어미는 옛날 농촌에서 문화지식이 결여한 사람들이 사용한 것으로 인식하고 있다. 이런 언어태도는 이 방언형 어미 사용이 위축된 주요 원인이 된다. 이런 의식은 특히 여성 화자가 강한데 G2세대 대부분 여성 화자가 이 방언형을 사용하지 않는 것은 바로 이런 언어태도에서 온 것이다. '-ㅁ두/-슴두'는 G1세대에서 G2세대로 오면서 쓰임이 위축되고

G3세대에 와서는 완전히 쓰이지 않고 '-ㅁ까/-슴까'로 통일된다.

예문 (153다, 라)의 의문형 어미 '-ㅂ덤두/-습덤두'는 '-ㅂ데까/-습데까'와 대응하는 전형적인 함경도 방언형 '예예체' 어미다. '-ㅁ두/-슴두'와 같은 의미자질을 가지며 지난 사실을 확인할 때 사용되고 사용 화자와 적용 대상은 '-ㅁ두/-슴두'의 경우와 같다.

예문 (153마, 바)의 의문형 종결어미 '-ㅂ지/-습지'는 '예예체'의 전형적인 함경도 방언형 어미다. '-ㅁ두/-슴두'와 같이 [+존중], [-격식], [-친밀성], [-규범]의 의미자질을 갖고 있지만 '-ㅁ두/-슴두'보다 더 제한적으로 사용된다. G1세대의 일부 화자가 친족의 손위 동기와 남남끼리의 또래 친구에게 사용하고 70대의 일부 여성 화자가 남편에게 사용하는 외에 기타 경우에는 쓰이지 않는다.

> (154) 가. 엄마네 뭐 하오?
> 나. 이게 제 가방이요?
> 다. 요새 바쁘우?
> 라. 그 옷 어디서 샀소?

> (155) 가. 술 좀 합데?
> 나. 올라가기 쉽습데?

'-오(-요)/-우, -소'는 전형적인 '야야체'의 서술형 어미지만 예문 (154 가~라)의 경우와 같이 문말에서 상승조로 발화하면 의문형의 '야야체' 어미로 된다. '예예체'의 '-ㅁ까/-슴까'와 같이 [+존중]의 의미자질은 갖고 있지만 높임의 정도가 낮고 조금 덜 격식적이고 더 친밀한 관계에서 쓰이기에 한국어의 '해요체'나 '하오체' 정도에 해당하는 등급의 어미로 볼 수 있다.

G1, G2세대의 사용이 활발한데 '나'를 중심으로 손위, 동기, 손아래 청자에게까지 광범위하게 사용된다. 먼저 친족관계에서의 사용을 보기로 한다. 손위 존속 친족에게는 대부분의 화자가 부모 항렬에서 부모의 손아래 형제와 그 배우자에게, 조모와 어머니에게 이 어미들을 사용한다. 부모의 손위 형제 그리고 조부와 아버지에게는 의문문의 '예예체' 어미 '-ㅁ두/-습두'나 '-ㅁ까/-습까'를 사용하지만 부모의 손아래 형제, 조모와 어머니에게 의문의 '야야체' 어미 '-오(-요)/-우, -소'를 사용하는 것은 이 어미들이 갖고 있는 [+친밀성]의 자질로 해석할 수 있다. 동기 간에는 손위 형제와 그 배우자에게(여성 화자의 경우 '형부'는 제외함) 사용한다. 이때 청자가 동기이기 때문에 존속의 친족에게 사용하는 어미 '-ㅁ까/-습까'보다 낮은 등급을 선택하는 것은 당연한 것이다. 하지만 손위의 동기이기에 [+친밀성], [+존중]의 의미자질이 있는 어미 '-오(-요)/-우, -소'를 사용한 것이다. 이 어미들은 부부사이에서는 남편이 아내에게 사용하는데 이때도 [+친밀성], [+존중]의 의미자질이 작용한 것으로 설명할 수 있다. 아내는 남편에게 '예예체'의 어미 '-ㅁ까/-습까'를 쓰는 반면 남편은 아내에게 '-ㅁ까/-습까'보다 높임의 정도가 낮은 '야야체'의 어미 '-오(-요)/-우, -소'를 사용한다는 것은 G1, G2세대에 아직까지도 남존여비의 의식이 남아있음을 설명한다. 이처럼 G1, G2세대 화자들이 손위, 동기, 아내에게 사용하는 '야야체'의 의문형 어미 '-오(-요)/-우, -소'는 '예예체'의 '-ㅁ까/-습까'보다 한 단계 낮은 등급의 어미로, 한국어의 '해요체' 어미에 가깝다고 할 수 있다. 손아래 청자에게 쓰이는 경우의 전형적인 실례는 시가 편과 처가 편의 남편 및 아내의 동생들에게 사용

하는 경우다. 혈연관계에 있는 자신의 손아래 형제에게는 '-니, -어/-아' 등 '응응체'의 어미를 쓰는 것에 반해 인척에게 '야야체'의 어미 '-오(-요)/-우, -소'를 사용하는 것은 이 어미들의 [-친밀성]의 의미자질 이외에 또 상대방을 대우해주는 [+존중]의 의미자질 때문이다. 또 일부 G1세대 화자들은 자녀와 조카, 그들의 배우자에게도 이 어미들을 사용하는데 이 것은 장성한 자녀와 조카에 대한 대우의 태도를 나타내는 것으로 이때 도 [-친밀성], [+존중]의 의미자질이 작용한 것으로 볼 수 있다. 보다시 피 손아래 비속에게 사용하는 의문형 어미 '-오(-요)/-우, -소'는 손위 존속에게 사용하는 의문형 어미 '-오(-요)/-우, -소'와 다른 등급의 어 미임을 알 수 있는데 이때의 '-오(-요)/-우, -소'는 한국어의 '하오체' 어미 정도에 가깝다고 할 수 있다.

다음 G1, G2세대의 남남끼리 비친족관계에서의 사용을 보기로 한다. 나이 차이가 많이 나는 손위 청자에게는 대부분 '예예체'의 어미 '-ㅁ까/-습까'를 사용하지만 나이 차이가 많이 나지 않고 형제처럼 가깝게 지 내는 사이에서는 이 어미들을 사용한다. 동기의 청자에게는 친밀도에 따 라 '응응체'의 '-니, -어/-아' 등 어미와 '야야체'의 '-오(-요)/-우, -소' 등 어미의 사용이 갈리는데 보통 덜 가까운 사이에서 '-오(-요)/-우, -소' 를 쓴다. 손아래의 청년이상 나이의 청자에게도 이 어미들을 쓰는데 이 때는 청자를 어느 정도 대우해주기 위해 쓰인 것으로 한국어의 '하오체' 에 해당하는 등급의 어미라고 할 수 있다.

G3세대는 20대로 내려올수록 이 어미들을 사용하지 않거나 사용할 줄 모른다. 특히 여성 화자의 경우 이런 현상은 더욱 뚜렷해진다. 여성 화자들은 친족 존속에게는 물론, 시가 편의 손아래 인척, 가깝게 지내는 손위 친구에게도 모두 '예예체'의 어미 '-ㅁ까/-습까'를 사용하기에 '야

야체'의 어미 '-오(-요)/-우, -소'의 사용은 약화되고 있다. 남성 화자들도 나이 차이가 많이 나지 않는 손아래 여성 청자에게, 처가 편의 손아래 동기에게, 그리고 일부 남편들이 아내에게, 등등에서 사용하는 외에 기타 경우에는 사용하지 않는다. 이것은 G3세대에서 일어나고 있는 청자대우법의 간소화를 설명한다.

'-ㅂ데/-습데'도 원래는 서술형의 '야야체' 방언형 어미다. 하지만 예문 (155가, 나)의 경우와 같이 문말에서 상승조로 발화하면 지난 사실을 확인할 때 사용되는 '야야체'의 의문형 어미로 된다. 표준형의 '-오(-요)/-우, -소'와 같이 [+존중]의 의미자질을 갖고 있고 덜 격식적이고 친밀한 관계에서 쓰이며 한국어의 '해요체'나 '하오체' 정도에 해당하는 등급의 어미다. '-오(-요)/-우, -소'와 같은 의미자질을 가지며 사용 화자와 적용 대상은 '-오(-요)/-우, -소'의 경우와 같다.

(156) 가. 동창모임에 가니?
　　　 나. 어디서 먹어?
　　　 다. 재밌게 놀아?
　　　 라. 내 선물 사왔냐?
　　　 마. 가지 밥 해먹을까?

(157) 가. 넌 아이 들어가개?
　　　 나. 이게 전부야?
　　　 다. 쌍발(上班) 한다데?

예문 (156가~라)의 '-니, -어/-아, -냐'는 '응응체'의 의문형 어미로 한국어의 '낮춤' 정도에 해당하는 표준형 어미다. 친족관계에서 청자가 화자보다 손아래인 경우에 많이 사용되는데 모든 세대에서 손자(녀)와 자녀, 조카뻘의 청자, 손아래 동기에게 사용한다. 비친족관계에서는 보통 또래 친구끼리, 나이 차이가 많이 나는 손아래 청자에게 사용된다. '-니, -어/-아'는 청자가 화자와 비슷한 나이 또래인 경우에 더 쉽게 쓰이고 친근감을 나타낸다고 볼 수 있고 '-냐'는 청자가 화자보다 손아래인 경우에 많이 사용되는데 G1, G2세대 화자가 많이 사용한다.

예문 (156마)의 '-ㄹ까'는 자신이 필요한 어떤 정보를 요구하는 물음을 제기한다기보다 그 정보에 대한 가능성과 추측을 갖고 물음을 제기할 때 사용되는 '응응체' 의문형 어미다. 사용 화자와 적용 대상은 '-니, -어/-아'의 경우와 같다.

예문 (157가~다)의 '-개, -야, -데'는 의문문에서 쓰이는 '응응체'의 방언형 어미다. '-개'는 선어말어미 '-겠'과 어말어미 '-니'가 결합된 '-겠니'와 같은 의미를 가지며 '-겠니' 대신에 쓰이는 방언형으로 볼 수 있다. 어떤 상황이나 사실에 대해 추측을 하면서 묻는 경우에 사용되며 사용 화자와 적용 대상은 표준형의 '-니, -어/-아'의 경우와 같고 사용도 매우 활발하다. '-야'는 종결어미 '-니' 대신에 쓰이는 방언형으로 볼 수 있다. 사용 화자와 적용 대상은 '-니, -어/-아'의 경우와 같고 그 사용도 매우 활발하다. '-데'는 '예예체'의 의문형 어미 '-ㅂ데까/-습데까'와 '야야체'의 의문형 어미 '-ㅂ데/-습데'와 대응하는 '응응체'의 의문형 어미라고 할 수 있다. 역시 사용 화자와 적용 대상은 '-니, -어/-아'의 경우와 같다.

(158) 가. 내 말 들리지?

(159) 가. 어제 갔다 왔재?

　　　　나. 철남에 산다구?

　　　　다. 이불 다 바꿨길래?

　서술형 반말 어미 '-지'를 예문 (158가)에처럼 문말에서 상승조로 발화하면 의문형의 반말 어미로 된다. 다른 의문형 어미와 달리 '-지'는 화자가 문장에 담긴 내용에 대해 어느 정도 믿음이나 확신을 갖고 있음을 나타내는 경우에 쓰인다. 친족관계에서는 모든 세대 화자가 친밀성에 기대여 손위, 동기, 손아래 청자에게 두루 사용한다. 친밀도가 높은 부모 자식 간, 형제 간, 부부 간에 사용하는 빈도가 높다. 비친족관계에서는 아무리 친한 사이라도 손아래 화자가 손위 청자에게 사용하기 어렵고 나이 차이가 많이 나는 손아래 청자에게 사용하고 친한 친구끼리는 매우 활발하게 사용된다.

　예문 (159가~다)의 '-재, -다구, -길래'는 의문문의 방언형 '반말체' 어미다. '-재'는 문말의 억양에 따라 서술형 어미로도 되는데 문말에서 상승조로 발화하면 의문형 어미로 된다. '-재, -다구, -길래'는 다 어떤 사실을 확인할 때 사용되는데 친족관계에서는 모든 세대 화자가 친밀성에 기대여 손위, 동기, 손아래 청자에게 두루 사용한다. 친밀도가 높은 부모 자식 간, 형제 간, 부부 간에 사용되고 비친족 간에는 아무리 친한 사이라도 손아래 화자는 손위 청자에게 사용하지 않고 나이 차이가 많이 나는 손아래 청자에게만 사용하며 친한 친구끼리는 매우 활발하게 사용된다.

　이상에서 살펴본 의문문의 종결어미들을 청자대우법에 따라 분류하면 <표 7>과 같다.

〈표 7〉 의문문의 종결어미

청자대우법	세대	표준형	방언형
예예체	G1	-ㅂ니까/-습니까, -요	-ㅁ까/-슴까, -ㅂ데까/-습데까, -ㅁ두/-슴두, -ㅂ덤두/-습덤두, -ㅂ지/-습지
	G2	-ㅂ니까/-습니까, -요	-ㅁ까/-슴까, -ㅂ데까/-습데까, -ㅁ두/-슴두, -ㅂ덤두/-습덤두
	G3	-ㅂ니까/-습니까, -요	-ㅁ까/-슴까, -ㅂ데까/-습데까, -ㅁ다/-슴다, -ㅂ데다/-습데다
야야체	G1	-오(-요)/-우, -소	-ㅂ데/-습데
	G2	-오(-요)/-우, -소	-ㅂ데/-습데
	G3	-오(-요)/-우, -소	-ㅂ데/-습데
응응체	G1	-니, -어/-아, -냐, -ㄹ까	-개, -야, -데
	G2	-니, -어/-아, -냐, -ㄹ까	-개, -야, -데
	G3	-니, -어/-아, -ㄹ가	-개, -야, -데
반말체	G1	-지	-재, -다구, -길래
	G2	-지	-재, -다구, -길래
	G3	-지	-재, -다구, -길래

5.1.3 명령문의 종결어미와 청자대우법

(160) 가. 일어나시오.

　　　나. 제자리에 갖다 놓으시오.

　　　다. 빨리 일어나십시오.

　　　라. 좋은 시간 되세요.

(161) 가. 마늘 발개[까] 주쇼.

나. 어머니 말 좀 들으쇼.

(162) 가. 여기 나옵소.

　　　나. 노래나 들읍소.

예문 (160가, 나)의 '-시오/-으시오'는 명령형의 '예예체' 종결어미로 [+격식], [+존중], [-친밀성], [+규범]의 의미자질을 가진, '아주 높임' 등급에 해당하는 표준형 어미다. 공식적이고 엄숙한 분위기에서 보통 지위가 높은 화자가 지위가 낮은 청자에게 무엇을 지시하는 경우를 제외하고 친족 간, 비친족 간의 평시의 구어에서는 사용되지 않는다.

(160다, 라)의 명령형 어미 '-ㅂ시오, -요'는 존경의 뜻을 나타내는 선어말어미 '-시'와 결합하여 '-십시오, -세요'의 형태로 사용되는 '예예체'의 표준형 어미다. '-시오/-으시오'와 같은 의미자질을 가진 어미로, 공식적인 상황에서 친밀하지 않은 관계의 남남끼리 가끔 사용하고 평시의 구어에서는 잘 사용하지 않는다.

예문 (161가, 나)의 종결어미 '-쇼/-으쇼'는 표준형 어미 '-시오/-으시오'의 줄임말 형으로 [-격식], [+존중], [-규범]의 의미자질을 가진 '예예체' 방언형 어미다. '-시오/-으시오'에 비하여 덜 격식적이지만 공식, 비공식적인 상황에서 두루 사용되며 상대에게 친근감을 준다. 하지만 대우 등급은 똑같이 한국어의 '아주 높임' 정도에 해당한다. G1, G2 세대의 일부 '-ㅂ소/-읍소' 방언형을 사용하는 화자를 제외한 대부분의 화자가 평시의 일상 구어에서 친족 간에는 물론 비친족 간에도 화자보다 손위인 친한 관계의 청자에게 활발하게 사용된다. 특히 G3세대는 '야야체'의 명령형 어미인 '-오/-우, -소'의 쓰임이 약화되거나 없어지면서 거의 전부의 화자가 손아래 청자를 제외한 기타 청자에게 이 어미를 사용한다. 부부사이에서 G1, G2세대의 일부 '-ㅂ소/-읍소' 방언형을 사용하는 화자를 제외한 대부분의 아내들은 남편에게 이 어미를 사용한다.

예문 (162가, 나)의 명령형 어미 '-ㅂ소/-읍소'는 '예예체'의 표준형 어미 '-시오/-으시오'에 대응하는 전형적인 함경도 방언형 어미다. 하지만 표준형 어미 '-시오/-으시오'와 비교할 때 [+존중], [-친밀성]의 의미자질은 같지만 [-격식], [-규범]의 의미자질을 갖고 있어 공식적인 상황에서는 쓰이지 않는다. G3세대는 사용하지 않고 G1, G2세대의 일부 화자가 아직 쓰고 있지만 그 사용범위가 넓은 축은 아니다. G1세대는 전에 부모나 조부모에게 이 방언형을 썼지만 현재는 친족의 손위 동기에게, 남남끼리의 또래 친구에게 사용한다. 70대의 여성 화자는 남편에게도 이 방언형을 사용한다. 일부 60대 화자는 부모 항렬의 친족에게 사용하는 외에 평시 서로 잘 아는 관계의 손위 청자에게도 이 방언형을 사용한다. 초면의 중년이상 청자에게 70대의 화자는 보통 이 방언형을 사용하지만 60대의 화자는 표준어의 줄임말 형태인 '-쇼/-으쇼'를 사용한다. G2세대는 50대의 일부 화자가 부모를 비롯한 부모 항렬의 친족이나 부모뻘의 친족 이외의 대상에게까지만 이 방언형을 가끔 사용한다. 40대의 일부 화자도 조부항렬의 친족, 그리고 친족 이외의 조부뻘의 대상에게 가끔 사용하고 대부분의 화자는 표준어의 줄임말 형태를 사용한다. 보다시피 명령문의 전형적인 함경도 방언형 어미 '-ㅂ소/-읍소'는 G2세대에 와서 그 쓰임이 대대적으로 약화되고 표준어의 줄임말 형태인 '-쇼/-으쇼'가 활발하게 사용되는데 이것도 G1세대 60대 화자가 종결형식의 개신을 일으켰고 G2세대가 개신을 이끌었음을 의미한다. G1세대 60대 화자와 G2세대 대부분 화자는 이 방언형 어미는 옛날 농촌에서 문화지

식이 결여한 사람들이 사용한 것으로 인식하고 있다. 이런 언어태도는
이 방언형 어미 사용이 위축된 주요 원인이 된다. 이런 의식은 특히 여
성 화자들이 강한데 G2세대 대부분 여성 화자가 이 방언형을 사용하지
않는 것은 바로 이런 언어태도에서 기인한 것이다. '-ㅂ소/-읍소'는 G1
세대에서 G2세대로 오면서 쓰임이 위축되고 G3세대에 와서는 완전히
쓰이지 않고 '-쇼/-으쇼'로 통일된다.

(163) 가. 담배 좀 사오.
　　　　나. 이젠 좀 그만 하우.
　　　　다. 술 적게 마시구 채소 마이 먹소.

(164) 가. 앙까인데[한테] 잘하라이.

예문 (163가~다)의 '-오/-우, -소'는 문말에서 억양을 강하게 하고
하향조로 발화할 때 '야야체'의 명령형 어미로 된다. 앞서 알아보았듯이
이 어미들은 서술형, 의문형으로도 되지만 청자에게 행동을 요구하지 않
는다는 점에서 명령형과 구별된다. '예예체'의 명령형 어미 '-쇼/-으쇼'
와 같이 [+존중]의 의미자질은 갖고 있지만 높임의 정도가 낮고 조금
덜 격식적이고 더 친밀한 관계에서 쓰이기에 한국어의 '해요체'나 '하오
체' 정도에 해당하는 등급의 어미로 볼 수 있다.

G1, G2세대의 사용이 활발한데 '나'를 중심으로 손위, 동기, 손아래
청자에게까지 광범위하게 사용된다. 먼저 친족관계에서의 사용을 보기로
한다. 손위 존속 친족에게 대부분의 화자가 부모 항렬에서는 부모의 손
아래 형제와 그 배우자에게, 조모와 어머니 등에게 이 어미를 사용한다.

부모의 손위 형제 그리고 조부와 아버지에게는 '예예체'의 어미 '-ㅂ소/-읍소'나 '-쇼/-으쇼'를 사용하지만 부모의 손아래 형제, 조모와 어머니에게 '야야체'의 어미 '-오/-우, -소'를 사용하는 것은 이 어미들이 갖고 있는 [+친밀성]의 자질로 해석할 수 있다. 동기 간에는 손위 형제와 그 배우자에게(여성 화자의 경우 '형부'는 제외함) 사용한다. 이때 청자가 동기이기 때문에 존속의 친족에게 사용하는 어미 '-쇼/-으쇼'보다 낮은 등급을 선택하는 것은 당연한 것이다. 하지만 손위의 동기이기에 [+친밀성], [+존중]의 의미자질이 있는 어미 '-오/-우, -소'를 사용하는 것이다. 이 어미들은 부부사이에서는 남편이 아내에게 사용하는데 이때도 [+친밀성], [+존중]의 의미자질이 작용한 것으로 설명할 수 있다. 아내는 남편에게 '예예체'의 어미 '-쇼/-으쇼'를 쓰는 반면 남편은 아내에게 '-쇼/-으쇼'보다 높임의 정도가 낮은 '야야체'의 어미 '-오/-우, -소'를 사용한다는 것은 G1, G2세대에 아직까지도 남존여비의 의식이 남아있음을 설명한다. 이처럼 G1, G2세대 화자들이 손위, 동기, 아내에게 사용하는 '야야체'의 명령형 어미 '-오/-우, -소'는 '예예체'의 명령형 어미 '-쇼/-으쇼'보다 한 단계 낮은 등급의 어미로, 한국어의 '해요체' 정도의 어미에 가깝다고 할 수 있다. 손아래 청자에게 쓰이는 경우의 전형적인 실례는 시가 편과 처가 편의 남편 및 아내의 동생들에게 사용하는 경우다. 혈연관계에 있는 자신의 손아래 형제에게는 '-라/-(아, 어)라'와 같은 '응응체'의 어미를 쓰는 것에 반해 인척에게는 '야야체'의 '-오/-우, -소'를 사용하는 것은 이 어미들의 [-친밀성]의 의미자질 이외에 또 상대방을 대우해주는 [+존중]의 의미자질 때문이다. 또 일부 G1세대 화자들은 자녀와 조카, 그들의 배우자에게도 이 어미들을 사용하는데 이것은 장성한 자녀와 조카에 대한 대우의 태도를 나타내는 것으로 이때도 [-친밀성], [+존중]의 의미자질이 작용한 것으로 볼 수 있다. 보다시피 손아래 비속에게 사용하는 명령형 어미 '-오/-우, -소'는 존속에게 사용하는 '-오/-우, -소'와 다른 등급의 어미임을 알 수 있는데 이때의 '-오/-우, -소'는 한국어의 '하오체' 어미 정도에 가깝다고 할 수 있다.

다음 G1, G2세대의 남남끼리 비친족관계에서의 사용을 보기로 한다. 나이 차이가 많이 나는 손위 청자에게는 대부분 '예예체'의 '-쇼/-으쇼'를 사용하지만 나이 차이가 많이 나지 않고 형제처럼 가깝게 지내는 사이에서는 이 어미들을 사용한다. 동기의 청자에게는 친밀도에 따라 '응응체'의 '-라/-(아, 어)라'와 '야야체'의 '-오/-우, -소'의 사용이 갈리는데 보통 덜 가까운 사이에서 '-오/-우, -소'를 쓴다. 손아래의 청년이상 나이의 청자에게도 이 어미들을 쓰는데 이때는 청자를 어느 정도 대우해주기 위해 쓰인 것으로 한국어의 '하오체'에 해당하는 등급의 어미라고 할 수 있다.

G3세대는 20대로 내려올수록 이 어미들을 사용하지 않거나 사용할 줄 모른다. 특히 여성 화자의 경우 이런 현상은 더욱 뚜렷해진다. 여성 화자들은 친족 존속에게는 물론, 시가 편의 손아래 인척, 가깝게 지내는 손위 친구에게도 모두 '예예체'의 어미 '-쇼/-으쇼'를 사용하기에 '야야체'의 어미 '-오/-우, -소'의 사용은 약화되고 있다. 남성 화자들도 나이 차이가 많이 나지 않는 손아래 여성 청자에게, 처가 편의 손아래 동기에게, 그리고 일부 남편들이 아내에게, 등등에서 사용하는 외에 기타 경우에는 사용하지 않는다. 이것은 G3세대에서 일어나고 있는 청자대우법의 간소화를 설명한다.

(164가)의 명령형 종결어미 '-라이'는 G1세대의 남성 화자만 사용하는 '야야체' 방언형 어미다. 손아래 청년이상 나이의 남성 청자에게만

제한적으로 사용된다. 명령형 어미 '-오/-우, -소'에 비해 화자의 의도를 좀 더 강조하여 전달하는 기능을 한다.

(165) 가. 엄마 왔는가 봐라.
　　　나. 동미[친구] 찾아 놀아라.
　　　다. 오늘은 내 한 거 먹어라.

예문 (165가~다)의 '-라/-아라/-어라'는 '응응체'의 명령형 어미로 한국어의 '낮춤' 정도에 해당한다. 친족관계에서 청자가 화자보다 손아래인 경우에 많이 사용되는데 모든 세대에서 흔히 손자(녀)와 자녀, 조카뻘의 청자에게, 손아래 동기 등에게 사용한다. 비친족관계에서는 보통 또래 친구끼리, 나이 차이가 많이 나는 손아래 청자에게 사용된다.

이상에서 살펴본 명령문의 종결어미들을 청자대우법에 따라 분류하면 <표 8>과 같다.

〈표 8〉 명령문의 종결어미

청자대우법	세대	표준형	방언형
예예체	G1	-시오/-으시오, -ㅂ시오, -요	-쇼/-으쇼 -ㅂ소/-읍소
	G2	-시오/-으시오, -ㅂ시오, -요	-쇼/-으쇼 -ㅂ소/-읍소
	G3	-시오/-으시오, -ㅂ시오, -요	-쇼/-으쇼
야야체	G1	-오/-우, -소	-라이
	G2	-오/-우, -소	
	G3	-오/-우, -소	
응응체	G1	-라/-(아, 어)라	
	G2	-라/-(아, 어)라	
	G3	-라/-(아, 어)라	

청유문의 종결어미와 청자대우법

(166) 가. 같이 갑시다.

　　　나. 옷을 든든히 입읍시다.

(167) 가. 이걸루 한번 해보기쇼.

(168) 가. 체험하러 가깁소.

예문 (166가, 나)의 '-ㅂ시다/-읍시다'는 공식적인 상황에서 사용되는 '아주 높임' 등급의 '예예체' 표준형 어미다. 연변 지역에서 청자를 제일 높여서 대우하는 청유형 어미로 한국어의 '아주 높임' 정도에 해당한다. '-ㅂ시다'는 받침이 없는 용언 어간에 쓰이는 어미이고 '-읍시다'는 받침이 있는 용언 어간에 쓰이는 어미다. [+격식], [+존중], [-친밀성], [+규범]의 의미자질을 가진 어미로 평시의 일상 구어에서는 극히 제한적으로 사용된다. G1세대 화자들은 관중을 상대로 할 때, 손자(녀)의 선생님과 대화할 때 등 경우에 제한적으로 사용하고 G2, G3세대는 사무적으로 만난 초면의 상대에게, 자녀의 선생님에게 제한적으로 사용한다.

예문 (167가)의 청유형 종결어미 '-기쇼'는 '-기시오'의 줄임말 형으로 '-기시오'는 사용되지 않고 그 줄임말 형인 '-기쇼'가 활발하게 사용된다. '-기쇼'는 [-격식], [+존중], [-규범]의 의미자질을 가진 '예예체'의 방언형 어미다. '-ㅂ시다/-읍시다'에 비하여 덜 격식적이지만 공식, 비공식적인 상황에서 두루 사용되며 상대에게 친근감을 준다. 대우 등급은 똑같이 한국어의 '아주 높임' 등급 정도에 해당한다. G1, G2세대의 일부 '-깁소'와 같은 방언형을 사용하는 화자를 제외한 대부분의 화자가 친족 간에는 물론 비친족 간에도 평시의 일상 구어에서 화자보다 손위인 청자에게 활발하게 사용한다. 특히 G3세대는 '야야체'의 청유형 어미인 '-기오'의 쓰임이 약화되거나 없어지면서 거의 전부의 화자가 손아래 청자를 제외한 기타 청자에게 이 어미를 사용한다. 부부사이에서 G1, G2세대의 일부 '-깁소'와 같은 방언형을 사용하는 화자를 제외한 대부분의 아내들은 남편에게 '-기쇼'를 사용한다.

예문 (168가)의 청유형 어미 '-깁소'는 '예예체'의 표준형 어미 '-ㅂ시다/-읍시다'에 대응하는 전형적인 함경도 방언형 어미다. 하지만 표준형 어미 '-ㅂ시다/-읍시다'와 비교할 때 [+존중], [-친밀성]의 의미자질은 같지만 [-격식], [-규범]의 의미자질을 갖고 있어 공식적인 상황에서는 쓰이지 않는다. G3세대는 사용하지 않고 G1, G2세대의 일부 화자가 아직 쓰고 있지만 그 사용범위가 넓은 축은 아니다. G1세대는 전에 부모나 조부모에게 이 방언형을 썼지만 현재는 친족의 손위 동기에게, 남남끼리의 또래 친구에게 사용한다. 대부분의 70대의 여성 화자는 남편에게도 이 방언형을 사용한다. 일부 60대 화자는 부모 항렬의 친족에게 사용하는 외에 평시 서로 잘 아는 관계의 손위 70대의 청자에게도 이 방언형을 사용한다. 초면의 중년이상 청자에게 70대의 화자는 보통 이 방언형을 사용하지만 60대의 화자는 '-기시오'의 줄임말 형태인 '-기쇼'를 사용한다. G2세대는 50대의 일부 화자가 부모를 비롯한 부모 항렬의 친족이나 부모뻘의 친족이외의 대상에게까지만 이 방언형을 사용한다. 40대의 일부 화자도 조부항렬의 친족, 그리고 친족 이외의 조부뻘의 대상에게 가끔 사용하고 대부분의 화자는 표준어의 줄임말 형태를 사용한다. 보다시피 청유문의 전형적인 함경도 방언 어미 '-깁소'는 G2세대에 와서 그 쓰임이 대대적으로 약화되고 표준어의 줄임말 형태인 '-기쇼'가 활발하게 사용되는데 이것도 G1세대 60대 화자가 종결형식의 개신을 일으켰고 G2세대가 개신을 이끌었음을 의미한다. G1세대 60대 화자와 G2세대 대부분 화자는 이 방언형 어미는 옛날 농촌에서 문화지식이 결여한 사람들이 사용한 것으로 인식하고 있다. 이런 언어태도는 이 방언형 어미 사용이 위축된 주요 원인이 된다. 이런 의식은 특히 여성 화자가 강한데 G2세대 대부분 여성 화자가 이 방언형을 사용하지 않는 것은 바로 이런 언어태도에서 기인한 것이다. '-깁소'는 G1세대에서 G2세대로 오면서 쓰임이 위축되고 G3세대에 와서는 완전히 쓰이지 않고 '-기쇼'로 통일된다.

(169) 가. 상해 놀러 가기오.

예문 (169가)의 '-기오'는 연변 지역에서 사용되는 전형적인 '야야체'의 청유형 어미다. '예예체'의 '-기쇼'와 같이 [+존중]의 의미자질은 갖고 있지만 높임의 정도가 낮고 조금 덜 격식적이고 더 친밀한 관계에서 쓰이기에 한국어의 '해요체'나 '하오체' 정도에 해당하는 등급의 어미로 볼 수 있다.

G1, G2세대의 사용이 활발한데 '나'를 중심으로 손위, 동기, 손아래 청자에게까지 광범위하게 사용된다. 먼저 친족관계에서의 사용을 보기로 한다. 손위 존속 친족에게 대부분의 화자가 부모 항렬에서는 부모의 손아래 형제와 그 배우자에게, 조모와 어머니 등에게 이 어미를 사용한다. 부모의 손위 형제 그리고 조부와 아버지에게는 '예예체'의 어미 '-깁소'나 '-기쇼'를 사용하지만 부모의 손아래 형제, 조모와 어머니에게 '야야체'의 어미 '-기오'를 사용하는 것은 이 어미가 갖고 있는 [+친밀성]의 자질로

해석 할 수 있다. 동기간에는 손위 형제와 그 배우자에게(여성 화자의 경우 '형부'는 제외함) 사용한다. 이때 청자가 동기이기 때문에 존속의 친족에게 사용하는 어미 '-기쇼'보다 낮은 등급을 선택하는 것은 당연한 것이다. 하지만 손위의 동기이기에 [+친밀성], [+존중]의 의미자질이 있는 '-기오'를 사용하는 것이다. 이 어미는 부부사이에서는 남편이 아내에게 사용하는데 이때도 [+친밀성], [+존중]의 의미자질이 작용한 것으로 설명할 수 있다. 하지만 앞서 알아보았듯이 아내는 남편에게 '예예체'의 어미 '-기쇼'를 쓰는 반면 남편은 아내에게 '-기쇼'보다 높임의 정도가 낮은 '야야체'의 어미 '-기오'를 사용한다는 것은 G1, G2세대에 아직까지도 남존여비의 의식이 남아있음을 설명한다. 이처럼 G1, G2세대 화자들이 손위, 동기, 아내에게 사용하는 '야야체'의 청유형 어미 '-기오'는 '예예체'의 청유형 어미 '-기쇼'보다 한 단계 낮은 등급의 어미로, 한국어의 '해요체' 정도의 어미에 가깝다고 할 수 있다. 손아래 청자에게 쓰이는 경우의 전형적인 실례는 시가 편과 처가 편의 남편 및 아내의 동생들에게 사용하는 경우다. 혈연관계에 있는 자신의 손아래 형제에게는 '-자'와 같은 '응응체'의 어미를 쓰는 것에 반해 인척에게는 '야야체'의 어미 '-기오'를 사용하는 것은 이 어미의 [-친밀성]의 의미자질 이외에 또 상대방을 대우해주는 [+존중]의 의미자질 때문이다. 또 일부 G1세대 화자들은 자녀와 조카, 그들의 배우자에게도 이 어미를 사용하는데 이것은 장성한 자녀와 조카에 대한 대우의 태도를 나타내는 것으로 이때도 [-친밀성], [+존중]의 의미자질이 작용한 것으로 볼 수 있다. 보다시피 손아래 비속에게 사용하는 청유형 어미 '-기오'는 존속에게 사용하는 청유형 어미 '-기오'와 다른 등급의 어미임을 알 수 있는데 이때의 어미 '-기오'는 한국어의 '하오체' 어미 정도에 가깝다고 할 수 있다.

다음 G1, G2세대의 남남끼리 비친족관계에서의 사용을 보기로 한다. 나이 차이가 많이 나는 손위 청자에게는 대부분 '예예체'의 어미 '-기쇼'를 사용하지만 나이 차이가 많이 나지 않고 형제처럼 가깝게 지내는 사이에서는 '야야체'의 어미 '기오'를 사용한다. 동기의 청자에게는 친밀도에 따라 '응응체'의 어미 '-자'와 '야야체'의 어미 '-기오'의 사용이 갈리는데 보통 덜 가까운 사이에서 '-기오'를 쓴다. 손아래의 청년이상 나이의 청자에게도 이 어미를 쓰는데 이때는 청자를 어느 정도 대우해 주기 위해 쓰인 것으로 한국어의 '하오체'에 해당하는 등급의 어미라고 할 수 있다.

G3세대는 20대로 내려올수록 이 어미를 사용하지 않거나 사용할 줄 모른다. 특히 여성 화자의 경우 이런 현상은 더욱 뚜렷해진다. 여성 화자들은 친족 존속에게는 물론, 시가 편의 손아래 인척, 가깝게 지내는 손위 친구에게도 모두 '예예체'의 어미 '-기쇼'를 사용하기에 '야야체'의 어미 '-기오'의 사용은 약화되고 있다. 남성 화자들도 나이 차이가 많이 나지 않는 손아래 여성 청자에게, 처가 편의 손아래 동기에게, 그리고 일부 남편들이 아내에게, 등등에서 사용하는 외에 기타 경우에는 사용하지 않는다. 이것은 G3세대에서 일어나고 있는 청자대우법의 간소화를 설명한다.

(170) 가. 잉어탕 해먹자.

예문 (170가)의 '-자'는 '응응체'의 어미로 한국어의 '낮춤' 정도에 해당하는 청유형 어미다. 친족관계에서 청자가 화자보다 손아래인 경우에 많이 사용되는데 모든 세대에서 손자(녀)와 자녀, 조카뻘의 청자에게, 손아래 동기에게 사용한다. 비친족관계에서는 보통 또래 친구끼리, 나이 차이가 많이 나는 손아래 청자에게 사용된다.

(171) 가. 마장 그만 치지.

(171가)의 '-지'는 청유형 '반말체' 어미다. '-지'는 문말의 억양에 따라 서술형과 의문형의 반말 어미로도 될 수 있음은 앞에서 알아보았다. 친족관계에서 모든 세대 화자들이 친밀성에 기대여 손위, 동기와 손아래 청자에게 두루 사용한다. 비친족관계에서는 아무리 친한 사이라도 손아래 화자가 손위 청자에게 사용하기 어렵고 나이 차이가 많이 나는 손아래 청자에게만 사용하고 친한 친구끼리도 사용한다.

이상에서 살펴본 청유문의 종결어미들을 청자대우법에 따라 분류하면 <표 9>와 같다.

<표 9> 청유문의 종결어미

청자대우법	세대	표준형	방언형
예예체	G1	-ㅂ시다/-읍시다	-기쇼, -깁소
	G2	-ㅂ시다/-읍시다	-기쇼, -깁소
	G3	-ㅂ시다/-읍시다	-기쇼
야야체	G1	-기오	
	G2	-기오	
	G3	-기오	
응응체	G1	-자	
	G2	-자	
	G3	-자	

	G1	-지	
반말체	G2	-지	
	G3	-지	

　이상에서 우리는 연변 지역의 청자대우법 사용이 문장종결법에 따라 어떻게 실현되는지 구체적인 종결어미들의 쓰임을 통하여 살펴보았다. 연변 지역 청자대우법 체계에 대한 선행연구들은 대부분 이 지역의 청자대우 등급을 대체로 '존대', '대등', '하대'의 세 등급으로 나누어 서술하였다. 하지만 등급을 이렇게 나누면 높임의 정도가 구분되어 있는 여러 종결어미들이 하나의 등급에 들어가게 되는 문제점이 나타나게 되고 이 지역의 청자대우법의 특징을 제대로 기술할 수 없었다. 앞 장의 친족 호칭어와 청자대우법의 호응에 대한 실제 발화 예문들을 통해 화자를 기준으로 손위 사람, 대등한 사람, 손아래 사람에 따라 대우 등급이 똑같이 갈리지 않음을 확인할 수 있었다. 손위 사람이라 하여 모두 똑같은 높임 등급의 종결형식을 사용하지 않았고 또 대등한 사람과 손아래 사람에게도 모두 하나의 똑같은 등급을 대응시켜 사용하지 않음을 밝혀내었다. 여기에 친족 이외의 남남끼리의 청자대우법 사용 양상을 고찰한 것을 결부하여 본고는 연변 지역의 청자대우법 체계를 '예예체', '야야체', '응응체', '반말체'의 네 등급으로 분류하여 제시한다.

　'예예체'는 한국어의 '아주 높임' 정도에 해당하는, 연변 지역에서 가장 높은 등급의 대우법이다. 비친족관계에서는 친밀도가 낮은 손위 청자에게 사용되고 친족관계에서는 대부분 존속 친족에게 사용되며 부부사이에서 대부분의 아내가 남편에게 사용한다. G3세대의 사용이 가장 활발하고 특히 여성 화자가 남성 화자보다 더 활발하게 사용하며 사용면도 더 넓다.

'야야체'는 한국어의 '해요체'와 '하오체' 정도에 해당하는 등급으로 연변 지역의 청자대우법에서 '예예체' 다음으로 높은 등급의 대우법이다. '야야체'는 '예예체'보다 조금 덜 격식적이고 더 친밀한 관계에서 쓰인다. G1, G2세대의 사용이 활발하고 손위, 동기, 손아래의 청자에게 광범위하게 사용되는데 남성 화자가 여성 화자보다 더 활발하게 사용한다. 친족관계에서 청자가 화자보다 손위지만 부모보다 손아래인 존속에게, 동기의 손위 형제에게, 남편이 아내에게, 시가 편과 처가 편 손아래 동기에게 두루 사용한다. 손위 존속, 손위 동기에게, 남편이 아내에게 사용하는 '야야체'는 한국어의 '해요체' 등급에 가깝고 손아래 청자에게 사용하는 '야야체'는 한국어의 '하오체' 등급에 가깝다. 비친족관계에서도 G1, G2세대의 사용이 활발한데 나이 차이가 많이 나지 않고 형제처럼 가깝게 지내는 손위 청자에게, 친밀도가 낮은 또래 친구에게, 손아래 청년이상 나이의 청자에게 사용한다. G3세대의 '야야체'의 사용은 약화되거나 소실되는 추세다.

'응응체'는 한국어의 '낮춤' 정도에 해당하는 등급으로 연변 지역의 청자대우법에서 가장 낮은 등급의 대우법이다. 모든 세대에서 보통 또래 친한 친구끼리, 손아래 나이 차이가 많이 나는 청자에게 사용된다.

'반말체'는 '낮춤' 정도도, '높임' 정도도 아닌 '안 높임' 정도에 해당하는 등급의 대우법이다. 청자를 어느 정도 대우해주어야 할 지 망설여질 때 사용되는 외에 대부분의 경우는 친밀도에 의지하여 손위, 동기, 손아래 청자에게 두루 사용된다. 하지만 비친족관계에서는 아무리 친밀한 사이라도 손위 청자에게 쉽게 사용하지 못하는 대우법이다.

이상에서 관찰된 연변 지역의 종결어미를 문장종결법과 청자대우 등급에 따라 정리해보면 다음의 <표 10>과 같다.

문장 종결법	세대	예예체	야야체	응응체	반말체
서술문	G1	-ㅂ니다/-습니다, -요, -ㅁ다/-습다, -ㅂ데다/-습데다, -꾸마/-스꾸마, -ㅂ더구마/-습더구마, -ㅂ지비/-습지비	-오(-요)/-우, -소, -ㅂ데/-습데, -ㅂ네/-습네, -다이	-다/-ㄴ다, -더라, -네라, -구나	-게, -지, -는데, -지무, -네, -재, -말이
	G2	-ㅂ니다/-습니다, -요, -ㅁ다/-습다, -ㅂ데다/-습데다, -꾸마/-스꾸마, -ㅂ더구마/-습더구마	-오(-요)/-우, -소, -ㅂ데/-습데, -ㅂ네/-습네	-다/-ㄴ다, -더라, -네라, -구나	-게, -지, 는데, -지무, -네, -재, -말이, -꾸나
	G3	-ㅂ니다/-습니다, -요, -ㅁ다/-습다, -ㅂ데다/-습데다	-오(-요)/-우, -소, -ㅂ데/-습데	-다/-ㄴ다, -더라, -네라, -구나	-게, -지, 는데, -지무, -네, -재, -말이, -꾸나
의문문	G1	-ㅂ니까/-습니까, -요, -ㅁ까/-습까, -ㅂ데까/-습데까, -ㅁ두/-습두, -ㅂ덤두/-습덤두, -ㅂ지/-습지	-오(-요)/-우, -소, -ㅂ데/-습데	-니, -어/-아, -냐, -ㄹ까, -개, -야, -데	-지, -재, -다구, -길래
	G2	-ㅂ니까/-습니까, -요, -ㅁ까/-습까, -ㅂ데까/-습데까, -ㅁ두/-습두, -ㅂ덤두/-습덤두	-오(-요)/-우, -소, -ㅂ데/-습데	-니, -어/-아, -냐, -ㄹ까, -개, -야, -데	-지, -재, -다구, -길래
	G3	-ㅂ니까/-습니까, -요, -ㅁ까/-습까, -ㅂ데까/-습데까, -ㅁ다/-습다, -ㅂ데다/-습데다	-오(-요)/-우, -소, -ㅂ데/-습데	-니, -어/-아, -ㄹ까, -개, -야, -데	-지, -재, -다구, -길래
명령문	G1	-시오/-으시오, -ㅂ시오, -요, -쇼/-으쇼, -ㅂ소/-읍소	-오/-우, -소, -라이	-라/-(아, 어)라	
	G2	-시오/-으시오, -ㅂ시	-오/-우, -소	-라/-(아,	

		오, -요, -쇼/ -으쇼, -ㅂ쇼/-읍쇼		어)라	
	G3	-시오/-으시오, -ㅂ시오, -요, -쇼/-으쇼	-오/-우, -소	-라/-(아, 어)라	
청유문	G1	-ㅂ시다/-읍시다, -기쇼, -깁소	-기오	-자	-지
	G2	-ㅂ시다/-읍시다, -기쇼, -깁소	-기오	-자	-지
	G3	-ㅂ시다/-읍시다, -기쇼	-기오	-자	-지

5.2 친족호칭어와 청자대우 등급의 호응

앞 장에서 우리는 친족호칭어를 친가계, 외가계, 시가계, 처가계 호칭어로 나누어 세대별로 청자대우법과의 호응 양상을 문장종결법과 결부시켜 살펴보았다. 여기에 앞 절에서 친족 이외의 대상이나 남남끼리의 청자대우법 사용 양상도 종합적으로 검토하여 연변 지역의 청자대우 등급 체계를 '예예체', '야야체', '응응체', '반말체' 네 등급으로 분류하여 제시하였다. 아래에 친가계, 외가계, 시가계, 처가계의 호칭어와 청자대우 등급의 호응관계를 도표로 제시하기로 한다.

5.2.1 친가계 호칭어와 청자대우 등급의 호응

<표 11> 친가계 호칭어와 청자대우 등급의 호응[1]

항렬 및 촌수	세대	호칭어	청자대우 등급			
			예예체	야야체	응응체	반말체
曾祖父	G1		V			
	G2	노아바이, 노할아버지	V			
	G3		V			
曾祖母	G1		V			
	G2	노아매, 노할머니, 노할머이	V			
	G3		V			
祖父	G1		V	V		
	G2	아바이, 할아버지	V			
	G3		V			
祖母	G1		V	V		
	G2	아매, 할머니, 할머이	V			
	G3		V			
祖父의 兄弟	G1		V	V		
	G2	아바이, 할아버지	V			
	G3		V			
祖父의 兄弟의 배우자	G1		V	V		
	G2	아매, 할머니, 할머이	V			
	G3		V			
父	G1	아버지, 아부지	V	V		V
	G2		V			V

1) 'V'가 가운데 있을 때는 남녀 화자가 모두 사용하는 경우이고 'V'가 왼쪽으로 치우쳐 있으면 남성화자만 사용하는 경우를 표시한다.

	G3	아버지, 아부지, 아빠	∨			∨
母	G1	엄마, 어머니, 어마이, 어머이	∨	∨		∨
	G2		∨	∨		∨
	G3	엄마, 어머니	∨			∨
伯父	G1	맏아바이	∨	∨		
	G2		∨			
	G3		∨			
伯母	G1	맏아매	∨	∨		
	G2		∨			
	G3		∨			
叔父	G1	삼추이, 아즈바이		∨		
	G2	삼추이		∨		
	G3		∨			
叔母	G1	아즈마이		∨		
	G2	아즈마이, 아지미		∨		
	G3		∨			
父의 姐	G1	맏아매	∨	∨		
	G2		∨			
	G3		∨			
父의 姐의 배우자	G1	맏아바이	∨	∨		
	G2		∨			
	G3		∨			
父의 妹	G1	아재			∨	
	G2				∨	
	G3		∨			
父의 妹의	G1	아즈바이		∨		

관계	세대	호칭어				
배우자	G2			∨		
	G3		∨			
兄(남)	G1			∨		∨
	G2	형님		∨		∨
	G3		∨			∨
兄의 배우자	G1	아즈마이		∨		
	G2			∨		
	G3	아즈마이, 형수	∨			
弟(남)	G1				∨	∨
	G2	이름			∨	∨
	G3				∨	∨
弟의 배우자	G1			∨		
	G2	제수		∨		
	G3			∨		
姐(남)	G1	누나, 누이/누애, 누비		∨		∨
	G2	누나, 누이/누애		∨		∨
	G3	누나	∨			∨
姐의 배우자	G1	매부, 매형, 형님		∨		
	G2	매부, 매형		∨		
	G3	매부	∨			
妹(남)	G1				∨	∨
	G2	이름			∨	∨
	G3				∨	∨
妹의 배우자	G1	매부, 이름, 동새		∨		
	G2			∨		

	G3			∨		
兄(여)	G1			∨		∨
	G2	오빠, 오래비		∨		∨
	G3		∨			∨
兄의 배우자	G1	형님		∨		
	G2			∨		
	G3	형님, 언니	∨			
弟(여)	G1	이름, 오래비, 동새		∨	∨	∨
	G2				∨	∨
	G3	이름			∨	∨
弟의 배우자	G1	이름, 올케, 올찌세미, 자녀 이름+엄마/에미		∨		
	G2			∨		
	G3	이름, 올케	∨			
姐(여)	G1			∨		∨
	G2	언니		∨		∨
	G3		∨			∨
姐의 배우자	G1	아즈바이	∨			
	G2	아저씨, 아즈바이	∨			
	G3	아저씨, 형부	∨			
妹(여)	G1				∨	∨
	G2	이름			∨	∨
	G3				∨	∨
妹의 배우자	G1	새워이, 이름, 자녀 이름+아버지/애비		∨		
	G2	이름, 새워이, 자녀 이름+아버지/아빠		∨		
	G3	이름, 새워이	∨			

兄(4촌) (남)	G1				∨		
	G2	형님			∨		
	G3			∨			
兄의 배우자	G1	아즈마이			∨		
	G2				∨		
	G3	아즈마이, 형수		∨			
弟(4촌) (남)	G1					∨	
	G2	이름				∨	
	G3					∨	
弟의 배우자	G1				∨		
	G2	제수			∨		
	G3				∨		
姐(4촌) (남)	G1	누나, 누이/누애, 누비			∨		
	G2	누나, 누이/누애			∨		
	G3	누나		∨			
姐의 배우자	G1	매부, 매형			∨		
	G2				∨		
	G3	매부		∨			
妹(4촌) (남)	G1					∨	
	G2	이름				∨	
	G3					∨	
妹의 배우자	G1				∨		
	G2	매부, 이름			∨		
	G3				∨		
兄(4촌) (여)	G1	오빠			∨		
	G2				∨		

	G3		∨			
兄의 배우자	G1	형님		∨		
	G2			∨		
	G3	형님, 언니	∨			
弟(4촌) (여)	G1	이름, 자녀 이름+아버지/애비		∨	∨	
	G2	이름		∨		
	G3			∨		
弟의 배우자	G1	이름, 올찌세미, 자녀 이름+엄마/ 에미		∨		
	G2	이름, 올케, 올찌세미		∨		
	G3	이름, 올케	∨			
姐(4촌) (여)	G1			∨		
	G2	언니		∨		
	G3		∨			
姐의 배우자	G1	아즈바이	∨			
	G2	아저씨, 아즈바이	∨			
	G3	아저씨, 형부	∨			
妹(4촌) (여)	G1				∨	
	G2	이름			∨	
	G3				∨	
妹의 배우자	G1	이름, 새워이, 자녀 이름+아버지/애비		∨		
	G2	이름, 새워이		∨		
	G3		∨			
夫	G1	이봅소, 이보쇼, 여보, 령감, 당신, 손자(녀) 이름+아바이/	∨			∨

		할아버지				
	G2	동무, 여보, 이보쇼, 어이, 자녀 이름+아빠/아버지	∨			∨
	G3	이름, 여보야, 자기야, 오빠, 자녀 이름+아빠	∨		∨	∨
妻	G1	이름, 이보, 여보, 어이, 동무, 손자(녀) 이름+할머이/아매		∨		∨
	G2	이름, 이보, 여보, 어이, 동무, 자녀 이름+엄마, 자기야		∨		∨
	G3	이름, 이보, 여보, 어이, 동무, 자기야		∨	∨	∨
儿子	G1	이름, 애비, 손자(녀) 이름+애비		∨	∨	∨
	G2	이름, 아들			∨	∨
	G3				∨	∨
儿子의 배우자	G1	이름, 며느리, 에미, 손자(녀) 이름+엄마/에미		∨	∨	
	G2	이름, 며느리		∨	∨	
	G3	×				
女儿	G1	이름, 에미, 손자(녀) 이름+에미		∨	∨	∨
	G2	이름, 딸			∨	∨
	G3				∨	∨
女儿의 배우자	G1	이름, 사위, 애비, 손자(녀) 이름+아버지/애비, 쇼(小)+성(姓)		∨	∨	
	G2	이름, 사위		∨	∨	
	G3	×				
侄儿	G1	이름, 조카/조캐, 조카손자(녀) 이름+아버지/애비		∨	∨	∨

	G2	이름			V	V
	G3				V	V
侄儿의 배우자	G1	이름, 조카손자(녀) 이름+엄마/에미	V	V		
	G2	이름, 조카손자(녀) 이름+엄마	V	V		
	G3	×				
侄女	G1	이름, 조카/조캐, 조카손자(녀) 이름+엄마/에미	V	V	V	
	G2	이름			V	V
	G3				V	V
侄女의 배우자	G1	이름, 조카손자(녀) 이름+아버지/애비, 쇼(小)+성	V	V		
	G2	이름, 조카손자(녀) 이름+아버지/아빠	V	V		
	G3	×				
孫子	G1	이름			V	V
	G2				V	V
	G3	×				
孫子의 배우자	G1	이름	V	V		
	G2	×				
	G3	×				
孫女	G1	이름			V	V
	G2				V	V
	G3	×				
孫女의 배우자	G1	이름	V	V		
	G2	×				
	G3	×				

5.2.2 외가계 호칭어와 청자대우 등급의 호응

〈표 12〉 외가계 호칭어와 청자대우 등급의 호응

항렬 및 촌수	세대	호칭어	청자대우 등급			
			예예체	야야체	응응체	반말체
外祖父	G1	아바이, 할아버지	∨	∨		
	G2		∨			
	G3		∨			
外祖母	G1	아매, 할머니, 할머이	∨	∨		
	G2		∨			
	G3		∨			
外祖父의 兄弟	G1	아바이, 할아버지	∨	∨		
	G2		∨			
	G3		∨			
外祖父 兄弟의 배우자	G1	아매, 할머니, 할머이	∨	∨		
	G2		∨			
	G3		∨			
母의 兄	G1	맏아바이	∨	∨		
	G2		∨			
	G3		∨			
母의 兄 의 배우자	G1	맏아매	∨	∨		
	G2		∨			
	G3		∨			
母의 弟	G1	삼추이, 아즈바이		∨		
	G2	삼추이		∨		
	G3		∨			

			1	2	3	4
母의 弟의 배우자	G1	아즈마이		∨		
	G2	아지미, 아즈마이		∨		
	G3		∨			
母의 姐	G1	맏아매	∨	∨		
	G2		∨			
	G3		∨			
母의 姐의 배우자	G1	맏아바이	∨	∨		
	G2		∨			
	G3		∨			
母의 妹	G1	아재		∨		
	G2			∨		
	G3		∨			
母의 妹의 배우자	G1	아즈바이		∨		
	G2			∨		
	G3		∨			
兄(외사촌)(남)	G1	형님		∨		
	G2			∨		
	G3		∨			
兄의 배우자	G1	아즈마이		∨		
	G2			∨		
	G3	아즈마이, 형수	∨			
弟(외사촌)(남)	G1	이름, 자녀 이름+아버지/애비			∨	
	G2	이름			∨	
	G3				∨	
弟의 배우자	G1	제수		∨		

	G2			∨		
	G3			∨		
姐(외사촌) (남)	G1	누이, 누애		∨		
	G2	누나		∨		
	G3		∨			
姐의 배우자	G1	매부		∨		
	G2			∨		
	G3		∨			
妹(외사촌) (남)	G1	이름			∨	
	G2				∨	
	G3				∨	
妹의 배우자	G1	이름, 매부		∨		
	G2			∨		
	G3			∨		
兄(외사촌) (여)	G1	오빠		∨		
	G2			∨		
	G3		∨			
兄의 배우자	G1	형님		∨		
	G2			∨		
	G3	형님, 언니	∨			
弟(외사촌) (여)	G1	이름		∨	∨	
	G2				∨	
	G3				∨	
弟의 배우자	G1	이름, 올찌세미, 자녀 이름+ 엄마/에미		∨		
	G2	이름, 올케, 올찌세미		∨		

항렬 및 촌수	세대	호칭어	예예체	야야체	응응체	반말체
	G3	이름, 올케	V			
姐(외사촌)(여)	G1	언니			V	
	G2				V	
	G3		V			
姐의 배우자	G1	아즈바이	V			
	G2	아저씨, 아즈바이	V			
	G3	아저씨, 형부	V			
妹(외사촌)(여)	G1	이름				V
	G2					V
	G3					V
妹의 배우자	G1	새워이, 이름			V	
	G2				V	
	G3		V			

5.2.3 시가계 호칭어와 청자대우 등급의 호응

〈표 13〉 시가계 호칭어와 청자대우 등급의 호응

항렬 및 촌수	세대	호칭어	청자대우 등급			
			예예체	야야체	응응체	반말체
媤祖父	G1	아바이, 할아버지	V			
	G2		V			
	G3		V			
媤祖母	G1	아매, 할머니, 할머이	V			
	G2		V			
	G3		V			

			V			
媤父	G1	아버지, 아버님, 아바이	V			
	G2		V			
	G3	아버지	V			
媤母	G1	어머니, 어마이, 어머이, 어머님	V			
	G2		V			
	G3	어머니, 어마이, 어머이	V			
媤父母의兄	G1	맏아바이	V			
	G2		V			
	G3		V			
媤父母兄의 배우자	G1	맏아매	V			
	G2		V			
	G3		V			
媤父母의弟	G1	삼추이, 아즈바이	V			
	G2	삼추이	V			
	G3		V			
媤父母弟의 배우자	G1	아즈마이	V			
	G2	아즈마이, 아지미	V			
	G3		V			
媤父母의姐	G1	맏아매	V			
	G2		V			
	G3		V			
媤父母姐의 배우자	G1	맏아바이	V			
	G2		V			
	G3		V			
媤父母의妹	G1	아재	V			
	G2		V			

	G3		✓			
嫐父母 妹의 배우자	G1		✓			
	G2	아즈바이	✓			
	G3		✓			
남편의 兄	G1		✓			
	G2	아주버님, 아즈반님	✓			
	G3		✓			
남편의 兄의 배우자	G1		✓			
	G2	형님	✓			
	G3		✓			
남편의 弟	G1	새워이, 자녀 이름+아버지/애비		✓		
	G2	이름, 새워이, 자녀 이름+아버지/아빠		✓		
	G3		✓			
남편의 弟의 배우자	G1	이름, 동서, 동세, 자녀 이름+엄마/에미		✓		
	G2			✓		
	G3	이름, 동서	✓			
남편의 姐	G1	형님, 시누비, 시누이	✓			
	G2	형님, 시누이	✓			
	G3		✓			
남편의 姐의 배우자	G1		✓			
	G2	아즈반님, 아주버님	✓			
	G3		✓			
남편의 妹	G1	이름, 시누비, 시누이, 자녀 이름+엄마/에미		✓		
	G2	이름, 시누이, 자녀 이름+엄마/에미		✓		

		호칭어	V			
	G3	이름, 시누이	V			
남편의 妹의 배우자	G1	새워이, 자녀 이름+아버지/애비		V		
	G2	이름, 새워이, 자녀 이름+아버지/아빠		V		
	G3		V			

5.2.4 처가계 호칭어와 청자대우 등급의 호응

〈표 14〉 처가계 호칭어와 청자대우 등급의 호응

항렬 및 촌수	세대	호칭어	청자대우 등급			
			예예체	야야체	응응체	반말체
妻祖父	G1	아바이, 할아버지	V			
	G2		V			
	G3		V			
妻祖母	G1	아매, 할머니, 할머이	V			
	G2		V			
	G3		V			
妻의 父	G1	아버지, 아버님	V			
	G2		V			
	G3		V			
妻의 母	G1	어머니, 어마이, 어머이, 어머님	V			
	G2		V			
	G3	어머니, 어마이, 어머이, 어머님, 장모님	V			
丈人,	G1	맏아바이	V			

			V			
丈母의 兄	G2		V			
	G3		V			
丈人, 丈母 兄의 배우자	G1	맏아매	V			
	G2		V			
	G3		V			
丈人, 丈母의 弟	G1	삼추이, 아즈바이	V			
	G2	삼추이	V			
	G3		V			
丈人, 丈母 弟의 배우자	G1	아즈마이	V			
	G2	아즈마이, 아지미	V			
	G3		V			
丈人, 丈母의 姐	G1	맏아매	V			
	G2		V			
	G3		V			
丈人, 丈母 姐의 배우자	G1	맏아바이	V			
	G2		V			
	G3		V			
丈人, 丈母의 妹	G1	아재	V			
	G2		V			
	G3		V			
丈人, 丈母 妹의 배우자	G1	아즈바이	V			
	G2		V			
	G3		V			
妻의 兄	G1	형님	V	V		
	G2		V	V		
	G3		V			

			1	2	3	4
妻의 兄의 배우자	G1	아즈마이	∨	∨		
	G2		∨	∨		
	G3		∨			
妻의 弟	G1	이름, 처남		∨	∨	
	G2			∨	∨	
	G3			∨	∨	
妻의 弟의 배우자	G1	이름, 처남댁		∨		
	G2			∨		
	G3			∨		
妻의 姐	G1	아즈마이	∨	∨		
	G2		∨	∨		
	G3		∨			
妻의 姐의 배우자	G1	형님	∨	∨		
	G2		∨	∨		
	G3		∨			
妻의 妹	G1	이름, 처제		∨	∨	
	G2			∨	∨	
	G3			∨	∨	
妻의 妹의 배우자	G1	이름, 동세, 동새		∨		
	G2	이름, 동새		∨		
	G3			∨		

제6장
....
결 론

　본 연구는 연변 지역에서 사용하는 친족호칭어와 지칭어의 사용 양상
을 조사 분석하여 연변 지역의 친족호칭어와 지칭어의 목록체계를 제시
하고 나아가 친족호칭어와 청자대우법의 실현 양상을 조사 분석하여 연
변 지역의 청자대우법 체계를 제시하는데 목적을 두었다. 세대는 우리의
일생을 몇 개의 연령층으로 나누고 각 연령층의 언어적 특징을 살펴볼
때 유용한 개념이다. 따라서 본고는 사회적 관계에서 20대 청년이상의
연령층을 연구대상으로 2,30대를 청장년층(G3세대)으로, 4,50대를 중년층
(G2세대)으로, 6,70대를 노년층(G1세대)으로 선정하여 세대 간의 언어차이
를 비교해봄으로써 언어변화의 실마리를 찾을 수 있었다.
　이 연구를 요약하면 다음과 같다.

1. 연구목적과 의의 및 연구사, 연구방법을 기술하였다.
　연구방법에서 사회언어학적인 연구의 방법 중 선차적으로 사례분석

제6장 결론　385

방법을 활용하였고 거기에 설문조사를 병행하여 계량분석 방법을 결부하였음을 밝혔다. 다음 선행연구를 검토하고 연구의의를 제기하였다. 즉 연변 지역 친족호칭어와 지칭어의 체계를 정리해보고 나아가 친족호칭어와 청자대우법의 실현 양상을 조사 분석하여 연변 지역의 청자대우법 체계를 제시하는데 목적을 둠으로써 기존의 연구에서 호칭어와 청자대우법을 분리시켜 각기 독립적으로 연구한 부족점을 미봉하였다.

2. 연변 지역의 사회문화적 배경과 자료수집 및 정리에 대하여 기술하였다.

연변 지역은 중국내에서 조선족이 가장 많이 집중해있는 자치지역으로 이 지역의 주민은 대부분이 19세기중엽 이후부터 이주했으며 대다수 함경도 출신의 이주민이 정착하였다. 때문에 연변 지역 조선족의 대다수는 함경도 출신 또는 함경도 출신 이주민의 2, 3세로 함경도방언에 기반을 둔 언어를 사용한다고 할 수 있다. 조사지역을 대표할 수 있는 객관적이고 신뢰성이 있는 자료의 확보를 위하여 매개 세대에서 남녀 각각 4명씩 총 24명을 주제보자로 선정하였다. 2013년 4월부터 10월까지 <친족호칭어와 지칭어 조사 질문지>와 <친족호칭어와 지칭어 조사 설문지>(남성 용, 여성용)를 이용하여 모두 두 차례의 면접조사와 두 차례의 설문조사를 통한 현지조사로 자료를 수집하였음을 밝혔다.

3. 친족호칭어와 지칭어의 사용 양상을 조사한 것을 분석하여 연변 지역의 친족호칭어와 지칭어의 목록체계를 작성하였다. 친족호칭어와 지칭어를 친가계, 외가계, 시가계, 처가계로 나누어 제시하고 그 사용상의 특점을 밝혔는데 요약하면 다음과 같다.

1) 연변 지역에서 친족호칭어와 지칭어가 분포되는 범위는 수직으로 상위 존속 2대까지와 하위 비속 2대까지, 수평으로 방계의 4촌까지 분포

되어 한국에 비하여 그 분포범위가 좁음을 알 수 있었다. 이것은 중국의 개혁개방정책의 실시로 대량의 조선족 인구가 연변 지역을 빠져나가 과거의 집중되고 안정된 거주문화가 깨진 것과 관계되며 특히 핵가족화에 진입하면서 과거 대가족 시대의 복잡한 친족관계가 단순하여진 것과도 관계된다.

2) 함경도 방언형 호칭어와 지칭어가 위주로 사용되면서 거기에 연변 지역의 특수한 방언 형태도 함께 사용된다. 주목할 만한 것은 근년에 한국에서 유입된 호칭어와 지칭어들이 젊은층에 의해 대량 받아들여져 사용되고 있는 점이다. 이런 호칭어와 지칭어 사용의 개신은 G2세대에서 일어나기 시작하여 G3세대에 와서는 상당히 진행된 것으로 나타났다. 개신의 주도자는 젊은 여성이며 개신의 큰 방향은 표준어와 한국말의 수용과 확산으로 나타났다.

G1세대는 정년퇴직 후 생활범위가 가정과 동네, 또래의 친구들에만 국한되어 있는 경우가 많다보니 언어사용에서 구속을 받지 않아 방언어휘를 사용하는 비율이 높은 것으로 나타났다. 예하면 친가계 조부모에 대한 호칭어와 지칭어 '아바이, 아매', 동기에 대한 호칭어와 지칭어 '누비', '오래비', '올찌세미', '아즈바이'(언니의 남편) 등, 부부사이의 호칭어와 지칭어 '이봅소', '아바이', '나그내', '앙까이' 등, 시가계 호칭어와 지칭어 '시애끼', '동세', '시누비' 등이다.

G2세대는 사회적으로 일정하게 자신의 신분과 지위를 갖고 있고 사회적 활동의 기회가 많은 연령대이기에 품위 유지를 위해 표준어를 사용하려는 경향이 강한 한편 이전 세대에서부터 쓰던 호칭어와 지칭어를 그대로 사용하는 습관이 공존하는 것으로 나타났다. 하여 이전 G1세대에서부터 쓰던 호칭어와 지칭어들을 사용하는 한편 한국어로부터 유입

된 개신형의 호칭어와 지칭어들도 함께 사용하는 것으로 나타나 이 세대가 개신을 이끌었다는 것을 알 수 있었다.

G3세대에서 쓰이는 호칭어와 지칭어는 크게 두개 방향으로 변화하고 있는 것을 볼 수 있었다. 하나는 표준어로의 지향이고 다른 하나는 한국어에서 유입된 개신형의 사용이었다. 친가계와 외가계 존속에 대한 호칭어와 지칭어, 처가계 호칭어와 지칭어 사용은 기타 세대에 비하여 사용상에서 큰 변화를 보이지 않는 반면 친가계 동기와 부부사이, 시가계 동기 등에 대한 호칭어와 지칭어는 방언형을 지양하고 표준어를 지향하여 사용함을 알 수 있었다. 예하면 G1세대에서 쓰이던 '아바이', '아매', '나그내', '앙까이', '오래비' 등은 그 사용이 대대적으로 약화되었고 '누비', '올찌세미', '시애끼', '동세', '시누비' 등은 사용하지 않는다. 그 대신 표준어인 '할아버지', '할머니', '신랑', '각시', '누나', '올케', '시동생'(실제 발음은 '시동새'임), '동서', '시누이' 등의 사용이 확산되었다. 그리고 한국과 중국 간의 수교 이후 각종 매스컴과 인적교류로 인해 한국과의 연계가 밀접해짐에 따라 원래 연변 지역에서 쓰이지 않던 호칭어와 지칭어가 많이 유입되어 사용되고 있다. 예하면 친가계 호칭어와 지칭어에서 아버지에 대한 호칭어와 지칭어 '아빠', 동기에 대한 호칭어와 지칭어 '형수', '언니'(오빠의 배우자), '올케', '형부', 부부사이의 호칭어와 지칭어 '자기야', '자녀 이름+아빠', '오빠', '여보야', '우리 자기', '우리 오빠', '우리 신랑' 등, 처가계 호칭어와 지칭어 '장인', '장모님', '장모' 등이다. 반면에 새로운 호칭어의 유입으로 인해 G3세대에서는 구시대적인 호칭어와 지칭어들이 사멸의 길로 접어든 것으로 보았다. 예하면 동기에 대한 호칭어와 지칭어 '올찌세미, '아즈바이'(언니의 남편) 등, 부부사이의 호칭어와 지칭어 '동무', '나그내', '앙까이', '이봅소' 등이다.

노년층은 대체로 함경도 출신 1, 2세다. 그들이 젊은 시절에 익힌 호칭어와 지칭어는 함경도방언에 기초한 방언어휘가 많은데 노년에 들어와서도 습관되고 굳어진 언어사용을 그대로 유지하고 있어 젊은층에서 일어나는 언어의 개신을 받아들이지 않는데서 상술한 언어적 차이가 발생하게 된다. 젊은 세대들은 늘 기성세대는 구식이고 보수적이라고 여긴다. 이 점은 호칭어와 지칭어 사용에 있어서도 마찬가지어서 현재 청장년층에서는 노년층에서 쓰지 않는 호칭어와 지칭어들을 과감하게 쓰고 있는 현상이다. 이것은 젊은 세대에 의해 일어나고 있는 언어의 개신이고 그 개신으로 인해 언어는 변화하고 있음을 설명하였다.

3) 친족 지위 상 하위자인 비속은 이름을 부르는 것이 일반적인 원칙이다. 하지만 상대 친족원이 혼인에 의해 맺어진 인척일 경우에는 동일 항렬내의 하위자이더라도 거의 반드시 친족호칭어와 지칭어가 사용되는 것이 우리말 호칭어와 지칭어의 특징이다. 그런데 연변 지역에서는 이 규율이 지켜지지 않고 이름호칭어와 지칭어 사용이 활발한데 젊은층으로 올수록 이런 현상이 더 선명해짐을 알아보았다. 예하면 친가계 동기에서 남성 화자가 여동생의 배우자를, 여성 화자가 남동생과 여동생의 배우자를 이름을 불러 호칭, 지칭한다. 그리고 시가계와 처가계 손아래 동기에게 G1세대 일부 화자를 제외하고 모든 세대에서 이름호칭어와 지칭어를 사용한다. 그 외에 연변 지역에서는 남편이 아내의 이름을 불러 호칭하는 것은 물론 G3세대에서는 아내도 스스럼없이 남편의 이름을 불러 호칭함을 알아보았다. 또한 G1, G2세대에서 '며느리'와 '사위'도 이름을 불러 호칭함을 알아보았다. 중국의 경우 자기보다 나이가 많은 선배라도 친구사이면 이름을 부르는 습관이 있고 혼인으로 맺어진 인척도 이름을 불러 호칭한다. 연변 지역 화자들이 친족호칭어와 지칭어를 사용

해야 할 대상에게 이름호칭어를 사용하는 것은 바로 이와 같은 중국의 발달한 이름문화의 영향이 큰 것으로 보았다.

4) 종자명 호칭어와 지칭어는 G2세대 여성 화자로부터 쓰기 시작하여 G1세대 여성 화자에 가서는 더 활발하게 사용됨을 알 수 있었다. 종자명 호칭어와 지칭어는 손위 존속에게는 사용하지 않고 손아래 비속의 친족에게 사용된다. 예하면 구체적인 친족호칭어가 없는 직계 비속인 자녀와 조카는 이름을 부르는 것이 일반적이지만 결혼 후 아이를 낳은 후부터는 호칭대상의 자녀 이름에 기댄 종자명 호칭어와 지칭어 '손자(녀) 이름+아버지/애비', '손자(녀) 이름+엄마/에미', '조카손자(녀) 이름+아버지/애비', '조카손자(녀) 이름+엄마/에미'를 사용한다. 그리고 친가계 동기인 남동생과 그 배우자, 여동생의 배우자, 시가계의 손아래 동기에게도 '자녀 이름+아버지/애비/아빠', '자녀 이름+엄마/에미'와 같은 종자명 호칭어와 지칭어를 활발하게 사용한다. 이런 종자명 호칭어와 지칭어의 사용은 장성한 손아래 청자를 대우해 주려는 중, 노년층 화자들의 언어태도에서 기인된 것으로 보았다.

5) 혈족과 인척에 대한 호칭어와 지칭어가 명확하게 구분되어 있지 않다. 한국어의 경우 시가계와 처가계의 호칭어와 지칭어에는 존경의 뜻을 더하는 접미요소 '-님'을 붙여 '아버님, 어머님, 고모님, 이모님…' 등과 같이 친가계와 외가계의 호칭어, 지칭어와 구별한다. 하지만 연변의 경우 시부모와 처부모에 대한 호칭어와 지칭어로 '아버님, 어머님'이 매우 적은 비율로 사용될 뿐 접미사 '-님'을 붙인 기타 호칭어와 지칭어는 사용되지 않는 것으로 나타났다.

4. 친족호칭어를 친가계, 외가계, 시가계, 처가계로 나누어 매개 호칭대상과 청자대우법의 실현 양상을 고찰하였다. 청자대우법 사용의 결정

요인에 대하여 알아보았고 그런 요인들을 고려하면서 세대별로 연변 지역에서 관찰된 실제 발화문장들을 분석하였다. 사용상의 특점을 요약하면 다음과 같다.

1) G1, G2세대는 친족 존속에게 '아주 높임' 등급인 '예예체' 어미와 '예예체' 다음으로 높은 등급인 '야야체' 어미를 사용하고 G3세대는 친족 존속에게 '예예체' 어미만 사용한다.

친가계와 외가계 존속인 조부모, 외조부모 항렬의 친족에게 G1, G2세대는 대부분 '-꾸마/-스꾸마', '-ㅁ두/-슴두', '-ㅂ소/-읍소', '-깁소'와 같은 함경도방언 형태를 사용하고 일부가 '-ㅁ다/-습다', '-ㅁ까/-습까', '-쇼/-으쇼', '-기쇼'와 같은 표준어의 줄임말 형태를 사용한다. 부모 항렬의 아버지와 부모의 손위 형제 및 그 배우자에게 모든 세대에서 '예예체' 어미를 사용한다. 그 중 G1, G2세대는 일부 화자가 함경도 방언형 어미를 사용하는 외에 대부분의 화자가 표준어의 줄임말 형태의 어미를 사용하고 G3세대는 함경도 방언형 어미를 사용하지 않는다. 부모 항렬에서 어머니와 부모의 손아래 형제 및 그 배우자에게 G1, G2세대는 '-오(-요)/-우, -소, -기오'와 같은 '야야체' 어미들을 사용한다. 부모의 손위 형제, 아버지에게는 '예예체'의 '-꾸마/-스꾸마'나 '-ㅁ다/-습다'와 같은 '예예체' 어미를 사용하지만 부모의 손아래 형제, 어머니에게 '야야체'의 '-오(-요)/-우, -소, -기오'를 사용하는 것은 이 '야야체' 어미가 갖고 있는 [+친밀성]의 자질 때문인 것으로 보았으며 이때의 '야야체' 어미는 '예예체' 어미에 가까운, 한국어의 '해요체' 정도에 해당하는 어미로 보았다. 시가계와 처가계의 존속 친족에게는 모든 화자가 '아주 높임' 등급인 '예예체' 어미를 사용함을 알아보았는데 이것은 '예예체' 어미가 갖고 있는 [+존중], [-친밀성]의 자질 때문인 것으로 보았다.

2) G1, G2세대는 친가계와 외가계 손위 동기에게, 처가계의 손위 동기에게(일부 남성 화자), 부부사이에서 남편은 아내에게 '-오(-요)/-우, -소, -기오'와 같은 '야야체' 어미를 사용한다. 이처럼 손위 동기, 아내에게 사용하는 '야야체'의 어미는 '예예체' 어미에 가까운, 한국어의 '해요체' 등급 정도의 어미로 보았다. 그리고 손아래 동기에게도 '야야체' 어미를 사용하는데 예하면 G1, G2세대는 친가계와 외가계 손아래 형제에게는 '응응체' 어미를 사용하지만 인척인 그 배우자에게는 모두 '야야체' 어미를 사용한다. 또 G1세대 일부 화자는 자녀와 조카, 그들의 배우자에게 '야야체' 어미를 사용한다. 다음 모든 세대에서 시가계와 처가계의 손아래 동기에게 일부 남성 화자가 '응응체' 어미를 사용하는 외에 전부 '야야체' 어미를 사용하는 등이다. 이와 같이 손아래 동기에게 사용하는 '야야체' 어미는 존속에게 사용하는 '야야체'의 어미와 다른 등급의 어미로 보았으며 손아래 동기에 대한 존중의 태도를 나타내는 것으로, 한국어의 '하오체' 등급 정도의 어미로 보았다. G3세대는 G1, G2세대와 다른 양상을 보인다. 즉 친가계, 외가계, 시가계, 처가계의 손위 동기에게 전부 '예예체' 어미만을 사용한다. 친가계와 외가계 손아래 동기에게 전부 '응응체' 어미를 사용하지만 시가계와 처가계의 손아래 동기에게 여성 화자는 전부 '예예체' 어미를 사용하고 남성 화자는 전부 '야야체' 어미를 사용한다.

3) G1, G2세대 여성 화자는 '형부'를 제외한 기타 친가계와 외가계 손위 동기에게 전부 '야야체' 어미를 사용하지만 시가계의 손위 동기에게는 전부 '예예체'의 어미를 사용한다. 하지만 G1, G2세대 남성 화자들은 처가계의 손위 동기에게 일부가 '예예체' 어미를 사용하고 대부분은 친가계와 외가계 손위 동기에게와 같이 '야야체' 어미를 사용한다.

이로부터 동일한 항렬의 비속의 인척에게 여성 화자가 남성 화자보다 더 높은 등급의 대우법을 사용함을 알아보았다.

4) G1세대 일부 화자를 제외하고 모든 세대에서 비속의 직계친족에게는 '-다/-ㄴ다, -니, -라/-(아, 어)라, -자'와 같은 '낮춤' 등급의 '응응체'의 어미를 사용함을 알아보았다.

5) '반말체' 어미는 '안 높임' 정도의 등급으로 보았고 모든 세대에서 친밀도가 높은 부모 자식 간, 형제 간, 부부 간에 사용하는 빈도가 높은 것으로 보았다.

6) 전형적인 함경도 방언형 어미 '-꾸마/-스꾸마, -ㅁ두/-습두, -ㅂ소/-읍소, -깁소'는 G1세대에서 G2세대로 오면서 쓰임이 위축되고 G3세대에 와서는 완전히 쓰이지 않고 표준어의 줄임말 형태인 '-ㅁ다/-습다, -ㅁ까/-습까, -쇼/-으쇼, -기쇼'로 통일되어 활발하게 사용된다. 이로부터 G1세대 60대 화자들이 종결형식의 개신을 일으켰고 G2세대가 개신을 이끈 것으로 보았으며 G3세대에서 활발하게 진행된 것으로 보았다. 이런 방언형 어미는 옛날 농촌에서 문화지식이 결여한 사람들이 사용한 것으로 인식하고 있는 화자들의 언어태도가 그들로 하여금 방언형 어미를 지양하게 한 주요 원인이라고 보았다. 또 전통적인 함경도 방언형 어미 사용의 쇠퇴 원인을 학교교육으로부터 찾아보았다.

7) G3세대는 친족 존속은 물론 손위 동기에게까지 전부 '예예체' 어미를 사용한다. 특히 여성 화자의 경우 시가계 손아래 동기 인척에게까지 '예예체' 어미를 사용하는데 이로부터 G3세대의 청자대우법 사용이 단순화의 길로 가고 있음을 확인하였다.

5. 친족 간에는 확인할 수 없었던 친족 이외의 대상이나 남남끼리의 청자대우법 사용 양상도 알아보고 친족과 비친족 간의 청자대우법 사용

양상을 종합적으로 검토하여 연변 지역의 청자대우법 체계를 '예예체', '야야체', '응응체', '반말체' 네 등급으로 제시하였다. 마지막으로 친가계, 외가계, 시가계, 처가계의 호칭어와 청자대우 등급의 호응관계를 도표로 제시하였다.

'예예체'는 한국어의 '아주 높임' 정도에 해당하는, 연변 지역에서 가장 높은 등급의 대우법으로 보았다. 비친족관계에서는 친밀도가 낮은 손위 청자에게 사용되고 친족관계에서는 대부분 존속 친족에게 사용되며 부부 사이에서 대부분의 아내가 남편에게 사용한다. G3세대의 사용이 가장 활발한데 특히 여성 화자가 남성 화자보다 더 활발하게 사용하며 사용면도 더 넓다고 보았다.

'야야체'는 연변 지역의 청자대우법에서 '예예체' 다음으로 높은 등급의 대우법으로 보았다. '야야체'는 '예예체'보다 조금 덜 격식적이고 더 친밀한 관계에서 쓰인다. G1, G2세대의 사용이 활발하고 손위, 동기, 손아래의 청자에게 광범위하게 사용되는데 남성 화자가 여성 화자보다 더 활발하게 사용한다. 손위 존속, 손위 동기, 남편이 아내에게 사용하는 '야야체'는 한국어의 '해요체' 정도의 등급에 가깝고 손아래 청자에게 사용하는 '야야체'는 한국어의 '하오체' 정도의 등급에 가깝다고 보았다. G3세대의 '야야체'의 사용은 약화되거나 소실되는 추세로 보았다.

'응응체'는 한국어의 '낮춤' 정도에 해당하는 등급으로 연변 지역의 청자대우법에서 가장 낮은 등급의 대우법으로 보았다. 모든 세대에서 보통 또래 친한 친구끼리, 손아래 나이 차이가 많이 나는 청자에게 사용한다.

'반말체'는 '낮춤' 정도도 '높임' 정도도 아닌 '안 높임' 정도에 해당하는 등급의 대우법으로 보았다. 청자를 어느 정도 대우해주어야 할 지

망설여질 때 사용되는 외에 대부분의 경우는 친밀도에 의지하여 손위, 동기, 손아래 청자에게 두루 사용되지만 비친족관계에서는 아무리 친밀한 사이라도 손위 청자에게 쉽게 사용되지 못하는 것으로 보았다.

6. 이 연구의 결론을 도출하였고 연구방향과 향후 과제를 제안하였다.

본고는 기존의 논의방식에서 벗어나 실제 언어사용의 양상에 초점을 둔 실제적 연구라는 점에서 의의를 가진다. 뿐만 아니라 연변 지역의 조선어를 이해하고 앞으로의 언어변화를 예측할 수 있는 좋은 실증자료를 제공함으로써 한국어의 방언 연구에도 일정하게 기여할 것이다.

이와 같은 연구의의에도 불구하고 본고에서 자세하게 논의하지 못한 내용이 있어 아쉬움이 남는다.

우선 친족지칭어는 대화 중 화자에 의해 말해지는 대상을 화자가 가리키는 말로 화자의 대화 상대에 따라 친족 지칭어는 달리 사용되는 경우가 대부분이다. 이런 대화 상대를 더 면밀히 검토하여 더 넓은 범위에서 친족지칭어를 논의하지 못한 점이 아쉽다.

다음 호칭어 및 청자대우법의 사용은 많은 사회적 변수의 영향을 받는데 좀 더 면밀하고 충분하게 검토하지 못한 아쉬움이 남는다.

이러한 문제점들은 앞으로의 연구에서 계속 보완해 나가야 할 과제로 남긴다.

참고문헌

참고저서

간행위원회 편(2010), 『최명옥 선생 정년퇴임 기념 국어학논총』, 태학사.

곽충구·박진혁·소신애(2008), 『중국 이주 한민족의 언어와 생활』, (국립국어원 해외 지역어 구술 자료 총서1-1), 태학사.

국립국어연구원(1992), 『표준 화법 해설』, 국립국어연구원.

국립국어연구원(1999), 『표준국어대사전』, 두산 동아.

국립국어원(2011), 『표준 언어 예절』, 국립국어원.

권태환(2005), 『중국 조선족사회의 변화 : 1990년 이후를 중심으로』, 서울대학교출판부.

김광수, 최명식(2000), 『조선어문법』, 연변대학출판사.

김광수(2001), 『조선어 계칭의 역사적 고찰』, 역락.

김동소·최희수·이은규(1994), 『중국 조선족 언어 연구』, 한국전통문화총서 Ⅵ, 효성여자대학교 한국전통문화연구소.

김동수(1983), 『조선말 예절법』, 과학, 백과사전출판사.

김동익, 강은국 편(1995), 『조선어문법』, 연변대학 조문학부.

김덕모(2007), 『살아 숨쉬는 우리말과 함께−중국에서의 우리말 연구』, 한국학술정보[주].

김석득(1992), 『우리말 형태론』, 탑출판사.

김진용(1986), 『현대조선어』, 연변교육출판사.

김태엽(1999), 『우리말의 높임법 연구』, 태학사.

김혜숙(1991), 『현대 국어의 사회언어학적 연구 : 국어의 운용 실태와 방향』, 태학사.

남기심·고영근(1993), 『표준 국어문법론』(개정판), 탑출판사.

동북3성 조선어문법편찬소조(1983), 『조선어문법』, 연변인민출판사.

박경래 외(2012), 『재중 동포 언어 실태 조사』, 세명대학교 산학협력단, 국립국어원.

박의재·정미령 역(1999), 『현대 사회언어학』, 한신문화사.

사나다 신지(2007), 『사회언어학의 전망』, 제이앤씨.

서정수(1984), 『존대법의 연구』, 한신문화사.

서정수(2010), 『국어 문법』, 흑룡강조선민족출판사.

서태룡 외(1998), 『문법 연구와 자료』(이익섭 선생 회갑 논총), 태학사.

선덕오 외(1991), 『조선어방언조사보고』, 연변인민출판사.

성기철(1985), 『현대국어 대우법 연구』, 개문사.

신창순(1984), 『국어문법연구』, 博英社.

이상규(1988), 『방언연구 방법론』, 형설출판사.

이익섭(1992), 『방언학』, 민음사.

이익섭(1994), 『사회언어학』, 민음사.

이익섭(1997), 『한국의 언어』, 신구문화사.

이정복(2002), 『국어 경어법과 사회언어학』, 도서출판 월인.

이정복(2008), 『한국어 높임법, 힘과 거리의 미학』, 소통.

이희승(1949), 『초급국어문법』, 博文出版社.

왕한석 외(2005), 『한국 사회와 호칭어』, 도서출판 역락.

전학석·김상원(1995), 『중국조선어방언개황』, 언어사, 중국조선민족문화사대계 I, 민족출판사.

전학석(1997), 『조선어 방언학』, 연변대학출판사.

조항범(1996), 『國語親族語彙의 通時的硏究』, 태학사.

주시경(1910), 『국어문법』, 박문서관.

중국조선어실태조사보고집필조(1985), 『중국조선어실태조사보고』, 료녕민족출판사.

채옥자(2005), 『중국 연변 지역 조선어의 음운연구』, 태학사.

최명옥·곽충구·배주채·전학석(2002), 『함북 북부 지역어 연구』, 태학사.

최윤갑(1980), 『조선어문법』, 료녕인민출판사.

최윤갑 편(1992), 『중국에서의 조선어의 발전과 연구－연변조선족자치주 창립 40돐 기념출판』, 연변대학출판사.

최재석(1988), 『한국의 친족용어 연구』, 민음사.

최현배(1937), 『우리말본』, 정음사.

최현배(1971), 『우리말본』, 정음문화사.

연변사회과학원 언어연구소(1992), 『조선말사전』, 연변인민출판사.

한국사회언어학회(2012), 『사회언어학 사전』, 소통.

한국정신문화연구원 어문연구실(1985), 『방언』 8.

한길(1991), 『국어 종결어미 연구』, 강원대학교 출판부.

한길(2002), 『현대 우리말의 높임법 연구』, 도서출판 역락.

한길(2004), 『현대 우리말의 마침씨끝 연구』, 도서출판 역락.

허웅(1995), 『20세기 우리말의 형태론』, 샘 문화사.

허웅(1999), 『20세기 우리말의 통어론』, 샘출판사.

戴慶夏主編(2007), 『社會語言學槪論』, 商務印書館.

金春善(2001), 『延邊地區朝鮮族社會的研究』, 吉林人民出版社.

金英培 편저(1992), 『南北韓의 方言研究－그 現況과 課題』慶雲出版社.

延邊州統計局編(2013), 『2013年延邊州統計年鑑』, 中國國際圖書出版社.

학술지논문

강신항(1967), 현대국어의 가족명칭에 대하여, 대동문화연구, 성균관대학교 대동문화연구원.

강신항(1989), 오늘의 言語生活一面, 국어생활 19, 국어연구소.

강희숙(2000), 호칭어 사용에 대한 사회언어학적 분석－서비스업을 중심으로, 사회언어학 제10권, 한국사회언어학회.

강희숙(2007), '자네'의 용법에 대한 사회언어학적 분석－전남방언을 중심으로, 한국언어문학 63, 한국언어문학회.

고영근(1974), 현대국어의 존비법에 대한 연구, 어학연구 제10권, 서울대 어학연구소

곽충구(1983), 충청·경기방언의 현지조사 과정과 반성, 방언 7, 한국정신문화연구원.

곽충구(1993), 함경도방언의 친족명칭과 그 지리적 분화, 진단학보 76, 진단학회.

곽충구(1997), 연변 지역의 길주·명천 지역 방언의 조사 연구－어휘·문법·음운·성조 조사자료, 애산학보 20, 애산학회.

곽충구(1998), 동북·서북방언, 『문법연구와 자료』(이익섭 선생 회갑 기념 논총), 태학사.

곽충구(2000), 재외 동포의 언어 연구, 어문학 69, 한국어문학회.

김광수(2003), 조선어계칭 력사연구 평설, 중국조선어문 5기.

김규선(1983), 親族呼稱語 分類類型 硏究, 國語敎育論志 10, 대구 교육대학.

김기종(1995), 중국조선족과 한국 사이에서 호칭어, 지칭어 사용에서의 차이, 중국
    조선어문 2기.

김덕모(1995), 조선말 계칭에 대한 사회언어학적 연구(1, 2), 중국조선어문 2, 3기.

김덕모(1995), 조선민족의 촌수와 친척관계, 중국조선어문 1기.

김덕모(1997), 사회적 부름말의 쓰임에 대한 고찰(1, 2), 중국조선 어문 3, 4기.

김덕모(2000), 방언의 쓰임과 그 규범, 중국조선어문 1기.

김미정(1995), 한일 양국의 호칭어에 관한 고찰-직장에서의 실태조사를 통하여, 일
    본학보 35권, 한국일본학회.

김성철(1995), 종자명제, 지역명제, 직위명제 : 보조 친족명칭과 개인의 인식법, 한
    국문화인류학 27, 한국문화인류학회.

김시황(1998), 한국인의 지칭과 호칭, 동양예학 1권, 동양예학회.

김영희(1996), 문법론에서 본 상대높임법의 문제, 한글 233, 한글학회.

김정대(2008), 경남 방언 친족어 연구-산청 지역어 호칭어를 중심으로, 배달말 통
    권 제42호, 배달말학회.

김종택(1981), 국어 대우체계를 재론함, 한글 172, 한글학회.

김지연(2010), 표준 화법 개정을 위한 가정에서의 호칭어, 지칭어 조사연구, 화법연
    구 16권, 한국화법학회.

김혜숙(2003), 사회언어학(Socioliguistics)이란 무엇인가? 동국어문학 별쇄본, 동국어
    문학회.

김혜숙(2004), 사회언어학(Socioliguistics)의 이론과 전개, 사회언어학 제12권, 한국사
    회언어학회.

김홍실(2007), 평안도 방언의 의문법 종결어미 연구, 한말연구 제21호, 박이정.

김효정(1986), 친척간의 말차림을 두고, 중국조선어문 12기.

김효정(1989), 사회언어생활에서의 일부 호칭, 중국조선어문 1기.

남기심(1981), 국어 존대법의 기능, 인문과학 제45집, 연세대 인문과학 연구소.

렴광호(1984), 호칭어를 바로 써야 한다. 중국조선어문 4기.

렴광호(1991), 일부 친척호칭어의 의미소 변화에 대하여, 중국조선어문 4기.

리세룡(1996), 우리말 존대법에 대한 고찰, 말글얼, 료녕민족출판사.

민병곤, 박재현(2010), '표준 화법'의 개정을 위한 직장, 사회에서의 호칭, 지칭어

사용 실태 분석, 화법연구 16권, 한국화법학회.

박갑수(1989), 국어 호칭의 실상과 대책, 국어생활 19, 국어 연구소.

박경, 안병곤(2007), 한중일 친족호칭 비교 연구, 일본어교육 제40권, 한국일본어
교육학회.

박경래(1985), 槐山方言과 聞慶方言의 子音群單純化에 대한 世代別 比較考察, 방언 8,
한국정신문화연구원.

박경래(1999), 청원방언의 경어법에 대한 사회언어학적 연구, 개신어문연구16, 개신
어문학회.

박경래(2003), 중국 연변 정암촌 방언의 상대높임법, 이중언어학 23, 이중언어학회.

박경래(2004), 연령과 언어 변이, 새 국어생활 제14권, 국립국어연구원.

박경래(2005), 충북출신 중국 연변 조선족 언어집단의 경어법 혼합양상에 대한 사
회언어학적 고찰, 사회언어학 13, 한국사회언어학회.

박경래(2005), 서평 : 왕한석 외 6인 공저, 한국사회와 호칭어, 도서출판 역락, 사회
언어학 제13권, 한국사회언어학회.

박경래(2005), 사회방언론, 방언학 제1호, 한국방언학회.

박정운(1997), 한국어의 호칭어 체계, 사회언어학, 제5권, 한국사회언어학회.

박정운(1999), 2인칭 여성 대명사 '자기'의 발달과 사용, 사회언어학 제7권, 한국사
회언어학회.

박영순(1976), 국어경어법의 사회언어학적 연구, 국어국문학 72, 73 합병호, 국어국
문학회.

박은용(1979), 한국어의 친족호칭에 대하여-특히 그 어원을 통한 위계서열을 중심
으로, 여성문제연구 8권, 曉星女子大學校附設韓國女性問題硏究所.

박홍수(2005), 사회언어학적 관점에서 본 중국 호칭어의 변화, 중국학연구 제34집,
중국학연구회.

배정호(1990), 함경도방언 계칭의 사회언어학적 연구, 중국조선어문 4기.

서민정(2008), 한국어 여성 지칭, 호칭어의 변화 양상-1940, 50년대와 2000년대의
비교, 우리어문연구 제30집, 우리어문학회.

서보월(2003), 친족호칭어의 방언 분화-안동 동성마을 '가일'을 중심으로, 언어과
학연구 제27집, 언어과학회.

서정수(1979), 사회구조의 변동과 한국어 경어법의 추이, 성곡논총 제10집, 성곡학
술문화재단.

서정수(1980), 존댓말은 어떻게 달라지고 있는가 : 청자대우 등급의 간소화, 한글

167호, 한글학회.

서정수(1983), 가정에서의 부름말과 가리킴말, 정신문화연구 16, 한국정신문화연구원.

성기철(1970), 국어 대우법 연구, 충북대 논문집 4, 충북대학교.

성기철(1987), 현대국어 대우법, 국어생활 제9호, 국어연구소.

성기철(1990), 공손법, 국어연구 어디까지 왔나, 동아출판사.

성기철(1991), 국어 경어법의 일반적 특징, 새 국어생활 제1권, 국립국어연구원.

성기철(1996), 현대 한국어 대우법의 특성, 말 제21집, 연세대학교.

손춘섭(2010), 현대 국어 호칭어의 특성과 유형에 대한 연구, 한국어의미학 제33호, 한국어의미학회.

손춘섭·강희숙·양영희 (2009), 전남방언 여성호칭어의 사회언어학적 변이와 변화에 대한 연구, 호남문화연구 제44집, 전남대학교 호남학연구원.

안귀남(2006), 방언에서의 청자존대법 연구, 국어학 통권 제47호, 국어학회.

양영희(2006), 중세국어 호칭어와 종결어미의 호응에 대한 재고, 사회언어학 제14권, 한국사회언어학회.

양영희(2009), 국어 호칭어 체계 수립을 위한 사적 고찰, 한국언어문학 제68집, 한국언어문학회.

양영희, 송경안(2009), '당신'의 변화 양상 고찰-국어 호칭, 지칭 체계 수립을 위한 한 시도, 언어과학연구 제49집, 언어과학회.

왕한석(1986), 국어 청자 존대어 체계의 기술을 위한 방법론적 검토, 어학연구 22, 서울대 어학연구소.

왕한석(1988), 한국 친족용어의 내적 구조, 한국문화인류학 20, 한국문화인류학회.

왕한석(1989), 택호와 종자명 호칭, 先淸語文 18, 서울대학교 국어교육과.

왕한석(1990), 북한의 친족용어, 국어학 20, 국어학회.

왕한석(1991), 한국 친족용어의 분포 범위, 한국의 사회와 역사 : 최재석 교수 정년 퇴임 기념 논총, 일지사.

왕한석(1992), 한국 친족 호칭체계의 의미기술, 한국문화인류학 24, 한국문화인류학회.

왕한석(1995), 한국 친족호칭의 변화 양상, 민족문학의 양상과 논리 : 양하 정상박 박사 화갑 기념 논총, 간행위원회.

왕한석(1995), '집'의 이름과 '친족관계'에 대한 명칭, 한국문화인류학 28, 한국문화 인류학회.

왕한석(1996), 언어생활, 중국 길림성 한인동포의 생활 문화, 국립민속박물관.

왕한석(2000), 영남인의 친척용어 : 친척용어의 주요 하위체계들에 대한 민족지적기

술, 民族文化論叢 22, 嶺南大學校民族文化研究所.

왕한석(2000), 언어생활의 특성과 변화 : 신분지위 호칭과 의사친척 호칭의 사용을 중심으로, 사회언어학 제8권, 한국사회언어학회.

왕한석(2001), 적서 차별의 호칭어 사용과 그 변화, 사회언어학 제9권, 한국사회언어학회.

유송영(1994), 국어 청자대우법에서의 힘과 유대(1)-불특정 청자대우를 중심으로, 국어학 24, 국어학회.

유송영(1998), 국어 호칭·지칭어와 청자대우 어미의 독립성, 국어학 32, 국어학회.

유송영(2002나), 호칭·지칭어와 2인칭 대명사의 사용과 '화자-청자'의 관계, 한국어학 제15호, 한국어학회.

유송영(2004), 2인칭 대명사 '당신, 자네, 너'의 사용, 한국어학 제23호, 한국어학회.

유현아(2011), 한중 친족호칭 '형수'와 '제수'에 대한 통시적 비교, 비교문화연구 23권, 경희대학교 비교문화연구소.

이광규(1971), 한국의 친족명칭, 연구논총, 서울사대.

이광규(1977), 친족체계와 친족조직, 한국문화인류학 제9집, 한국문화인류학회.

이경우(1990), 최근세국어 경어법의 사회언어학적 연구, 애산학보 제10집, 애산학회.

이경우(1995), 최근세국어 경어법의 사회언어학적 연구(3), 애산학보 제16집, 애산학회.

이경우(2001), 현대국어 경어법의 사회언어학적 연구(2), 국어교육 제106호, 한국국어교육연구회.

이기갑(1997), 한국어 방언들 사이의 상대높임법 비교 연구, 언어 제21권, 한국언어학회.

이기갑(2013), 호칭의 사용과 변화에 대한 연구-화용론적 관점에서, 학문과 기독교 세계관 제7권, 글로벌기독교세계관학회.

이상복(1984), 국어의 상대존대법 연구, 배달말 9, 배달말학회.

이용덕(1998), 한일 양 언어에 있어서의 배우자 호칭에 관한 연구-지방 언어권을 중심으로, 일본학보 40권, 한국일본학회.

이익섭(1974), 국어 경어법의 체계화 문제, 국어학 제2권, 국어학회.

이익섭(1979), 방언 자료의 수집 방법, 방언 1, 한국정신문화연구원.

이정복(1997), 방송언어의 가리킴말에 나타난 '힘'과 '거리', 사회언어학 제5권, 한국사회언어학회.

이정복(2000), 통신 언어로서의 호칭어 '님'에 대한 분석, 사회언어학 제8권, 한국사회언어학회.

이정복(2005가), 힘과 거리의 원리에 따른 국어 경어법 분석, 임홍빈 외, 우리말 연구 서른아홉 마당, 태학사.

이정복(2006), '힘'과 '거리' 요인에 따른 탈춤 대사의 경어법 연구, 우리말연구 제18집, 우리말학회.

이정복(2006), 청소년들의 경어법 사용 실태 분석 - 대구 지역 고등학생을 대상으로, 한국어학 통권 제30권, 한국어학회.

임동훈(2006), 현대국어 경어법의 체계, 국어학 47, 국어학회.

임칠성(2009), 국어 표준 화법의 현황과 개선 방안 : 남북 화법 표준화를 위한 한 모색 - 호칭과 지칭을 중심으로, 화법연구 15권, 한국화법학회.

전신욱(2002), 중국 조선족의 과거, 현재 그리고 미래, 한국정책과학학회보, 제6권, 한국정책과학학회.

전은주(2009), 호칭어, 지칭어의 표준화법 실태와 개선방안, 화법연구 15권, 한국화법학회.

전은진·강동우(2012), 친족 개념과 친족 명칭에 대한 실태 조사 연구, 청람어문교육 제46집, 청람어문교육학회.

전학석(1998), 연변방언, 새국어생활 제8권, 국립국어연구원.

정달영(1999), 한국어의 친족어휘와 지칭어에 관한 연구, 한민족문화연구 제5집, 한국민족문화학회.

정향란(2010), 삼합지역어의 종결어미에 대한 연구, 방언학 제5호, 한국방언학회.

조남민(2009), 여성 호칭어 '아주머니' 계열 어휘의 의미 변화에 대한 연구, 배달말 제45호, 배달말학회.

조항범(1989), 국어 어휘론 연구사, 국어학 제19호, 국어학회.

최명식(1986), 조선말 계칭범주에 대하여, 중국조선어문 2, 3기.

최명옥(1982a), 친족명칭의 의미 분석과 변이 그리고 변화에 대하여, 국어학논총 : 공포 조규설교수 화갑기념, 형설출판사.

최명옥(1982b), 친족명칭과 경어법 : 경북 북부지역의 반촌어를 중심으로, 방언 6, 한국정신문화연구원.

최명옥(2000), 중국 연변 지역의 한국어연구, 한국문화 25, 한국문화연구소.

최석재(2007), 호칭어의 사용 조건과 대우 등분 연구, 인문언어 제9권, 국제언어인문학회.

최윤갑(1990), 중국에서의 조선어의 변화, 이중언어학 제7호, 이중언어학회.

최정은(2012), 남녀 관계변화에 따른 호칭어와 청자대우법의 양상-텔레비전 드라마를 중심으로, 우리어문연구 제43집, 우리어문학회.

최정애(2007), 친족호칭과 준친족호칭의 형태구조차이에 대하여, 중국조선어문 4기.

황대화(2008), 평북 용천 지역의 지칭어와 호칭어에 대하여, 인문논총 제22호, 경남대학교 인문과학연구소.

황적륜(1976), 한국어 존대법의 사회언어학적 기술, 언어와 언어학 제4집, 한국외국어대학 언어연구소.

홍민표(1997), 한일 양국 호칭의 사회언어학적 고찰-대학생들의 호칭사용을 중심으로, 일어일문학연구 제30집, 한국일어일문학회.

홍민표(2003), 한일 양국인의 지장 내 호칭에 관한 사회언어학적 연구, 일어일문학연구 제45집, 한국일어일문학회.

沈惠淑(1990), 延邊地名和朝鮮族遷入之若干考察, 延邊大學學報(社會科學版) 第四期.

Brown, Roger and Gilman, Albert(1960), The pronoun of power and solidarity, American Anthropologist 4.

Gumperz, J. and Hymes, D. (1964), "The ethnography of communication", American Anthropologist 66(6)

Hymes, D. (1974), Foundation in Sociolinguistics : An Ethnographic Approach, Philadelphia : University of Pennsylvania Press.

Labov, W. (1966), "The Social Stratification lf in English in New york City", Unpublished doctoral Dissertation. Columbia University. NeW York, N.Y.

학위논문

강문철(2012), 중국 연길시 도시형성과 변화과정에 관한 연구 : 공간구문론을 중심으로, 서울시립대학교 일반대학원 석사학위논문.

강주영(2009), 방송언어의 호칭어 사용 양상 연구, 대구 가톨릭대학교 대학원 석사학위논문.

강재식(1994), 중국 연변 지역 조선족의 생활문화에 관한 연구, 경희대학교 대학원 석사학위논문.

고영종(2006), 한국 현대 직장 사회의 호칭어 연구, 서울대학교 대학원 석사학위논문.

고홍희(2004), 연변 지역 한국어 의문법 연구, 한국정신문화연구원 한국학대학원 박사학위논문.

기봉(2011), 한국어와 중국어의 호칭어 비교 연구, 강원대학교 대학원 석사학위논문.

김광순(2012), 명사 {어머니}의 형식과 의미 확장, 상명대학교 대학원 석사학위논문.

김규선(1987), 국어 친족어의 연구, 경북대학교 대학원 박사학위논문.

김남정(2006), 호칭어와 청자대우 등급의 사용 양상에 대한 연구 : 충북 제천 명도리를 대상으로, 세명대학교 대학원 석사학위논문.

김명운(1996), 현대국어 청자대우법에 대한 사회언어학적 연구, 서울대학교 대학원 석사학위논문.

김선희(2004), 연변의 친척관계말 연구, 경상대학교 대학원 석사학위논문.

김선희(2007), 연변 지역어의 친척어 연구, 경상대학교 대학원 박사학위논문.

김성(2011), 연변 조선족사회의 변화에 대한 연구 : 인구학적 감소와 그 정책대안을 중심으로, 서울대학교 행정대학원 석사학위논문.

김성월(2013), 현대국어의 상대경어법 연구―드라마 대본을 중심으로, 호서대학교 일반대학원 석사학위논문.

김순희(2012), 중국 현대조선어의 문장종결법 연구, 충북대학교 대학원 박사학위논문.

김재선(1985), 텔레비전 광고의 언어에 관한 연구 : 구어(spoken language)를 중심으로, 서강대학교 대학원 석사학위논문.

김재선(2012), 국어 친족 호칭의 의미·화용적 특성에 대한 연구 : '아줌마/아주머니', '이모', '언니', '아가씨'를 중심으로, 국민대학교 교육대학원 석사학위논문.

김춘연(2011), 한국어와 중국어의 호칭어 대비 연구―친족호칭어를 중심으로, 건국대학교 대학원 석사학위논문.

김향화(1999), 연변 지역 조선어의 청자대우법 연구, 계명대학교 대학원 석사학위논문.

김혜숙(1986), 현대 국어의 대우법 체계 연구, 동국대학교 대학원 박사학위논문.

김홍실(2003), 연변 지역어의 마침법씨끝 연구, 부산대학교 대학원 석사학위논문.

남명렬(1994), 중국 연변 조선족과 한반도, 연세대학교 대학원 석사학위논문.

남명옥(2009), 연변 조선어의 친족어 연구, 전남대학교 대학원 석사학위논문.

남명옥(2012), 함경북도 육진방언의 종결어미 연구, 전남대학교 대학원 박사학위논문.

리영옥(2001), 중국 연변방언의 음운론적 연구, 강원대학교 대학원 석사학위논문.

박성화(2012), 연변 지역 호칭어 변화양상 및 원인 분석, 한양대학교 대학원 석사학위논문.

방채암(2008), 연변 지역의 한국어 종결어미 연구, 대구대학교 대학원 석사학위논문.

백승애(2007), 중국의 대 조선족 정책, 고려대학교 정책대학원 석사학위논문.

서향란(2012), 용정지역 조선어의 세대별 상대높임법과 그 변화, 서강대학교 일반대학원 석사학위논문.

성기철(1985), 현대국어 대우법 연구, 서울대학교 대학원 박사학위논문.

손범규(2007), 방송언어의 상대경어법 연구, 홍익대학교 대학원 박사학위논문.

송영영(2009), 남과 북 언어의 높임법 비교 연구, 동국대학교 교육대학원 석사학위
논문.

엄기정(2000), 상행위에서의 호칭 사용에 대한 사회언어학적 연구, 연세대학교 교육
대학원 석사학위논문.

엄춘영(2006), 연변 지역어 연구, 충남대학교 대학원 석사학위논문.

엄춘영(2010), 연변방언의 조사와 어미 연구, 충남대학교 대학원 박사학위논문.

왕한석(Wang, Hahn-Sok)(1984), Honorific Speech Behavior in a Rural Korean Village :
Structure and Use, PH.D. Dissertation, University of Califomia, Los Angeles.

원예영(2012), 한·중·일 호칭에 관한 비교 대조 연구 : 호칭의 범화 현상을 중심
으로, 고려대학교 대학원 석사학위논문.

유송영(1996), 국어 청자대우 어미의 교체사용과 대우법 체계-힘과 유대의 정도성
에 의한 담화분석적 접근, 고려대학교 대학원 박사학위논문.

유양(2012), 한중 친족호칭어 대조 연구, 전북대학교 대학원 석사학위논문.

이규창(1991), 현대국어 존대법 연구, 전주대학교 대학원 박사학위논문.

이기영(2001), 강화지역 친족호칭어 및 지칭어 연구, 인하대학교 교육대학원 석사학
위논문.

이선화(2002), 공공 상황에서의 한국어 호칭 연구, 연세대학교 교육대학원 석사학위
논문.

이옥련(1991), 國語의 夫婦 稱語에 대한 社會言語學的 考察, 서울여자대학교 대학원
박사학위논문.

이정복(1992), 경어법 사용에 대한 사회언어학적 연구-하동 지역의 한 언어공동체
를 대상으로, 서울대학교 대학원 석사학위논문.

전단열(1999), 국역성서에 쓰인 호칭어와 청자대우법 연구, 고려대학교 대학원 석사
학위논문.

정순자(2004), 현대 국어 호칭어 '님'과 '씨'의 비교 연구, 대구대학교 교육대학원
석사학위논문.

정종호(1990), 한국 친족호칭의 의미구조와 사회적 사용에 관한 연구 : 안동지방의
한 촌락의 사례를 중심으로, 서울대학교 대학원 석사학위논문.

정주희(2009), 드라마에 나타난 현대 호칭어·지칭어 연구, 국민대학교 교육대학원

석사학위논문.

정향란(2008), 중국 연변 용정지역 한국어의 곡용과 활용에 대한 연구, 인하대학교 대학원 박사학위논문.

조영돈(1992), 국어 친족어에 대한 연구 : 어원 및 형태 구조 분석을 중심으로, 조선대학교 대학원 석사학위논문.

조항범(1992), 국어 친족호칭어의 통시적 연구, 서울대학교 대학원 박사학위논문.

천홍희(2011), 중국 조선족의 조선어 방언 연구 : 연변 지역 방언의 어휘를 중심으로, 선문대학교 일반대학원 석사학위논문.

채옥자(2002), 중국 연변 지역 한국어의 음운체계와 음운현상, 서울대학교 대학원 박사학위논문.

최경희(2005), 조선족의 친족 호칭어・지칭어 연구 : 연변 훈춘 지역을 중심으로, 동국대학교 대학원 석사학위논문.

최경희(2011), 한국어의 호칭어・지칭어 교수-학습 방안 연구-중국어권 학습자를 대상으로, 동국대학교 대학원 박사학위논문.

최수영(1993), 국어 친족 호칭어 사용 실태 연구, 인하대학교 교육대학원 석사학위논문.

최재희(1979), 현대국어의 대우법체계 연구, 조선대학교 대학원 석사학위논문.

황보나영(1993), 현대국어 호칭의 사회언어학적 연구-서울지역 대학생 사회의 용법을 중심으로, 서울대학교 대학원 석사학위논문.

황현정(2000), 국어 친족호칭어 연구, 중앙대학교 교육대학원 석사학위논문.

허봉화(2013), 한・중 사회호칭어 비교 연구, 경상대학교 대학원 석사학위논문.

부록A

친족호칭어와 지칭어 조사 질문지

안녕하십니까? 이 질문지는 학술논문을 작성하기 위한 연구의 목적으로 작성된 것입니다. 솔직하고 성실하게 응답해주시기를 부탁드립니다. 감사합니다.

1. 친가계 호칭어와 지칭어

순서	항렬 및 촌수	설문사항	해답
1	曾祖父	아버지의 아버지의 아버지를 어떻게 부릅니까?	
		그 사람을 다른 사람에게 말할 때는 누구라고 합니까?	
2	曾祖母	아버지의 아버지의 어머니를 어떻게 부릅니까?	
		그 사람을 다른 사람에게 말할 때는 누구라고 합니까?	
3	祖父	아버지의 아버지를 어떻게 부릅니까?	
		그 사람을 다른 사람에게 말할 때는 누구라고 합니까?	
4	祖母	아버지의 어머니를 어떻게 부릅니까?	
		그 사람을 다른 사람에게 말할 때는 누구라고 합니까?	
5	祖父의 兄弟	아버지의 아버지 남자형제를 어떻게 부릅니까? 남자형제가 여럿일 경우 어떻게 부릅니까?	
		그 사람을 다른 사람에게 말할 때는 누구라고 합니까?	
6	祖父의 兄弟의 배우자	아버지의 아버지 남자형제의 아내를 어떻게 부릅니까? 여럿일 경우 어떻게 부릅니까?	
		그 사람을 다른 사람에게 말할 때는 누구라고 합니까?	
7	父	부모 중에서 자기를 낳아준 남자를 어떻게 부릅니까?	

		그 사람을 다른 사람에게 말할 때는 누구라고 합니까?	
8	母	부모 중에서 자기를 낳아준 여자를 어떻게 부릅니까?	
		그 사람을 다른 사람에게 말할 때는 누구라고 합니까?	
9	伯父	아버지의 손위 남자형제를 어떻게 부릅니까? 손위 남자형제가 여럿일 경우 어떻게 부릅니까?	
		그 사람을 다른 사람에게 말할 때는 누구라고 합니까?	
10	伯母	아버지의 손위 남자형제의 아내를 어떻게 부릅니까? 손위 남자형제가 여럿일 경우 어떻게 부릅니까?	
		그 사람을 다른 사람에게 말할 때는 누구라고 합니까?	
11	叔父	아버지의 손아래 남자형제를 어떻게 부릅니까? 손아래 남자형제가 여럿일 경우 어떻게 부릅니까?	
		그 사람을 다른 사람에게 말할 때는 누구라고 합니까?	
12	叔母	아버지의 손아래 남자형제의 아내를 어떻게 부릅니까? 손아래 남자형제가 여럿일 경우 어떻게 부릅니까?	
		그 사람을 다른 사람에게 말할 때는 누구라고 합니까?	
13	父의 姐	아버지의 손위 여자형제를 어떻게 부릅니까? 손위 여자형제가 여럿일 경우 어떻게 부릅니까?	
		그 사람을 다른 사람에게 말할 때는 누구라고 합니까?	
14	父의 姐의 배우자	아버지의 손위 여자형제의 남편을 어떻게 부릅니까? 손위 여자형제가 여럿일 경우 어떻게 부릅니까?	
		그 사람을 다른 사람에게 말할 때는 누구라고 합니까?	
15	父의 妹	아버지의 손아래 여자형제를 어떻게 부릅니까? 손아래 여자형제가 여럿일 경우 어떻게 부릅니까?	
		그 사람을 다른 사람에게 말할 때는 누구라고 합니까?	
16	父의 妹의 배우자	아버지의 손아래 여자형제의 남편을 어떻게 부릅니까? 손아래 여자형제가 여럿일 경우 어떻게 부릅니까?	
		그 사람을 다른 사람에게 말할 때는 누구라고 합니까?	
17	(남) 兄	자신의 손위 남자형제를 어떻게 부릅니까?	

		손위 남자형제가 여럿일 경우 어떻게 부릅니까?	
		그 사람을 다른 사람에게 말할 때는 누구라고 합니까?	
18	兄의 배우자	자신의 손위 남자형제의 아내를 어떻게 부릅니까? 손위 남자형제가 여럿일 경우 어떻게 부릅니까?	
		그 사람을 다른 사람에게 말할 때는 누구라고 합니까?	
19	(남) 弟	자신의 손아래 남자형제를 어떻게 부릅니까? 손아래 남자형제가 여럿일 경우 어떻게 부릅니까?	
		그 사람을 다른 사람에게 말할 때는 누구라고 합니까?	
20	弟의 배우자	자신의 손아래 남자형제의 아내를 어떻게 부릅니까? 손아래 남자형제가 여럿일 경우 어떻게 부릅니까?	
		그 사람을 다른 사람에게 말할 때는 누구라고 합니까?	
21	(남) 姐	자신의 손위 여자형제를 어떻게 부릅니까? 손위 여자형제가 여럿일 경우 어떻게 부릅니까?	
		그 사람을 다른 사람에게 말할 때는 누구라고 합니까?	
22	姐의 배우자	자신의 손위 여자형제의 남편을 어떻게 부릅니까? 손위 여자형제가 여럿일 경우 어떻게 부릅니까?	
		그 사람을 다른 사람에게 말할 때는 누구라고 합니까?	
23	(남) 妹	자신의 손아래 여자형제를 어떻게 부릅니까? 손아래 여자형제가 여럿일 경우 어떻게 부릅니까?	
		그 사람을 다른 사람에게 말할 때는 누구라고 합니까?	
24	妹의 배우자	자신의 손아래 여자형제의 남편을 어떻게 부릅니까? 손아래 여자형제가 여럿일 경우 어떻게 부릅니까?	
		그 사람을 다른 사람에게 말할 때는 누구라고 합니까?	
25	(여) 兄	자신의 손위 남자형제를 어떻게 부릅니까? 손위 남자형제가 여럿일 경우 어떻게 부릅니까?	
		그 사람을 다른 사람에게 말할 때는 누구라고 합니까?	
26	兄의 배우자	자신의 손위 남자형제의 아내를 어떻게 부릅니까? 손위 남자형제가 여럿일 경우 어떻게 부릅니까?	

		그 사람을 다른 사람에게 말할 때는 누구라고 합니까?	
27	(여) 弟	자신의 손아래 남자형제를 어떻게 부릅니까? 손아래 남자형제가 여럿일 경우 어떻게 부릅니까?	
		그 사람을 다른 사람에게 말할 때는 누구라고 합니까?	
28	弟의 배우자	자신의 손아래 남자형제의 아내를 어떻게 부릅니까? 손아래 남자형제가 여럿일 경우 어떻게 부릅니까?	
		그 사람을 다른 사람에게 말할 때는 누구라고 합니까?	
29	(여) 姐	자신의 손위 여자형제를 어떻게 부릅니까? 손위 여자형제가 여럿일 경우 어떻게 부릅니까?	
		그 사람을 다른 사람에게 말할 때는 누구라고 합니까?	
30	姐의 배우자	자신의 손위 여자형제의 남편을 어떻게 부릅니까? 손위 여자형제가 여럿일 경우 어떻게 부릅니까?	
		그 사람을 다른 사람에게 말할 때는 누구라고 합니까?	
31	(여) 妹	자신의 손아래 여자형제를 어떻게 부릅니까? 손아래 여자형제가 여럿일 경우 어떻게 부릅니까?	
		그 사람을 다른 사람에게 말할 때는 누구라고 합니까?	
32	妹의 배우자	자신의 손아래 여자형제의 남편을 어떻게 부릅니까? 손아래 여자형제가 여럿일 경우 어떻게 부릅니까?	
		그 사람을 다른 사람에게 말할 때는 누구라고 합니까?	
33	(남) 兄(4촌)	아버지의 형제자매의 아들이 나보다 손위일 때 어떻게 부릅니까?	
		그 사람을 다른 사람에게 말할 때는 누구라고 합니까?	
34	兄의 배우자	아버지의 형제자매의 아들이 나보다 손위일 때 그의 아내를 어떻게 부릅니까?	
		그 사람을 다른 사람에게 말할 때는 누구라고 합니까?	
35	(남) 弟(4촌)	아버지의 형제자매의 아들이 나보다 손아래일 때 어떻게 부릅니까?	
		그 사람을 다른 사람에게 말할 때는 누구라고 합니까?	

36	弟의 배우자	아버지의 형제자매의 아들이 나보다 손아래일 때 그의 아내를 어떻게 부릅니까?	
		그 사람을 다른 사람에게 말할 때는 누구라고 합니까?	
37	(남) 姐(4촌)	아버지의 형제자매의 딸이 나보다 손위일 때 어떻게 부릅니까?	
		그 사람을 다른 사람에게 말할 때는 누구라고 합니까?	
38	姐의 배우자	아버지의 형제자매의 딸이 나보다 손위일 때 그의 남 편을 어떻게 부릅니까?	
		그 사람을 다른 사람에게 말할 때는 누구라고 합니까?	
39	(남) 妹(4촌)	아버지의 형제자매의 딸이 나보다 손아래일 때 어떻게 부릅니까?	
		그 사람을 다른 사람에게 말할 때는 누구라고 합니까?	
40	妹의 배우자	아버지의 형제자매의 딸이 나보다 손아래일 때 그의 남편을 어떻게 부릅니까?	
		그 사람을 다른 사람에게 말할 때는 누구라고 합니까?	
41	(여) 兄(4촌)	아버지의 형제자매의 아들이 나보다 손위일 때 어떻게 부릅니까?	
		그 사람을 다른 사람에게 말할 때는 누구라고 합니까?	
42	兄의 배우자	아버지의 형제자매의 아들이 나보다 손위일 때 그의 아내를 어떻게 부릅니까?	
		그 사람을 다른 사람에게 말할 때는 누구라고 합니까?	
43	(여) 弟(4촌)	아버지의 형제자매의 아들이 나보다 손아래일 때 어떻 게 부릅니까?	
		그 사람을 다른 사람에게 말할 때는 누구라고 합니까?	
44	弟의 배우자	아버지의 형제자매의 아들이 나보다 손아래일 때 그의 아내를 어떻게 부릅니까?	
		그 사람을 다른 사람에게 말할 때는 누구라고 합니까?	
45	(여)	아버지의 형제자매의 딸이 나보다 손위일 때 어떻게	

	姐(4촌)	부릅니까?	
		그 사람을 다른 사람에게 말할 때는 누구라고 합니까?	
46	姐의 배우자	아버지의 형제자매의 딸이 나보다 손위일 때 그의 남편을 어떻게 부릅니까?	
		그 사람을 다른 사람에게 말할 때는 누구라고 합니까?	
47	(여) 妹(4촌)	아버지의 형제자매의 딸이 나보다 손아래일 때 어떻게 부릅니까?	
		그 사람을 다른 사람에게 말할 때는 누구라고 합니까?	
48	妹의 배우자	아버지의 형제자매의 딸이 나보다 손아래일 때 그의 남편을 어떻게 부릅니까?	
		그 사람을 다른 사람에게 말할 때는 누구라고 합니까?	
49	夫	결혼한 여자가 자기 짝이 되는 남자를 어떻게 부릅니까?	
		그 사람을 다른 사람에게 말할 때는 누구라고 합니까?	
50	妻	결혼한 남자가 자기 짝이 되는 여자를 어떻게 부릅니까?	
		그 사람을 다른 사람에게 말할 때는 누구라고 합니까?	
51	儿子	내가 낳은 남자 자녀를 어떻게 부릅니까? 남자 자녀가 여럿일 경우 어떻게 부릅니까?	
		그 사람을 다른 사람에게 말할 때는 누구라고 합니까?	
52	儿子의 배우자	내가 낳은 남자 자녀의 아내를 어떻게 부릅니까? 남자 자녀가 여럿일 경우 어떻게 부릅니까?	
		그 사람을 다른 사람에게 말할 때는 누구라고 합니까?	
53	女儿	내가 낳은 여자 자녀를 어떻게 부릅니까? 여자 자녀가 여럿일 경우 어떻게 부릅니까?	
		그 사람을 다른 사람에게 말할 때는 누구라고 합니까?	
54	女儿의 배우자	내가 낳은 여자 자녀의 남편을 어떻게 부릅니까? 여자 자녀가 여럿일 경우 어떻게 부릅니까?	

		그 사람을 다른 사람에게 말할 때는 누구라고 합니까?	
55	侄儿	자신의 형제자매의 아들을 어떻게 부릅니까?	
		그 사람을 다른 사람에게 말할 때는 누구라고 합니까?	
56	侄儿의 배우자	자신의 형제자매의 아들의 아내를 어떻게 부릅니까?	
		그 사람을 다른 사람에게 말할 때는 누구라고 합니까?	
57	侄女	자신의 형제자매의 딸을 어떻게 부릅니까?	
		그 사람을 다른 사람에게 말할 때는 누구라고 합니까?	
58	侄女의 배우자	자신의 형제자매의 딸의 남편을 어떻게 부릅니까?	
		그 사람을 다른 사람에게 말할 때는 누구라고 합니까?	
59	孫子	자녀의 아들을 어떻게 부릅니까?	
		그 사람을 다른 사람에게 말할 때는 누구라고 합니까?	
60	孫子의 배우자	자녀의 아들의 아내를 어떻게 부릅니까?	
		그 사람을 다른 사람에게 말할 때는 누구라고 합니까?	
61	孫女	자녀의 딸을 어떻게 부릅니까?	
		그 사람을 다른 사람에게 말할 때는 누구라고 합니까?	
62	孫女의 배우자	자녀의 딸의 남편을 어떻게 부릅니까?	
		그 사람을 다른 사람에게 말할 때는 누구라고 합니까?	

2. 외가계 호칭어와 지칭어

순서	항렬 및 촌수	설문사항	해답
1	外祖父	어머니의 아버지를 어떻게 부릅니까?	
		그 사람을 다른 사람에게 말할 때는 누구라고 합니까?	
2	外祖母	어머니의 어머니를 어떻게 부릅니까?	

		그 사람을 다른 사람에게 말할 때는 누구라고 합니까?	
3	外祖父의 兄弟	어머니의 아버지 남자형제를 어떻게 부릅니까? 남자형제가 여럿일 경우 어떻게 부릅니까?	
		그 사람을 다른 사람에게 말할 때는 누구라고 합니까?	
4	外祖父 兄弟의 배우자	어머니의 아버지 남자형제의 아내를 어떻게 부릅니까? 남자형제가 여럿일 경우 어떻게 부릅니까?	
		그 사람을 다른 사람에게 말할 때는 누구라고 합니까?	
5	母의 兄	어머니의 손위 남자형제를 어떻게 부릅니까? 손위 남자형제가 여럿일 경우 어떻게 부릅니까?	
		그 사람을 다른 사람에게 말할 때는 누구라고 합니까?	
6	母의 兄의 배우자	어머니의 손위 남자형제의 아내를 어떻게 부릅니까? 손위 남자형제가 여럿일 경우 어떻게 부릅니까?	
		그 사람을 다른 사람에게 말할 때는 누구라고 합니까?	
7	母의 弟	어머니의 손아래 남자형제를 어떻게 부릅니까? 손아래 남자형제가 여럿일 경우 어떻게 부릅니까?	
		그 사람을 다른 사람에게 말할 때는 누구라고 합니까?	
8	母의 弟의 배우자	어머니의 손아래 남자형제의 아내를 어떻게 부릅니까? 손아래 남자형제가 여럿일 경우 어떻게 부릅니까?	
		그 사람을 다른 사람에게 말할 때는 누구라고 합니까?	
9	母의 姐	어머니의 손위 여자형제를 어떻게 부릅니까? 손위 여자형제가 여럿일 경우 어떻게 부릅니까?	
		그 사람을 다른 사람에게 말할 때는 누구라고 합니까?	
10	母의 姐의 배우자	어머니의 손위 여자형제의 남편을 어떻게 부릅니까? 손위 여자형제가 여럿일 경우 어떻게 부릅니까?	
		그 사람을 다른 사람에게 말할 때는 누구라고 합니까?	
11	母의 妹	어머니의 손아래 여자형제를 어떻게 부릅니까? 손아래 여자형제가 여럿일 경우 어떻게 부릅니까?	
		그 사람을 다른 사람에게 말할 때는 누구라고 합니까?	
12	母의	어머니의 손아래 여자형제의 남편을 어떻게 부릅니까?	

	妹의 배우자	손아래 여자형제가 여럿일 경우 어떻게 부릅니까?	
		그 사람을 다른 사람에게 말할 때는 누구라고 합니까?	
13	(남) 兄(외4촌)	어머니의 형제자매의 아들이 나보다 손위일 때 어떻게 부릅니까?	
		그 사람을 다른 사람에게 말할 때는 누구라고 합니까?	
14	兄의 배우자	어머니의 형제자매의 아들이 나보다 손위일 때 그의 아내를 어떻게 부릅니까?	
		그 사람을 다른 사람에게 말할 때는 누구라고 합니까?	
15	(남) 弟(외4촌)	어머니의 형제자매의 아들이 나보다 손아래일 때 어떻게 부릅니까?	
		그 사람을 다른 사람에게 말할 때는 누구라고 합니까?	
16	弟의 배우자	어머니의 형제자매의 아들이 나보다 손아래일 때 그의 아내를 어떻게 부릅니까?	
		그 사람을 다른 사람에게 말할 때는 누구라고 합니까?	
17	(남) 姐(외4촌)	어머니의 형제자매의 딸이 나보다 손위일 때 어떻게 부릅니까?	
		그 사람을 다른 사람에게 말할 때는 누구라고 합니까?	
18	姐의 배우자	어머니의 형제자매의 딸이 나보다 손위일 때 그의 남편을 어떻게 부릅니까?	
		그 사람을 다른 사람에게 말할 때는 누구라고 합니까?	
19	(남) 妹(외4촌)	어머니의 형제자매의 딸이 나보다 손아래일 때 어떻게 부릅니까?	
		그 사람을 다른 사람에게 말할 때는 누구라고 합니까?	
20	妹의 배우자	어머니의 형제자매의 딸이 나보다 손아래일 때 그의 남편을 어떻게 부릅니까?	
		그 사람을 다른 사람에게 말할 때는 누구라고 합니까?	
21	(여) 兄(외4촌)	어머니의 형제자매의 아들이 나보다 손위일 때 어떻게 부릅니까?	

순서	항렬 및 촌수	설문사항	해답
		그 사람을 다른 사람에게 말할 때는 누구라고 합니까?	
22	兄의 배우자	어머니의 형제자매의 아들이 나보다 손위일 때 그의 아내를 어떻게 부릅니까?	
		그 사람을 다른 사람에게 말할 때는 누구라고 합니까?	
23	(여) 弟(외4촌)	어머니의 형제자매의 아들이 나보다 손아래일 때 어떻게 부릅니까?	
		그 사람을 다른 사람에게 말할 때는 누구라고 합니까?	
24	弟의 배우자	어머니의 형제자매의 아들이 나보다 손아래일 때 그의 아내를 어떻게 부릅니까?	
		그 사람을 다른 사람에게 말할 때는 누구라고 합니까?	
25	(여) 姐(외4촌)	어머니의 형제자매의 딸이 나보다 손위일 때 어떻게 부릅니까?	
		그 사람을 다른 사람에게 말할 때는 누구라고 합니까?	
26	姐의 배우자	어머니의 형제자매의 딸이 나보다 손위일 때 그의 남편을 어떻게 부릅니까?	
		그 사람을 다른 사람에게 말할 때는 누구라고 합니까?	
27	(여) 妹(외4촌)	어머니의 형제자매의 딸이 나보다 손아래일 때 어떻게 부릅니까?	
		그 사람을 다른 사람에게 말할 때는 누구라고 합니까?	
28	妹의 배우자	어머니의 형제자매의 딸이 나보다 손아래일 때 그의 남편을 어떻게 부릅니까?	
		그 사람을 다른 사람에게 말할 때는 누구라고 합니까?	

3. 시가계 호칭어와 지칭어 (여성용)

순서	항렬 및 촌수	설문사항	해답
1	媤祖父	남편 아버지의 아버지를 어떻게 부릅니까?	

		그 사람을 다른 사람에게 말할 때는 누구라고 합니까?	
2	媤祖母	남편 아버지의 어머니를 어떻게 부릅니까?	
		그 사람을 다른 사람에게 말할 때는 누구라고 합니까?	
3	媤父	남편의 아버지를 어떻게 부릅니까?	
		그 사람을 다른 사람에게 말할 때는 누구라고 합니까?	
4	媤母	남편의 어머니를 어떻게 부릅니까?	
		그 사람을 다른 사람에게 말할 때는 누구라고 합니까?	
5	媤父의 兄	남편 아버지의 손위 남자형제를 어떻게 부릅니까?	
		그 사람을 다른 사람에게 말할 때는 누구라고 합니까?	
6	媤父의 兄의 배우자	남편 아버지의 손위 남자형제의 아내를 어떻게 부릅니까?	
		그 사람을 다른 사람에게 말할 때는 누구라고 합니까?	
7	媤父의 弟	남편 아버지의 손아래 남자형제를 어떻게 부릅니까?	
		그 사람을 다른 사람에게 말할 때는 누구라고 합니까?	
8	媤父의 弟의 배우자	남편 아버지의 손아래 남자형제의 아내를 어떻게 부릅니까?	
		그 사람을 다른 사람에게 말할 때는 누구라고 합니까?	
9	媤父의 姐	남편 아버지의 손위 여자형제를 어떻게 부릅니까?	
		그 사람을 다른 사람에게 말할 때는 누구라고 합니까?	
10	媤父의 姐의 배우자	남편 아버지의 손위 여자형제의 남편을 어떻게 부릅니까?	
		그 사람을 다른 사람에게 말할 때는 누구라고 합니까?	
11	媤父의 妹	남편 아버지의 손아래 여자형제를 어떻게 부릅니까?	
		그 사람을 다른 사람에게 말할 때는 누구라고 합니까?	
12	媤父의 妹의 배우자	남편 아버지의 손아래 여자형제의 남편을 어떻게 부릅니까?	
		그 사람을 다른 사람에게 말할 때는 누구라고 합니까?	

13	媤母의 兄	남편 어머니의 손위 남자형제를 어떻게 부릅니까?	
		그 사람을 다른 사람에게 말할 때는 누구라고 합니까?	
14	媤母의 兄의 배우자	남편 어머니의 손위 남자형제의 아내를 어떻게 부릅니까?	
		그 사람을 다른 사람에게 말할 때는 누구라고 합니까?	
15	媤母의 弟	남편 어머니의 손아래 남자형제를 어떻게 부릅니까?	
		그 사람을 다른 사람에게 말할 때는 누구라고 합니까?	
16	媤母의 弟의 배우자	남편 어머니의 손아래 남자형제의 아내를 어떻게 부릅니까?	
		그 사람을 다른 사람에게 말할 때는 누구라고 합니까?	
17	媤母의 姐	남편 어머니의 손위 여자형제를 어떻게 부릅니까?	
		그 사람을 다른 사람에게 말할 때는 누구라고 합니까?	
18	媤母의 姐의 배우자	남편 어머니의 손위 여자형제의 남편을 어떻게 부릅니까?	
		그 사람을 다른 사람에게 말할 때는 누구라고 합니까?	
19	媤母의 妹	남편 어머니의 손아래 여자형제를 어떻게 부릅니까?	
		그 사람을 다른 사람에게 말할 때는 누구라고 합니까?	
20	媤母의 妹의 배우자	남편 어머니의 손아래 여자형제의 남편을 어떻게 부릅니까?	
		그 사람을 다른 사람에게 말할 때는 누구라고 합니까?	
21	남편의 兄	남편의 손위 남자형제를 어떻게 부릅니까?	
		그 사람을 다른 사람에게 말할 때는 누구라고 합니까?	
22	남편의 兄의 배우자	남편의 손위 남자형제의 아내를 어떻게 부릅니까?	
		그 사람을 다른 사람에게 말할 때는 누구라고 합니까?	
23	남편의 弟	남편의 손아래 남자형제를 어떻게 부릅니까?	
		그 사람을 다른 사람에게 말할 때는 누구라고 합니까?	
24	남편의	남편의 손아래 남자형제의 아내를 어떻게 부릅니까?	

순서	항렬 및 촌수	설문사항	해답
	弟의 배우자	그 사람을 다른 사람에게 말할 때는 누구라고 합니까?	
25	남편의 姐	남편의 손위 여자형제를 어떻게 부릅니까?	
		그 사람을 다른 사람에게 말할 때는 누구라고 합니까?	
26	남편의 姐의 배우자	남편의 손위 여자형제의 남편을 어떻게 부릅니까?	
		그 사람을 다른 사람에게 말할 때는 누구라고 합니까?	
27	남편의 妹	남편의 손아래 여자형제를 어떻게 부릅니까?	
		그 사람을 다른 사람에게 말할 때는 누구라고 합니까?	
28	남편의 妹의 배우자	남편의 손아래 여자형제의 남편을 어떻게 부릅니까?	
		그 사람을 다른 사람에게 말할 때는 누구라고 합니까?	

4. 처가계 호칭어와 지칭어 (남성용)

순서	항렬 및 촌수	설문사항	해답
1	妻의 祖父	아내 아버지의 아버지를 어떻게 부릅니까?	
		그 사람을 다른 사람에게 말할 때는 누구라고 합니까?	
2	妻의 祖母	아내 아버지의 어머니를 어떻게 부릅니까?	
		그 사람을 다른 사람에게 말할 때는 누구라고 합니까?	
3	妻의 父	아내의 아버지를 어떻게 부릅니까?	
		그 사람을 다른 사람에게 말할 때는 누구라고 합니까?	
4	妻의 母	아내의 어머니를 어떻게 부릅니까?	
		그 사람을 다른 사람에게 말할 때는 누구라고 합니까?	
5	丈人의 兄	아내 아버지의 손위 남자형제를 어떻게 부릅니까?	
		그 사람을 다른 사람에게 말할 때는 누구라고 합니까?	

6	丈人의 兄의 배우자	아내 아버지의 손위 남자형제의 아내를 어떻게 부릅니까?	
		그 사람을 다른 사람에게 말할 때는 누구라고 합니까?	
7	丈人의 弟	아내 아버지의 손아래 남자형제를 어떻게 부릅니까?	
		그 사람을 다른 사람에게 말할 때는 누구라고 합니까?	
8	丈人의 弟의 배우자	아내 아버지의 손아래 남자형제의 아내를 어떻게 부릅니까?	
		그 사람을 다른 사람에게 말할 때는 누구라고 합니까?	
9	丈人의 姐	아내 아버지의 손위 여자형제를 어떻게 부릅니까?	
		그 사람을 다른 사람에게 말할 때는 누구라고 합니까?	
10	丈人의 姐의 배우자	아내 아버지의 손위 여자형제의 남편을 어떻게 부릅니까?	
		그 사람을 다른 사람에게 말할 때는 누구라고 합니까?	
11	丈人의 妹	아내 아버지의 손아래 여자형제를 어떻게 부릅니까?	
		그 사람을 다른 사람에게 말할 때는 누구라고 합니까?	
12	丈人의 妹의 배우자	아내 아버지의 손아래 여자형제의 남편을 어떻게 부릅니까?	
		그 사람을 다른 사람에게 말할 때는 누구라고 합니까?	
13	丈母의 兄	아내 어머니의 손위 남자형제를 어떻게 부릅니까?	
		그 사람을 다른 사람에게 말할 때는 누구라고 합니까?	
14	丈母의 兄의 배우자	아내 어머니의 손위 남자형제의 아내를 어떻게 부릅니까?	
		그 사람을 다른 사람에게 말할 때는 누구라고 합니까?	
15	丈母의 弟	아내 어머니의 손아래 남자형제를 어떻게 부릅니까?	
		그 사람을 다른 사람에게 말할 때는 누구라고 합니까?	
16	丈母의 弟의	아내 어머니의 손아래 남자형제의 아내를 어떻게 부릅니까?	

	배우자	그 사람을 다른 사람에게 말할 때는 누구라고 합니까?	
17	丈母의 姐	아내 어머니의 손위 여자형제를 어떻게 부릅니까?	
		그 사람을 다른 사람에게 말할 때는 누구라고 합니까?	
18	丈母의 姐의 배우자	아내 어머니의 손위 여자형제의 남편을 어떻게 부릅니까?	
		그 사람을 다른 사람에게 말할 때는 누구라고 합니까?	
19	丈母의 妹	아내 어머니의 손아래 여자형제를 어떻게 부릅니까?	
		그 사람을 다른 사람에게 말할 때는 누구라고 합니까?	
20	丈母의 妹의 배우자	아내 어머니의 손아래 여자형제의 남편을 어떻게 부릅니까?	
		그 사람을 다른 사람에게 말할 때는 누구라고 합니까?	
21	아 내 의 兄	아내의 손위 남자형제를 어떻게 부릅니까?	
		그 사람을 다른 사람에게 말할 때는 누구라고 합니까?	
22	아내의 兄의 배우자	아내의 손위 남자형제의 아내를 어떻게 부릅니까?	
		그 사람을 다른 사람에게 말할 때는 누구라고 합니까?	
23	아내의 弟	아내의 손아래 남자형제를 어떻게 부릅니까?	
		그 사람을 다른 사람에게 말할 때는 누구라고 합니까?	
24	아내의 弟의 배우자	아내의 손아래 남자형제의 아내를 어떻게 부릅니까?	
		그 사람을 다른 사람에게 말할 때는 누구라고 합니까?	
25	아내의 姐	아내의 손위 여자형제를 어떻게 부릅니까?	
		그 사람을 다른 사람에게 말할 때는 누구라고 합니까?	
26	아내의 姐의 배우자	아내의 손위 여자형제의 남편을 어떻게 부릅니까?	
		그 사람을 다른 사람에게 말할 때는 누구라고 합니까?	
27	아내의 妹	아내의 손아래 여자형제를 어떻게 부릅니까?	
		그 사람을 다른 사람에게 말할 때는 누구라고 합니까?	

28	아내의 妹의 배우자	아내의 손아래 여자형제의 남편을 어떻게 부릅니까?	
		그 사람을 다른 사람에게 말할 때는 누구라고 합니까?	

친족호칭어와 지칭어 조사 설문지

안녕하십니까? 이 설문지는 학술논문을 작성하기 위한 연구의 목적으로 작성된 것입니다. 바쁘시더라도 솔직하고 성실하게 응답해주시기를 부탁드립니다. "호칭어"는 상대방을 부를 때 쓰는 말이고 "지칭어"는 상대방을 다른 사람한테 가리킬 때 쓰는 말입니다. 알맞은 사항에 "√"를 해주시고 (여러 개 있을 때는 모두 선택해주십시오.) 해당한 사항이 없을 때에는 따로 적어주십시오. 감사합니다.

나이 :　　학력 :　　　직업 :　　　출생지 :　　　현재 거주지 :

1. 친가계 호칭어와 지칭어

	항렬	호칭어	지칭어
1	曾祖父 (父의 父의 父)	아바이, 할아버지, 할배, 할아버이, 노아바이, 노할아버지, 노할배, 노할아버이	노아바이, 노할아버지, 노할배, 노할아버이
2	曾祖母(父의 父의 母)	아매, 할머니, 할머이, 할매, 노아매, 노할머니, 노할머이, 노할매	노아매, 노할머니, 노할머이, 노할매
3	祖父 (父의 父)	아바이, 할아버지, 할배, 할아버이, 클아바이	아바이, 할아버지, 할배, 할아버이, 클아바이, 친아바이, 친할아버지, 친할배, 친할아버이
4	祖母 (父의 母)	아매, 할머니, 할머이, 할매	아매, 할머니, 할머이, 할매, 친아매, 친할머니, 친할머이, 친할매
5	祖父의 兄弟	아바이, 할아버지, 할배,	지명+(아바이, 할아버지, 할배, 할아버

		할아버이	이), 직업명+(아바이, 할아버지, 할배, 할아버이), (큰, 작은…)+(아바이, 할아버지, 할배, 할아버이), 큰집+(아바이, 할아버지, 할배, 할아버이), 손자(녀) 이름+(아바이, 할아버지, 할배, 할아버이)
6	祖父의 兄弟의 배우자	아매, 할머니, 할머이, 할매	지명+(아매, 할머니, 할머이, 할매), 직업명+(아매, 할머니, 할머이, 할매), (큰, 작은…)+(아매, 할머니, 할머이, 할매), 큰집+(아매, 할머니, 할머이, 할매), 손자(녀) 이름+(아매, 할머니, 할머이, 할매)
7	父	아버지, 아부지, 아빠	아버지, 아부지, 아빠, 부친
8	母	어머니, 엄마, 어마이, 어머이	어머니, 엄마, 어마이, 어머이, 모친
9	伯父 (父의 哥)	맏아바이, 큰아버지	맏아바이, 큰아버지, (큰, 둘째…)+맏아바이, 지명+맏아바이
10	伯母	맏아매, 큰엄마, 큰어머니	맏아매, 큰엄마, 큰어머니, (큰, 둘째…)+(맏아매, 큰엄마, 큰어머니), 지명+(맏아매, 큰엄마, 큰어머니)
11	叔父 (父의 弟)	삼추이, 아즈바이, 삼촌, 작은 아버지, 아저씨	삼추이, 아즈바이, 삼촌, 작은 아버지, 아저씨, (큰, 둘째…)+(삼추이, 아즈바이, 삼촌, 작은 아버지, 아저씨), 삼촌 이름+(삼추이, 아즈바이, 삼촌, 작은 아버지, 아저씨)
12	叔母	아즈마이, 아지미, 숙모, 작은 엄마, 작은 어머니	아즈마이, 아지미, 숙모, 작은 엄마, 작은 어머니, (큰, 둘째…)+(아즈마이, 아지미, 숙모, 작은 엄마, 작은 어머니), (큰, 둘째…)+삼추이네+(아즈마이, 아지미, 숙모, 작은 엄마, 작은 어머니), 삼촌 이름+(삼추이, 삼촌)+(아즈마이, 아지미, 숙모, 작은 엄마, 작은 어머니), 삼촌 자녀 이름+네+(아즈마이, 아지미, 숙모, 작은 엄마, 작은 어머니)
13	父의 姐	맏아매, 고모	맏아매, 고모, 지명+(맏아매, 고모),

			(큰, 둘째…)+(맏아매, 고모), 직업명+ (맏아매, 고모)
14	父의 姐의 배우자	맏아바이, 고모부	맏아바이, 고모부, 지명+(맏아바이, 고 모부), 직업명+(맏아바이, 고모부)
15	父의 妹	아재, 고모	아재, 친아재, 고모, (큰, 둘째…)+(아 재, 고모), 지명+(아재, 고모), 고모 이 름+아재
16	父의 妹의 배우자	아즈바이, 고모부	아즈바이, 고모부, (큰, 둘째…)+(아즈 바이, 고모부)
17	兄(남성용 : 17~32)	형님, 형	형님, 형, (우리, 내)+(형님, 허이, 형)
18	兄의 배우자	아즈마이, 형수, 형수님	아즈마이, 형수, 형수님
19	弟	이름, 동새, 동생	이름, (내, 우리)+(동새, 동생), (큰, 둘 째…)+(동새, 동생)
20	弟의 배우자	제수, 제수씨	제수, 제수씨, 동새+(앙까이, 처, 각시)
21	姐	누나, 누이, 누애, 누비, 누님	누나, 누이, 누애, 누비, 누님, (큰, 둘 째…)+(누나, 누이, 누애, 누비, 누님), 우리+(누나, 누이, 누애, 누비, 누님)
22	姐의 배우자	매부, 매형, 자형, 형님	매부, 매형, 자형, 형님, (큰, 둘째…)+ (매부, 매형, 자형, 형님)
23	妹	이름, 동새, 동생	이름, (내, 우리)+(동새, 동생), 큰, 둘 째…)+(동새, 동생)
24	妹의 배우자	이름, 매부, 매제, 동새, 동생	이름, 매부, 매제, (동새, 동생)+(남편, 나그내, 신랑)
25	兄 (4촌)	형님, 형	형님, 형, (사춘, 사촌)+(형님, 허이, 형), (우리, 내)+(형님, 허이, 형), 사춘 형님 이름+(형님, 허이, 형)
26	兄의 배우자	아즈마이, 형수, 형수님	아즈마이, 형수, 형수님, 사촌형님 이름 +형님네+(아즈마이, 형수)
27	弟 (4촌)	이름, 동새, 동생	이름, (사춘, 사촌)+(동새, 동생), 지명 +(동새, 동생), (우리, 내)+(동새, 동생)

28	弟의 배우자	제수, 제수씨	제수, 제수씨, 사촌 남동생 이름+(앙까이, 처, 각시), (동새, 동생)+(앙까이, 처, 각시), (사춘, 사촌)+(동새, 동생)+(앙까이, 처, 각시)
29	姐 (4촌)	누나, 누이, 누애, 누비, 누님	누나, 누이, 누애, 누비, 누님, (사춘, 사촌)+(누나, 누이, 누애, 누비, 누님), 사촌누나 이름+(누나, 누이, 누애, 누비, 누님)
30	姐의 배우자	매부, 매형, 자형, 형님	매부, 매형, 자형, 형님, 사촌누나 이름+(누나, 누이, 누애, 누비, 누님)+네+(매부, 매형, 자형, 형님)
31	妹 (4촌)	이름, 동새, 동생	이름, (내, 우리)+(동새, 동생), (사춘, 사촌)+(동새, 동생)
32	妹의 배우자	이름, 매부, 매제, 동새, 동생	이름, 매부, 매제, 동새, 동생, 사촌여동생 이름+(나그내, 남편, 신랑)
33	兄(여성용 : 33~48)	오빠, 오래비, 오라버니, 오라버님	오빠, 오래비, 오라버니, 오라버님, 우리+(오빠, 오래비, 오라버니, 오라버님), (큰, 둘째…)+(오빠, 오래비, 오라버니, 오라버님)
34	兄의 배우자	형님, 언니, 새언니	형님, 언니, 새언니, (큰, 둘째…)+(형님, 언니, 새언니)
35	弟	이름, 오래비, 오라버니, 동새, 동생	이름, 오래비, 오라버니, (내, 우리)+(동새, 동생), 자녀 이름+(아버지, 애비, 아빠), (큰, 둘째…)+(동새, 동생)
36	弟의 배우자	이름, 올케, 올찌세미, 자녀 이름+(어머니, 엄마, 에미)	이름, 올케, 올찌세미, 자녀 이름+(어머니, 엄마, 에미), 동생 이름+(앙까이, 처, 각시)
37	姐	언니	언니, 우리 언니, (큰, 둘째…)+언니
38	姐의 배우자	아저씨, 아즈바이, 형부	아저씨, 아즈바이, 형부
39	妹	이름	이름, (내, 우리)+(동새, 동생), (큰, 둘째…)+(동새, 동생)
40	妹의 배우자	이름, 새워이, 자녀 이름	이름, 새워이, 자녀 이름+(아버지, 애

		+(아버지, 애비, 아빠)	비, 아빠), (동새, 동생)+(나그내, 신랑, 신랑재)
41	兄 (4촌)	오빠, 오래비, 오라버니, 오라버님	오빠, 오래비, 오라버니, 오라버님, (사춘, 사촌)+(오빠, 오래비, 오라버니, 오라버님), 사촌오빠 이름+(오빠, 오래비, 오라버니, 오라버님)
42	兄의 배우자	형님, 언니, 새언니	형님, 언니, 새언니, 사촌오빠 이름+오빠+네+(형님, 언니, 새언니)
43	弟 (4촌)	이름, 오래비, 오라버니, 동새, 동생, 자녀 이름+(아버지, 애비, 아빠)	이름, 오래비, 오라버니, 동새, 동생, (사춘, 사촌)+(동새, 동생), 지명+(동새, 동생), (우리, 내)+(동새, 동생), 자녀 이름+(아버지, 애비, 아빠)
44	弟의 배우자	이름, 올케, 올찌세미, 자녀 이름+(어머니, 엄마, 에미)	이름, 올케, 올찌세미, 사촌 남동생 이름+(앙까이, 처, 각시), 자녀 이름+(어머니, 엄마, 에미)
45	姐 (4촌)	언니	언니, (사춘, 사촌)언니
46	姐의 배우자	아저씨, 아즈바이, 형부	아저씨, 아즈바이, 형부, 사촌언니 이름+언니+네+(아즈바이, 아저씨, 형부)
47	妹 (4촌)	이름	이름, (내, 우리)+(동새, 동생), (사춘, 사촌)+(동새, 동생)
48	妹의 배우자	새워이, 이름, 자녀 이름+(아버지, 애비)	이름, 새워이, (사춘, 사촌)+(동새, 동생)+(나그내, 신랑, 신랑재), 사촌 여동생 이름+(나그내, 신랑, 신랑재), (동새, 동생)+(나그내, 신랑, 신랑재)
49	夫	여보, 이봅소, 이보쇼, 령감, 당신, 손자(녀) 이름+(아바이, 할아버지), 동무, 어이, 자녀 이름+(아빠, 아버지), 이름, 여보야, 자기야, 오빠야	우리 (나그내, 남편, 신랑재), 우리집, 우리 집사람, 자녀 이름+(아빠, 아버지), 아바이, 령감, 손자(녀) 이름+(아바이, 할아버지), 이름, 우리 신랑, 우리 자기, 우리 오빠
50	妻	이보, 여보, 이름, 자기야, 동무, 어이, 자녀 이름+(어머니, 엄마, 에미), 손	이름, 우리집, 우리 집사람, 우리+(각시, 앙까이, 처), 우리 자기, 우리집 로친네, 자녀 이름+(어머니, 엄마, 에미),

		자(녀) 이름+(할머니+할머이+아매)	손자(녀) 이름+(할머니+할머이+아매)
51	儿子	이름, 아들, 애비, 손자(녀) 이름+(아버지, 아빠, 애비)	이름, 아들, 우리 아들, 우리 아, 애비, 손자(녀) 이름+(아버지, 애비, 아빠), (큰, 작은, 첫째, 둘째… 막내)+아들
52	儿子의 배우자	이름, 며느리, 며늘애기, 에미, 손자(녀) 이름+(엄마, 에미)	이름, 며느리, 며늘애기, 에미, 손자(녀) 이름+(엄마, 에미), (큰, 작은, 첫째, 둘째… 막내)+며느리
53	女儿	이름, 딸, 에미, 손자(녀) 이름+(엄마, 에미)	이름, 딸, 우리 딸, 우리 아, 에미, 손자(녀) 이름+(에미, 엄마), (큰, 작은, 첫째, 둘째… 막내)+딸
54	女儿의 배우자	이름, 사위, 애비, 손자(녀) 이름+(아버지, 아빠, 애비), 쇼(小)+성(姓)	이름, 사위, 애비, 손자(녀) 이름+(아버지, 아빠, 애비), (큰, 작은, 첫째, 둘째… 막내) 사위, 쇼(小)+성(姓)
55	侄儿	이름, 조카, 조캐, 조카손자(녀) 이름+(아버지, 애비, 아빠)	이름, 조카, 조캐, (형님, 누나, 언니, 오빠, 동새, 동생)+네+(아, 아들), 조카손자(녀) 이름+(아버지, 애비, 아빠)
56	侄儿의 배우자	이름, (조카, 조캐)+며느리, 조카손자(녀) 이름+(어머니, 엄마, 에미)	이름, (조카, 조캐)+며느리, 조카 이름+각시, 조카손자(녀) 이름+(어머니, 엄마, 에미)
57	侄女	이름, 조카, 조캐, 조카손자(녀) 이름+(어머니, 엄마, 에미)	이름, 조카, 조캐, (형님, 누나, 언니, 오빠, 동새, 동생)+네+(아, 딸), 조카손자(녀) 이름+(어머니, 엄마, 에미)
58	侄女의 배우자	이름, (조카, 조캐)+사위, 조카손자(녀) 이름+(아버지, 애비, 아빠), 쇼(小)+성	이름, (조카, 조캐)+사위, 조카 이름+(신랑재, 신랑, 나그네), 조카손자(녀) 이름+(아버지, 아빠, 애비), 쇼(小)+성
59	孫子	이름	이름, 우리 손자, (친, 외)+손자, (아들, 딸)+네+(아, 아들), 자녀 이름+(아, 아들)
60	孫子의 배우자	이름	이름, 손자며느리, 손비
61	孫女	이름	이름, 우리 손녀, (친, 외)+손녀, (아들,

			딸)+네+(아, 딸), 자녀 이름+(아, 딸)
62	孫女의 배우자	이름	이름, 손녀사위

2. 외가계 호칭어와 지칭어

	항렬	호칭어	지칭어
1	外祖父	아바이, 할아버지, 할배, 할아버이, 외클아바이	외아바이, 외할아버지, 외할배, 외할아버이, 외클아바이
2	外祖母	아매, 할머니, 할머이, 할매	외아매, 외할머니, 외할머이, 외할매, 외큰아매, 외큰할머니, 외큰할머이
3	外祖父의 兄弟	아바이, 할아버지, 할배, 할아버이	지명+(아바이, 할아버지, 할배, 할아버이), 직업명+(아바이, 할아버지, 할배, 할아버이), (큰, 둘째…)+(아바이, 할아버지, 할배, 할아버이), 큰집+(아바이, 할아버지, 할배, 할아버이), 손자(녀) 이름+(아바이, 할아버지, 할배, 할아버이)
4	外祖父의 兄弟의 배우자	아매, 할머니, 할머이, 할매	지명+(아매, 할머니, 할머이, 할매), 직업명+(아매, 할머니, 할머이, 할매), (큰, 둘째…)+(아매, 할머니, 할머이, 할매), 큰집+(아매, 할머니, 할머이, 할매), 손자(녀) 이름+(아매, 할머니, 할머이, 할매)
5	母의 兄	맏아바이, 외삼촌, 외삼추이	맏아바이, 외맏아바이, 외삼촌, 외삼추이, (큰, 둘째…)+(맏아바이, 외삼촌, 외삼추이), 지명+(맏아바이, 외삼촌, 외삼추이)
6	母의 兄의 배우자	맏아매, 외숙모	맏아매, 외숙모, (큰, 둘째…)+맏아바이+네+(맏아매, 외숙모), 지명+맏아매
7	母의 弟	삼추이, 삼촌, 아즈바이, 외삼촌, 외삼추이	삼추이, 삼촌, 아즈바이, 외삼추이, 외삼촌, 외아즈바이, (큰, 둘째…)+(삼추

			이, 삼촌, 아즈바이, 외삼촌, 외삼추이), 외삼촌 이름+(삼추이, 삼촌, 아즈바이, 외삼촌, 외삼추이)
8	母의 弟의 배우자	아지미, 아즈마이, 외숙모	아지미, 아즈마이, 외숙모, (큰, 둘째…)+외삼추이+네+(아즈마이, 아지미, 외숙모), 외삼촌 이름+(삼추이, 삼촌)+(아즈마이, 아지미, 외숙모), 외삼촌 자녀 이름+네+(아즈마이, 아지미, 외숙모)
9	母의 姐	맏아매, 이모	맏아매, 이모, 외맏아매, 지명+(맏아매, 이모), (큰, 둘째…)+(맏아매, 이모)
10	母의 姐의 배우자	맏아바이, 이모부	맏아바이, 이모부, (큰, 둘째…)+(맏아바이, 이모부), 지명+(맏아바이, 이모부)
11	母의 妹	아재, 이모	아재, 외아재, 이모, (큰, 둘째…)+아재, 지명+(아재, 이모) 이모 이름+(아재, 이모)
12	母의 妹의 배우자	아즈바이, 이모부	아즈바이, 이모부
13	(남) 兄(외4촌)	형님, 형	형님, 형, (우리, 내)+(형님, 허이, 형), (외사춘, 외사촌)+(형님, 허이, 형), 외사촌형님 이름+(형님, 허이, 형)
14	兄의 배우자	아즈마이, 형수, 형수님	아즈마이, 형수, 형수님, 외사촌형님 이름+형님+네+(아즈마이, 형수)
15	(남) 弟(외4촌)	이름, 동새, 동생	이름, (외사춘, 외사촌)+(동새, 동생), 지명+(동새, 동생), (우리, 내)+(동새, 동생)
16	弟의 배우자	제수, 제수씨	제수, 제수씨, 외사촌 남동생 이름+(앙까이, 처, 각시), (동새, 동생)+(앙까이, 처, 각시), (외사춘, 외사촌)+(동새, 동생)+(앙까이, 처, 각시)
17	(남) 姐(외4촌)	누나, 누이, 누애, 누비, 누님	누나, 누이, 누애, 누비, 누님, (외사춘, 외사촌)+(누나, 누이, 누애, 누비, 누님), 외사촌 누나 이름+(누나, 누이, 누

			애, 누비, 누님)
18	姐의 배우자	매부, 매형, 자형, 형님	매부, 매형, 자형, 형님, 외사촌누나 이름+(누나, 누이, 누애)+네+(매부, 매형, 자형, 형님)
19	(남) 妹(외4촌)	이름, 동새, 동생	이름, (내, 우리)+(동새, 동생), (외사춘, 외사촌)+(동새, 동생)
20	妹의 배우자	이름, 매부, 매제, 동새, 동생	이름, 매부, 매제, 동새, 동생, 외사촌 여동생 이름+(나그내, 남편, 신랑, 신랑재)
21	(여) 兄(외4촌)	오빠, 오래비, 오라버니, 오라버님	오빠, 오래비, 오라버니, 오라버님, (외사춘, 외사촌)+(오빠, 오래비, 오라버니, 오라버님), 외사촌오빠 이름+(오빠, 오래비, 오라버니, 오라버님)
22	兄의 배우자	형님, 언니, 새언니	형님, 언니, 새언니, 외사촌오빠 이름+오빠+네+(형님, 언니, 새언니)
23	(여) 弟(외4촌)	이름, 오래비, 오라버니, 동새, 동생, 자녀 이름+(아버지, 애비)	이름, 오래비, 오라버니, 동새, 동생, (외사 춘, 외사촌)+(동새, 동생), 지명+(동새, 동생), (우리, 내)+(동새, 동생), 자녀 이름+(아버지, 애비)
24	弟의 배우자	이름, 올찌세미, 올케, 자녀 이름+(어머니, 엄마, 에미)	이름, 올찌세미, 올케, 외사촌 남동생 이름+(앙까이, 처, 각시), 자녀 이름+(어머니, 엄마, 에미)
25	(여) 姐(외4촌)	언니	언니, (외사춘, 외사촌)언니
26	姐의 배우자	아저씨, 아즈바이, 형부	아저씨, 아즈바이, 형부, 외사촌언니 이름+언니+네+(아즈바이, 아저씨, 형부)
27	(여) 妹(외4촌)	이름	이름, (내, 우리)+(동새, 동생), (외사춘, 외사촌)+(동새, 동생)
28	妹의 배우자	새워이, 이름, 자녀 이름+(아버지, 애비, 아빠)	이름, 새워이, (외사춘, 외사촌)+(동새, 동생)+(나그내, 신랑, 신랑재), 외사촌 여동생 이름+(나그내, 신랑, 신랑재), (동새, 동생)+(나그내, 신랑, 신랑재)

3. 시가계 호칭어와 지칭어 (여성용)

	항렬	호칭어	지칭어
1	媤祖父	아바이, 할아버지, 할배, 할아버이	아바이, 할아버지, 할배, 할아버이, 시아바이, 시할아버지, 시할배, 시할아버이, (남편, 나그내)+(아바이, 할아버지, 할배, 할아버이), 남편 이름+(아바이, 할아버지, 할배, 할아버이)
2	媤祖母	아매, 할머니, 할머이, 할매	아매, 할머니, 할머이, 할매, 시아매, 시할머니, 시할머이, 시할매, (남편, 나그내)+(아매, 할머니, 할머이, 할매), 남편 이름+(아매, 할머니, 할머이, 할매)
3	媤父	아버지, 아버님, 아바이	아버지, 아버님, 아바이, 시아버지, 우리 아바이, 자녀 이름+(아바이, 할아버지)
4	媤母	어머니, 어마이, 어머이, 어머님	어머니, 어마이, 어머이, 어머님, 시어머니, 시어마이, 시어머이, 우리 아매, 자녀 이름+(아매, 할머니, 할머이)
5	媤伯父	맏아바이, 큰아버지, 큰아버님	맏아바이, 큰아버지, 큰아버님, 시맏아바이, (남편, 나그내)+(맏아바이, 큰아버지), 남편 이름+(맏아바이, 큰아버지)
6	媤伯母	맏아매, 큰엄마, 큰어머니, 큰어머님	맏아매, 시맏아매, 큰어머님, (남편, 나그내)+(맏아매, 큰엄마, 큰어머니), 남편 이름+(맏아매, 큰엄마, 큰어머니)
7	媤叔父	삼추이, 아즈바이, 삼촌, 작은 아버지, 아저씨, 작은 아버님	삼추이, 아즈바이, 시삼추이, 시아즈바이, 시삼촌, 작은 아버님, (남편, 나그내)+(삼추이, 아즈바이, 삼촌, 작은 아버지, 아저씨), 남편 이름+(삼추이, 아즈바이, 삼촌, 작은 아버지, 아저씨)
8	媤叔母	아즈마이, 아지미, 숙모, 작은 엄마, 작은 어머님, 숙모님	아즈마이, 아지미, 숙모, 작은 엄마, 작은 어머님, 숙모님, 시삼춘댁, 시삼촌댁, (남편, 나그내)+(아즈마이, 아지미, 숙모, 작은 엄마, 작은 어머님), 남편 이름+(아즈마이, 아지미, 숙모, 작은

			엄마, 작은 어머님)
9	媤父의 姐	맏아매, 고모, 고모님	맏아매, 시맏아매, 고모, 시고모, 고모님, 남편 이름+(맏아매, 고모), (남편, 나그내)+(맏아매, 고모)
10	媤父의 姐의 배우자	맏아바이, 고모부, 고모부님	맏아바이, 고모부, 고모부님, 시맏아바이, 시고모부, 남편 이름+(맏아바이, 고모부), (남편, 나그내)+(맏아바이, 고모부)
11	媤父의 妹	아재, 고모, 고모님	아재, 시아재, 고모, 시고모, 고모님, 남편 이름+(아재, 고모), (남편, 나그내)+(아재, 고모)
12	媤父의 妹의 배우자	아즈바이, 고모부, 고모부님	아즈바이, 시아즈바이, 고모부, 고모부님, 시고모부, 남편 이름+(아즈바이, 고모부), (남편, 나그내)+(아즈바이, 고모부)
13	媤母의 兄	맏아바이, 외삼촌	맏아바이, 시외맏아바이, 외삼촌, 시외삼촌, (남편, 나그내)+(외맏아바이, 외삼촌), 남편 이름+(외맏아바이, 외삼촌)
14	媤母의 兄의 배우자	맏아매, 외숙모, 외숙모님	맏아매, 시맏아매, 외숙모, 시외숙모, 외숙모님, (남편, 나그내)+(맏아매, 외숙모), 남편 이름+(맏아매, 외숙모)
15	媤母의 弟	삼추이, 삼촌, 아즈바이, 외삼촌, 외삼추이	삼추이, 삼촌, 아즈바이, 외삼촌, 외삼추이, 시외삼추이, 시외아즈바이, 시외삼촌, (남편, 나그내)+(외삼추이, 외아즈바이, 외삼촌), 남편 이름+(외삼추이, 외아즈바이, 외삼촌)
16	媤母의 弟의 배우자	아즈마이, 아지미, 외숙모, 외숙모님	아즈마이, 아지미, 외숙모, 외숙모님, 시외삼춘댁, 시외삼촌댁, (남편, 나그내)+(아즈마이, 아지미, 외숙모), 남편 이름+(아즈마이, 아지미, 외숙모)
17	媤母의 姐	맏아매, 이모, 이모님	맏아매, 시외맏아매, 이모, 시이모, 이모님, 남편 이름+(외맏아매, 이모), (남편, 나그내)+(외맏아매, 이모)

18	媤母의 姐의 배우자	맏아바이, 이모부, 이모부님	맏아바이, 시맏아바이, 이모부, 시이모부, 이모부님, 남편 이름+(맏아바이, 이모부), (남편, 나그내)+(맏아바이, 이모부)
19	媤母의 妹	아재, 이모, 이모님	아재, 시외아재, 이모, 시이모, 이모님, 남편 이름+(외아재, 이모), (남편, 나그내)+(외아재, 이모)
20	媤母의 妹의 배우자	아즈바이, 이모부, 이모부님	아즈바이, 시외아즈바이, 이모부, 시이모부, 이모부님, 남편 이름+(아즈바이, 이모부), (남편, 나그내)+(아즈바이, 이모부)
21	남편의 兄	아주버님, 아즈반님	아주버님, 아즈반님, 시형
22	남편의 兄의 배우자	형님	형님, 동세, 동서, (큰, 맏)+(동세, 동서)
23	남편의 弟	새워이, 자녀 이름+(아버지, 애비, 아빠), 이름, 도련님, 서방님	새워이, 이름, 시애끼, 시동새, 시동생, 자녀 이름+(아버지, 애비, 아빠), 도련님, 서방님
24	남편의 弟의 배우자	이름, 동세, 동서, 자녀 이름+(어머니, 엄마, 에미)	이름, 동세, 동서, 자녀 이름+(어머니, 엄마, 에미)
25	남편의 姐	형님, 시누비, 시누이	형님, 시누비, 시누이, 이상+(시누비, 시누이)
26	남편의 姐의 배우자	아주버님, 아즈반님	아주버님, 아즈반님, (시누이, 시누비)+(남편, 나그내)
27	남편의 妹	이름, 시누비, 시누이, 자녀 이름+(엄마, 에미)	이름, 시누비, 시누이, 지하+(시누비, 시누이), 자녀 이름+(엄마, 에미)
28	남편의 妹의 배우자	새워이, 이름, 자녀 이름+(아버지, 애비, 아빠)	새워이, 이름, 자녀 이름+(아버지, 애비, 아빠), (시누이, 시누비)+(나그내, 남편, 신랑, 신랑재)

4. 처가계 호칭어와 지칭어 (남성용)

	항렬	호칭어	지칭어
1	妻의 祖父	아바이, 할아버지, 할배, 할아버이	아바이, 할아버지, 할배, 할아버이, 가시아바이, 가시할아버지, 가시할배, 가시할아버이, (처, 앙까이)+(아바이, 할아버지, 할배, 할아버이), 아내 이름+(아바이, 할아버지, 할배, 할아버이)
2	妻의 祖母	아매, 할머니, 할머이, 할매	아매, 할머니, 할머이, 할매, 가시아매, 가시할머니, 가시할머이, 가시할매, (처, 앙까이)+(아매, 할머니, 할머이, 할매), 아내 이름+(아매, 할머니, 할머이, 할매)
3	妻의 父	아버지, 아버님, 장인, 장인어른	아버지, 아버님, 장인, 장인어른, 가시아버지, 자녀 이름+(외아바이, 외할아버지, 외할배, 외할아버이)
4	妻의 母	어머니, 어마이, 어머이, 어머님, 장모, 장모님	어머니, 어마이, 어머이, 어머님, 가시+(어머니, 어마이, 어머이, 엄마), 자녀 이름+(외아매, 외할머니, 외할머이), 장모, 장모님
5	丈人의 兄	맏아바이, 큰아버지, 큰아버님	맏아바이, 큰아버지, 큰아버님, (처, 앙까이, 각시)+(맏아바이, 큰아버지), 아내 이름+(맏아바이, 큰아버지)
6	丈人의 兄의 배우자	맏아매, 큰엄마, 큰어머니, 큰어머님	맏아매, 큰엄마, 큰어머니, 큰어머님, (처, 앙까이, 각시)+(맏아매, 큰엄마, 큰어머니), 아내 이름+(맏아매, 큰엄마, 큰어머니)
7	丈人의 弟	삼추이, 아즈바이, 삼촌, 작은 아버지, 아저씨, 작은 아버님	삼추이, 아즈바이, 삼촌, 작은 아버지, 아저씨, 작은 아버님, (처, 앙까이, 각시)+(삼추이, 아즈바이, 삼촌, 작은 아버지, 아저씨), 아내 이름+(삼추이, 아즈바이, 삼촌, 작은 아버지, 아저씨)
8	丈人의 弟의 배우자	아즈마이, 아지미, 숙모, 작은 엄마, 작은 어머님, 숙모님	아즈마이, 아지미, 숙모, 작은 엄마, 작은 어머님, 숙모님, (처, 앙까이, 각시)+(아즈마이, 아지미, 숙모, 작은 엄마, 작

			은 어머님), 아내 이름+(아즈마이, 아지미, 숙모, 작은 엄마, 작은 어머님)
9	丈人의 姐	맏아매, 고모, 고모님	맏아매, 고모, 고모님, (처, 앙까이, 각시)+(맏아매, 고모), 아내 이름+(맏아매, 고모)
10	丈人의 姐의 배우자	맏아바이, 고모부, 고모부님	맏아바이, 고모부, 고모부님, (처, 앙까이, 각시)+(맏아바이, 고모부), 아내 이름+(맏아바이, 고모부)
11	丈人의 妹	아재, 고모, 고모님	아재, 고모, 고모님, 아내 이름+(아재, 고모), (처, 앙까이, 각시)+(아재, 고모)
12	丈人의 妹의 배우자	아즈바이, 고모부, 고모부님	아즈바이, 고모부, 고모부님, (처, 앙까이, 각시)+(아즈바이, 고모부), 아내 이름+(아즈바이, 고모부)
13	丈母의 兄	맏아바이, 외삼촌	맏아바이, 외삼촌, (처, 앙까이, 각시)+(외맏아바이, 외삼촌), 아내 이름+(외맏아바이, 외삼촌)
14	丈母의 兄의 배우자	맏아매, 외숙모, 외숙모님	맏아매, 외숙모, 외숙모님, (처, 앙까이, 각시)+(맏아매, 외숙모), 아내 이름+(맏아매, 외숙모)
15	丈母의 弟	삼추이, 삼촌, 아즈바이, 외삼촌, 외삼추이	삼추이, 삼촌, 아즈바이, 외삼촌, 외삼추이, (처, 앙까이, 각시)+(외삼추이, 외삼촌, 외아즈바이), 아내 이름+(외삼추이, 외삼촌, 외아즈바이)
16	丈母의 弟의 배우자	아즈마이, 아지미, 외숙모, 외숙모님	아즈마이, 아지미, 외숙모, 외숙모님, (처, 앙까이, 각시)+(아즈마이, 아지미, 외숙모), 아내 이름+(아즈마이, 아지미, 외숙모)
17	丈母의 姐	맏아매, 이모, 이모님	맏아매, 이모, 이모님, (처, 앙까이, 각시)+(외맏아매, 이모), 아내 이름+(외맏아매, 이모)
18	丈母의 姐의 배우자	맏아바이, 이모부, 이모부님	맏아바이, 이모부, 이모부님, (처, 앙까이, 각시)+(맏아바이, 이모부), 아내 이름+(맏아바이, 이모부)

19	丈母의 妹	아재, 이모, 이모님	아재, 이모, 이모님, (처, 앙까이, 각시)+(외아재, 이모), 아내 이름+(외아재, 이모)
20	丈母의 妹의 배우자	아즈바이, 이모부, 이모부님	아즈바이, 이모부, 이모부님, (처, 앙까이, 각시)+(아즈바이, 이모부), 아내 이름+(아즈바이, 이모부)
21	아내의 兄	형님	형님, 처남, (처, 앙까이, 각시)+오빠, 이상 처남, 아내 이름+오빠
22	아내의 兄의 배우자	아즈마이, 아주머니	아즈마이, 아주머니, 처남댁
23	아내의 弟	이름, 처남	이름, 처남, 지하 처남
24	아내의 弟의 배우자	이름, 처남댁, 자녀 이름+(엄마, 에미)	이름, 처남댁, 자녀 이름+(엄마, 에미)
25	아내의 姐	아즈마이, 처형	아즈마이, 처형, (처, 앙까이, 각시)+언니, 아내 이름+언니
26	아내의 姐의 배우자	형님	형님, 랜쵸(連襟)
27	아내의 妹	이름, 처제, 자녀 이름+(엄마, 에미)	이름, 처제, 자녀 이름+(엄마, 에미)
28	아내의 妹의 배우자	이름, 동새, 동생, 동세, 동서, 랜쵸	이름, 동새, 동생, 동세, 동서, 랜쵸

▌량홍

중국 길림성 연변조선족자치주 왕청현 출생
연변대학교 조선언어문학교육과 졸업
일본 가끄게이대학교 대학원 교육석사과정 수료
연변대학교 문학박사
현 연변대학교 사범대학 재직

연변 지역 친족호칭어와 청자대우법 연구

초판 1쇄 인쇄 2014년 12월 10일
초판 1쇄 발행 2014년 12월 18일

지은이 량홍
펴낸이 이대현
편 집 박선주
디자인 이홍주

펴낸곳 도서출판 역락
등 록 1999년 4월 19일 제303-2002-000014호

주   소 서울시 서초구 동광로 46길 6-6(문창빌딩 2F)
전   화 02-3409-2058(영업부), 2060(편집부)
팩시밀리 02-3409-2059
e-mail youkrack@hanmail.net
역락 블로그 http://blog.naver.com/youkrack3888

정가 30,000원
ISBN 979-11-5686-131-7 93710

이 도서의 국립중앙도서관 출판예정도서목록(CIP)은 서지정보유통지원시스템 홈페이지(http://seoji.nl.go.kr)와 국가자료공동목록시스템(http://www.nl.go.kr/kolisnet)에서 이용하실 수 있습니다.(CIP제어번호 : CIP2014034737)